『十三五』國家重點圖書出版規劃項目

老稼齋燕行日記

（朝鮮）金昌業 撰 謝士華 點校

古絲路漢文行記整理叢刊

董志翹 李勇先 萬明 江慶柏 總主編

第一輯

南京師範大學出版社

圖書在版編目(CIP)數據

老稼齋燕行日記 / (朝) 金昌業撰 ; 謝士華點校. —
南京 : 南京師範大學出版社, 2024.1
(古絲路漢文行記整理叢刊 / 董志翹等總主編)
ISBN 978 - 7 - 5651 - 5062 - 3

Ⅰ. ①老… Ⅱ. ①金… ②謝… Ⅲ. ①中朝關係 - 國際關係史 - 研究 - 清代 Ⅳ. ①D829.312

中國版本圖書館 CIP 數據核字(2021)第 270899 號

書　　名	老稼齋燕行日記
叢 書 名	古絲路漢文行記整理叢刊
撰　　者	(朝鮮)金昌業
點　　校	謝士華
封面題簽	王　爲
策　　劃	崔　蘭
責任編輯	李叢竹
出版發行	南京師範大學出版社
地　　址	江蘇省南京市玄武區後宰門西村 9 號(郵編:210016)
電　　話	(025)83598919(總編辦)　83598412(營銷部)　83371351(編輯部)
網　　址	http://press.njnu.edu.cn
電子信箱	nspzbb@njnu.edu.cn
印　　刷	南京愛德印刷有限公司
開　　本	890 毫米×1240 毫米　1/32
印　　張	14.875
插　　頁	10
字　　數	434 千
版　　次	2024 年 1 月第 1 版
印　　次	2024 年 1 月第 1 次印刷
書　　號	ISBN 978 - 7 - 5651 - 5062 - 3
定　　價	128.00 圓

出 版 人　張　鵬

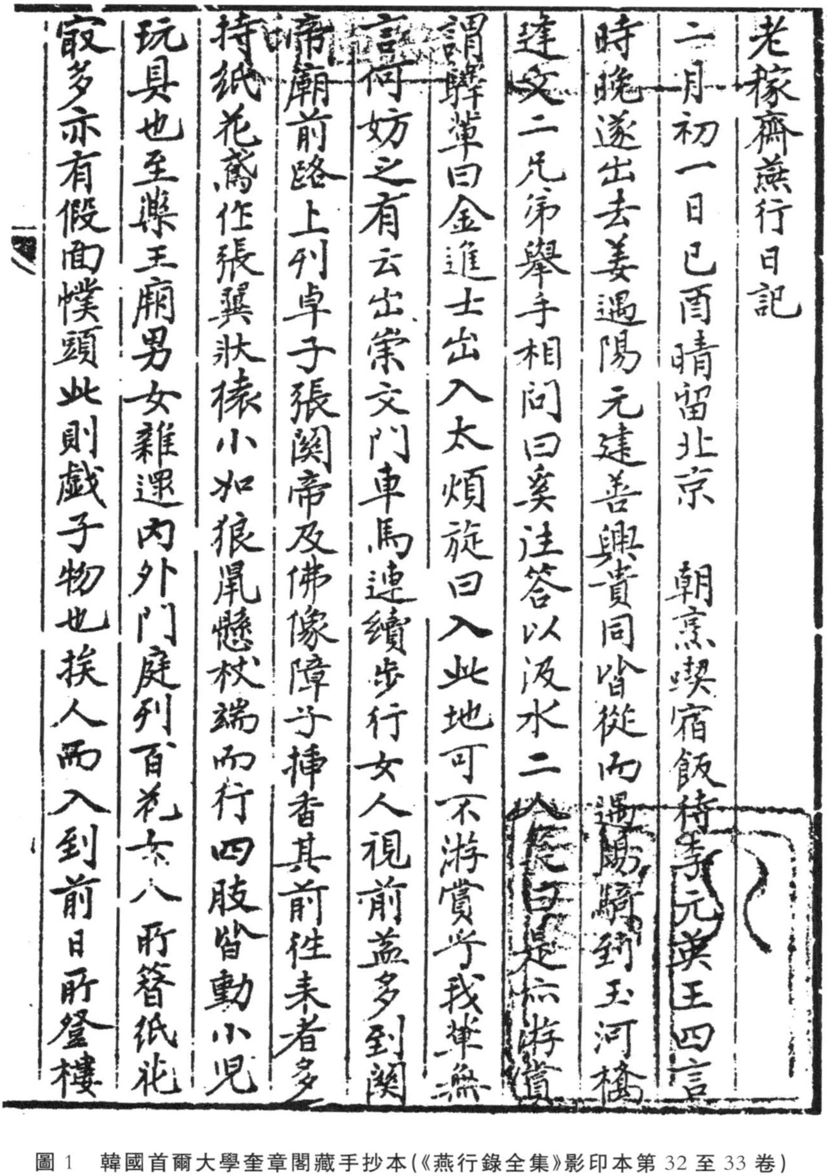
老稼齋燕行日記
二月初一日己酉晴留北京　朝烹喫宿飯待李元英王四言
時晩遂出去姜遇陽元建善興貴同皆從而遇賜騎到玉河橋
逢文二凡弟舉手相問曰奚往答以汲水二人從去是日游賞
謂譯輩曰金進士出入太煩旋曰入此地可不游賞乎我無
言何妨之有云出崇文門車馬連續步行女人視前蓋多到關
帝廟前路上列卓子張關帝及佛像障子揷香其前往來者多
持紙花爲作張翼狀様小如狼鼠懸杖端而行四肢皆動小兒
玩具也至藥王廟男女雜遝內外門庭列百花女人所簪紙花
最多亦有假面幞頭此則戲子物也挨人而入到前日所登樓

圖 1　韓國首爾大學奎章閣藏手抄本(《燕行錄全集》影印本第 32 至 33 卷)

燕行日記卷之二

十二日乙丑晴自寧遠行三十三里至沙河所朝飯又行四十四里至東關驛宿○未明發行西門内有一彩閣在路左制如丁字驛卒言是戲子屋也自是凡市鎮熱鬧去處多有此屋而亦必在於寺觀門前雕甍畫棟照耀街路中國侈靡之俗此亦可見出城緣濠而南城處處崩塌濠亦湮塞濠傍皆為平疇而一處喬木森然驛卒言此祖家墳墓也圍垣設門門外立三間石門者凡兩重皆不甚高大去城半里許有水其深過脛而廣不過數丈至青墩臺此處去海近觀日出最好故早馳至日輪方吐而為一山所遮昇數丈後方見未能盡其奇臺後有一土屋三間登其上履之如地而聞人在其下方聽云臺東數十步許又有一臺比烟臺差小使驛卒見之則乃碑也此處碑三面及頂皆以甎築之只開前面狀如神龕在積古以碑為石闕蓋闕形如此也來時作小札使元建送于王寧藩求當今文稿元建受其書追至言其家似貧而以茶果酒餅款待云還書在驛有壞城人家僅數十

圖 2　韓國國立中央圖書館藏手抄本(《燕行錄全集》影印本第 31 至 32 卷)

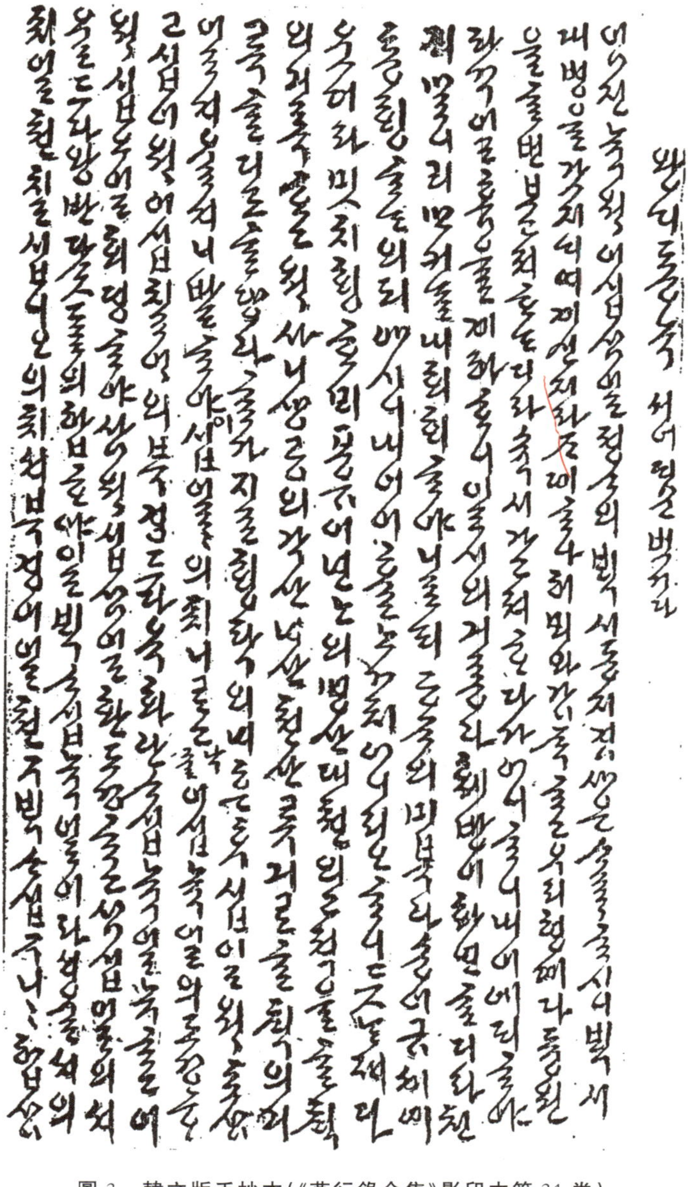

圖 3　韓文版手抄本(《燕行錄全集》影印本第 31 卷)

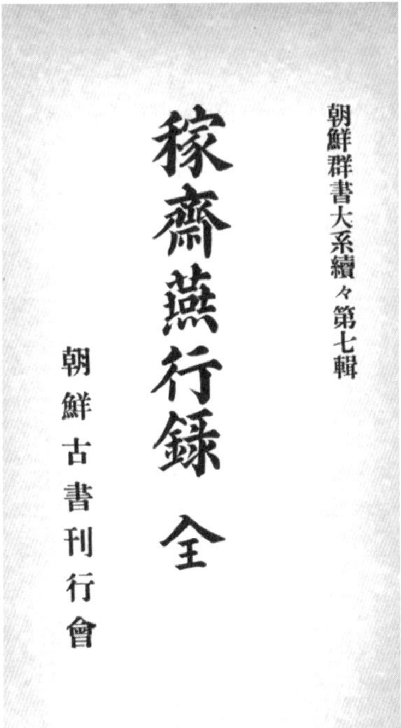

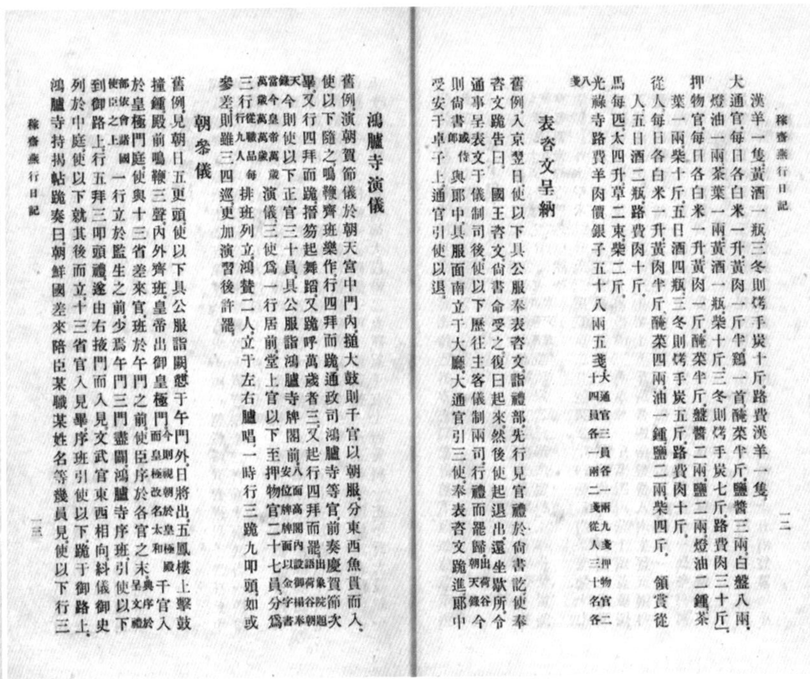
稼齋燕行日記

鴻臚寺演儀

舊例，演朝賀節儀於朝天宮中門內，擂大鼓則千官以朝服分東西魚貫而入，使以下隨之，鳴鞭，齊班，樂作，行四拜而跪，通政司鴻臚寺等官前奏慶賀節次，畢，又行四拜而跪，搢笏，起舞蹈，又跪，呼萬歲者三，又起，行四拜而罷。今則使以下正官三十員具公服，詣鴻臚寺牌閣前，至押物官二十七員，分爲三行，每排班列立，鴻贊二人立于左右，臚唱一時行三跪九叩頭，如或參差則雖三四巡，更加演習，後許罷。

朝參儀

舊例，見朝日五更頭，使以下具公服，詣闕，懸于午門外，日將出，五鳳樓上擊鼓撞鍾，殿前鳴鞭三聲，內外齊班，皇帝出御皇極門，千官入於皇極庭，使與十三省差來官班於午門之前，使臣序於各官之末，到御路上，行五拜三叩頭禮，遂由右掖門而入，見文武官東西相向，糾儀御史列於中庭，使以下就其後而立，十三省官入見畢，序班引使以下，跪于御路上，鴻臚寺持揭帖跪奏曰，朝鮮國差來陪臣某職某姓名等幾員見，使以下行三

一三

稼齋燕行日記

漢羊一隻，黃酒一瓶，三冬則烤手炭十斤，路費漢羊一隻，
大通官每日各白米一升，黃肉一斤半，鷄一首，醃菜半斤，醬三兩，白盤八兩，燈油一兩，茶葉一兩，黃酒一瓶，柴十斤，三冬則烤手炭七斤，路費肉三十斤，
押物官每日各白米一升，黃肉一斤，醃菜半斤，盤醬二兩，鹽二兩，燈油二錢，茶葉一兩，柴十斤，五日酒四瓶，三冬則烤手炭五斤，路費肉十斤。
從人每日各白米一升，黃肉半斤，醃菜四兩，油一錢，鹽二兩，柴四斤。領賞從人五日酒二瓶，路費肉十斤。
馬每四太四升，草二束，柴二斤。
光祿寺路費羊肉價銀子五十八兩五戔。

表咨文呈納

舊例，入京翌日，使以下具公服，奉表咨文，詣禮部，先行見官禮，於尙書訖，使奉咨文跪告曰，國王咨文，尙書命受之，復曰起來，然後使起退出，還坐歇所，令通事呈表文于儀制司，後使以下歷往主客儀制兩司，行禮而罷，歸。則尙書與郎中具服面南立于大廳，大通官引三使奉表咨文跪進郎中，受安于卓子上，通官引使以退。

二

圖 4、圖 5　1914 年朝鮮古書刊行會新式鉛活字本(《朝鮮群書大系》續編第 7 輯)

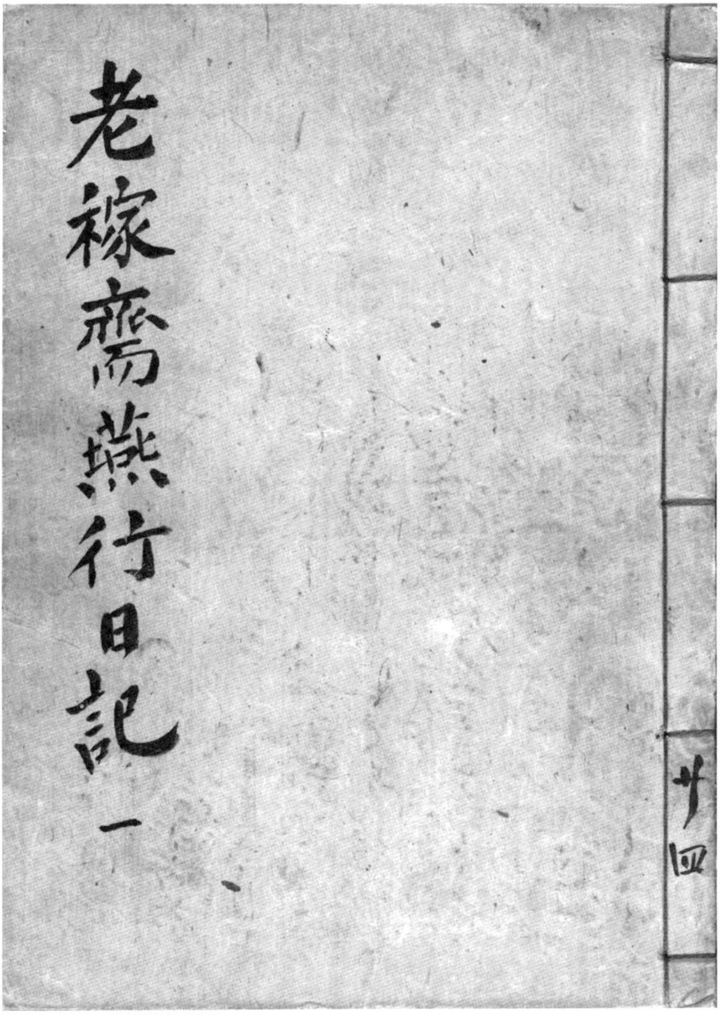

圖 6　日本東洋文庫藏手寫本《老稼齋燕行日記》书名頁

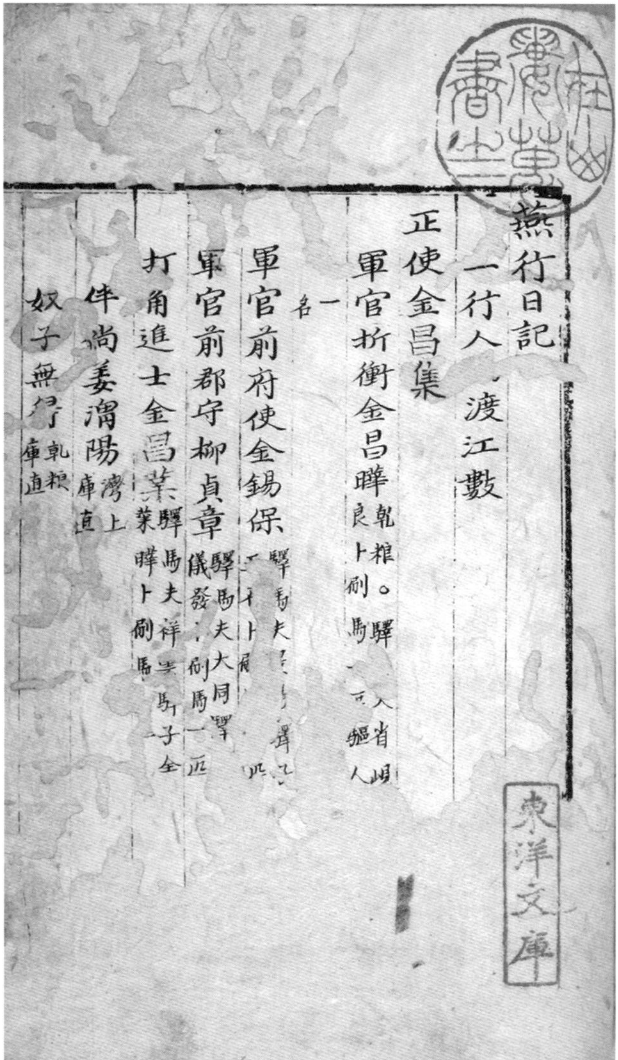

圖 7　日本東洋文庫藏手寫本《老稼齋燕行日記》内文頁

前言

13 世紀初至 19 世紀末，朝鮮半島在高麗、朝鮮王朝時期頻繁向中國派遣使臣，這些使臣及其隨行人員將往來中國的經歷訴諸筆端，由此形成了一批體裁豐富、作者衆多、數量龐大的燕行文獻，且至今流傳於世。在近七百年的時間里，由七百多位燕行使所撰寫的一千多種燕行録中，形成於 18 世紀初葉的金昌業《老稼齋燕行日記》堪稱經典範文。《老稼齋燕行日記》不僅豐富了燕行文獻的寫作内容，而且影響着其後一代代朝鮮燕行使的對華觀，在燕行録創作和編纂史上起着承上啓下的作用，標誌着"燕行録"創作的成熟。作爲"外國人看中國"的典型資料，《老稼齋燕行日記》越來越受到國内外學術界的重視。

一

金昌業(1658—1721)，字大有，號稼齋或老稼齋，出生於名門安東金氏。其曾祖父金尚憲(字叔度，號清陰)爲朝鮮仁祖時代著名的斥和首領，被譽爲"朝鮮的文天祥"。[①] 其父金壽恒(字久之，號文谷)爲朝鮮中期的文臣，曾任領議政、吏曹正郎、大司諫、吏曹參判、大提學等要職，有《文谷集》二十卷傳世。金昌業與其長兄金昌集(號夢窩)、二兄金昌協(號農巖)、三兄金昌翕(號三淵)以及其弟金昌緝(號圃陰)、金昌立(號澤齋)，或從政或爲文，皆享有盛名，被時人稱爲"六昌"。[②] 據

① 參柳時仙《金昌業燕行述論——以〈老稼齋燕行日記〉爲中心》，遼寧大學碩士論文，2014 年，第 3 頁。

② 參陳燕麗《金昌業的〈老稼齋燕行日記〉研究——以清的現實和金昌業的對清認識爲中心》，山東大學碩士論文，2009 年，第 7 頁；朴智鮮《金昌業的〈老稼齋燕行日記〉研究》，(韓國)高麗大學校博士學位論文，1995 年，第 12 頁。

其族曾孫金元行的行狀所言，金昌業才滿八個月就能開箱鎖。其曾祖父金尚憲之弟金尚宓之子金光烒無後，便將七歲的金昌業過繼給金光烒作養子。金昌業在良好的家庭教育環境中長大，從小便天性聰明，能文辭，善作詩。清康熙二十年(1681，朝鮮肅宗七年)，二十四歲的金昌業便中進士，名聲更望。金昌業還是一名畫家，十九歲時，其父金壽恒寫信告誡他：

> 汝於繪事，好著成癖，每慮其有妨於學業矣。蓋一以此得名之後，則一家之間，或被强迫而亦不得辭，勢固然矣。近聞汝以摹畫之役，無暇讀書，數月之内，將未易斷手云。此固汝自取而亦非細慮也。今後則一切放下，勿復留意於此事，唯以讀書作文爲業。而人有强請者，以家庭有教，不敢犯戒之意，峻辭謝却。雖一家父兄之所教，亦以此意委曲開陳，則必不以爲非矣。即今所摹畫，未知何樣畫，而多至數本云。如已始役，則其中一二本完畢以送，此後則斷然廢却，如以一刀斷割，至佳至佳。(金壽恒《文谷集》卷二十八書牘《寄業兒》[①])

儘管金昌業的家世十分顯赫，但他的仕途并不順利。康熙二十八年(1689，朝鮮肅宗十五年)，其父金壽恒被流放到珍島並賜死。這件事給金昌業及其兄弟帶來了極大的痛苦，除其長兄金昌集外，其他兄弟都因此退官。三十二歲的金昌業決意“廢舉務農”“寄情松菊”。他在漢陽近郊松溪耕治田莊，以此一生，恰如其自號“老稼齋”一般。金昌業曾作詩曰：

> 行年三十五，今日知餓味。人言饑難忍，嘗來殊不爾。一粥固自佳，否且高卧耳。泠泠巖下泉，佳名契妙理。單瓢時酌之，一沃亦復止。沖虚含道腴，一氣何曾餒？所以陶先生，嘯歌樂不

① 見《韓國文集叢刊》第133輯，景仁文化社/民族文化推進會1990—2005年版，第550頁下欄。

改。(金昌業《老稼齋集》卷一詩《自遣》[①])

可見其隱居之志。金昌業性格清雅、豪放,遠離富貴功名。安東金氏情勢好轉後,他依舊隱居於松溪。晚年時,其兄地位進一步提升,這使他頗感不安,甚至阻止小兒子金信謙參加大科考試。康熙六十年(1721,朝鮮景宗元年),金昌集被一場政變牽扯,流配巨濟島,金昌業憤憤不安,因病逝世,享年六十四歲。金昌業的主要著作有詩集《老稼齋集》及《老稼齋燕行日記》。

二

康熙五十一年(1712,朝鮮肅宗三十八年)十一月[②],金昌業隨其長兄即謝恩兼冬至正使金昌集赴燕。他將自己一百四十六天往返於北京途中的所見所聞,所思所感,付諸筆端,用日記體形式記錄下來,即流傳至今的《老稼齋燕行日記》(或稱《稼齋燕行錄》)。其燕行途中所作的大部分詩歌則見於《老稼齋集》卷五,稱爲《燕行塤篪錄》。

此次赴燕,金昌業的身份是自辟軍官[③],負責照料和輔助使臣個人,不承擔公事,行動自由。他在日記中寫道:

> 伯氏爲冬至兼謝恩使。時伯氏大病新瘳,子弟一人宜隨往,且吾兄弟皆欲一見中國,於是叔氏欲行,已而止,余乃代之以打角。啓下,一時譏謗讙然,親舊多勸止。余詼諧曰:"孔子微服過宋,爲今世通行之義,吾何獨不可乎?"聞者皆笑。(《老稼齋燕行日記》卷一)

金昌業的行程大致如下:壬辰(1712),十一月初三日從漢陽出發,十一日到達平壤,二十一日到義州,二十六日到九連城住宿并渡

① 見《韓國文集叢刊》第175輯,景仁文化社/民族文化推進會1990—2005年版,第24頁下欄。

② 以下所稱日期皆遵原書,以農曆紀月日。

③ 自辟軍官,也叫子弟軍官,即從使臣的子弟或近親中選定並得到政府批準的隨行人員。

江，十二月初一日到連山關，初六日到達瀋陽，十一日到新廣寧，十八日到山海關，二十一日到夷齊廟，二十七日到北京，并停留 47 天；癸巳（1713），二月十五日離開北京，到達通州，三月初一日到醫巫閭山，初五日至瀋陽，初六日至遼陽永安寺，初七日獨自往遊千山，初九日至連山關，十三日早到柵門，夜抵義州，三十日到達漢陽。他在卷末總結道：

> 往返五朔，共一百四十六日。去來路程共六千二十八里，在燕京出入及在道迂行者，又六百七十三里，得詩四百二篇。（《老稼齋燕行日記》卷六）

當時已五十餘歲的金昌業，以貧寒百姓隨從人員的名目，到處觀光旅行，結交清朝文人，了解百姓生活。在當時情境下，他能够打破朝鮮對清朝的偏見，積極去認識和了解真實的清朝及其君臣，實爲難得。金昌業的燕行活動主要包括以下幾件事：一是觀光遊覽名勝古迹；二是結交清朝文人百姓；三是觀察分析清朝君臣；四是洞悉解讀使事弊端。

三

《老稼齋燕行日記》有漢文版和韓文版兩種。林基中編《燕行録全集》（東國大學校出版部 2001 年版）影印出版了兩種漢文手抄本和一種韓文手抄本。其中，漢文手抄本的兩個版本，一爲首爾大學奎章閣藏本，共 9 卷 6 册，每卷首頁拓有“文閣”二字鉛印。奎章閣藏本書名標作“稼齋燕行録”，而每册的卷頭又作“老稼齋燕行日記”，分卷標識不太明確，每頁 10 行，24 字，每頁均畫有綫格，總計 754 頁。20 世紀 60 年代韓國成均館大學大東文化研究院出版的《燕行録選集》，以及民族文化推進會出版的《國譯燕行録選集》，皆爲奎章閣本。《燕行録全集》第 32 卷（第 287 至 567 頁）、第 33 卷（第 11 至 479 頁）即該版影印本。

另一版手抄本分 4 卷 4 册，每卷首頁拓“朝鮮總督府圖書館藏書之印"十二字。朝鮮總督府圖書館成立於 1923 年朝鮮半島日據時期,1945 年更名爲"國立圖書館",1963 年又改爲"國立中央圖書館"。館藏本封題曰"燕行日記",卷一、卷三首頁只題"燕行日記",卷二、卷四首頁則題"燕行日記卷之二""燕行日記卷之四"。每頁 11 或 12 行,無線格,字間距與行間距都很緊湊,每行字數不定,或 32 字或 47 字,總計約 487 頁。從筆迹上看,似爲三人合力抄寫完成。《燕行錄全集》第 31 卷(第 271 至 484 頁)、第 32 卷(第 11 至 285 頁)即爲該版影印本。

日本大正三年(1914),朝鮮古書刊行會編輯出版了鉛活字本《稼齋燕行錄》,收錄於《朝鮮群書大系》續編第 7 册。鉛字本封題曰"稼齋燕行錄(全)",拓有鉛印"國立國會圖書館藏書",當爲日本國立國會圖書館印。韓國古典翻譯院翻譯《燕行錄選集》時,對收錄的每一部燕行作品都作了解題,其中,李章佑在金昌業《老稼齋燕行日記》解題中提到,"無法確定手抄本《老稼齋燕行錄》所依據的筆寫本是否保存下來,朝鮮時代末没有印刷過,也没有木版發行,1914 年朝鮮古書刊行會曾出版發行了新式鉛活字本,但該版本已經很難找到了"。有學者稱,該版本在韓國梨花女子大學及首爾大學等處皆有收藏。[①] 我們用以對校的鉛字本據日本國立國會圖書館藏本影印。該本分 9 卷,豎排,每頁 17 行,每行 30 字,總計 354 頁,與奎章閣藏本的文字内容基本一致,但增加了句讀。而韓國國立中央圖書館藏本與這兩個版本相比,在文本内容和文字形體方面都存在較大差異,可能源於不同的流傳途徑。

高麗大學民族文化研究院"海外韓國學資料中心"網站公佈了日本東洋文庫所藏的一部手寫本《老稼齋燕行日記》。據介紹,該版"4 卷 4 册,四周雙邊,半郭……有界,10 行 20 字,注雙行,無魚尾",表題"老稼齋燕行日記"。各卷正文首頁右上角均有"在山樓蒐書之一"七字鉛印,右下角均有"東洋文庫"四字鉛印,卷末印有"K. Mayema",

① 柳時仙《金昌業燕行述論——以〈老稼齋燕行日記〉爲中心》,遼寧大學碩士論文,2014 年,第 41 頁。

似是藏書者名。此本有很多内容脱失，且與其他漢文版本存在字詞差異。

韓文版手抄本共6卷6册，每頁14行，每行約25字，總計187頁。該版本在韓國國立中央圖書館、國會圖書館、國史編纂委員會、韓國民族文化促進會等地方有藏。[①] 柳時仙認爲，韓文版《老稼齋燕行日記》對韓國文學史和韓語史研究具有重要的意義，且用韓文寫作能將作者的情緒更充分地表現出來。[②]《燕行錄全集》第31卷（第83至270頁）即該版影印本。漆永祥指出，該韓文版是選譯本。[③]

四

漢文版《老稼齋燕行日記》是一部極爲重要的燕行録，被奉爲燕行"教科書"，燕行後輩皆熟讀之。它對洪大容《湛軒燕記》、朴趾源《熱河日記》、金景善《燕轅直指》等燕行文獻都産生了重要的影響。金景善曰："適燕者多紀其行，而三家最著，稼齋金氏、湛軒洪氏、燕巖朴氏也。以史例，則稼近于編年而平實條暢，洪沿乎紀事而典雅縝密，朴類夫立傳而贍麗閎博。"（《燕轅直指・序》）[④]稼齋對日記體燕行録的蓬勃發展，具有開創之功。

學界對《老稼齋燕行日記》頗爲關注，産生了大批量的研究成果。據柳時仙《金昌業燕行述論——以〈老稼齋燕行日記〉爲中心》所列參考文獻，韓國方面研究金昌業及其燕行録的有十餘種，如裴英姬《十八世紀初中朝文人物品交流及其中國觀感——以金昌業〈老稼齋燕行日記〉爲中心》（臺灣大學碩士論文，2009年）等。中國方面，專門研究的成果主要集中在形象比較研究及交遊考，如劉廣銘《〈老稼齋燕行日記〉中的康熙形象——兼與同時期歐洲語境中的康熙形象比

① 柳時仙《金昌業燕行述論——以〈老稼齋燕行日記〉爲中心》，遼寧大學碩士論文，2014年，第41頁。

② 同上文，第42頁。

③ 漆永祥《燕行録千種解題》（中），北京大學出版社2021年版，第665頁。

④ 林基中編《燕行録全集》第70卷，東國大學校出版部2001年版，第246頁。

較》(《解放軍外國語學院學報》2006年第2期),徐東日《朝鮮朝使臣眼中的滿族人形象——以金昌業的〈老稼齋燕行日記〉爲中心》(《山東社會科學》2011年第10期),谷小溪《朝鮮詩人金昌業與清人詩文交游考略》(《古籍整理研究學刊》2014年第4期)等。隨着研究成果的不斷湧現,我們對金昌業及《老稼齋燕行日記》的認識也愈漸加深。

《老稼齋燕行録》的研究價值體現在歷史政治、語言文學、文化交流等諸多方面。

一是歷史政治方面。"燕行録"是研究中國與周邊國家(尤其是與朝鮮半島)外交關係史的重要參考資料,有不少學者已經從"燕行録"中挖掘出了衆多涉及朝貢制度的新材料,《老稼齋燕行日記》在這方面的記載尤爲詳細。如黄雅詩指出,在康熙朝"關於廪給的記録中,不論是途中還是留京時的廪給,皆僅有少數文字。唯一可稱詳細者,僅有金昌業具體羅列了所有成員的'入京下程'及各類品項、份額,並按身份分爲五等:使臣、書狀官、大通官、押物官和從人",《老稼齋燕行日記》中還有"鳳城、瀋陽、山海關、北京所用禮單人情都合數"一項,詳細列出了27項禮物的數量。[①] 此外,表咨文呈納、鴻臚寺演儀、朝參儀等,既記録了其當時的儀式,還援引許篈《荷谷朝天録》比對古今朝貢禮節制度的細微變化。這些記録對研究清朝對朝政策有重要的參考價值。

二是語言文學方面。汪銀峰的《朝鮮朝燕行文獻與清代前期語言的使用——以金昌業〈老稼齋燕行日記〉爲中心》[②]首先注意到了《老稼齋燕行日記》語言學上的價值,但該文獻在文字學、漢語史等領域的研究價值仍有待挖掘。

首先,手抄本《老稼齋燕行日記》版本多,字形多變,有的漢字書寫形式未見於或並不流行於中國本土文獻,值得深入研究,這將有助於漢字發展史、漢字傳播史、漢字理論的研究。如"所謂冠帶,有被

---

① 黄雅詩《朝貢與恩賜:從康熙朝燕行録看朝貢制度的真相》,《中國典籍與文化》2017年第3期。

② 見《域外漢籍研究集刊》第十輯,中華書局2014年版。

肩、接袖、馬蹋胸朩名"①,"朩"是"等"的草書寫法,一般工具書不載。又如"東則遠眺城外,亣壯觀也"②,"亣"即"亦"。"入太和殿庭,自謂夢乑奇符"③,"乑"即"兆"。由"兆"組成的合體字還有"⿰木乑/⿰木乑/⿰木乑(桃)""⿰女乑(姚)""⿰目乑(眺)",以及"⿰屰羊(聲)""⿱罒儿(器)"等,皆不易識讀,且富有朝鮮文獻特色。

其次,燕行文獻的語言是一種"混合漢語",其中混雜了許多的朝鮮詞。離析這些非漢語固有成分,有助於進一步釐清漢語與朝鮮語之間的歷史關係,也有助於解讀這批庫藏豐富的域外漢文文獻。如《老稼齋燕行日記》卷一"山川風俗總録"記載:"自鳳城至周流河,草家居多。自周流河至山海關,土屋居多。自有土屋以後,間有瓦家,而絶不見草家。此無草而然也。草屋上平塗以土而不漏,草生其上,或以石灰塗之。草家所覆茅皆不編,但束而積之。"其中的"草家""瓦家"便有朝鮮語痕迹。朝鮮語的"집[jip]"有多層含義:其一指建築物,即"房子,房屋",如"집을 짓다(蓋房子)";其二特指由家庭成員居住的住所,即"家",如"너의 집이 어디야?(你的家在哪裏?)"④。正因爲如此,燕行文獻中常用"家"指房屋,以上"草家""瓦家"即"草房""瓦房"。又:"鳳城、瀋陽之間,或穿皮襪,即我國所稱月吾只者。胡女不纏脚,亦或穿靴。"月吾只,也作"月吾其""月乙吾只",朝鮮語作다로기[da/ro/gi],即皮襪,燕行文獻多見記載。劉沛霖《韓漢大詞典》"다로기"條:"[名]皮襪。= 피말(皮襪)。"⑤但未標漢字。《老稼齋燕行日記》夾雜的朝鮮語詞彙,需要逐一加以離析。

另有一種情況,朝鮮文人在撰寫漢語過程中使用了與中國本土文獻不同的字形,形成了不少獨具特色的"域外體"。這些域外體詞形也需要離析,才能更好地解讀域外人士撰寫的漢文文獻。如《老稼

① 見《燕行錄全集》第33卷,第17頁。
② 同上書,第173頁。
③ 同上書,第135頁。
④ 劉沛霖《韓漢大詞典》,商務印書馆2004年版,第1511頁。
⑤ 同上書,第349頁。

齋燕行日記》卷六："潛使善興雇得金商騾子着鞍，裹飯二器，并行具入袋連，加于驛馬。"又"善興於大連中出各色麵果，……與業立、毛疾分喫後，以其餘還入大連"。袋連、大連，即漢語"搭褳"，是一種布制的長方形口袋，中間開口，兩頭各有一袋，可以掛在肩上或扣在腰間。中國文獻見載，如元無名氏《馮玉蘭》第一折："兀那前頭的車上，掉了我的搭褳，我拾起來者。"也作"搭連"，如明徐渭《雌木蘭》第一齣："有些針兒綫兒，也安在你搭連裏了。"[①]朝鮮大儒丁若鏞《雅言覺非·搭連》："搭連者，馬上衣衾之包也。對搭相連，故名曰搭連(兩包相對搭)。東人誤翻爲大練，從人假借者，書求搭連則人莫之應。"[②]可見，"袋連""大連""大練"都是漢語"搭褳"的轉寫異形詞。研究這種韓-朝語漢字"音寫詞"，對於中介語語料庫建設、語言接觸理論研究、漢語詞彙史以及辭書釋義、文獻整理均有理論意義和參考價值。

三是文化交流方面。金昌業此次赴京，結交了各階層的中國人，包括秀才、官員、軍官、商人、僧人等各色人物，其中還有習武的舉人，留下了豐富的筆談實錄。如他在角山寺與少年程洪論詩：

> 少年見詩，書曰："辭句工雅，無愧其爲名家進士，但我素未學詩，不解詩中之妙。請問先生，何爲'如玉其人獨閉門'?"余書曰："《詩》云'其人如玉'，指足下而言也。"曰："'其人如玉'，我亦知其意，但顛倒過來，恐文法不順也。"余曰："這等文法古詩中多有之，造次不暇援證出處，第於後日閱古詩自可知也。"少年又曰："敢問詩亦有層次乎?"曰："這層次指詩格高下而問乎？抑指一篇中辭意層次乎?"曰："指一篇中先後次第而問也。"曰："所謂先後第次，乃是辭理也。其辭理，文與詩豈曾有異也？但詩固亦以辭理爲主，而辭理亦有雅俗之分。辭理之外，又有聲調清濁。其妙境自非天才高者，不可勉而至。此所以難於文也。"少年又曰："請問二作之辭理，其先後次第安在?"余曰："纔所説乃泛論

① 以上二例見《漢語大詞典》第6卷，漢語大詞典出版社1990年版，第737頁。

② 丁若鏞《雅言覺非》，金鍾權譯注，一志社1976年版，第295頁。

詩法，如我所作安有所謂辭理次第乎？忘拙呈醜者，不過欲質於大方之家。君乃以不解爲謙，請試轉示於能詩君子，或者有所評論也。”(《老稼齋燕行日記》卷五)

一位朝鮮老人耐心地給一個中國少年講解古詩創作理論，亦可謂文壇佳話。金昌業不僅會作詩文，他還是位書畫家，據日記載，他將朝鮮歷史上著名畫家鄭敾、趙榮祐、李穉、尹斗緒等人的畫作攜帶入燕，請馬維屏品評：

鄭生敾、趙生榮祐、畫師李穉所畫山水，尹進士斗緒人物，有所持來者，遂皆出示。維屏以鄭畫爲勝，遂與之。尹畫即小紙畫一僧者，維屏以衣紋生短之。(《老稼齋燕行日記》卷四)

馬維屏欣賞鄭敾之作，金昌業便將該畫送與了他。這種頻繁的禮尚往來活動，促進了中朝之間的文化互動，爲日後兩國更爲頻繁、深入的書畫藝術交流活動奠定了基礎。

五

文獻整理是開展學術研究的前提。儘管金昌業《老稼齋燕行日記》的學術價值得到學界的普遍認可，但至今未有一本方便閱讀利用的點校整理本面世，這着實令人遺憾。我們的點校工作，主要圍繞以下幾個目的展開。

1. 校勘文字，辨析版本異文，爲各專業領域深入研究提供了可資借鑒的校勘成果。我們將四個漢文版《老稼齋燕行日記》進行對校，尤其注重將底本(即奎章閣藏本)與中央圖書館藏本逐字逐句比對，匡正底本存在的錯字、漏字、奪字、衍文等問題，校勘記詳細説明各版本之間的異文。由於没有整理版可資利用，不少論著引用《老稼齋燕行日記》時常出現一些文字訛誤。如劉廣銘《〈老稼齋燕行日記〉中的康熙形象——兼與同時期歐洲語境中的康熙形象比較》援引《老稼齋燕行日記》卷三：(正月二十五日)望皇帝，“向西盤膝而坐，廣額，顴稍殺,髯犯頰而斑白"[1]。該段引文有兩處錯誤:"顧",應爲"頤(頣)"字;遺漏一"踈(疏)"字,應作"踈髯"。[2]

2. 疏通文本句讀,提煉卷名及各小節標題,並重新分段,解決了文本閱讀不暢的問題。原書除卷一外無目録,今取要事而補之,以攝事件前後,以便查閲。原書以日期分段書寫,今依文本内容重新分段處理。柳時仙《金昌業燕行述論——以〈老稼齋燕行日記〉爲中心》引《老稼齋燕行日記》卷四:"(二月初七日)雖以今番事觀之,頒書於我國,以示序父與題目。所以矜文翰也,召我國人試射,又親射而鳴鼓。所以伐武藝也,……"[3]此引文有兩處錯誤,其一,"父",原文作"攵",乃"文"之異體字。[4] 其二,句讀有誤,"以示序文與題目""又親射而鳴鼓"兩句之後皆不當用句號,否則割裂文意。諸如此類引文錯誤,很大程度上是因爲目前没有點校本可資利用。從這個意義上説,此點校本《老稼齋燕行日記》,可爲各專業領域的學者提供文本内容更爲準確可靠的版本。

3. 我們將原書所見的俗别體文字製成《俗别字表》附於書後,可爲俗字異體字研究提供字形參考。異寫字是手抄文獻用字的基本現象,底本(即奎章閣藏本)有四種明顯不同的筆迹。第一、五卷的筆迹相仿,似一人所爲,第二卷、第三卷、第四卷則是三個不同的人抄寫的,第六卷夾雜了兩種筆迹,爲第一、五卷者所抄。全書使用的字形有一致之處,如"曹"作"曺","定"作"㝎","再"作"再",等等。但各卷也有各自的用字習慣和特色,如"數"字,第一、五、六卷作"數",第二、三卷寫作"數",第四卷則作"數"。第三卷習慣將"路""客"分别寫作"䟒""宭","桃""姚"寫作"桃""姚"。又如第四卷將"亦"寫作"亣","向"寫作"㐬"。爲方便排印,俗字别體和習見的異體字一般徑改爲

① 見該論文第120頁。

② 原文參《燕行錄全集》第32卷第47頁,或第33卷第129頁。

③ 見該論文第34頁。陳燕麗《金昌業的〈老稼齋燕行日記〉研究》(山東大學碩士學位論文,2009年)第17頁脚注引文同誤。

④ 原文參《燕行錄全集》第33卷,第207頁。

通行字體,而把原書所見的俗體製成《俗別字表》附於書後,對俗字有興趣的讀者可以參看。

點校過程中,我們也遇到不少問題,未能解決。如卷一"齎回物目"所列國王前謝恩物品"銀子□兩,駿馬□匹",量詞前的數字奎章閣藏本、中央圖書館藏本、東洋文庫本皆空缺,鉛活字本亦標注曰"缺",無可參證,乃闕如。其他不妥之處亦恐難免,期待學界同人批評指正。

謝士華

2023 年 7 月

目　錄

凡 例

一、本次點校以韓國首爾大學奎章閣藏手抄本(《燕行錄全集》影印本第32—33卷,東國大學校出版部2001年版)爲底本,以韓國國立中央圖書館藏手抄本(《燕行錄全集》影印本第31—32卷,簡稱館本)、1914年朝鮮古書刊行會新式鉛活字本(《朝鮮群書大系》續編第7輯,簡稱鉛本)、日本東洋文庫所藏手寫本(簡稱庫本)對校。

二、本書有同行異錄作品——崔德中《燕行錄》(見《燕行錄全集》影印本第39卷,簡稱崔書),本次點校亦以之參校。崔德中,生卒不詳,此次燕行以副使尹趾仁的軍官身份隨行,金書中也多次提到其人。在一些出使細節上,崔書記載更爲詳贍,頗有可采。

三、原書的俗字别體比比皆是,爲方便排印,筆畫微殊而不影響閲讀的俗字别體和習見的異體字一般徑改爲通行繁體,而把原書所見的俗字别體製成《俗别字表》附於書後,有興趣的讀者可參看,或直接查閲影印本。

四、校記主要注明底本與館本、庫本的文字之差異。底本與鉛本有重要不同者,出校;對校本顯誤而底本不誤者,一般不出校記。

五、底本遇有版刻疏失,如理據充足,則作校改。如無别本可依,仍守古人闕疑之例,以"□"别之,文意不通者不妄改。

六、凡"己""已""巳"或"戍""戌"等字錯寫者,及"歷"與"曆"、"后"與"後"、"鐘"與"鍾"混用者,徑改,不出校。通假字一般不改(有版本依據者除外),改則出校。

七、原書雙行小字注,今改用單行楷體排版。原書尊稱抬頭等今省之。

八、原書分六卷,目録僅排至卷一《往來總録》,此下據文意補之。原書以日期分段書寫,今依文本内容重新分段,以利閲覽。

卷　一

一行人馬渡江數

正使金昌集。

軍官折衝金昌曄[1]，乾粮廳驛馬夫省峴驛子曹孝良，卜刷馬一匹，驅人一名，奴子一名。軍官前府使金錫保，驛馬夫景陽驛子金玉石，卜刷馬一匹。軍官前郡守柳貞章，驛馬夫大同驛子儀發，卜刷馬一匹。打角進士金昌業，驛馬夫祥雲驛子全業曄，卜刷馬一匹。伴倘姜渭陽，灣上庫直。奴子無得、乾粮庫直。德世、億孫，任國忠驅人假名。上騎馬[2]一匹，馬夫輸城驛子裴永萬。中騎馬[3]三匹，馬夫成歡驛子金水玄、松羅驛子鄭自卩[4]老味、金井驛子李鶴龍。籠馬一匹，馬夫銀溪驛子白龍元，書者肅川官奴[5]孝石，馬頭宣川官奴俊元，引路瑞興官奴日尚、嘉山官奴再奉。轎子扶囑龍川官奴得良，宣川官奴弘世，嘉山官奴二永、正中，日傘奉[6]持瑞興官奴萬春[7]，左牽馬龍川官奴得芳，籠馬頭瑞興官奴士元，乾粮馬頭龍川官奴大直，廚子郭山官奴俊石、宣川官奴一官，軍牢義州金尚建、平壤二萬。

【校勘】

[1] 曄：館本、庫本皆作“曄”，鉛本作“燁”，崔書中《同行錄》作

"燁"。底本有 21 處寫作"曄",11 處寫作"燁"。今據館本、庫本統改作"曄",下文徑改,不再出校。

[2] 上騎馬:館本作"上騎",下同。

[3] 中騎馬:館本作"中騎",下同。

[4] 卩:即"節",鉛本即作"節",館本作"斤"。下文"卩達"亦同。

[5] 官奴:館本作"館奴",下同。

[6] 奉:館本作"捧"。

[7] 春:館本作"奉"。

副使尹趾仁。

軍官折衝崔德中,乾粮驛馬夫輸城驛子士學,卜刷馬一匹,驅人一名,奴子太[1]山。軍官折衝洪舜年,驛馬夫長水驛子寶劍,卜刷馬一匹,驅人一名,奴子莫男。打角前主簿金尚銓,驛馬夫成歡驛子金順一,卜刷馬一匹。伴倘申喜日,奴子毛立。上騎馬一匹,馬夫利仁驛子金天業。中騎馬二匹,馬夫銀溪驛子陳信得、召[2]村驛子朴仁昌。籠馬一匹,馬夫輸城驛子崔元孫,書者肅川官奴萬喜,馬頭中和官奴忠信。先生馬二匹,馬夫大同驛子金户巾、魚川驛子張明上,轎子扶囑宣川官奴洪建、者卩[3]達、定州官奴一萬、宣川官奴無赤金,左牽馬宣川官奴仲建,籠馬頭宣川官奴義建,乾粮馬頭宣川官奴元先,廚子定州官奴萬興、平壤官奴有建。

【校勘】

[1] 太:館本作"泰"。

[2] 召:館本作"㕣"。

[3] 者卩:庫本作"耇",崔書作"耒"。

書狀官盧世夏。

軍官宣傳官盧恰，驛馬夫黄山驛子全興文，卜刷馬一匹。伴倘[1]，奴子貴孫。上騎馬一匹，馬夫輸城驛子安守專。中騎馬一匹，馬夫平陵驛子李萬叔。籠馬一匹，馬夫輸城驛子方先厚，書者定州官奴稷山，馬頭定州官奴萬成，左牽馬郭山官奴海得，籠馬頭肅川官奴武赤。譯官嘉義朴東和，驛馬夫魚川驛子姜海昌，奴子善日，馬頭宣川奴子[2]時英，卜刷馬一匹，驅人一名，折衝金應瀗，驛馬夫幽谷驛子申貴永，奴子有成，卜刷馬一匹，驅人一名，折衝李惟亮，驛馬夫濟源驛子金已從，奴子重男，卜刷馬一匹，驅人一名，折衝朴再蕃，驛馬夫□□[3]驛子梁乭武佳，奴子以卜，卜刷馬一匹，驅人一名。漢學上通事前正張遠翼，驛馬夫參禮驛子劉㪽[4]男，奴子石民，卜刷馬一匹。清學上通事前判官金世泓[5]，驛馬夫金川驛子黄進方，奴子順伊，卜刷馬一匹。教誨質問通事前正劉再昌，副使乾粮驛馬夫連原驛子張厚從，卜刷馬一匹。年少聰敏前正吴志恒，書狀乾粮驛馬夫昌樂驛子李以男，卜刷馬一匹。次上通事前奉事朴世章，驛馬夫自如驛子金塊里金，卜刷馬一匹。押物通事前主簿金昌夏，驛馬夫栗峰驛子金禾延，卜刷馬一匹。押物通事前正金尚[6]鉉，驛馬夫㚖樹驛子金斗玄，卜刷馬一匹。押物通事前奉事吴泰老，驛馬夫富[7]安驛子金太巾，卜刷馬一匹。偶語別遞兒前正玄夏誼，驛馬夫參禮驛子金古長，卜刷馬一匹。清學別遞兒前判官韓允普，驛馬夫黄山驛子仇太再，卜刷馬一匹。被選奉事申之浩，驛馬夫碧沙驛子金非永，卜刷馬一匹。歲幣押領教誨教授洪萬運，上使乾粮驛馬夫青巖驛子朴仁生，卜刷馬一匹。蒙學前奉事金景興，驛馬夫大同驛子奴悪金，卜刷馬一匹，奴子得芳。倭學前直長崔檍，驛馬夫長水驛子河萬必，卜刷馬一匹。歲幣米押領教誨前正金萬喜，驛馬夫利仁驛子趙厚先，卜刷馬一匹。蒙學副司勇張齡，驛馬夫㚖樹驛子金有龍，卜刷馬一匹。清學新遞兒折衝崔台相，驛馬夫青巖驛子朴山奉，卜刷馬一匹，奴子莫山[8]。醫員前正玄翊夏，驛馬夫召[9]村驛子奴日悪，卜刷馬一匹。寫字官上護軍吴允礼，驛馬夫沙斤驛子金莫金，卜刷馬一匹，奴德成[10]。畫員副司果許俶，驛馬夫安奇驛子金已贊，卜刷馬一匹。加定前主簿申之淳，驛馬夫魚川驛子康仍[11]孫，卜刷馬一匹。御醫前正金德三，驛馬夫大同驛子康亡先[12]，卜刷馬一匹，驅人一名，奴子善興。偶語別差朝散大夫崔壽昌，自騎馬，驛人一名。灣上軍官車俊傑、刷馬一匹，驅人元建，任忠國，刷馬一匹，驅人億孫。馬醫司僕邊翼，驛馬夫大同驛子千守水，巨達觀伊李安謙。文書次知承文院書員姜遇文，驛馬夫自如驛子金順上，卜刷馬一匹。藥房書員韓泰興，驛馬夫安奇驛子金已贊，卜刷馬一匹。表咨文馬頭順安官奴訖福[13]，歲幣馬頭宣川官奴亡金，歲幣米馬頭肅川官奴太成，方物馬頭郭山官奴卜男、鐵山官奴萬敵。表咨文載持刷馬，四匹，驅人四名。歲幣木載持刷馬，一百二十匹，驅人一百二十名，加把六匹，驅人六名。方物載持刷馬，八十八匹，驅人八十八名，加把二十匹，驅人二十名。歲幣米載持刷馬，八十四匹，驅人八十四名。元盤纏載持刷馬，三匹，驅人三名。別盤纏載持刷馬，三匹，驅人三名。京路費載持刷馬，十六匹，驅人十六名。救急藥材載持刷馬，一匹。文書載持刷馬，一匹。内農圃貿易載持刷馬，一匹。内醫院藥物載持刷馬，一匹，驅人一名。内醫院貿易載持刷馬，五匹，一隻。[14]正使杻籠載持刷馬，二匹，驅人二名。副使杻籠載持刷馬，二匹，驅人二名。尚衣[15]貿易載持刷馬，六匹，一隻。三行次帳幕載持刷馬，五匹，驅人五名。驛子都卜載持刷馬。九匹，驅人九名。

【校勘】

[1] 伴倘：下缺一人名。

[2] 奴子：館本作"館奴"。

［3］□□：底本與館本此處皆缺兩字，庫本此處缺四字，鉛本亦標曰“缺”。

［4］乬：底本縱向排列“五十”兩字，間距較大，庫本同。館本與鉛本皆寫成一字，即“乬”。此處作人名，當爲一字，乃朝鮮用作人名的特殊字。

［5］泓：底本及其他各本皆作“弘”，然下文有5處寫作“泓”，今據下文改。崔書共見4處該人名，皆作“金世弘”。

［6］尚：底本及其他各本此處皆作“商”。下文另有6處“金尚鉉”，3處“金商鉉”，實爲同一人。今統改作“金尚鉉”。朝鮮語“尚”“商（啇）”同音，故有此異寫。其他版本亦同，或作“尚”，或作“商”。

［7］富：此處底本缺字，館本作“富”，今據館本補。

［8］奴子莫山：底本脱此四字，今據館本、庫本補。

［9］召：底本原作“㕣”，即“召”。館本作“吕”。

［10］奴德成：底本脱此三字，今據館本、庫本補。

［11］仍：館本、庫本作“艿”。

［12］康亡先：底本作“亡先”，館本作“康止先”，庫本作“康亡先”，今從庫本。

［13］福：館本、庫本作“卜”。

［14］内醫院藥物載持刷馬，一匹，驅人一名。内醫院貿易載持刷馬，五匹，一隻：館本、庫本、鉛本作“内醫院貿易載持刷馬，五匹，一隻。内醫院藥物載持刷馬，一匹，驅人一名”，兩句前後位置顛倒。

［15］衣：底本作“方”，今據館本、庫本改。

方物歲幣式[1]

年貢禮物

皇帝：白細[2]苧布二百疋，紅綿紬一百疋，綠綿紬一百疋[3]，白綿紬二百疋，白木綿一千疋，生木綿二千八百疋，五爪龍席二張，各樣花席二十張，鹿皮一百張，獺皮四百張，青黍皮三百張，好腰刀十把，大好紙二千卷，小好紙三千卷，米一百石內。七十石粘米。

【校勘】

［1］方物歲幣式：崔書中《方物歲幣呈納》與本篇大致相同，首有一段爲本書所無："舊例，輸納方物於禮部，則主客司郎中照數檢閱，轉送内府。順治以後，禮部將表奏文以交送方物於總管内務府武備院照式查收之意議奏，批下後通官引行中堂上以下諸押領官輸納該庫藏。該掌處各有禮單。"

［2］細：各本皆缺，據下文補。

［3］疋：底本作"匹"，據上下文改。本書"疋""匹"有分别，"匹"一般用於馬匹。

冬至禮物

皇帝：黄細苧布十疋，白細苧布二十疋，黄細綿紬二十疋，白細綿紬二十疋，龍文簾席二張，黄花席二十張，滿花席二十張，滿花方席二十張，雜彩花席二十張，白綿紙二千卷。

皇太后：螺鈿梳函一事，紅細苧布十疋，白細苧布二十疋，紫細綿紬二十疋，白細綿紬十疋，黄花席十張，滿花席十張，雜彩花席十張[1]。

【校勘】

［1］雜彩花席十張：底本脱，今據館本、庫本補。

正朝禮物

皇帝：黄細苧布十匹，白細苧布二十匹，黄細綿紬二十匹，白細綿紬二十匹，龍文簾席二張，黄花席十五張，滿花席十五張，滿花方席十五張，雜彩花席十五張，白綿紙二千卷。

皇太后：螺鈿梳函一事，紅細苧布十匹，白細苧布二十匹，紫細綿紬二十匹，白細綿紬十匹，黄花席十張，滿花席十張，雜彩花席十張。

聖節禮物

皇帝：黄細苧布十疋，白細苧布二十疋，黄細綿紬三十疋，白細綿紬二十疋，龍紋簾席二張，黄花席二十張，滿花方席二十張，雜彩花席二十張，白綿紙二千卷，紫細綿紬二十疋，獺皮二十張，六張付[1]，油芚十番[2]。

【校勘】

［1］六張付：各本皆同，崔書作“粘付六張”。

［2］番：崔書作“部”。

皇太后：紅細苧布十疋，白細苧布二十疋，紫細綿紬二十疋，白細綿紬十疋，黄花席十張，滿花席十張，雜彩花席十張。

謝恩四起禮物免其查[1]議、方物移準、減豹皮、審定境界四事也

免其查議禮物:

皇帝:黄細[2]苧布三十疋,白細苧布三十疋,黄細綿紬二十疋,紫細綿紬二十疋,白細綿紬三十疋,龍紋簾席二張,黄花席十五張,滿花席十五張,雜彩花席十五張,白綿紙二千卷[3]。

【校勘】

[1] 查:崔書作"重"。

[2] 細:底本缺,據館本、庫本及下文補。

[3] 卷:館本、庫本作"束"。

皇太后:紅細苧布十疋,白細苧布十疋,白細綿紬二十疋,滿花席十張,雜彩花席十張。

方物移準、減豹皮、審定境界三謝恩禮物同。

鳳城、瀋陽、山海關、北京所用禮單人情都合數

壯紙六百九十束,白紙一千三百束,青黍皮二百七十七張,小匣草二千四百二十四封,鄉封草九百五十封,鈿[1]竹二百二十箇[2],長烟竹九十六箇,銀項烟竹二百六十三箇,錫粧刀一百八柄,鞘刀三百七十柄,扇子八百柄,大口魚一

百七十尾，月乃[3]六十八部，環刀十四柄，銀玳瑁粧刀七柄，青銀玳瑁粧刀十二柄，銀烟竹十九箇，烟竹一百七十九箇，全鰒十三貼，文魚七尾，火金三百十箇，海蔘二十斗，正銀八兩，大匣草一百十封，油芚三番，花烽火金十五箇，筆墨各五十二。以上各種，上副房分半出給。此外，別求各色魚物、油芚、綾花、丸藥、醢物、筆墨等物，倍蓰於此。且往來衙門甲軍及留館時各處日次匣草、封草亦至數千匣封，而不可盡錄。此外，亦有以銀計給者，而無慮數千兩。此則出於行中出斂，不責廚房。[4]

【校勘】

[1] 鈿：各本皆同，然據下文似應作"烟"。

[2] 箇：館本作"介"，以下皆同。

[3] 乃：底本此字經描畫，似"乃"又似"刀"。鉛本作"刀"，館本、崔書作"乃"。應以"乃"爲是，其他燕行文獻多有"月乃"多少"部"之記載（如李押《燕行記事》），有别於各種"刀"以"柄"計。

[4] 各處禮單細目崔書有詳盡記載，可參看。

入京下程

舊例，只自光禄寺送米、一石八斗。猪肉、三十六斤。酒、九十瓶。茶、五斤十兩。鹽醬、各九斤。油、四斤八兩。花椒、九兩。菜蔘十五斤。等物，五日一次。出《荷谷朝天錄》。順治以後，户部供粮料，工部供柴炭、馬草、器皿，光禄寺供各様饌物。

使臣，每日各水稻米二升，魚三尾，豆腐二斤[1]，醃菜二斤，白鹽二兩，茶葉二兩[2]，柴十七斤。宗班正使，水稻米二升，鵝一首，鷄三首，魚三尾，猪肉五斤，豆腐三斤，醃菜三斤，牛乳一盆，紅柿十五箇，奶[3]酥三兩，水粉一斤，醋四兩，蒜十頭，黄蠟燭三枝，蘋果十五斤，大棗一斤，生梨十五斤[4]，清醬四兩，盤醬八兩，生薑五兩，白鹽二兩，香油三鍾，柴三十斤。隔四日一供：鵝二首，鷄三首，醬瓜一斤，香油二兩，燈油十兩，醋十兩，清醬十五兩，盤醬一斤，漢羊一隻，黄酒一瓶，冬三朔則烤手炭十斤，路費漢羊二隻。宗班正使隔二日一供：貄羊一隻，燒酒一瓶，冬則燒肉炭十五斤，烤手炭三十斤[5]。

【校勘】

［1］斤：底本原作“升”：今據館本與下文改。

［2］二兩：底本缺，據崔書及文意補。

［3］奶：底本、館本、鉛本作“仍”，然據文意改。

［4］黄蠟燭三枝，蘋果十五斤，大棗一斤，生梨十五斤：館本置於“紅柿十五介”與“仍酥三兩”之間。又，“蘋果十五斤”“生梨十五斤”中的“斤”，崔書作“介”。庫本亦作“生梨十五介”。

［5］烤手炭三十斤：底本缺，據崔書及文意補。

書狀官，每日水稻米二升，魚二尾，豆腐二斤，醃菜一斤，白鹽二兩，茶葉二兩，柴十五斤。隔四日一供：鵝二首，醬瓜八兩，香油十兩，清醬十五兩，盤醬一斤，漢羊一隻，黄酒一瓶，三冬則烤手炭十斤，路費漢羊一隻。

大通官，每日各白米一升，黄肉一斤半，鷄一首，醃菜半斤，盤醬三兩，白鹽八兩，燈油一兩，茶葉一兩，黄酒一瓶，柴十斤，三冬則烤手炭七斤，路費肉三十斤。

押物官，每日各白米一升，黄肉一斤，醃菜半斤，盤醬二兩，鹽二兩，燈油二鍾，茶葉一兩，柴十斤。五日酒四瓶。三冬則烤手炭五斤，路費肉二十[1]斤。

【校勘】

［1］二十：底本脱“二”字，今據館本、庫本及上下文意補。

從人，每日各白米一升，黄肉半斤，醃菜四兩，油一鍾，鹽二兩，柴四斤。領賞從人五日酒二瓶，路費肉十斤。

馬每匹太四升，草二束，柴二斤。

光禄寺，路費羊肉價銀子五十八兩五錢[1]。大通官三員各一兩九錢，押物官二十四員各一兩二錢，從人三十名各八錢。

【校勘】

［1］錢：底本作“戋”，今從館本作“錢”，下同。

表咨文呈納

舊例，入京翌日，使以下具公服，奉表咨文詣禮部，先行見官禮於尚書訖，使奉咨文跪告曰：“國王咨文。”尚書命受之，復曰：“起來。”然後使起，退出，還坐歇所，令通事呈表文于儀制司後，使以下歷往主客、儀制兩司行禮而罷歸。出《荷谷朝天錄》。今則尚書或侍郎。與郎中具服，面南立于大廳。大通官引三使，奉表咨文跪進。郎中受，安于桌[1]子上。通官引使以退。

【校勘】

[1] 桌:桌椅之"桌",底本有 110 處寫作"卓",28 處寫作"桌",今統作"桌"。

鴻臚寺演儀

舊例,演朝賀節儀於朝天宮中門内。撾大鼓則千官以朝服分東西魚貫而入,使以下隨之。鳴鞭,齊班,樂作,行四拜而跪。通政司、鴻臚寺等官前奏慶賀節次畢,又行四拜而跪。搢笏起舞蹈,又跪呼"萬歲"者三,又起行四拜而罷。出《象院題語》《荷谷朝天錄》。今則使以下正官三十員具公服,詣鴻臚寺牌閣前 八面高閣内設御榻,奉安位牌,牌面以金字書當今皇帝萬歲萬歲萬萬歲。演儀。三使爲一行居前,堂上官以下至押物官二十七員分爲三行,從職品,每行九人。排班列立,鳴[1]贊二人立于左右臚唱,一時行三跪九叩頭。如或參差,則雖三四巡,更加演習後許罷。

【校勘】

[1] 鳴:底本作"鴻",今據館本、庫本改。

朝參儀

舊例，見朝日五更頭，使以下具公服詣闕，憩于午門外。日將出，五鳳樓上擊鼓撞鐘，殿前[1]鳴鞭三聲，内外齊班。皇帝出御[2]皇極門，今則視朝於皇極殿，而皇極改名太和。千官入於皇極門庭。使與十三省差來官班於午門之前，使臣序於各官之末，呈文禮部，依《會典》序於諸國使臣之上[3]。一行立於監生之前。少焉，午門三門盡闢。鴻臚寺序班引使以下到御路上，行五拜三叩頭禮。遂由右掖門而入見，文武官東西相向，糾儀御史列於中庭，使以下就其後而立。十三省官入見畢，序班引使以下跪于御路上。鴻臚寺官[4]持揭帖跪奏曰："朝鮮國差來陪臣某職某姓名等幾員見。"使以下行三叩頭而復[5]跪。皇帝親發玉音曰："與他酒飯喫。"使以下復三叩頭，序班引出，還由右掖門詣光禄寺，喫酒飯而罷。出《荷谷朝天録》。今之節次與舊無異，而禮數則三跪九叩頭，外國例序於西班之末，而我國使以下皆序於諸國使臣之上。一品使臣則引上殿内，坐於五等諸侯之末。啜茶而出，或值正朝日太平宴之時，則東西班一品外皆無[6]宴床。諸國使臣一行只給一床，而我國三使各給一床，大通事以下三人並給一床。

【校勘】

[1] 前：館本、庫本作"庭"。

[2] "出御"：庫本同，館本作"御出"。

［3］呈文禮部，依《會典》序於諸國使臣之上：原書此句語序有誤，各本皆作“典序於呈文禮部，依會諸國使臣之上”，今據崔書文意改。

［4］官：各本皆缺。崔書作“鴻臚寺官”；核許篈《荷谷朝天記》，亦作“鴻臚寺官”，今據改。

［5］復：底本作“後”，館本、庫本作“復”。核許篈《荷谷朝天記》，萬曆二年甲戌八月初九日，“余等三扣頭而復跪，帝親發玉音曰：‘與他酒飯喫。’聲甚清朗。余等復三扣頭”，則當作“復”，今據改。

［6］無：各本皆缺，今據崔書及文意補。

齎回物目

國王前：冬至，綵段[1]五表裏[2]，銀子二百五十兩。正朝，綵段五表裏，銀子二百五十兩，駿馬一匹，玲瓏鞍鞊全備。聖節，綵段五表裏，銀子二百五十兩，駿馬一匹，玲瓏鞍鞊全備。年貢，綵段五表裏，銀子二百五十兩。

【校勘】

［1］段：底本、館本作“叚”，“段”之俗寫，即“緞”。下同。

［2］裏：底本作“裡”，館本作“裡”，三字同，今改作“裏”。下同。

上副使：各，冬至，大段紬二表裏，銀子五十兩，黄絹二疋。正朝，大段紬三表裏，銀子五十兩，鞍具馬一匹[1]，黄絹二疋。聖節，大段紬三表裏，銀子五十兩，鞍具馬一匹，黄絹二疋。年貢,大段紬二表裏,銀子五十兩,黃絹二疋。自前以黑靴[2]子具毛清賜給,康熙癸亥以黃絹代給,押物官以青布代給。

【校勘】

[1] 鞍具馬一匹:館本置於"銀子五十兩"與"黃絹二疋"之間。

[2] 靴:底本原作"鞍",館本、庫本、崔書作"靴",今據改。

書狀官:冬至,大段紬一表裏,銀子四十兩,黃絹一疋。正朝,大段紬二表裏,銀子五十兩,黃絹一疋。聖節,大段紬二表裏,銀子五十兩,黃絹一疋。年貢,大段紬一表裏,銀子四十兩,黃絹一疋。

大通官三員:各,冬至,大段紬一表裏,銀子二十兩,黃絹一疋。正朝,大段紬一表裏,銀子三十兩,黃絹一疋。聖節,大段紬一表裏,銀子三十兩,黃絹一疋。年貢,大段紬[1]一疋[2],銀子二十兩,黃絹一疋。

【校勘】

[1] 紬:底本脱,據庫本及上文補。

[2] 疋:底本作"叚",館本作"疋",今據改。崔書作"表裏"。

押物官二十四員:各[1],冬至,小段一表裏,銀子十五兩。正朝,小段一表裏,銀子二十兩,青布四疋。聖節,小段紬一表裏,銀子二十兩,青布四疋。年貢,小段一表裏,銀子十五兩。

【校勘】

[1] 各:底本脱,今據館本、庫本崔書補。

從人三十名:冬至,銀子四兩。正朝,銀子五兩。聖節,銀子五兩。年貢,銀子四兩。

國王前,謝恩:綵段五[1]表裏,銀子□兩,駿馬□匹[2],玲瓏鞍粘全備。

【校勘】

[1] 五:此字底本、館本、鉛本皆缺,惟庫本作"五"今據庫本及上文補。

[2] 銀子□兩,駿馬□匹:兩處量詞前的數字,底本、館本、庫本皆缺,鉛本亦曰"缺"。崔書亦缺字。據前文,疑作"銀子二百五十兩,駿馬一匹"。

上副使:各大段紬二表裏,小段紬一表裏,銀子五十兩,鞍具馬一匹,黃絹二疋。宗班正使加賜大段紬五表裏,豹皮十令,大段團領方紬單衫褲各一襲。

書狀官:大段紬二表裏,銀子五十兩,黃絹一疋。

大通官三員:各大段紬一表裏,銀子三十兩,黃絹一疋。

押物官二十四員:各小段紬一表裏,銀子二十兩,青布二疋。

從人三十名:各銀子五兩。

奏請等使並同。

上馬宴

行于館所，饌品節次與禮部下馬宴同，而坐次則尚書居東，三使居西，郎中居尚書之後，一行居三使之後。[1]

【校勘】

［1］崔書又有《瀋陽交付分納》《入京式》《領賞儀》《下馬宴》《入栅式》等，可參看。

山川風俗總録

自義州至鳳城爲二站，無人家，露宿。自鳳城至北京爲三十一站，皆有察院。自鳳城至遼東謂之東八站。自九連至鳳城，山秀水明，往往開野。自鳳城至狼子山，山高谷深，屢渡大川，過冷井十餘里，始出遼野，行四百里，始見邱陵。自是至北京，雖有小小岡隴，大抵皆平野，不復踰峻嶺。道上所見近山，九連城之松鶻山，鳳凰城之鳳凰山，廣寧之醫巫閭山、十三山，山海關之角山，薊州之崆峒山、盤龍山，此七山皆石山。其遠山，昌黎縣之文筆峰、遼東之千山最奇秀，而西北邊長城一帶亦多奇峰，不知名。

水，遼東太子河，瀋陽渾河、遼河[1]，即周流河。錦州衛大凌河、小凌河，永平府青龍河、灤河，豐潤縣還香河[2]，薊州漁陽河，三河縣滹沱[3]河，通州[4]白河。此十三水皆有舟，而亦皆有橋。白河、遼河最大，幾如我國臨津，其餘八水大如金川猪灘。

【校勘】

［1］遼河：底本作"遼東"，應爲"遼河"之誤。李宜顯《庚子燕行雜識》載"水則遼東之太子河，瀋陽之混河、遼河，錦州衛之大凌河、小凌河"，今據此改。

［2］還香河：其他燕行文獻及《大明一統志》多作"還鄉河"。

［3］沱：底本作"滹"，今據下文及《大明一統志》改。

［4］通州：底本作"廣州"，據館本及文意改。

市肆，北京正陽門外最盛，鼓樓街次之。在宮城北。通州與北京幾相埒，瀋陽、山海關又次之。車馬輻輳，百貨充牣，兩處一樣，而士女都治，山海關爲勝。遼陽、寧遠衛、錦州衛、中後所、永平府等處又次之。撫寧縣、豐潤縣、玉田縣又居其次，而市旗街榜亦自繁華。

北京城周四十里，南邊重城周二十八里。通州城周八九里，西有重城。薊州城、永平府城周俱八九里，而無羅城。錦州衛城周八里，東有羅城。寧遠衛有内外城，周八里。山海關城周七里許，有東西羅城。瀋陽有内外城，外土城，内城周八里。中右所、中後所、前屯衛、中前所等處，城周與錦州衛相等。凡城皆甎築，而高三丈以上，山海關最壯。撫寧縣、玉田縣、豐潤縣、三河縣及諸驛堡，莫不有城，而其高皆不下三丈。縣以上城皆有十字街，樓二簷或三簷，金碧照曜半空。

自渡江至北京，地皆沙。自入遼野，往來車馬益多，沙益細，乍風輒揚，狀若烟霧，後人不見前人。關内尤甚。雖無風日，輪蹄間觸起者如灰揚，着人衣帽面目，頃刻變色幻形，同行幾不能相識。在鬢髮者拭之不脱，在口中者淅瀝有聲。至十襲之籠，重封之瓶，亦皆透入，極可怪也。市肆及人家所置器物，用鷄尾帚不住拂拭，不然頃刻積至寸許。北京城大街皆灑水以浥之。

公私屋大抵多南向。屋制雖下户草家皆五樑，樑長者二十餘尺，小不下十四五尺。其大屋七樑、九樑者有之。屋勿論間架大小皆一字。無曲折連絡之制，而前面中央爲門，左右設窗，東西北三面皆築墻，而北墻當中設門，與南門相直，通人往來。前後門之間即正堂，而堂左右各有門。其内即室也。室中附窗爲炕。炕，即堗也。其高可踞，長竟一間，廣可卧而足不可伸。炕外皆鋪甎，而貧者否。竈在室中，皆安釜。其客堂則不然。門户皆從内開閉，樞悉用木爲之，户環之外無鐵飾。屋瓦惟宫殿、公廨及寺觀用鴛鴦瓦，私家[1]不得用鴛瓦，只覆鴦瓦，而公侯、駙馬家則許用鴛鴦瓦。屋甍皆以甎爲之，屋脊亦然，而皆雕鏤，或加青緑彩。壁[2]厚尺餘，以甎夾灰築之，或築以土坯，外塗石灰。瓦縫亦悉用石灰塗之，雀鼠不得穿。到處罕見雀鼠，豈亦以此耶？

【校勘】

［1］家：底本作“室”，今據館本改。

［2］壁：底本作“甓”，今據館本、庫本改。

自鳳城至周流河，草家居多。自周流河至山海關，土屋居多。自有土屋以後，間有瓦家，而絶不見草家。此無草而然也。草屋上平塗以土而不漏,草生其上,或以石灰塗之。草家所覆茅皆不編,但束而積之,其本在下,厚尺許。屋脊則泥塗其縫。

北京城内凡通街僻巷,路左右皆作隱溝,使一城簷溜及行潦盡入此,會于玉河,出城外。城内又不得畜鵝鴨羊豕之屬,以此城中無溝瀆,亦無糞穢。人家無溷廁,二便皆器受而棄之。北京城内僻巷中往往有深窖,此乃人家棄糞處也,滿則輦出于田。其溺器形如凫,其口如酒煎子。我國人初見,或認作酒器而吸之。胡人亦得我國溺缸作飯器云,真是對也。

有村必有寺有廟,如遼陽、瀋陽、山海關等處最多,至北京城内外,寺觀比人家幾居三分之一。但一寺所居僧,雖大刹不過數十人,道士尤少。家家奉關帝畫像,朝夕焚香,店肆皆然。關帝廟必供佛,佛寺必供關帝,爲僧者一體尊奉,曾無分别。

清人貌豐偉,爲人少文。少文,故淳實者多,漢人反是。南方人尤輕薄狡詐,然或不盡然。清人亦入中國久,皇帝又崇文,故其俗寖衰矣。清人皆能漢語,而漢人不能爲清語,非不能也,不樂爲也。然不能通清語於仕路有妨。蓋闕中及衙門皆用清語,奏御文書皆以清書[1]繙譯故也。閭巷則滿漢皆用漢語,以此清人後生少兒多不能通清語。皇帝患之,選年幼聰慧者送寧古塔學清語云。

【校勘】

[1] 書:庫本同,館本作"語"。

官員之行,一騎持坐席在前行。蓋以坐席别其品級高下故也。大小人員遇皇子皆下馬,閣老以下否。官高者皆乘轎,而清人不得乘轎。

凡相見之禮，揖而不拜，致敬則鞠躬，致謝則叩頭。語必作手勢。若遇相親之人，則就前執兩手而摇之，致其歡欣之意。女人不然。

漢女皆傅粉，胡女則否。舊聞漢女有夫，雖老皆傅粉簪花，今見不[1]盡然。關外女多美者。男女衣服，勿論奢儉，其色尚黑，而漢女不然，穿青紅褲者多。男子[2]衣服，除富奢者外，悉用大布，雖北京亦然。女子衣服，貧寒者外悉用綺羅，雖窮村亦然。男女勿論貴賤，皆穿鞋穿靴。雖驅車者亦皆穿鞋。其鞋皆用布帛造，皮造者無。其麻鞋、藁鞋亦無。鳳城、瀋陽之間，或穿皮襪，即我國所稱月吾只者。胡女不纏脚，亦或穿靴。少兒雖數歲者，亦皆穿襪、穿鞋靴，不見赤脚者。其着衣束帶亦與大人無異。漢女避人，清女不避人。女子被綺羅，塗粉簪花，而其夫衣服敝惡，面貌醜陋，乍見者皆認爲其奴。

【校勘】

[1] 見不：底本作"不見"，今據館本改。

[2] 子：底本作"女"，今據館本、庫本及下文文意改。

凡大小事役，男子悉任其勞。驅車、耕田、負薪之外，運水、舂米、種田，至織布、裁縫等事亦皆男子爲之。女子則罕出門外，其所爲不過縫鞋底而已。村女則簸穀、炊飯等事，或自爲之。店房中絶不見女人往來。

男子擔而不負，用一條木，兩頭懸物，用肩擔之，謂之扁擔。一擔重可百斤。其運水、運柴，皆用此法。其行遠路者，用行李與鋪蓋卷作一條加于肩，倦則移左移右。雖行千里之遠亦如此。大抵任物以肩不以背。

喪服之制，一倣家禮，以白大布爲之。父母喪，未殯，水醬不入口，既殯則飲酒食肉如常。或云漢人尚用三年之制，清人用易月之制。清人皆火葬，漢人不火葬，而近來亦頗火葬云。雖火葬，皆入棺燒化[1]，收其骨，納器而瘞之，聚土爲小堆。凡城邑村落繁盛處，野多露置之柩。或於柩外累磚而灰塗之，或只以石塊壓其上，任其朽敗者有之。此則貧無葬地，或客死不能歸者，而畢竟歸於燒化云。

【校勘】

［1］化：底本、庫本作“火”，今據館本及下文改。

朝夕之饋，或飯或粥。男女圍一桌而坐，各以小器分食。一器盡又添一器，隨量而止。饗賓，主客共一桌。客至數人亦不別設，但於每人前各置雙箸、一隻杯，從者持壺斟酒，隨飲隨斟，不卒則止。杯甚小，兩杯堇[1]當我國一杯，而亦不頓飲，細細呷下。尋常飯饌，村家則不過一碟沉菜，而味甚醎，故沉水退鹽，細切喫之。富豪家則盛設，而不過是炒猪肉、熱鍋湯之類，大抵簡約[2]。飲食皆用箸，不用匙。然匙亦有之，以磁造，而柄短斗深。箸用木造，或牙造。待客必以茶。行茶之禮亦如行酒，各人各鍾，隨飲隨斟。而茶要必熱，在鍾稍冷則還傾壺中。飲茶尤[3]要緩緩，呷茶一盞，幾至吸烟之久。茶不惟待客，亦無時不飲，如東八站茶貴處，以炒米代之，謂之老米茶。

【校勘】

［1］堇：館本、庫本同，鉛本作“僅”。“堇”用同“僅”，朝鮮漢文多見，本書亦多，不再出校。

［2］約：底本原無，今據館本、庫本補。

［3］尤：底本作“爲”，今據館本、庫本改。

南草，男女老少無人不喫。而待客之際，與茶並設，故稱南草爲烟茶。然其草細切，曬得極乾，無一點濕氣，故一瞬爇盡，而亦不疊喫，一竹便止，通一日所喫，多不過四五竹。

食桌，炕上所設，其長僅三尺，高六七寸，廣不及長三之一，是謂之桌子。桌子不惟設飯，亦供據而寫字。其炕下所設桌子，其高稱凳椅。凡記中尺寸皆以營造尺度之，椅與凳皆所以置炕下而供人坐者。凳子之制或圓或方或長，其[1]高取其可踞。

【校勘】

［1］其：底本作“或”，今據館本、庫本改。

所謂柔薄兒，以麵造，似我國霜花而皺其縫，似我國饅頭。此蓋古之饅頭也。其餡以[1]猪肉和蒜爲之，彼處餅餌中味最佳。又以麵作團餅，熬以猪羊油，輕脆易碎，亦似我國江丁之狀。其珍者和糖屑而爲之。雖有精粗美惡之不等，店肆所賣大抵皆此類。其粉餻絕不見。

【校勘】

［1］餡以：“餡”，底本原字作“啗”。又，“以”，底本無，庫本作“似”，館本作“以”，今據館本補。

寧遠衛及豐潤縣皆有冬葅，如我國之味，而豐潤尤勝。北京通官家所造沉菜亦倣我國法，其味頗佳。此外，芥沉菜、菘沉菜到處有之，味稍醎，而往往有佳者。亦有各樣醬瓜，而味不好。

東八站雉味不遜我國膏雉。小黑山、十三山鶴鶉極賤。

大小凌河甘冬[1]醢味佳而賤。

【校勘】

[1] 甘冬：館本作"甘同"，全文皆如此。

魚，我國所有膾殘魚、即俗名白魚。鱖魚、鯔魚、即俗名秀魚。重唇魚、鯉魚、鮒魚，及俗名苧蛤、竹蛤，所無白魚、魴魚。此外不知名者亦多。

菜，胡葱、菘芥、蘿葍[1]、蔆菠菜、俗名時根菜。胡蘿葍俗名唐根。最多，萵苣、芹、苦菜、羌[2]亦有之。胡蘿葍色紅如紅蘿葍，芹味辛，苦菜亦與我産微不同，蔓菁絶不見，山藥亦多而皆家圃所種，肥而小味。通遠堡蕨最美。

【校勘】

[1] 葍：底本原作"荳"，今據館本、庫本及下文改。

[2] 羌：館本作"羌"。底本原作"羌"，庫本作"羌"，皆即"羌"。此當爲"薑"，或又作"姜"，而古"羌""姜"同，故寫作"羌"。

燒酒，味同我國，而飲後腹中不安，似因和石灰而然。酒，薊州、易州酒俱清洌，不下於我國白霞酒，而力弱，醉而易醒。未知釀法如何，而蓋皆粘黍所造也。北京通官朴得仁家及沙河堡劉繼迪家酒絶佳，勝於薊州。

醬，皆用大豆和小麥爲之。見其燻造如我國所造，而一塊大如斗。醬味淡而微酸，然無雜味，可喫。市醬或和小豆爲之，味尤不好云。

薪皆蜀黍幹，非黍皆柳，而皆鉅截，不以斧劈，蓋惜其札也。炭皆用石炭，而木炭亦有之。石炭色黑，其[1]塊大小不一。其細瑣者碾爲屑，和糊印成花磚，市肆間堆積皆此物。

爇不盡者，滅其火可以再爇云。

【校勘】

［1］其：底本作“甚”，今據館本、庫本改。

器皿，窮村僻鄉皆用畫磁。非畫磁則皆烏磁也，其白磁罕見。銅與豆錫器，又絶無堇有。凡寺觀香爐及人家酒榼、茶壺、燭臺多是白錫。即俗名白鐵。

鞍轡之飾，鮮用銅鐵，如驢鐙多揉木爲之，大抵銅鐵貴也。炊飯皆用釜，而釜底平，故易沸。鼎鍋之屬絶不見。汲水之器，皆用柳編，輕而不破。剉刀，刃薄而利，一人按之以手，能切一束草，勝我國足踏。斗形口闊底殺，隔其半爲兩區。弓皆角造，長比我國加五分之二。矢，楛[1]幹鸛翎，一箙只插七箇。鳥銃長幾一把，竪而負之，在馬上放之，能中飛禽。

【校勘】

［1］楛：底本作“楉”，據館本、鉛本改。

以扁圓大石置地上，中央插一木柱。又用數尺許大圓石穴，其中貫以木，作活機。以其一頭繫于柱，一頭駕驢而轉之，是謂碾，家家有之。碾粟成米，亦碾木麥。此外又有磨，其制與我國同，而皆用驢轉。碾驢、磨驢皆籠其目，一人執鞭而臨之，終日不息。

果，山查[1]大如梨，百無一蠹，肉厚味佳。西瓜形長而瓤黃子黑，斑者多，味亦佳。栗如我國皮赤栗，連皮炒，皮易脱，味尤[2]佳。葡萄顆大味佳，紫色者多。西瓜子車載市積，男女老少行坐皆喫。子多者别有一種，肉不可食。大棗比我産倍大，肉厚核小，所謂黑棗尤佳。柑橘之屬，多至六七種，而其味皆佳，其中乳柑、文丹絶美。而文丹罕得見，乳柑價亦不少，一顆直錢六十，以我國則爲一錢。

【校勘】

［1］山查：底本、館本、鉛本同，即"山楂"。

［2］尤：底本作"又"，今據館本、庫本改。

五穀皆有，而蜀黍最賤，其次大豆，其次粟。大豆色黑而小者尤賤，其形扁，與我國黑豆差異，味亦薄。牛馬皆飼此豆。關内外炊飯率用小米蜀黍，而蜀黍居多，間有旱稻米。北京有水稻米。水稻者，水田所種也，其色白如銀，而作飯終硬，但比旱稻則勝耳。

大車駕五馬或至駕八九馬，小車不過一馬一牛。而其輪俱無輻，但貫木一縱二横，而以縱者爲轂。方其孔，使輪軸同轉。輪裹以鐵葉，周圍加釘，防其磨破。蒙古車制，一如我國而稍輕薄。駕車率多駿馬，否皆騾，騾力大故也。將軍者持丈餘之鞭坐車上，鞭其不盡力者。衆馬齊力，車行如飛。又有獨輪車，一人從後而推之，可載百餘斤，載糞皆用此車。驢，東八站及錦州衛最多，關内人皆於此處買去。驢役最苦，人騎之外，馱柴[1]、馱水、轉碾、轉磨皆用驢，至或代牛而耕。馬之遠行者，雖日[2]行數百里，在道不飼草豆，至宿處歇過一兩時方卸鞍飼草豆。夜深後，飲以清水，至曉又飼草豆。有水則飲，無[3]則行到有水處飲之。其累日喂養，體極肥者遠行不飼豆。每夜只給長草一束，但飲以清水，過八九日後方許飼豆。馬蹄不可加[4]鐵，驢或加鐵。牛體小，角長，曲而向前。其形與我國牛不同。又不穿鼻，但以繩纏兩角以制之。

【校勘】

［1］馱柴：底本脱，今據館本、庫本補。

［2］日：底本作“一”，今據館本、庫本改。

［3］無：館本“無”下有“水”字。

［4］加：底本作“可”，今據館本、庫本改。

耕法，關内農器輕便，或以驢，或以人引之，不盡駕牛。關外則全用牛。遼東以兩牛並駕。而農器之制亦如我國山峽所用。豈高麗舊俗猶存而然耶？

馬之白色者，十居六七[1]。牛有白色、灰色、黑色、斑駁色，而灰色、白色居多，純黄者絶無。槖馳[2]亦有白色者，猪白色者亦多。

【校勘】

［1］六七：館本作“七八”。

［2］槖馳：本書底本他處又作“槖（橐）馳（駝）”“駱馳（駝）”等形，不統改。

鷄多白斑毛羽，俗名求數鷄。其黄赤色者絶不見。大抵六畜皆多白色，其理未可知也。狗[1]大者如豹[2]，能獲獐鹿。其形瘦小者如猫，在人懷抱中，然見生人，輒吠而噬。騎而獵者、遠行者，皆用鹿皮作兩條裙著于膝前，是防衣褲磨破也。

【校勘】

［1］狗：館本作“犬”。

［2］豹：館本、庫本作“駒”。

入去時，沿路絶不見老人。比至歸時，出坐門前者往往而在。蓋天寒深蟄，至春始出也。然道上絶不見老人往來。行中有年過七十者，至一處，主人問其年，又問子有無，即唾其面，蓋鄙之也。

往來總錄

壬辰十一月初三日，自京離發，二十二日至義州，留四日。二十六日渡江，十二月二十七日至北京，留玉河館四十六日。二月十五日回程，三月十三日還渡江，三十日入京。往返五朔，合一百四十六日。自京至義州一千七十里，自義州至北京一千九百四十九里，合三千十九里[1]。在北京出入及在道爲遊覽迂行者，又六百五十三里。

【校勘】

[1] 三千十九里：館本、庫本作“三千十四里”，經核算，底本是。

第一壯觀，遼東野、山海關城池。其次，遼陽白塔、居庸關疊嶂、千山振衣岡巖刻、薊州獨樂寺觀音金身、通州帆檣、東嶽廟塑像、八里堡墳園、天壇三層圓閣、午門外象、大通橋橐駞。其數百匹。

第一奇觀，薊門烟樹、太液池、五龍亭、正陽門外市肆、兔兒山太湖石、崇文門外器玩、太學石鼓。其次，祖家牌樓、西直門外夜市、法藏寺塔、斗姥宫、龍泉寺西閣立石、通州畫器、吕紀水墨孔雀、陳眉公水墨龍。

所買書册,《朱子語類異同條卞》[1]《漢書評林》《杜工部集》《劍南詩抄》《本草綱目》《農政全書》《奎璧四書五經》《文選》。所買文房器玩,銅香爐,匙箸瓶,磁筆筒,磁香爐,水晶研山,文石,花梨棋奩,犀角一,藤鞭三,墨匣一,朱紅墨八。所持盤纏銀二十四兩,扇子五十餘柄,火鐵三十箇,清心元、筆墨各若干。此外乾粮所出壯紙七束,白紙二十餘束,海蔘三斤,鞘刀十餘柄,扇子三十餘柄,烟竹十餘介,南草十餘封,花峰鐵五箇[2]。

【校勘】

[1]《朱子語類異同條卞》:原書名爲《四書朱子異同條辨》,清李沛霖、李禎撰。卞,通"辨"。本書"辨""卞"混用,今保留。

[2] 箇:館本及鉛本作"介"。

飲餞,發行[1]

壬辰六月二十三日政,伯氏爲冬至兼謝恩使。時伯氏大病新瘳,子弟一人宜隨往,且吾兄弟皆欲一見中國,於是叔氏欲行,已而止,余乃代之以打角。啓下,一時譏謗譁然,親舊多勸止。余詼諧曰:"孔子微服過宋,爲今世通行之義。吾何獨不可乎?"聞者皆笑。及治行,圃陰以沿路名山大川古迹錄一册,月沙角山閭山千山遊記錄一册,並輿地圖一張,置橐中。副使參判尹趾仁,書狀掌令盧世夏也。

【校勘】

［1］飲餞，發行：自此而下，標題爲整理者所加。館本、庫本自此處始作“燕行日記卷之一”。

十一月初三日，壬午。風雪。飲餞于弘濟院，行四十里，宿高陽。

曉，伯氏詣闕，余將直往弘濟院。良才驛卒已於昨夕持馬來待。朝，自心臺往玉洞見寡嫂，辭于祠堂。往政丞宅，辭于祠堂，拜伯嫂。往判書宅，辭于祠堂，見姪婦。又往監察家，辭于祠堂。歸家喫朝飯，辭于家廟，遂發行。以短劍、胡盧、革囊掛鞍。胡盧盛酒，囊貯筆硯、療飢之物也。奴貴同及馬頭一人隨後。歷見南僉知宅夏敬伯氏。過青嵐臺，見從嫂。出彰義門，風雪打面，不能開眼。至弘濟院，彥、信兩兒同李廷熚、廷熯候路側，要入院後人家，暖酒炙雉以進。坐間，李君聖徵、逸民自東郊袖别章至。其甥朴生舜揆亦隨來。酒一巡即起。馳往延曙見李修撰光仲。坐語移時，把酒兩杯。復歸弘濟院，拜表已。自慕華館越來弘濟橋，左右人馬如雲，處處帳幕爇火，皆送行者也。外兄領相李公疎齋，李相與伯氏同坐大廳。領相兄設餞相待，經歷堂兄亦在坐。

酒既[1]行，家人亦以夕飯至。辛相東伯翼，其弟泰東、季亨，李經歷夢相，趙判官榮福，李參奉藎，堂弟監察昌説，族孫敏行，其弟慎行坐西軒，要與相見，遂至其處。監察與李經歷共持一壶酒，各勸一杯。此外諸人來送者多不能記，東郊洞内下人皆來見而去。

遂發行，踰礡石峴。日昏，雪愈甚。到礪石峴舉火，而炬軍乍見旋散，色吏亦不知去處，只見數炬明滅於前。

初更抵高陽客舍。所謂茶啖，不成貌樣，自余以下闕夕飯。主守李觀壽也。彦、信兩兒與盛全皆先至，聞三使臣引見宣醖，下至員譯，賜物有差，例也。余處特有臘劑之賜，人以爲異數。諸人隨來到此者亦多，卑謙到弘濟院落歸。

【校勘】

［1］既：館本作“已”。

高陽·瑞興·平壤·定州·宣川·義州

初四日，癸未。朝陰晚晴。自高陽行四十里，宿坡州。

晨飯先行，天氣頗栗烈。踰惠陰嶺，至趙庶尹定而墓舍。叔氏敬明以昨日先至，與定而同宿。定而要余觀其先公葬地，昌曄追至，同見，亦相約也。俄而行次至，遂行。定而亦隨來，相與並轡[1]，至坡州客舍，語半晌，別歸。立次伯氏所作七律三首、余所作七絶一首而去。夕，見主守[2]于客舍大廳。主守即洪君禹鼎，曾隨其叔父參判受疇公赴燕。余問其遊覽事，爲説其概。如五龍亭、天主堂皆我人難到處而亦得見云。茶啖、夕飯皆精，可喫，亦非少幸也。族侄時和、仲平，閔生啓洙皆辭歸。副使、書狀由正門出入，諸裨言其不可，副使、書狀自以爲是曰：“吾輩亦奉命也。”然自是入别堂，無别堂處先入後發，苟免挾門。

【校勘】

［1］轡：底本作“輿”，館本、庫本作“轡”，作者爲子弟軍官，似不當坐轎，故據改。

［2］守：館本、庫本作“倅”，以下皆同。

初五日，甲申。寒，朝陰雪飄。自坡州行三十里，至青黛川。又行十五里，至長湍府中火。又行四十里，宿松都。

曉起，與敬明别，先行。彦、信兩兒、盛全皆從舟渡臨津。自坡州[1]驛東北行十餘里至青黛川，亡女墓所在也。出所齎酒果陳之，爲數行文告。行至長湍府，行次亦至。尹判書世紀喪柩在白鶴山下，隨伯氏往吊。至松都，伯氏入太平館，余出宿私寓。高陽出身朴敏道、江華人前僉使韓啓重來見。此處善博人李信建子持酒饌來謁。夜，叔氏來余處，作三韻七古二十七首贈行。使彦、信兩兒執筆遞書。至夜深還入館，留守來謁。伯氏乘轎至門。金中和以兵房軍官杖其隨陪。

【校勘】

［1］坡州：底本作“東坡”，今據館本、庫本及下文改。

初六日，乙酉。晴。行七十里，至金川中火。又行三十里，宿平山。

曉起，入館，伯氏亦已起，與叔氏明燭而坐，出韻同賦七絶一首。叔氏自此還山，别懷悵然。信兒、盛全亦落歸。平明先行。見麗太祖墓，墓在路左一里許，王氏爲參奉守之。還[1]出大路，行次已過，追及[2]舊金川酒幕，乍歇而行。至金川，海州判官俞命健仲剛出待。遂與相見，以毛浮、毛襪及墨贐行。黄海道驛馬來迎于此。京畿驛子皆告歸。海伯吴命峻來謁伯氏,落後而去。牛峰羅族來見者多,不能記其名。駐馬見回瀾石,壁勢奇峻,潭亦清曠,即朴淵下流也。岸有碑,刻“回瀾石”三字,天使許國筆也。至平山,府使金君浣也。供具精飭,可知其有政也。曹生夏濟自坡州隨來,至此相别,向海州。

府東五里有山,城中有壯節公申崇謙鐵像及鐵馬。崇謙即全羅道谷城縣人,麗太祖賜姓于此。諺傳崇謙嘗從太祖獵,見三雁盤旋,太祖命射第三雁左翼,崇謙果中如命。太祖嘉嘆,賜平州爲鄉,並賜射雁傍田,世食其租。夕,見府使于伺候廳。

【校勘】

[1] 還:館本作“行”。

[2] 及:館本作“至”。

初七日,丙戌。陰,雪。自平山行三十里,至葱秀站中火。又行五十里,宿瑞興。

日出發行,至葱秀站,遂安出待,供具惡草,仿佛高陽。郡守武人云。觀玉溜泉,泉從巖罅滴下,如珠迸露綴,殊可愛玩。泉傍斲石作臺,可置一床,刻“聽泉仙榻”四字。其上有“玉乳靈泉”四字,皆傍刻“朱之蕃題”。又有“靈巖玉溜”四字,傍刻“長白劉鴻訓題”。此外又有“真珠泉”“懸珠”等字,而不知爲何人筆也。仙榻東刻一小像,傳爲朱天使之像。葱秀初名聰秀,天使董越以其[1]峰蒼翠,削出如青葱,遂易“聰”爲“葱”,因作記云。

至[2]瑞興,入别堂,縣監李真望受由往其叔父厦成信川任所,蓋以宿嫌避之也。雖空官而飲食豐潔。自此始有房妓。余宿鄉社堂。

【校勘】

［1］以其：底本作“箕”，今據館本、庫本改。

［2］至：底本此處空缺，脱一字，今據館本、庫本補。

初八日，丁亥。陰，微雪。自瑞興行四十里，到劍水站中火。又行三十里，宿鳳山。

日出發行，到劍水站。文化守徐君夢良出待在候廳，往見。殷栗守申義集亦以出待副行來，遂與相見。鳳山士人權徽來迎。至鳳山，入待鳳軒。軒在客舍後，處地高爽，結構軒敞，即柳君貞章所建也。柳莅此邑僅一年，惠化大行，歸未數朔，碑已屹然。在客舍前大刻而丹其字。邑民聞其來，男女老少擁路聚觀。而柳以縛褲裲襠，在前導列，以此不無歉然色。余爲解之曰：“此不足爲恥。君獨不聞李愬迎裴晉公事乎？”柳謝曰：“吾所不及也。”聞其入館之後，一境士民來見者填門。人皆以梨爲獻，不可勝食，遂派[1]及一行。不知行何德政而致人懷悦如此也？

邑人田生世俊來見。夜，權生以其兩子湜、沃來見。其所攜酒味佳，問之，以梨汁釀成云。

【校勘】

［1］派：館本作“波”。

初九日，戊子。晴。自鳳山行四十里，至黄州止宿。

日出發行，至洞仙嶺。嶺峻，使行以輿遞轎，我輩皆步，踰嶺乃騎。又踰一嶺，差小，路傍往往有奇巖。其一石以舍人名，不知舍人爲何人也。高麗高宗十八年，蒙古元帥撒禮塔舉兵來侵。王遣三軍禦之，屯洞仙驛。會日暮，三軍解鞍而息，蒙兵八千突至，將軍李子晟等殊死拒賊，即此地也。

嶺之西有正方[1]白馬山城，丙子建奴之入，金自點以都元帥在此城，賊過城下而不發一矢。以李子晟事見之，豈不尤痛憤哉？未至州十餘里，山坡有人起火，蓋所以報客至也。至城門，馬蹶而墜，幸不大傷。入客舍，見書狀。牧使申君𣸣以鐙子、障泥、靴子、藥果、牛脯等物贐行。

【校勘】

[1] 正方：館本、庫本無此二字。

夜，出宿私寓。申君自衙中備酒饌來見，叙别。話及存没，相對揮淚[1]。黄州據衝要之地，而城堅濠闊，見其設置殊不草草。柳鳳山言，此城其從曾祖珩爲兵使築之云。昇平之久，濠塹湮塞，半爲民屋。余於庚辰歲過此，人物繁盛猶不能如此。十餘年間所見頓異，物盛而衰，理所必然，可懼也。

【校勘】

[1] 淚：館本、庫本作"涕"。

初十日，己丑。晴。自黄州行五十里，至中和止宿。

日出後發行。至中和，入生陽館。府使梁益命遭臺彈見罷，肅川府使朴廷賓以兼任出待云。見書狀，宿于私寓。舊府使梁君來見，以本邑兼營將而未及受代，姑留云。平安道清南驛馬來待，黄海道驛馬遞歸。西路驛奴擇其可合赴京者，前期行關，使之治行以待。故自瑞興以後，連有現身者乞囑，譯輩亦有臨時抽换之事，故不入行關者亦多隨來。黜陟無準，爭奪紛紜。其中書者及乾粮馬頭尤稱好差云。順安驛奴善興，年少勤幹，余素聞其名，故欲借奴名率去，入於行關中，至[1]是來謁。

【校勘】

[1] 至:底本作"只",今據館本、庫本、鉛本改。

十一日,庚寅。晴。自中和行四十五里,至平壤止宿。

日出後發行。行近大同江,驛卒齊聲歡馬,瞥眼間過栽松亭。望見大同門,上下十餘里,粉堞一新。城南頭又有新樓,縹緲如飛,此則前監司李濟所構云。江冰未盡合,船猶往來。庶尹黃爾章以船來待。船有亭,四圍設朱欄,榜曰"碧漢浮槎"。既登船,進盤果,兩行紅粉,列坐左右。此蓋關西第一繁華事也。入宣化堂,此堂監司所處,而時監司罷職,出居私次,故入也。堂凡十餘楹,其宏麗無異於王者之居,而以宣化名,能處于此者,可謂大丈夫,而其所爲政苟不能稱是,則却恐其折福也。

城外居黃君順承來見。黃君有操行,行不由徑,目不視邪,色妓輩亦敬之,名曰"固執黃生員"。其先山往來之路有一梁,即舊壙灰片也,黃君避而不踐,雖冬月常徒涉而過。嘗夜獨至其處遇賊,賊見其行不由梁,相謂曰:"乃固執黃生員也。"不犯而退。

平壤畫師金振汝示以所摸[1]李如柏畫像。宿于私寓。夜,甑山守朴君泰迪來見。夜聞呼茶母之聲撤曉不絶。問其由,行中裨將、員譯輩索之如此云。蓋一邑妓生除老弱外,可堪待客者多不過數十人。以此分定於三行隨廳,至於裨將、員譯則合數人定一茶母[2]。而夜則下處各異,故互相招去,以此使令不勝其苦云。又聞[3]妓輩以薦枕於赴燕人,謂之别付。奔走如狂,一夜之間歷遍四五處者有之。如此者,雖入於隨廳而亦乘夜潛出云。書狀入於練光亭。

【校勘】

［1］摸：各本皆同，即“摹”。

［2］母：館本作“人”。底本“茶母”爲是，指負責招待茶酒等雜事的官婢。

［3］聞：底本作“問”，今據館本、庫本改。

十二日，辛卯。雨，晚晴，風。留平壤。

黄君順承同盧進士警來來見。盧即伯氏同年也，亦居外城云。聞府妓四金善歌，招至，托以喉痛，只唱數曲而止，爲人可憎，而曾爲李生廷燁所眄云，故饋以酒。此妓又與前監司子有纏綿之情，及相别，涕淚如雨，人多傳説。余爲賦一絶，問曰：“出副[1]急淚，何得此多？”三和妓桂寒梅在傍對曰：“臨别出淚，誰不能如彼乎？”此言尤[2]可笑。

【校勘】

［1］副：底本、館本、庫本同，鉛本作“别”。“副急”即“應急”之意，“副急淚”意指對付應急而驟然擠出眼淚。

［2］尤：館本作“又”。

夕，往見超然臺。臺即昨日江上望見者也。附城築高臺，上置樓，形如丁字，結構精巧，丹雘絢麗，三面設窗檻，皆可俯唾江水，眼界尤闊遠，而過於超爽，終不如練光之平穩閑雅也。庶尹先已來坐，江西守洪得範亦來會。俄而伯氏見舊監司而至。坐少頃，起向練光亭。從城上行，余步而從。登挹灝樓，即大同門樓。其勝亦練光之亞匹也。濟、彦兩兒見城内外諸勝而歸。遂同會練光亭。從前每坐此亭，水與檻平，蓋江面闊而亭之高低得中故也。今來始覺其所以然。他亭臨江者亦多而不能如此。須臾月生，金波滿江，庶尹張妓樂。以青紅紗籠燭懸于梁，光明如晝[1]。都事權君熀亦參坐。夜深罷。伯氏入宣化堂，余歸所寓。江西守以一毛浮贐行，亦故人之意也。

【校勘】

［1］晝：底本作"畫"，據館本、庫本、鉛本改。

十三日，壬辰。晴，風，寒。自平壤行五十里，至順安止宿。

江西守來見于寓所。日出後發行，彦兒落歸。不但别懷作惡，行色孤寒，可念。到安定館，主倅李宜行即外兄世勉之胤子也。夕，老妓終蟾來見而去。此妓即李尚州世恒久叔所眄，而余於庚辰年過此時相識故也。

十四日，癸巳。自順安行六十里，至肅川止宿。路中遇暴風雪，須臾而止。

日出發行，到肅寧[1]館，余處于蓮堂。堂三間之屋，即李光漢所建也。東臨大池，北有老柳四五條，倚墻而立。夕，往見書狀于小雪堂。此堂，自古書狀所入之處也。先君癸巳年亦宿此堂[2]，有五律[3]一首，堂中懸板，有鄭東溟五律二首，餘皆近人作也。房小而疎冷，與一官僮相伴過夜。夜月明。

【校勘】

［1］寧：庫本、鉛本同，館本作"川"。

［2］先君癸巳年亦宿此堂：金昌業之父金壽恒於清順治十年(1653)冬至等三節年貢使行，時吏曹判書沈之源任正使，户曹参判洪命夏任副使。成均直講金壽恒任書狀官，此次使行留下燕行詩近四

十首(見《文谷集》卷一),及一部日記。《老稼齋燕行日記》有 13 處提及該日記内容,然惜其未傳於世,無從進一步查考。

[3] 律:館本、庫本作"絶"。

十五日,甲午。晴,夕雪。自肅川行六十里,至安州止宿。

朝見京書,日高發行。至安興館,副使不入西軒,故余入焉。兵使來見,有族誼也。以三升戎服一襲、藍色綿[1]紬纏帶一條、鼠皮小護項一領贐行。壽河自价川來迎、嘉山守莊人有建、狄島佃客、青龍寺僧徒,皆來謁而歸。順安守隨來,至是别歸。濟姪與柳鳳山見望京樓、觀德堂、百祥[2]樓。觀德堂在兵使衙後,望京樓在觀德堂上,今兵使所建也,百祥樓在城東北最高處。丁卯,奴陷此城,南以興以兵使死之,即其所也。安山喪人成夢良來謁,言以推奴事來留於牧使處云。牧使成璹也。

【校勘】

[1] 綿:館本、庫本作"絲"。

[2] 祥:鉛本同,館本、庫本作"勝"。下一處同。

十六日,乙未。夕,雪。留安州。

食後陪伯氏登百祥樓,兵使亦隨來。風多不可久坐,即還。孝廟往來瀋中時登此樓。酒酣起舞,顧妓輩使對舞,而諸妓莫敢應命。有一妓起舞,孝廟悦焉。余於庚辰年過此,聞其妓尚在而未能見,每以爲恨。是日問之,已死云。夜,兵使設餞于東軒,大張妓樂。余以副使在坐,卧西軒不往,副使曾辱伯氏故也。是日,牧使亦設餞。朝作京書付撥。

十七日，丙申。陰，乍雪。自安州行五十里，至嘉山止宿。

日高發行。以雪馬過清川江，兵使及牧使於江西岸設幕送行，妓輩羅拜路左，説一聲"平安往來"，令人亦依依。路中遇雪，被油衣，旋脱。至大定江，以潮汐往來，冰猶未堅，以笆籬布其上，防其陷。至嘉平館，壽河隨來。聞邑妓夢業兒時侍疎齋相公，遂招見饋酒。渠知吾與相公爲姻家，遇之異於他人，亦可笑也。夜，出宿私寓。狄島佃客輩來謁，以燒酒、狗肉進之。夢業來見而去。

此邑驛奴元建前後赴京已二十餘次，屢行書者，而爲人疎脱，不爲驛輩所喜，中間久見廢棄。余聞其善漢語，招見謂之曰："汝能從我乎？"元建對曰："驛奴之已行書者，例不得以奴名行，而分付如此，當破格以往云。"

十八日，丁酉。晴，風寒。自嘉山行三十里，至納清亭中火。又行四十里，至定州止宿。

日出發行。踰曉星嶺，峻於洞仙。三行皆以輿越。至納清亭，定州地也。亭在溪上，冷落不可坐。官人鋪陳于亭傍小屋。牧使洪以度出待。遇義州陪持，言曆行已以十七日渡江，而彼中廢皇太子，令停方物，受禮部咨文以來云。到新安館，屋宇極其宏敞，東隅有高樓，頗頹落。館門外有大蓮池，中有亭，亦皆圮。此處閭井殷實[1]，非他邑可比，而獨館宇不修，城池盡壞，深可惜也。三使臣相議修狀啓，定本府軍官騎撥上送，蓋告以留置方物，仍請改咨文下送也，作家書付之。隨廳妓謫仙臺，即位高親故所眄也。伯氏饋以酒，余亦饋之。府[2]使送言相問。

夜，設餞，張妓樂。

【校勘】

［1］實：館本作“富”。

［2］府：底本作“牧”，今據館本、庫本及下文改。

十九日，戊戌[1]。風寒如昨。自定州行三十里，至雲興館中火。又行四十里，至宣川止宿。

【校勘】

［1］戌：底本作“辰”，今據館本改。

日出發行。至雲興館，郭山地也，郡守韓範錫出待。中火乃行。向晚，風寒甚烈，行中或有着土[1]子者。至宣川入倚劍亭，亭之西隅，有樓曰觀德。夕飯後，陪伯氏乍登。夜觀劍舞，至月出乃罷。是日天寒，月色益明。閉門鼓角聲，悲壯可聽，而每更打門鼓，亦他處所無也。與伯氏同宿。義州出身任善后來迎。府治東有金將軍應河祠宇。

【校勘】

［1］土：館本、庫本作“乇”。

二十日，己亥。晴，風寒如昨。自宣川行五十里，至車輦館中火。又行三十里，至良策站止宿。

日出發行。至車輦館，即鐵山地也。隨廳妓月出光，即李友聖徵所眄也。昨在宣川，因本府探吏有所分付，故攜子而[1]來，其兒年五歲，而面目舉止酷肖其父，見之不覺發笑。問：“汝父何人？”則對曰：“東大門外李生員云。”撤床而與之，伯氏帖給食物。路中望見身彌島，石峰奇峻，仿佛三角，令人刮眼。夕，抵良策站，即龍川地也。府使沈棓出待。供具頗致精謹。宿聽流堂，前[2]有溪水堰[3]爲三塘，溪南頗有巖壁林樹之勝，石間刻“聽流巖”三字。皇曆賫咨官李樞來謁。

【校勘】

［1］而：底本錯位在“其兒”上，文氣不順。今據館本、庫本改。

［2］前：底本脱，今據館本、庫本補。

［3］堰：底本作“偃”，今據館本及文意改。

二十一日，庚子。晴，風寒如昨。自良策行四十五里，至所串館中火。又行三十里，抵義州。

日出發行，至所串館，府尹李君敏英病不出待，故僉使白雲翼外孫李□□[1]以支待監官來謁。以曾王考與王考仲父先考遺札一册示之，蓋雲翼外曾祖始受知於曾王考住灣之日，遂成世交也。自所串行二十里，胡山已見，烟氣燭天，云是獵胡放火也。到箭門嶺，望見府治，城池頗雄壯。統軍亭在城北高處，望之聳如也。伯氏入凝香堂，余處其東廊。通引檢同、得之兩人待令。西邑皆妓生隨廳，通引則罕有升堂之事，故衣服藍縷，舉止村野，不似通引貌樣。元建、善興治裝追至。

【校勘】

［1］□□：底本此處空兩字，館本、庫本同。鉛本小字注“缺”。

二十二日，辛丑。晴，寒。留義州。

朝，府尹出見。晚，從伯氏謁曾王考書院。院在城内西偏，本以乙公巴素祠宇，戊寅年間始以曾王考並享。按《勝覽》，乙巴素，高句麗人，故國川王時，四部共舉東里晏留王，委以國政。晏留辭曰："微臣庸愚，不足參大政。西鴨綠谷左勿村有乙巴素者，性剛毅，智慮淵深。若欲理國，非此人不可。"王厚禮聘之，拜中畏大夫，仍爲國相。巴素明政教，慎賞罰，人民乂安，内外無事。及卒，國人哭之慟云。蓋有功而可祀者也。院儒四五人具巾服，贊拜如儀，可喜。自書院轉往壽星村舊墟。曾祖庚辰年被拘瀋館凡六年。辛巳冬，有病還此，留一年，與徐相國景雨、李尚書顯英適同住一村，相與酬唱，仍命其村曰壽星。蓋曾祖與徐、李兩公年皆[1]耆艾也。曾王考詩曰："天涯邂逅接柴門[2]，歡會依然似故園。他日龍灣輿地誌，定知編入壽星村。"村在統軍亭下，而今爲廢墟，立一碑識其處，刻"清陰先生碑"五字。作屋而庇之，即蘇侯斗山爲府尹時所爲也。

【校勘】

［1］年皆：底本作"□年"，"年"字前空一字，鉛本小字作"缺"。館本、庫本作"年皆"，今據改。

［2］柴門：底本作"紫門"，館本、庫本及朴思浩《燕薊紀程》、金景善《燕轅直指》皆引作"柴門"，核金尚憲《清陰集》，亦作"柴門"，故改之。

伯氏歸凝香堂，余向統軍亭，濟侄亦隨來。俗以赴燕人登此亭爲忌，人或勸止，而竟登焉。鴨綠江自東北來，至亭下分爲兩條[1]，而中江從西北來，抹過馬耳山，入于鴨綠下流。三水縱橫如織，而隔岸胡山矗矗，馬耳最近如可攬，而特一小山耳。遠望西北，有石峰，見者謂是松鶻山。渡江翌日當過此山云。西南眼界尤莽闊。蓋海門不遠，遥山點點間有尖峰，亦胡地云。江岸上下有草幕附地，累累相望。問之，乃把守卒所處云。彼地處處放火，數十里間，烟焰漲天，視昨日尤多，而亦不見人矣。夜觀劍舞于凝香堂。是日，上副房兵房軍官同點視驛馬，先擇駕轎馬，以其餘分把一行。余得襄陽驛奴業立馬。

【校勘】

［1］條：底本作"峯"，今據館本改。

二十三日，壬寅。晴。留義州。

府尹來見，任善浚率其子柱國來見，本府人金振翊、崔台寶[1]來見。沿路所出求請之物，計除往來所用，餘當分于一行。故是日，濟侄遂親閲其數而散之。

【校勘】

［1］寶：館本、鉛本、庫本皆同，然卷六三月十四日該人名又作"輔"。朝鮮語中"寶""輔"同音，因而同一人名出現兩種寫法。據朝鮮漢文習慣，似當作"輔"。《朝鮮王朝實錄》肅宗二十年有"崔台甫"，四十三年有"崔台輔"兩處記錄，無"崔台寶"。

二十四日，癸卯。晴，風。留義州。

晚，陪持歸，見家書，乃二十日所發也。李修撰光仲以六言律一首追寄。府尹來見。夕，往見書狀，與府尹方檢閲一行橐藏。以各人所持[1]銀貨，量其輕重，錄其數，加封打印，然後還給其人。蓋略依八包之法，防其私濫，而其事甚疎，不過文具耳。是日冬至。

【校勘】

［1］持：館本作"帶"。

二十五日，甲辰。陰，朝灑雪。留義州。

食後出江上，濟侄亦從。妓四人、將校九人騎馬在前，府尹定送也。妓皆戴氈笠、着戰服，從南門出。行四五里，至江邊，有草屋數十間，乃敕行時清馬所喂處也。官人已於江岸[1]高處設幕置席，遂下馬而坐。遣妓輩與將校馳馬冰上，立旗而拔之。其中一妓連拔三旗。余曰："此事不可以儒服臨視。"乃去道袍[2]，來時着戎服于裹也。從者以氈笠進之。呼妓輩至前，饋以酒，皆問其名。善拔旗者時英，其次信禮，餘不能記。又命妓奏歌斟酒。移時，還穿道袍。以雪馬往九龍亭。至是，柳鳳山追至。九龍亭在統軍亭東北，江岸陡絶，鴨綠江到此爲深潭，故名。其上有小亭，即洪侯璛爲府尹時所搆也。按《勝覽》，龍淵在州北八里，淵南有土城基。諺傳哈丹、指丹兄弟，一居淵上土城，一居州城内。静州户長金裕幹欲以計逐之，詐言我國於某夜欲殲爾等。至期於山上多設炬火，哈丹等遂舉衆渡江而逃。然江上無舟楫，裕幹心異之。褯視之，於江北近岸沉鐵牛，又以鐵鎖着南岸巖石間，連亘於牛背，作浮橋以渡矣。裕幹即令破橋，使不得復渡。永樂戊子築州城時，令善泅者取鎖鐵爲城門鎖鑰。其鐵牛則淪没淵沙，無復尋矣。此即其地，而所謂土城基亦不可認矣。亭之景致與統軍亭大同小異，蓋似浮碧之於練光也。官壺猶有餘酒，而府尹又送數器燒肉，遂分饋諸校。令能歌者歌之，與妓迭唱，各呈其技，極歡而歸。

【校勘】

［1］岸：館本作"邊"。

［2］袍：館本作"服"。

夜,見書狀,府尹在坐。赴京人馬皆有名目,無名目者不許渡江。軍官亦有一奴,貴同以此名帶去,元建、善興則須另得他名可得率去。在京時[1]以此問於譯輩,則以爲[2]堂上奴名有二窠而多棄之,如欲带人,不患無名,到灣自有推移之道矣。及至今日修渡江文書,乃以元建、善興填於御醫金德三、灣裨任忠國奴名,而不言於其主。金德三意頗不平,來謂余曰:"吾奴固等棄,而見奪於行中生色之資,則亦非所甘云。"以此見之,譯輩奴名謂多棄之者,非實狀也。行中事大抵類此,可歎。

【校勘】

[1] 時:底本脱,今據館本、庫本補。

[2] 爲:館本作"謂"。

是日,盡脱來時所着衣褲,着新[1]衣。衣三重,褲兩重,而襯身衣褲皆用紬,外衣皆用綿布,外褲用生三升,裘用羊皮,此則先君癸丑燕行時所着也。天馬皮小裘、豹皮屯子亦有備來者,而屯子則去來所着不過四五日,小裘終不用。脚穿氊襪及藁鞋而已,不用毛襪。頭則着狗皮耳掩,護項、護頰亦互用,皆鼠皮也。夜,府尹設餞而要之。往則副使在焉,遂還。夜深後[2],府妓玉娘來見而去。此妓故雩沙李相公[3]所眄也,府妓中人事最如人。

【校勘】

[1] 新:底本脱,今據館本補。

[2] 後:底本無,今據館本、庫本補。

[3] 雩沙李相公:李世白(1635—1703),字仲庚,號雩沙,又號北溪,金尚憲之曾外孫,金守恒之外甥,金昌業稱之為"外兄"。有《雩沙

集》十卷《附錄》五卷行世。康熙三十四年(1695),禮曹判書李世白爲冬至等三節年貢行正使赴燕。[參漆永祥《燕行錄千種解題》(中),第619頁]

九連城·栅門·鳳城·通遠堡·連山關·會寧

二十六日,乙巳。晴。自義州行二十四里,宿九連城。

食後發行。諸軍官皆戎服,余亦脱白袍,穿灰色綿布氅衣,腰繫沉香色綿絲條帶,劍與囊仍前掛鞍。元建、善興隨後,妓十餘人皆戎裝騎馬在前。出南門到江邊幕次。書狀與府尹先至,方搜檢馱物。伯氏入幕,坐主席,副使隨至,坐東席,書狀坐其下,府尹坐西席,與書狀相對,余坐幕外。一行渡江者,員譯[1]以下五百三十七人,馬四百三十五匹,而本府軍吏及刷馬人家屬送行者亦多。數里之間,人馬喧闐,酒肉淋漓,亦一壯觀。府尹設餞,動妓樂,要余入席。余以便服辭,而請不已,乃入坐于府尹之左。酒行數巡。日將晡,搜檢尚未畢。伯氏先行,以雪馬渡江。少坐岸上,觀妓輩馳馬拔旗。行過小西江,到中江,過江則彼地也。濟侄至此落歸,别懷一倍悵黯。前導亦盡落,只有軍牢一雙、軍官一雙、引路一雙、日傘一柄耳。中江以後,蘆葦夾路,其長過人。到此,初行之人多墮淚,送者在江上望見,青蓋翩翩,須臾而滅,亦無不銷魂云。地皆黑沙,間有沮洳處,多柳林。過三江,水皆凍涸。路有車轍,蓋開[2]市時往來之道也。

【校勘】

［1］譯：底本作“役”，今據館本、庫本改。

［2］開：底本脱，今據館本、庫本補。

至九連城，日已曛黑。灣上軍官先到設幕。幕以氈爲之，狀如覆鐘，使可張卷如傘，傍圍帳前設板門，即所謂蒙古帳幕，蓋穹廬之制也。其中可卧五六人，底布亂草，其上鋪毛席及褥。乃設衾枕，爇燭入座，儼然一房屋[1]也。廚人進夕飯饌，簡潔可喜。副使、書狀皆處狗皮帳幕，三幕相去十餘步，而四圍張網防虎。三行所屬人馬皆處網内，餘各就便散處。所在燔柴，火光達夜，時時吹角，吶喊相警，響震山谷。夜和衣而卧，寒氣透肌。今年不甚寒而猶如此，極寒之時，可想其苦。金中和、昌曄、金德三同卧幕門外經夜，遇陽宿于幕内。昏後，伏兵清人三人過去。自渡江後，三行各有護行槍軍十餘名。在前槍軍外又有炮手，而自近年彼地禁鳥銃，故不得帶行。在江上，以家書付渡江狀啓便。

【校勘】

［1］屋：館本作“室”。

二十七日，丙午。晴，向晚日候甚温和。自九連城行三十三里，至金石山朝飯。又行三十里，宿沙屯地。

未明起程。初吹，一行皆起秣[1]馬。二吹，廚房進白粥。三吹，遂行。在路中望見松鶻山在西北，去路不遠，峰巒歷歷可數，是山大如我國冠嶽，而奇秀過之，所過有望隅者、音福碑、石隅、馬轉坡等地名，而樹木極多，冰雪布路。往往有馬骨，蓋[2]我人所棄。水邊時有爇火之迹，此伏兵清人經夜處云。馬轉坡路緣崖下臨深澗，亂石槎牙，老林交橫,幾不可行。所謂金石山,與衆山無異。設幕溪邊朝飯。一行人馬各就薪水,處處屯聚,若戰陣[3]然。清人三人來,即昨日過去者也。一人驅馬從山坡間過去,兩人步過幕前,到諸譯坐處索烟吸之。衣帽敝惡,面目醜陋,始見不似人。李惟亮與之問答,首譯朴東和在傍不出一聲,可異也。問皇太子事,對以不知,餽燒酒以送。

【校勘】

[1] 秣:底本作"抹",據館本、庫本、鉛本改。

[2] 蓋:館本、庫本作"皆"。

[3] 陣:底本脱,今據館本、庫本補。

至湯[1]站,路傍壞垣,生連抱之樹,老藤垂地。小北有一崩城,不知何時所築也。後有一石山,問其名,湯山云。行至葱秀,清流絶壁,仿佛我國之葱秀而稍小耳,見之依然。葱秀之名亦似我國人所稱也。自九連城以後,山回水灣,處處開野,土性膏沃,皆可田,風水亦有極好處。所過往往有廢址,遠望若有人烟。至沙屯地止宿,去栅門十五里也。送清譯一人往鳳城通行次消息。見書狀于幕次。下輩放火于後山,爲取明逐虎也。夜甚[2]寒,吹角吶喊如前夜。

【校勘】

[1] 湯:底本作"陽",館本、庫本作"湯",今據改。底本下文有"陽山",亦改作"湯山"。

[2] 甚:底本作"深",今據館本、庫本改。

二十八日,丁未。晴,曉寒,日出却暄和。自沙屯地行十五里入栅。又行三十里,宿鳳城。

向曉[1]起，出幕外。見驛卒輩圍火，或坐睡，或以足向火而卧，互相枕藉。

【校勘】

［1］曉：底本作“晚”，今據館本、庫本及文意改。

昧爽三吹，發行。天明後，義州槍軍皆落歸。到穴巖，巖即路傍呀然小巖。自此至柵門皆平蕪，一望無隔。鳳凰山東面數峰見，妍秀可喜。未至鳳凰山，又有所謂上龍山者，峰巒亦奇峻，穴巖及鳳凰山皆有松，渡江後初見也，益令人開眼。所謂柵門，在鳳凰山南邊，以大木列樹十餘里，中爲門，其開閉鳳凰城將主之。柵門舊在鳳凰城東五里，距鴨綠江一百三十餘里，而皆空其地不居，似古之甌脱，蓋防彼此奸民相通之路也。自數十年前移設於二十里外。此由於鳳城人漸多，欲廣其耕牧之地，然去鴨綠江益近，非當初設置之意。柵門作草屋庇之，門内有城將所坐屋及酒食店民居共十餘家，而皆覆以草。在數里外望見柵内有白物堆積如邱陵者，乃去核綿花，皆歷行所買。其數無慮累十萬斤，壯哉。三行設幕柵門外朝飯。

是日，余亦戎服同諸軍官行[1]拜禮於伯氏，入關行色不宜有異同故也。作家書付灣人先歸者。坐久，清人稍稍來集，與譯輩隔柵而語，彼此有喜色，皆欄頭也。欄頭，鳳城、遼東等處雇車人，有勢力而專我國之利者，十二人自爲一夥。以方物所載刷馬有病者，皆車運，乾粮駄物以灣馬載來者，至此亦寄雇車[2]，故此輩持車來待云。午後，開柵門，數百清人一擁出來，乍見駭怕。其中身材雄壯、衣帽鮮華者居多，非初見三胡之比。衙譯吴玉柱[3]、徐正明兩人使從胡持方席來謁于兩使臣，使臣坐而見之。兩胡退，與章京、麻貝、甫十口輩列坐於相望處。於是各給禮物，饋燒酒、藥果、乾雉等物。諸胡持杯不飲。譯輩言，使臣舉杯，然後彼人方可飲云。不得已，兩使臣舉空杯以示酬酢之意。衙譯、麻貝各一人隨行次至北京，往返同。所謂衙譯，即次[4]通官，爲通語。麻貝稱爲迎送官，爲護行也。今番隨往衙譯吴玉柱，麻貝姓黑，乃清人也。清將二人在栅内點人馬以入。以清將坐路傍，三使臣引轎，從其屋後而行。余同譯輩步而過。

【校勘】

［1］行：底本脱，今據館本、庫本補。

［2］車、館本、鉛本同，庫本作“去”。

［3］玉柱：衙譯吴玉柱，底本3處作“玉桂”、5處作“玉柱”，館本有7處作“玉桂”、1處作“玉柱”，鉛本有2處作“玉桂”，6處作“玉柱”。崔書2處皆作“玉柱”。今統改作“玉柱”。

［4］次：館本、庫本作“此”。

自栅門至鳳城三十里，而所過有一二人家，田疇絶少，時見牛馬放荒草間。路轉鳳凰山，山之南北西[1]三面，皆可見。是山大如我國水落，而峰如插筆，石色蒼潤。東南四五峰尤奇秀，恐我國無可擬者。此處山大抵皆壁立，無餘麓迤邐，與我國山形絶不同矣。山之南有古城，石築宛然，世以此爲安市城，而非也。或云東明舊城，其説近似。安市城，《一統志》謂在蓋州東北七十里[2]，去此蓋遠也。路中雇車前後填塞，往往不可行，辟之不聽。蓋此處人心最惡，亦以閲我人多故也。

【校勘】

［1］北西：館本作“西北”。

［2］安市城，《一統志》謂在蓋州東北七十里：見《大明一統志》卷二五"遼東都指揮使司"。

至鳳城，閭閻市肆頗盛，始見者亦多，亦足眩晃。觀者夾路，群兒叫呼隨馬後。至察院前，前導爲甲軍所攔住，不得行。問其故，欲驅入察院也。以察院新泥不堪處，灣上軍官及馬頭輩曉諭而不聽。皮鞭亂下，窘辱極矣。顧視譯輩皆落後，無一人隨來者，極可痛駭。詰難良久始得脱[1]，入私寓。而驛卒輩多喫打，至有衣服被奪者。所寓家在大街西邊巷中，屋頗大，南向者五間，中爲堂，東西室，室有内外炕。炕，埃也。東西向者各三間，中爲堂，南北室，皆有炕。門兩重，而門傍各有廊屋，亦皆有炕。屋[2]皆五樑，而三面築以墻。前一面中央爲門，左右爲窗。自此至北京，其制大抵皆同。家主漢人，姓李云。自今日耳目所接無非新異，令人惝怳。無得言此地鷄聲猶似我國，可笑。元建輩言此有新搆佛寺，可觀，遂步往，昌曄亦隨來。寺在市街，小而精麗。入門度兩重屋，出後門，大路也。入一鋪子，桌上積物，極其整齊。坐凳少休，還寓。

【校勘】

［1］脱：底本作"晚"，今據館本、庫本改。

［2］屋：館本、庫本作"室"。

夕飯，撤一肉與主人，致謝。主女要得我飯，與之，有喜色。諸裨在外廊，金中和初學漢語，見主胡，謂曰："你來來。"其胡大怒，引下炕，將毆之。諸人費辭救解，且與花峰鐵一箇始免。蓋此地人呼其妻爲"妳妳"，"來"與"妳"音相似，不合疊呼"來"字。彼以爲呼其妻辱己，故怒也。金以此事爲一行譏笑,自是見彼人,遂緘口不復出一句語,尤可笑。主家女人以刷馬人繫馬於鷄塒下,禁之,蓋嘗屢被偷竊故也。遂數其鷄,嚴飭領將,毋或攘取。翌朝問之,無失云。主家有狗,小如猫,在人懷抱中,而性悍能噛人云。始見龍眼及各様糖果。

自鳳城至瀋陽及山海關三處,一行料米計日支給,鷄、猪、酒及馬草等物,所到各站皆有所給,而麻貝、衙譯輩與灣上軍官分用云。麻貝所領伏兵將一人,領甫十古[1]二人,甲軍十八名。自此到遼東,自遼東至瀋陽,自瀋陽至廣寧,自廣寧至山海關交替云。而現隨者不過四五人,過瀋陽則無矣。蓋伏兵將以下皆有例贈禮單,故麻貝減其人而取其物云。所謂甲軍[2],只帶一劍而不甚精利,衣敝馬瘦,殆無異於我國軍儀軍[3]矣。

【校勘】

[1] 甫十古:館本、庫本作“甫古”。

[2] 軍:館本、庫本作“兵”。

[3] 軍:底本脱,今據館本、庫本補。

二十九日,戊申。晴,日候甚暄[1]和。自鳳城行二十里,至乾者浦朝飯。又行三十里,至松站[2]宿。

【校勘】

[1] 暄:館本作“温”。

[2] 松站:底本此處作“松店”,全書“松店”“松站”互見,今據館本及《荷谷朝天記》改。下同。

平明,余先行,更至佛寺,以昨日未能詳睹故也。門内坐一金佛,張口而笑。自是所至寺必有此佛在門内,未知爲何佛也。轉入佛後，又有小殿供佛，而桌上只有一錫爐，無他可觀。殿西邊有小屋[1]，即僧輩所處，而簷前繫牛驢。入其室，有兩僧在炕上方熟睡，遂還出。市井盡頭即舊城，登其上見之，周五六里而盡圮。城中人家僅四五十户。所謂衙門亦在其中。有瓦屋十數間，乃官倉也。屋上開穴，作小屋覆其上，即所謂天窗也。鳳城開野頗廣，前對鳳凰山，風水極好，其爲邊界一都會者有以也。然其生理全靠我國奇利。廛房是近年新設云，而繁盛如此，亦可見彼此買賣之漸廣。寺門前有新造二棺在地上，其制前低後高，似小舟，高三四尺，長可一丈，下設足跗，雕鏤施彩，一頭穿孔，使通風，見之駭然。路傍亦有露置三四棺，太半朽敗，壓以石塊，尤可駭慘。自是近城處，在在皆然。問之，皆貧無葬地或旅櫬未返者云。

【校勘】

［1］屋：館本作“室”。

過三叉湖[1]，至乾者浦朝飯。只有一賣麵店，陋甚。三使臣同坐一炕，余坐溪上。飯後，書狀來見。自此行山谷中，夾路樹木極密。有兩重嶺，小者尤險窄，轎幾不可過。到嶺下，逢胡女乘車而來者，車上用黑布爲屋，其狀似我國素衾帳。至松店，入察院，四圍築墻，一面可七八十步[2]，中有一屋，左右有炕，上副使分入，書狀與副使同入一炕。廚房圍帳墻下設之。員譯皆出外就私寓。驛刷馬、私持馬馬夫等皆在院内露處。其有盤纏者亦出外。察院門前群胡來賣米豆、薪藁、飲食者闐咽，賣燒酒者尤多。其入門内者除是與甲軍相親，否皆有賂。甲軍所以嚴門禁者，此也。在乾者浦以一扇换二雉，至是炙之，與諸裨同喫，味殊佳。余有感冒候，察院新修，炕冷，不堪經夜，遂出宿村家。房堗雖免踈冷，而不甚精潔，又有車胡五人處于對炕，迭相吸烟，尤可苦。俄而，主婆炊飯饋車胡。取視之，乃唐米而頗柔軟，遂喫數匙。討下飯，主人即進芥菘[3]淹菜及菘菹各一碟，味皆可喫。貴同言，主婆以余喫其飯大喜，要渠輩入内炕饋飯云。求蘿葍于主人，即進十餘本，乃紅蘿葍也。又出菘菹以備朝供。遂以二束白紙、一枝烟竹當房錢。松站故名鎮東堡，舊城在察院後一里許，而皆壞盡，僅有形址[4]，一面可百餘步。城内外人家僅數十百户。余所宿家在城外，家主即漢人，問其所事，答是甲軍。問其料，則一年銀十八兩云。村傍有小廟，中坐三塑像，皆王者之服，左右所立判官，小鬼也。廟有守者，而頭無辮。元建謂是僧。蓋此地人皆剃頭，故以辮髮有無別僧俗云。

【校勘】

［1］三叉湖：其他燕行文獻多作“三叉河”。叉，底本作“义”，今據館本、庫本、鉛本改。

［2］步：底本作“户”，今據館本、庫本改。

［3］菘：底本作“松”，今據館文及前文改。

［4］址：底本作“止”，今據館本、庫本改。

三十日，己酉。晴，風，稍寒。自松站行二十九里，至八渡河朝飯。又行三十里，至通遠堡宿。

平明，歸察院喫粥，遂行七八里，登一嶺，頗峻，是爲小長嶺。樹木益密，橡槲之外，雜樹多不知名，間有白楊。我國所謂丹楓亦有之，躑躅杜鵑不得見。踰嶺，有大溪自西而來，是爲瓮北河，水大幾如我國猪灘。岸上閣一小船，即名馬上也。北岸有草屋，酒店也。門前繫駿馬數匹，麻貝、衙譯輩來歇云。過此又有嶺，即大長嶺也，益峻。踰此則便爲平疇，皆種蜀黍，可知其土沃也。又渡兩水[1]，皆瓮北上流，是爲八渡河。以一水屢涉，故名。兩岸皆有小店而陋甚。設幕河上朝飯。賣雉者益多，其價甚賤，而謂今年無雪，視前猶貴云。胡人有臂鷹來者，云方放獵而不綴鈴，可怪。亦有騎馬臂鷹而過者。欄頭騎白騾而善步，余以驛馬换騎先行，步極快。元建、貴同數里内皆落，惟善興隨後。騾主之奴騎馬並馳，瞬息間到通遠堡。

【校勘】

［1］兩水：其他燕行文獻又作"亮水""涼水"等。

灣上軍官候於路，言此處察院益冷落，故得私寓云。遂至其家，屋宇宏敞。伯氏入西室，室有南北二炕，余處其北炕。家主姓名教化民，欄頭也，家計饒富。其弟家在間壁，尤大。一屋長可三丈，廣可二丈，三面設炕，極其敞爽。炕上盡鋪[1]白氊，什物皆精侈。其中有玳瑁茶瓶，其高七八寸。壁上亦有書册，取視之，皆小説也。西邊小室供佛，桌上有念珠、鐘磬[2]之屬。化民母崇佛，年八十，猶素食念佛云。主家男女皆忙亂，俄而盛備酒饌饗諸譯，亦以兩碟果子送余。其中有山查正果，味最佳。化民自斟茶，連勸二鍾，不得辭。有舊城，僅存形址，四面皆百步。自八渡河行一里有小峴，曰獐項。獐項以後皆平野，紆回入兩山間。所過有兩村落而皆草屋，不過數家。

【校勘】

［1］鋪：館本作"布"。

［2］磬：底本作"鼓"，今據館本、庫本改。

十二月[1]初一日，庚戌。晴，朝寒。自通遠堡行三十里，至畓[2]洞朝飯。又行三十里，至[3]連山關宿。

【校勘】

［1］十二月：館本、庫本作“十二月小”。

［2］畓：底本作“沓”，據館本、鉛本改。下同。

［3］至：底本無，據館本及上下文補。

日出發行。過石隅，至畓洞，入店舍，三行分入東西炕。朝飯，臨發，主胡嫌房錢少，關其門不開。書狀馬頭直山能漢語，爭之不得，竟加一烟竹，然後始開。自通遠堡至此凡二十餘里。行長谷中，再渡一水，兩山交互，而路[1]却坦易。過店地稍開廣，一望荒蕪，無人家無田疇。地勢平而沮洳，恰似水田之廢者。解凍及潦雨時，泥淖難行云。畓洞之號，似是我國人[2]所爲也。十餘里至分水嶺，山氣益粗壯，從頂至底，樹木如簀，其色蒼然，望之如烟，不知何樹也。嶺是平坡，而嶺[3]西水入遼河，東水入中江，嶺以此名金復海。蓋遼東諸山皆從此過脉，以輪圖卞方位，嶺脉來自子[4]丑間矣。

【校勘】

［1］路：底本作“略”，今據館本、庫本改。

［2］人：底本脱，今據館本、庫本補。

［3］而嶺：底本脱此兩字，今據館本、庫本補。

［4］子：底本作“壬”，誤。今據館本、庫本改。

踰嶺後，樹木益叢雜，往往冒衣，皆野梨，間有柳，而多寄生。二十里間踰兩小嶺，至連山關。疊嶂四圍，有三十餘家，夾大溪而居，皆劈大樹爲籬，極其堅壯，蓋防虎也。自松站至狼山皆如此。宿漢人李桂枝家。自是甲軍輩操縱漸緩。夜失所帶絲絛,蓋雜胡出入者偷之也,遂出革帶帶之。先君癸巳行到此,入一家,即曾王考入瀋時所宿處也。軍官表廷俊以其時隨行者言之如此云,而今不可識其處矣。村有小廟。夜微雪。昨日在通遠堡,望見一家立旗旛四五竿。元建言是喪家發引之具,來時過其門,則不見旗旛,門外爇一堆火,有四五素服女自外而來,皆振衣于火,然後入去。似是送葬後祓除之方也。

初二日,辛亥。朝,雪止而陰,晚見暘。自連山關行十五里,踰會寧嶺。又行二十五里,至甜水站宿。

吾輩所處炕北壁供關帝像。朝,主家女出來,插香于爐,叩頭入去。朝飯,發行。過前溪,踰小岡,入長谷十餘里,頻渡水,不記。山漸高,路益狹。溪上有草店數家,過店半里又有小廟,是爲會寧嶺底。自此樹木極密,仰不見天,雪益多。嶺高於洞仙數倍,而治路盤折,無陡陟之險。幾盡嶺有三石離立路右,高十餘丈,崚嶒戍削,狀似怪石。其一石尤奇特,松生其上。自過鳳城三百里間不見松,到此始見。登嶺西北望,胡山重疊無際,意思頓覺不佳。下嶺里許有小廟,似是山神廟。廟傍一家乃看廟者。又數里有兩家,乃木物店。又三里有兩家,乃酒食店。下嶺盡也。又三里有兩家[1]在溪邊,亦皆酒食店也。西南間有一石塔在山邊,即所謂虎狼谷。由此行亦可達狼子山。迂二十里而路易,重車之避青石嶺者皆由此路云。

【校勘】

[1] 又三里有兩家:此六字底本重出,爲衍文,館本、鉛本亦同。今删其衍者。

至甜水店，入寮院。院在城外，與書狀同入。城中有新造佛寺，一門一殿，規模雖小，金碧精麗。門内金甲神及殿上佛像皆有精神，壁畫亦有可觀者。桌上有經函，取視之，乃《法華經》。而楹外馬屎堆積，了無灑掃之狀。此地寺觀之多如我國書院，徒務廣設而不能守護，可笑。東邊小寮即僧居，而開户視之，亦甚陋。書狀定寓城中，遂同至其家。坐未定，副使至，乃出。從城角缺處歸寮院。因登城上四望，城東西百餘步，南北如之，皆崩頽，獨南門存耳。内外人家近數十百户，而多大家。自此而始有木花田。是日行四十里，而實不過三十餘里。

狼子山·舊遼東·瀋陽

初三日，壬子。晴，日出後，日候益暄和。自甜水站行二十里，踰青石嶺。又行二十里，至狼子山宿。

朝飯，發行。出院門一二里，望見西邊山近頂石壁，横張如屏，廣僅百步，高下凡五層，一層之高數丈，色如丹青，奇甚。蓋青石嶺之餘麓也。行六七里至嶺，其高亞於會寧，而東夷西峻。嶺上有一古碑，字漫滅，不知何時所立也。到此，伯氏捨轎騎馬，余同諸裨步下。一路亂石堆疊，凍雪被其上，滑不可行。其石色皆青，嶺所以名也。俯視深壑，雲雪模糊，而初旭射北邊峰，其色如霞，爲之屢顧。有三四胡茇幕巖下作炭。問："不畏大蟲乎？"曰："無大蟲。"下嶺幾盡，有絶壁夾路者三四里。過此復騎行數里，又踰[1]一嶺，是爲小石嶺。兩嶺間爲平地。北有一路，即走遼東捷路云。

【校勘】

［1］踰：館本、庫本同，鉛本作“有”。

行七八里抵狼子山。民居頗盛，女人多出門前觀光，自此始見漢女。宿察院。有高姓漢人入來，自言與張炫、朴而截、徐孝男輩相熟。問其年，七十九。明朝冠服之制，兒時見之，尚能記得云。問皇太子事，言欲射皇上，故廢之，盡殺太子親人。問：“然則前日所囚皇長子已放否？”曰：“不放。”又言以欄頭關東民皆失利，渠亦因此敗家矣。問：“關東民曾告狀皇帝，事下瀋陽，方與欄頭接訟云。勝負之勢如何？”曰：“數日前，刑部官三人自北京出來瀋陽，而彼此立落，姑未可定云。”方欲細問，欄頭數人入來，其人即出去，不復入來。欄頭五六人自鳳城隨來，所至輒闖入。察行中氣色，譯輩中亦有爲其細作者，吾輩所言無不漏通云。可痛。行中有十四欄頭之語，其二人指譯輩之陰附者也。

初四日，癸丑。晴，暄和如前。自狼子山山[1]行三十八里，至冷井朝飯。又行三十里，至新遼東宿。

【校勘】

［1］山山：各本皆同，第二處“山”疑爲衍文。

未明發行，十餘里凡渡五大水，是爲三流河，水東北流入太子河云。所過路傍往往有小店。第四水邊有一廟堂，廟傍村居數十家，謂之廟堂村。自鳳城以後，有村必有神廟或佛寺。其土地廟則雖數家村皆有之。小或累石爲室,大如斗,中供畫像,前置瓦爐焚香。關帝則無家不供,或畫或塑,朝夕焚香頂禮。其崇信神佛之風蓋如此。行十里踰王祥嶺。又三里踰石門嶺。嶺不甚高而石路甚[1]隘,僅通一車。到隘處逢牛車十餘輛,艱得過。十里[2]至冷井,設幕朝飯。井在路傍,而泉脉甚大,湧出平地,餘波所及數十步間皆不凍。泉傍多野芹,使行歸時常採食云。

【校勘】

[1] 甚:底本作“益”,今據館本、庫本改。

[2] 十里:館本作“十餘里”。

三行欲過舊遼東觀永安寺及白塔。飯後,余先行。七八里出一谷,野色茫茫無際,此乃遼東野。自此白塔已見,塔在遼陽西門外,相去三十里云。永安寺僧五人自冷井相逢,一路作行。其中年少者一人,眉目有清氣。試問千山路,能知之。言自遼東南行五十餘里至山,遂歷數山中寺名,與月沙[1]記相符。取清心元一丸,從馬上與之,受而熟視,似不知用處。近城半里所有一石橋,兩傍設石欄干。城盡崩頹,只[2]存土坯,甎則無一片留者,土坯即甎之未經燒者。凡城皆用土坯爲心,外面甃以甎也。奴反建州,楊鎬、熊廷弼皆以經略守此城。至天啓辛酉奴竟陷之。其時經略袁應泰、巡撫張銓、監軍崔儒秀、沈廷魁四人死之。

【校勘】

[1] 月沙:李廷龜(1564—1635),字聖徵,號月沙。有《月沙集》六十三卷《附錄》五卷《别集》七卷行世。李廷龜出使中朝不少於四度。[參漆永祥《燕行錄千種解題》(上),第 216 頁]

［2］只：底本作“至”，今據館本、庫本改。

由東門而入，初甚荒涼，行半里許始有市井，人物繁盛，又非鳳城所比。街北有一大家，門墻整齊，問何人家，則本州官員所居云。門傍鋪子懸牌，書一“當”字，蓋典當鋪也。過此一里許，僧輩引入北邊小巷百餘步，西有[1]一門，即永安寺也。入其門，多小屋，乃下馬，又度一門，有大樓，扁曰“藏經閣”。樓下有門，門内東西各有室。入東室，有老僧方在炕上自炒菜，見余至，延入内炕進茶。遂索紙筆，書問千山路。老僧使一秀才對之，與路中僧言同。余曰：“明春俺回自北京，欲見千山而不知路，貴寺有能指路者否？”答曰：“有。”余曰：“倘有指路者，當厚報。”仍告别曰：“明春再來。”老僧留之，進茶果。秀才曰：“老爺居何職？”答曰：“無官。”又問：“彼處以何取士？”答曰：“進士以詩，生員以經書義，及第以策論、賦、表及背講經書。”問：“有幾經？”答曰：“三經：《詩》《書》《易》，四書：《庸》《學》《論》《孟》。”又問曰：“無《禮》《春秋[2]》否？”答：“亦有，合前三經爲五經矣。”曰：“多承見喻，銘感。”又問清心元用法，仍言母有心痛病，願得的當之藥。遂與一清三蘇，稱謝。問諸人名，即書示湛元、諦信、雲來。雲來，秀才自號。諦信，路中所遇少年僧。湛元，老僧名也。以紙扇與老僧，乃出。遍看諸殿，制度雄麗。副使、書狀先來見之，已向白塔云。從前門而出，路上車馬闐咽，而兩邊列肆，旗榜相映，百貨堆積，無非初見之物，左顧右眄，應接不暇，有似我國鄉客初到鍾街中。

【校勘】

［1］有：底本脱，今據館本、庫本補。

［2］秋：底本脱，今據館本補。

自此以往，瀋陽、通州、北京正陽門外，所謂極繁華處，其規模則不過如此，特有大小之異耳。行一里許出西門，有一石橋，乃濠也。橋北有廟，門外有三坐牌樓，牌樓，兩柱一棟，制如我國迎恩門。金碧輝煌。門内左右各有二層閣，左懸鐘，扁曰龍吟，右懸鼓，扁曰虎鳴。過此又有一門。土木之工，蓋窮極侈麗。正殿供關帝塑像，東廡供張飛，前有二力士背縛一人，其人仰面視飛，狀甚壯，似是蜀將嚴顔也。始入殿門，守者謂當叩頭。遂擊鐘，乃就桌前再[1]拜。禮[2]佛必擊鐘，蓋此處俗也。出東邊角門，緣濠北行。路中遇伯氏，先觀白塔，方向永安寺。副使、書狀亦隨來矣。至白塔，塔[3]凡八面，而高十三層，下臺亦三層，高不可測，層皆有簷，簷皆懸鐸，上設相輪，以銅索維之。面面皆刻佛像，功費不可計。蓋用甎灰而成，見之如白石。世傳唐太宗征高麗，命尉遲敬德建此，未知然否？塔後有大寺，舊名廣祐，盡破落。前有一重脩碑，即正德年所立也。寺去關帝廟二三里，其間又有一大寺，塔東小刹亦無數，而不能遍觀，遂還入城中。

【校勘】

[1] 再：底本脱，今據館本補。
[2] 禮：底本脱，今據館本及文意補。
[3] 塔：底本脱，今據館本補。

至永安寺，伯氏方在藏經閣，與副使、書狀同坐，與一老僧問答。僧，福建人，姓陳，法名崇慧，號雲生，容貌清癯，文筆辭氣皆不俗。小頃，罷出。湛元及其徒[1]弟見余再至，皆有喜色。自藏經閣出角門，西邊月廊第一室即雲生所居也。案上多置經卷，《庸》《學》亦在其中。有一沙彌，年十五，名淨實,眉目清秀可愛。使讀經,其聲如貫珠,無少[2]礙滯。遂行,出北門,所過皆廢墟,瓦礫堆積,間有佛寺菜圃。城門外又有廟堂。太子河一派到城底潴爲濠,頗廣,此熊廷弼所爲也。至太子河,此水一名衍水,燕太子丹走死處。有木橋,橋下閣小舟。河北岸村家頗盛。望見新城可數里,此老剌赤爲攻遼陽而築者,城小而完,無官舍倉庫,人家亦少云。宿察院,自舊遼東至此僅八九里。夜,諸譯送龍眼及各色糖果,似出於欄頭,却而不受。

【校勘】

［1］徒:底本作"從",今據館本改。

［2］少:館本作"所"。

初五日,甲寅。晴,暄和如三月天氣。自新遼東行三十五里,至爛泥堡朝飯。又行二十五里,至十里堡宿。

平明發行。院後一里許有樹木,圍以墻。問之,即刑部官墳墓云。自此路傍間有墳墓,而皆在田畔,無塋域,無莎草,但於清明日加土插紙旗其上云。行數里,遇胡人,所騎馬善步,昌曄换騎[1],余又與昌曄换騎,走極快。先至三里堡,坐店房待行次至,以馬還昌曄。路遇胡女八九人步行,元建問:"何往?"一女答曰:"爲觀高麗人。"蓋戲之也。元建曰:"好生不安。"群女皆笑。行未幾,有數十人聚田畔。近前視,乃葬人也。以金銀紙錠[2]覆棺上,設祭物于其傍。向群女之行亦赴此也。十餘里過接官亭。路左築數丈甎臺,其上有一間小閣。曾見小説,中國郡縣新舊官交代之地有接官亭,恐此是也。亭傍村舍[3]、店房頗盛。過防虛所三道把,有壞烟臺。自遼東至瀋陽連有烟臺,而皆壞盡,僅存形址,往往生連抱之木,見之可慨。

【校勘】

［1］騎：底本作“馬”，今據館本、庫本及下文改。

［2］錠：底本作“綻”，今據館本改。

［3］舍：館本、庫本作“居”。

至爛泥堡，村居僅數十家，店房居半。主家有一樂器，似琵琶而腹圓頸長，二絃，其曲調甚促。朝首譯以下六七人往欄頭李終信家，至此追到，言其接待之盛，其孫四五人皆讀書云。朝飯，行。主胡嫌房錢少，執申之淳不放，余以一扇與之，始免。自爛泥堡行六里有新石橋，兩傍設闌干，傍有碑刻“萬寶橋”三字，即康熙四十六年丁亥所立也。過烟臺河、山腰堡、五里堡，至十里堡，日始晡矣。入驛丞李作周家。村中有小河，河上有古城，皆崩壞。主人子廷玉年十三，已讀四書，使讀《孟子》，無窒礙處。問其師，書“翟璿”二字。豆腐脆如我國善造者，作羹極美，白塔鋪豆腐亦然。

初六日，乙卯。晴，天氣暄和如昨日。自十里堡行四十五里，至白塔堡朝飯。又行二十里，至瀋陽宿。

鷄二鳴發行，二十里始明。曉陰，無星，有雪意，日出却清朗，人皆幸之。數日來一行皆減衣，或有脱耳掩者。過板橋，橋北有墳墓、樹木。過長盛店、沙河堡。河有橋而水大如我國松溪。過火燒橋、氈匠鋪，至白塔堡。塔在村中，高可十數丈。其層爲十三，面爲八。每面八尺，每層開四圓門，而方位互换。入最下門仰視，中皆空，制度亦奇。此塔亦甎，而簷椽則木也。入一鋪子，借其内房朝飯。主人皆漢人也。家計頗饒，厩多牛驢。庭前有兩囷，一儲粟，一儲黑豆。其囷編木爲之，塗以土，圍可數十尺，長丈餘，近上開兩穴通風，以草覆之。自店行到一石橋，過一所臺，路左有廟堂，下馬欲見，門閉不得入。

過紅花鋪一里，渡混河。河一名耶里江，水大如我國猪灘而有木橋，小舟十餘隻亦在沙上。河水出胡地，西南流，會太子河，入遼河。河去瀋陽九里所。世傳孝廟在瀋館時作亭于此云。曾見侍講院日記[1]，胡人以野坂[2]田授世子種菜，亦其地也。自遼東後，店肆相望，往來車馬漸多，野中村居棋置，徑路縱横，樹林微茫[3]，皆柳樹云。牛驢放牧者在在成群。蜀黍幹堆積田中者無數，車載而去者亦络繹，是往賣於瀋陽作薪云。所種五穀皆有而蜀黍最多，旱稻亦間有之。見其地沙土相半，密而且膏，其所收計亦多矣。路中多逢女人乘車者及甲軍帶弓箭者。未至城外一里許有一大寺，殿閣重複，圍以粉墻，中有一大白塔，下方而上圓，高可四五丈。去路數百步，欲入見，未果。遇一少年，胡衣貂裘，帶弓箭，騎騾而過。前後從胡六七人亦帶弓箭，馬皆駿。問之，即皇帝近族在瀋陽者出獵云。

【校勘】

［1］侍講院日記：指昭顯世子在瀋陽做人質時館臣所錄日記。參林基中編《燕行錄全集》第 24 至 27 卷《瀋陽日記》。下同。

［2］坂：底本作“板”，今據館本、庫本改。

［3］茫：底本作“望”，今據館本、庫本改。

近城有水清曠如湖，即混河之泛濫者。其傍多人家，而墳墓累累滿地。其中亦有圍垣種樹者。至土城外，三使臣皆下轎騎馬而行。入土城二里許至内城。城高可四丈餘，門樓雄壯，高入半空。在數十里外可見。城門外有甕城，甕城左右有門，門扇鐵裹，門外有濠，石橋跨其上，度橋及兩重門，然後方入城。自入土城，左右市廛已櫛比，而内城尤繁盛，十倍遼東。入城數百步，東入小巷，察[1]院在焉。有東西廊屋而庭湫隘。聞譯輩言通官金四傑之母曾居此屋，常言此乃丁丑後朝鮮質子人等所接之家，世子館則今衙門是其地云。曾王考所拘之處即北館，而今無知者矣。

【校勘】

［1］察：底本作“密”，今據館本、庫本、鉛本改。

夕飯，見白菜及蔆菠菜，味皆新，不覺加飯。又有魚湯及炙，其魚非我國所有，狀如鮒而味似重唇，長僅三四寸。亦有鰡魚而味不甚佳。水味自此惡。譯官輩來言欄頭之訟七八分危殆，行中先給銀者有憂色，而首譯獨不憂。自入栅門，欄頭輩要預得雇價銀款待譯輩，朝暮懇請，蓋爲行賂於瀋陽訟官也。行中諸議皆以爲近來買賣[1]之失利，專[2]由於欄頭。欄頭之敗，於我爲大幸，縱不能並力擠之，奈何給銀而助其勢？且其氣色大異前日，勢屈可知矣。倘與銀而訟不勝，則其銀不可推，宜且挨到瀋陽，觀勢處之，方爲萬全云。此事利害，雖三尺童子可知，而獨首譯力主預贈之議，驅脅一行盡贈。惟李惟亮、崔台相[3]、張遠翼、洪萬運四人立異，餘皆靡然從之，可痛。其後聞其數，則共爲萬餘兩云。首譯在路中告于使臣曰：“近來刷馬驅人到瀋陽多買禁物，因致生事。欲防其弊，則今宜嚴飭於團練使毋得久留，必令回程於使行未發之前可矣。”至是又以此爲言，故三使臣分付團練使，使於使行發日即還。蓋義州刷馬人深惡欄頭所爲，約於使行離發後，齊訴於刑部官，請罷欄頭。故欄頭知其幾[4]微，使首譯陰行沮撓之計也。行中頗知之，莫不懷[5]憤，以爲團練行所持銀貨亦多歸義州，例有納税之事，自前留至兩三日者勢自如此，且禁物買不買不在於留日之多少，不宜刻期驅送云。伯氏聞此言，遂復分付於團練使，使於使行離發後一日即歸。團練使，清城僉使張益[6]文也。群胡抱貨入來者無數。歲幣木到此，計數[7]則無二十四疋，蓋刷馬驅人偷之，自前多如此云。

【校勘】

［1］買賣：庫本同，館本作"貿易"。

［2］專：底本脱，今據館本、庫本補。

［3］崔台相：相，各本皆作"祥"，然本書卷一《一行人馬渡江數》、卷三正月初四日，與崔書中《同行錄》及正月十二日皆作"崔台相"，今據改。朝鮮語中"相""祥"同音，故有兩種寫法。

［4］幾：庫本同，館本作"機"。

［5］懷：館本、庫本作"駭"。

［6］益：館本、庫本作"翼"。

［7］數：底本無，今據館本、庫本補。

瀋陽，古挹婁國，唐置瀋州，遼改爲興遼軍，大明洪武始置衛，天啓陷於胡，爲其都，遂改衛爲奉天府，亦曰盛京。置户部、禮部、兵部、刑部、工部五衙門。各置侍郎一人，郎中二人。又置將軍一人，盡管關外軍兵，又置奉天府府尹、承德縣知縣云。

初七日，丙辰。晴，暄和如昨日。留瀋陽。

群胡持貨入來者益[1]多，終日闐咽，亦有賣書畫者。食後，與柳鳳山騎馬出大路觀市肆。北行百餘步，東偏一帶有四五大門，多[2]繫駿馬，此即衙門。門外皆築墻遮路，所謂照壁者也。又行數百步，當街有三簷樓，制度壯麗，下開四虹門，爲十字樣，往來者皆從北出入。蓋瀋陽城方二里許，而每方各二門，共八門。八[3]門路縱横貫城中，如井字狀。而南北兩門路與上東、上西兩門之路交界處皆有十字樓。此處如我國鍾街，人物輻輳，市肆繁盛。始向西行百餘步而還，又向北行百餘步而還，遂向上東門而去。左右市肆，百貨衒耀，百餘步間皆堆積獐、鹿、兔之懸者，不可勝計。各色工匠，如鉅木造車、造棺、造椅桌，打造鐵器、錫器及礱米、縫衣、彈綿花之類，種種皆有，而器械無不便利。一人所爲，可兼我國十人之事。

【校勘】

[1] 益：底本作“亦”，今據館本、庫本改。

[2] 多：底本作“即”，今據館本、庫本改。

[3] 八：館本、庫本無此字。

出東城門，門制一如南門，而甕城只有一門。兩門之間，布列雜貨。城外亦有市房。去城數十步有濠，闊可十餘丈，深亦丈許。是時水縮，其深猶數尺。濠外人家櫛比而多大屋，皆寺觀也。城東北隅有樓，制如門樓，是謂角樓。循城以北，北門亦如東門之制。城外人家亦多。金中和追至，遂偕行入城。有呟呟響出東邊店房，問之，則彈綿花也，遂下馬入見。一人立而彈之。其弓長可四五尺，以繩繫弓腰懸於屋樑，而用左手持之，右手持小槌椎其弦。綿花彈起，一屋内如雪，乍立其傍，衣帽盡白。問一日所彈，多至百餘斤云。其弦用羊腸爲之，取其韌而難斷，貫以鐵環，使遊移往來，是防綿花纏結也。見打鐵者，其器械皆如我國，而所[1]異者爐，制如我國洞爐而高。執鉗錘者皆立，火用石炭。木匠所用器械亦如我國，而獨斤柄直耳。市肆中所謂金銀錠最多。即喪葬所用，以紙爲之，亦紙錢之類也。又有一器,似籃而長,紙塗而畫之。問其用處,盛小兒懸于樑,摇之則不哭云。

【校勘】

[1] 所:底本作"少",今據館本、庫本、鉛本改。

又過一鋪,見架上所積似書册。問之,則乃紙也。蓋此處市肆百物,皆[1]與北京無異,而只無書册云。未至察院半里許,西巷中有行宫,遂入去,馬群塞巷。北邊有大門,多鞍馬,群胡出入,此亦似衙門也。過此而西,沿路有[2]朱漆木栅。從隙見之,内有重簷八角殿,青黄瓦覆之,庭除極廣闊,左右皆有四面閣一及月廊十餘間。此乃汗伊與諸將議事處。《瀋館日記》[3],清人有軍務大事,入門擊鼓,使城中皆聞而聚會闕下,即此也。又其西有一[4]青瓦門,向東開,制如牌樓,是所謂行宫也,規模不甚大。入牌樓又有黄瓦門,向南開。凡三間而皆朱其扇,墻壁階砌悉雕鏤,極其工麗。門内有數重殿閣,皆青黄瓦,而門鎖不得入見。

【校勘】

[1] 皆:底本作"有",今據館本、庫本改。

[2] 有:底本脱,今據館本、庫本補。

[3]《瀋館日記》:疑即金毓黻編《遼海叢書》所收之《瀋館録》,不著撰人。本書所引皆與之大同小異。另,昭顯《瀋陽日記》亦有"入門擊鼓"記載。

[4] 一:底本脱,今據館本、庫本補。

還察院,方物歲幣到此盡交付清人,車載以去。其中細木紙米除出若干,納于此處。余着戎服,與金、柳兩裨往看。

其庫在行宫南小巷中，去察院不遠外有一大門，門内以甎築臺，高三丈許，庫在其上南面，只有上下級，餘皆如削。譯官領方物，積置臺下。俄而户部郎中來，始納方物。余隨而上，砌高可二丈許，以甎爲級，盡砌而門在焉。門左右有炕，入門又有甎級，其高亦丈許。上有門，左右炕之制如下門。門之内始爲庭，東西六[1]丈許，南北倍之。東西皆有屋，即方物所儲之庫也。北邊又有一層臺，上有三間屋，此金銀所藏處，而空無所存[2]，皆輸送寧古塔也。置方物于西庭。一胡坐于階頭，手持文書，只照視物件，而並不閲視好惡，亦不計數，直納庫中。户部郎中二人但坐門内東炕，無所監視，其簡易如此。余同諸裨坐西炕，與郎中兩胡東西相望，而視若不見。余先歸，金、柳在[3]後，略有問答。而柳所持鞭以筋爲心，而藤纏其外，即我國所造也。郎中求見，頗有愛意，而終無所言云。曾見休庵燕行日記[4]，到遼東爲衙門徵求賂物，留二十餘日不得行，有一遊擊將軍者，自以硯石打額出血，恐譯輩索貨。蓋明末貪風至如此。視今日事，尤可歎也。有胡兒[5]在臺下踼毬，毬以布條爲之，且踼且數曰“一箇，二箇”，以連踼不墜地爲能，其法如我國。夜，作京書付團練使。

【校勘】

［1］六：庫本同，館本作“七”。

［2］存：庫本同，館本、庫本作“有”。

［3］在：庫本同，館本作“随”。

［4］休庵燕行日記：休庵疑即金尚寯（1561—1635），字汝秀，金尚憲堂兄，萬曆三十六年（1608）爲千秋使出使明朝，然其燕行日記未能流傳下來，亦未見其文集傳世。

［5］兒：底本作“下”，今據館本、庫本改。

初八日，丁巳。陰，乍風不寒。自瀋陽行三十八里，至大房身朝飯。又行四十里，至孤家子宿。

聞西門外有所謂汗伊願堂，可觀。平明先發。穿過東西十字樓，出西門。時店房初開，市人始集西門，賣羊豕極多。繫于路傍者百十爲群，整立不亂。自城外驅來者亦多。羊背或打朱點，或打黑點，別其群也。每群必有一南羊我國所謂羔。前引，其項[1]懸鐸，群羊齊首隨後，以鐸聲爲行止之節。以小車載牛肉而來者相續。其車獨輪，一人推之。西門之制與東北門同。自内城至土城，亦二里許，而市肆人家之盛，無異城中。路北往往有雕甍大屋，皆是寺觀。土城外人家猶不絶，路左多側柏、白楊，往往垣以圍之，皆大家墳園也。如此者數里。遠望見一帶高墻在大路北，中有黄瓦殿，是所謂願堂也。門前立三座牌樓，極其壯麗。從東偏角門入去，正殿門鎖，階下左右各有四面二層閣，有胡梯可上，而亦皆鎖。庭東西有兩碑極高大。東碑前面題曰“蓮華淨土實勝寺，崇德三年戊寅立”云云，後面清書。西碑前後皆清書，不可解也。

【校勘】

[1] 項：底本作“頂”，今據館本、庫本改。

有一僧自外入來，循殿打鉦三匝而去。聞有喇嘛僧在西邊屋中，殿門開閉此僧主之。遂令元建言于其徒通之，即請入。屋低而深，北壁下一僧被禪衣，倚屏而坐。屏[1]凡四疊，以錦爲之，其高數尺，取可靠背。余遂就坐東邊炕。其僧不動，舉眼視之，使侍者問余年，余以華語對之。即使侍者進茶。侍者五六人，衣皆黄而童子居半，貌皆清潔。余索紙筆，書：“高壽幾何？”答以爲[2]：“不知漢字。”侍者持其紙出外，似欲示識字者也。俄而三行皆到，余乃告辭。僧言："好往來。"侍者以華語傳之。余出而告伯氏。伯氏入見，其僧亦不動。問其年，答以"六十六"。伯氏出。其徒開正殿，殿内有三座金佛，龕屋及几桌奇巧，曾所未見。桌上有玉器一雙，狀如筆筒，似是插花者，高可半尺許。以一扇與開門者，受而置佛前，又與南草一封。

【校勘】

［1］屏：底本脱，今據館本、庫本補。

［2］爲：館本、庫本無"爲"字。

從西邊角門出，行數里，望見[1]樹林中殿宇隱映，去路可八九里，即汗伊墓所在也。又數里，望見一塔在路北里許。其高可與白塔等。塔傍有村居，即所謂塔院也。大路本在院前，潦雨[2]及解冰時所由，而今無泥淖，故取此路，蓋徑也。凡十五里，與大路會于永安橋。橋凡三虹門，以青石造，極其堅壯。廣可三丈，長可二十餘丈，兩傍設石欄，前後兩頭皆有獅子對蹲，刻鏤頗工。歷雙家子，至大房身，入店房朝飯。過磨刀橋，一名板橋。過邊城有察院，此乃宿所，而越站，故不宿。過[3]神農店，至孤家子，日没止宿。

【校勘】

［1］望見：館本、庫本作"北望"。

［2］雨：庫本同，館本作"水"。

［3］過：底本脱，今據館本、庫本補。

是日行八十里，而度其遠近，實九十餘里。過廨堂始有築路，路廣二十餘間，狹亦十餘間，而間有壞處。自此至舊家鋪皆如此。凡二百餘里,其間無人家田疇,一望荒蕪,雨則成巨浸云。瀋陽以後,路中車馬益多,而向西去者尤多。獐鹿豕及木物所載之車,皆自寧古塔兀喇地方來,趁歲時入京者。其自西來者,皆載茶麯布帛。或有空車,是則遼瀋商賈回自關内者也。一胡乘車而去,從胡五六人皆騎而牽馬三四匹。問之,則瀋陽兵部侍郎趁朝參往北京云。又一胡背負黄袱,騎而在前,三十人隨去而皆騎馬。其中亦有帶弓箭者,其後有大車十一兩,重載而去。每車上插一小黄旗,書"上用"二字。問之,乃兀喇地方進貢之物,所載皆是珠貂蜜海松子云。譯官崔檍有病,隨團練使還歸。

初九日,戊午。微雪乍[1]霏,至晚始霽,成木稼。自孤家子行四十二里,至小黄旗堡朝飯。又行四十六里,至白旗堡宿。

【校勘】

[1] 乍:底本作"作",今據館本改。

昧爽發行。八[1]里至周流河,以冰度,其廣不能百步,水似不深。沙上閣二船。以地理考之,此爲遼水,其源出胡地,入長城南流,會渾河及太子河入海。三水合處謂之三坌關,亦名三叉[2]河,即頃年使行由牛莊所渡處也。過河二里所,又渡小水,此即周流河支流也。其西岸忽有小邱巃然,自遼東行二百三十里而始見此矣。其上有一空城而垛堞皆完,不知何時所築也。人家在城下,負邱臨河,風水好,亦有店肆頗盛。其西一村皆蒙古居之。元建言河中魚極多,蒙古皆業捕魚,在前使行多買之而價甚賤云。

【校勘】

［1］八：庫本同，館本作“八十”，誤。

［2］叉：底本作“乂”，今據館本、鉛本改。

行一里許，過一酒店，路傍有三間小屋。其上平，不加茅瓦，但塗以土數尺，始見殊駭。至此遞轎馬。有兩僧設凳門前，請諸人坐，因要入屋内，設一碟菜，進暖茶一杯，却不討價。壁間供關帝塑像而塵埃滿桌。屋中只有一釜一廚，活計冷落而能待客如此，可異。大抵瀋陽以後人心淳厚，以閱我國人猶少也。過新民屯，副使、書狀見郭朝瑞，有問答。朝瑞以吳三桂部下人，三桂敗後配于此。前後使行多招見問事情。南相九萬、崔相錫鼎，特親厚問，遺久不替。其人頗有文翰，而爲人浮誕，言不實云。至小黄旗堡，有村四五十家，無店房。朝飯于佟姓清人家。屋新造，而三面爲炕，甚敞豁，即其客堂也。炕下盡布甎，中央設土爐爇石炭。自曉冒雪，不用雨具，故衣笠盡濕，至此脱而掛之。壁有書畫，桌上頗列器玩而皆有村氣，無可觀。主胡兄弟皆身長貌俊，而其兄一目眇，自言是滿州人，其兄方爲鳳城帶子。帶子，即章京之小者。問其俸銀，一年支六十兩，章京支八十兩。章京中又有號牛录者支一百兩云。主胡皆不解文字，問答皆倩人書之，然爲人皆良順。暖茶進一盞于伯氏，以藥果答之。

過大黄旗堡、盧河溝、古城子，至白旗堡，宿察院。路中遇胡人十八人，皆步行。每兩人以鐵索連繫其項，三胡騎馬押來。問之，寧古塔捉私採人蔘者往北京云。問其罪輕重，則以爲止流配云。有一胡兒佩弓矢騎馬，與吾行或先或後。問之，即瀋陽兵部侍郎之子，隨其父往北京，其年十二云。俄而鞭馬出轎前，與其從騎並馳而去。所騎馬體小善步，乃是南京馬云。自渡江始向西南行，過九連城，或向西或向西北。自遼東至瀋陽向丑方，自瀋陽至孤家子向戌方，自孤家子以後至山海關皆向未行。遼東以後至孤家子皆泝北風，極寒時最難行。過孤家子二百里間亦多横風，以西北無山也。今行適值暄暖，渡江以後不知寒苦，無前之事也，一行皆以爲幸。

小黑山·新廣寧·十三山

初十日，己未。晴，頗寒。自白旗堡行四十二里，至二道井朝飯。又行五十里，至小黑山宿。

鷄三鳴發行，又將越站也。行二十里始明。路遇胡人五六騎掠轎而過，俄而一胡還來，與驛卒問答而去。問之，即其大胡使問使臣轎名云。過白旗堡，到一板門，有酒食店數十家。時日初上，買賣正熱鬧，店房人皆滿，見吾行無不出視。聞北道驛子勸馬聲，無不駭笑，或有效之者。至二道井，人家亘二百餘步，而中間皆有酒食[1]店，入店房朝飯。水味甚惡，醎澀又臭，不堪近口。主人家用二驢磨木麥，而見其篩麵之具，其機便妙，頃刻可取數斛。有一胡兒持猿入來，以鐵索繫其頸而揮轉之，使爲筋斗，此外無他技，蓋新馴者也。其狀小[2]於狗，額高面狹，眼深有赤光，兩頰與尻皆紅而無毛，臂甚長，手能握[3]物。獸行人坐，乍見如老嫗，瞻視，數動，不能暫定。此處亦有寮院，而越而不宿。行八里隱寂寺，寺前後遍種柳。

【校勘】

［1］食：底本作"臺"，今據館本、庫本改。

［2］小：底本作"少"，今據館本改。

［3］握：底本作"掘"，今據館本改。

又行二十里至舊家鋪，亦有店三四十家。卸轎路傍少休。灣裨及廚房先到，作薏苡粥以進，馬亦飼粥，以站遠故也。遼野盡于此。余遂縱步登一皋[1]，回望來路，百里間紆直之勢盡入眼中，意益爽快，頓忘跋涉之勞。自此連有邱陵，望西北，連山高低，遠者百餘里，近或數十里。過土子井十五里，始有烟臺。烟臺之製，或方或圓，方者一面可三丈餘，圓者其圍十九把，高五丈以上，以甎夾灰築之，四圍如削。近上三分之二，開前後兩門，僅容人，意其上下用雲梯也。臺上又有臺一層，其高可半丈，是則將領所坐處也。上下臺皆有垛，垛穿炮矢穴。臺外又有圍城穿濠之迹而皆填夷。烟臺自此至山海關，近則五里，遠則十里，棋置相望，多不可數。一臺以百人守之，有警則放炮相報，賊至城守。世傳此戚繼光所爲。天下財力盡於此，而畢竟無益於防胡。清兵攻烟臺多死，故毁之，而以其[2]堅亦不能盡毁云。

【校勘】

［1］皋：館本作"皐"。

［2］其：底本無，今據館本、庫本補。

路遇一屋車，大胡坐其中，衣帽鮮華，似有官者，從胡十餘人皆佩弓箭[1]，散行草間搜獸也。使譯輩[2]問之，來自廣寧云。從胡所騎赤[3]色馬絶大善步。昌曄使人問價，言一百兩。至小黑山日欲落。入察院，院屋敞潔，炕鋪新簟，可喜。但有一井而去院遠,故水直益貴,一行悶之。賣鶉及兔者極多。十餘歲小[4]兒一手持砂鍾,一手持小錫瓶盛燒酒入來者無數。門閉而亦不出去,終夜叫賣,其聲甚苦。而問[5]其所售,亦不多,可見此處生理之難。酒味甚不好,而驛卒輩以露宿,故頗有買喫者,到處[6]皆如此。有一[7]胡兒稍有秀氣,進而問之,乃漢人也。遂書問其年,對以"十八"。問姓名,對以"高陞"。問讀書否,對以"已讀四書而能誦之"。問:"爾讀書要做秀才乎[8]?"對曰:"貧人讀書不過識字。"問:"爾師何人?"對以包閫。問其所住,對曰:"是此處人,方往廣寧云。"問其父母存否,對曰:"俱存。"問兄弟,對以"無"云。問:"爾見俺衣冠好笑否?"答:"不好笑[9]。"問:"此村亦有秀才否?"對曰:"有生員王天爵。"余曰[10]:"晚間請來如何?"陞諾而去,與一筆。遂令申之淳出外訪問。果有其人,門上懸榜,書"歲貢生員王天爵"云。夜深不得要見,陞亦不來。

【校勘】

[1] 箭:館本、庫本作"矢"。

[2] 輩:館本、庫本作"卒"。

[3] 赤:底本作"者",今據館本、庫本改。

[4] 小:底本無,今據館本、庫本補。

[5] 問:館本、庫本作"聞"。

[6] 處:底本作"此",今據館本、庫本改。

[7] 一:底本脱,今據館本、庫本補。

[8] 乎:底本脱,今據館本、庫本補。

[9] 笑:底本作"矣",今據館本、庫本改。

[10] 余曰:底本脱此兩字,今據館本補。

夕飯水味稍勝,蒸鮒炙鶉,味俱美。書狀買西瓜一顆分送,色味如時節物,奇哉。外皮黄緑如南瓜,俗名琥珀。穰黄白色,子形圓黑而斑。夕見書狀于東廊。夜,兀喇領貢胡酋在店房求見我國歌舞,元建、貴同率驛卒二人而往。唱歌呈舞,備盡各態,其胡見之大喜,多饋酒肉[1],醉飽[2]而歸。

【校勘】

[1] 饋酒肉:庫本同,館本作"饋酒食肉"。

[2] 飽:底本作"解",今據館本、庫本改。

十一日,庚申。曉大風,至朝少止,午後復大作,人不得開眼。自小黑山行三十[1]里,至中安堡[2]朝飯。又行三十七里至新廣寧宿。

【校勘】

[1] 三十:館本作"十"。

[2] 堡:底本作"僅",館本作"堡",今據改。

平明發行,十二里羊腸河,水頗大而有木橋。東西人家共百餘家,亦有店房。又十八里至中安堡,村落僅[1]數十百家。入漢人王五家朝飯。主人年可五十許,言自遼東移居于此,因言:"遼東即你們住的。"見余豹[2]裘在炕上,即取而穿之曰:"好,好。"余問:"你見俺們冠服如何?"曰:"好。"遂脱帽,指其頭有所言。使申之淳問之,以爲渠父亦曾着網巾戴笠云。初稱滿州人,詰問然後始告以實。問前後之言何異,則以爲"先世雖漢人,既爲今皇帝所屬人,豈非滿州",因言渠方屬八高山軍兵云。無得言渠先到則主人饋以燒酒及麵,而不索價,房錢亦不爭多少云,此亦不易也。

【校勘】

［1］僅：館本作“近”。

［2］豹：館本、庫本作“貂”。

自昨日見醫巫閭山，至此已近，而會塵沙蔽天，不得詳睹。歷于家垈、舊店里、二臺子、㺚子店、大舊家、新店，至新廣寧。路中始見橐駞。其高僅一丈，身瘦頭小，項細而下曲，行則隨步伸縮。頭如羊，足似[1]牛，而蹄薄小在毛底。背有兩肉峰自成鞍，而前峰有毛散垂，如馬之有纓。其峰肥則硬起，瘦則軟伏，故胡人常飼鹽，蓋以食鹽肥也。以索穿鼻而制之，缺則改其穴。其力任三馬所載，其行似遲而疾，快馬不能及。此物出沙漠，軍行運輜重莫利於此，故爲蒙古重畜，其直多至一百七八十兩銀云。生人近則鼻噴黄水，臊臭不可近。見胡騎百餘屯於野中，張兩翼向前，有圍繞之狀。俄而疾馳合擊，不知追何獸也。相去稍遠，不能詳見，可恨。

【校勘】

［1］似：館本、庫本作“如”。

未到察院一里許有川，大如我國松溪，似是閭山之水也。望見舊廣寧城及北鎮廟。在前使行皆由舊廣寧而行，自癸丑年始改路，移察院于此云。宿驛丞崔姓人家。問閭山於主胡，言自新廣寧至北鎮廟爲十二里，自北鎮廟至觀音寺爲八九里，而山路險絶，間有不可騎處，山上有瀑布云。聞之令人意思飛動。夜，副使、書狀來謁伯氏。書狀來余處少話而去。至新店，十三山始見。

十二日，辛酉。晴。自新廣寧行三十八里，至閭陽驛朝飯。又行四十里，至十三山宿。

昧爽發行，一里許渡一河[1]，過興隆店、雙河堡，凡十餘里。又渡兩小川，似皆閭山之水也。到壯鎮堡，城堞猶存，城外有一[2]佛寺，亦有人家，而極蕭條。望見城上立數三兒童，意城内亦有人家也。是日天清[3]，路上見日出。日輪倍大，光芒四出，蕩漾如海，蓋野曠而然也。驛卒輩言，在前所見尤奇，不止此云。過常興店、三臺子，至閭陽驛，人家極盛，而土屋居半。大屋或前簷覆瓦，而後皆土塗，或加石灰。其土尤可異者，上平如床而絶不漏。問諸胡人，以爲皆海土，故密而不漏云。過此以後絶無草屋，非瓦則土也，至關内皆然。此處城堞殘夷[4]特甚。見人家墻壁皆敗甎也。

【校勘】

[1] 河：館本作“水”。

[2] 一：底本無，今據館本、庫本補。

[3] 清：庫本同，館本作“晴”。

[4] 夷：底本作“異”，今據館本、庫本改。

路中遇四胡騎馬，各臂一鷹過去，後有數胡領去。令申之淳言于麻貝輩，使鷹少住一見，以爲“到前站當令見之”。到三臺子，麻貝奴迎謂曰：“鷹在此矣。”余遂入店内。四鷹列坐一架，而二白二黑。其大如鳶，悉以皮囊冒其頭，其目皆黑。余曰：“鶻也。”胡人曰：“然。”次通官文二先與領鷹胡人同在[1]一處，問曰：“朝鮮地方亦有此乎？”曰：“亦有。”二先曰：“朝鮮雖有此而必不解馴之之法也。此處則捉兔而雖不獲，亦還就于人，終不遠逝云。”韜其頭者，不令見物妄翔，所以遠來而不病也。二先以其家屬在鳳城，故自北京來見而歸，適遇行次同行。路傍有兩兒驅羊百餘首[2]而來，齊首如一，無少參差，可異。

【校勘】

［1］坐：底本作“在”，今據館本、庫本改。

［2］首：館本、庫本作“頭”。

聞市麵美，使廚房買來，細而紉[1]。此處麵皆小麥粉，而其味殊勝於蕎麥。朝飯遂行。過二臺子、三臺子、四臺子、五臺子、六臺子[2]，凡四十里。至十三山，入察院。所謂十三山在大路傍，去院數里而近。山不甚大，而拔出野中，四無附[3]麓，如置怪石于庭。或謂閭山餘麓，非也。其峰大小不一，數之亦不止十三，而石色欠秀潤，此則似坐於無樹。然大抵近見不及遠望之奇，比之鳳山，不啻低數層矣。

【校勘】

［1］紉：館本、庫本作“靭”，皆同“韌”字。

［2］二臺子、三臺子、四臺子、五臺子、六臺子：底本“臺子”皆作“子臺”，今據館本及上下文改。

［3］附：底本作“村”，今據館本、庫本改。

有兩人各攜一猿而來，二黑犬隨其後，其犬如猫。遂招入，使呈其技。各出紅衣，穿其猿，一人敲鑼叫聲，有所云[1]。於是兩猿各自開櫝，出胡帽戴之，人立回旋。既已[2]，其人[3]又喝聲道辭，則兩猿皆脱其帽。又於櫝中出假面着之，一雙髻童子，一美鬚長者，童子持塵，長者傴僂扶笻，相與回旋。既已，又皆脱去，更着女人面，一女有愁容，持巾時時作拭淚狀。既已又脱女面，更着甲胄，跨木馬持兵器，作擊刺狀，回旋數次而止。其行止以鑼聲爲節。此皆似[4]傚戲子，而不知其演何本也。胡人所道之語亦似戲子唱曲矣。又使兩犬駕車，車上作屋設帷，大與犬稱，馳走庭中，回轉中規。又以篩輪四箇周回置地上，相去丈許，胡人敲鑼，有所云云。其犬從輪外轉一周而止，乃竪一輪爲門，犬則從輪外轉一周後，即從其門出。再竪一輪相對，犬又穿過兩輪而一周。於是盡竪四輪，則犬悉穿四輪。又以四輪連排如串字樣，犬則從四輪一直穿過。又以四輪相比如連環狀，犬乃曲腰轉折，東入西出，西入東出，盡輪而止。又以三輪相連，加一輪于其上，如山字形。犬則先穿邊輪，又穿中輪，而即又騰身跳入其上輪而出，其一邊亦然。其回旋出入悉如人意，而一不觸動其輪。每回一次輒卧，聞鑼響徐起而行，意甚閑暇，尤可異也。兩胡各與扇紙、烟竹以送。

【校勘】

［1］云：館本、庫本作“云云”。

［2］已：庫本同，館本作“而”。

［3］其人：底本無此兩字，今據館本補。

［4］皆似：底本作“似皆”，疑錯落，館本、庫本作“皆似”，今據改。

貴同自瀋陽以後無馬步行，至是病脚，載雇車。有賣紫蝦醢者，即我國所謂甘冬也，醢中所沉瓜絶大。察院炕小難容，余出宿村家。

書狀在私寓，遂歷見。有一胡兒在其前，眉目可愛。書狀言此乃主人之子而能解文字，故招來。而所戴不好看，去之矣。余遂脱耳掩加于其頭，使示其家人。其兒笑而入，俄而出來。余問："你父母見之以爲如何？"曰："以爲好矣。"遂攜歸所寓。問："你祖先衣冠其制如何？"答曰："生在晚不知。"問："俺們衣冠你見如何？好笑否？"答："不敢笑。""實説無妨。"答曰："衣冠乃是禮也，有何笑乎？"問："你先世有官爵否？"答："乃是貧賤人。"問："你姓甚名誰，年紀多少？"答："賤姓張，名奇謨，年紀十五歲。"問："你父母俱存？兄弟幾人？"答："我父母俱存，兄弟三人。"問："你讀幾本書？"答曰："四[1]書俱完。"問："你先生姓名？"答："振先。"問："剃頭爾意樂乎？何不存髮如我們？"答："剃是風俗，不剃是禮。"問："前年錦州地方有海賊，你曾聞否？"答："聽得。"問："賊數多少？"答："只聽得，不知有多少。"問："如今賊在何處？"答："聽得説在海島上。"以一火鐵與之，書示曰："此物雖微，亦表吾情，别後見此無忘。"答："不忘老爺送火鐮之情。"問："明春回還到此，你能來見否？"答："千里送鵝毛，禮輕人義重，怎麽不見？"問："這句語[2]出何書？是俗語否？"答："是。"問："你讀書要做甚麽？"答："考相公。"問："相公是秀才否？"答："是。"問："你父親是秀才否？"答："是。"問："何諱？"遂書"文衡"二字。問："此村亦有㺚子否？"答："無有。"問："你們與㺚子結親否？"答："夷狄之人，怎麽合我們中國結親？"問："我高麗亦是東夷，你看俺們亦與㺚子一樣麽？"答："貴國乃上等之人，㺚子乃下流之人，怎麽一樣？"問："你知中國與夷狄有異者，聽誰説？"答："在書。孔子之言'吾其披髮左衽矣'。"問："㺚子剃頭，你們亦剃頭，有何分别中國、夷狄？"答："雖我們剃頭有禮，㺚子剃頭無禮。"余曰："説得有理。你年少能知夷狄、中國有别，可貴可悲。高麗雖曰東夷，衣冠文物皆倣中國，故有小中華之稱矣。今此問答，泄則不好，宜秘之。"夜深罷。余以清人爲㺚子，而奇謨認以蒙古，故其答如此。問答時有一少年[3]在傍，聞剃頭言，咄咄作慨恨聲不已。問奇謨："此爲何人？"答："是主人家。"問："做[4]何事？"答："莊家買賣人。"俄聞之，則乃甲軍也。不以實告，其意可知。

【校勘】

［1］四：底本脱，今據館本、庫本補。

［2］語：館本、庫本作"話"。

［3］少年：館本、庫本作"年少胡"。

［4］做：庫本同，館本作"主"。

大小凌河·松山堡·寧遠衛

十三日，壬戌。曉風作，雪下終日。自十三山行二十里，至大凌河站朝飯。又行二十五里，至小凌河站宿。

平明發行，歷三臺子至大凌河。河水大如渾河而不冰，有土橋。又三里至大凌河站，入漢人王姓家朝飯。主人兄俊公入來，自稱秀才，以指書申之淳掌中。觀其語勢，似海賊事，故遂給紙筆書之。其人使閉門而後方書，云："高橋堡南十五里海島中，有號平康王者作賊，燒劫客人船九隻。皇帝送大人招安，不從。"方其書也，頻頻回視外面，似恐人來者然。遂問其兵將數，則以爲四五百人，兵器則藤牌、扁刀、火藥罐云。索紙筆及扇，與之。其人[1]年可六十許，而瞻視不定，似有狂氣。譯輩言此人頗虛疎，所言不足信，曾前使行到此，每呈如此之言，因求某物而去云[2]。賣甘冬者益多，而味尤佳。

【校勘】

［1］人：底本無，今據館本、庫本補。

［2］云：底本無，今據館本、庫本補。

冒雪行，歷四同碑、雙沼站，至小凌河站，入驛丞家。内屋好，而以主人不在不許入。入廊屋，亦可過夜，而索房錢倍於他處。女人尤悍惡，觸事生怒，啐駡不已。乾粮馬頭大直以壯白紙及扇竹等物優數與之，而不肯受。其意無厭，可痛。譯輩言此家自前如此，使行無不見辱而去云。遂議移入察院，而以灣裨不曾論定房錢，曳入車俊傑欲决棍。主胡出來，謂以不可開臀於庭内止之。不聽，則反懇乞不已，遂不打俊傑，亦不徙，自此遂帖然，房錢亦即受入，可笑。

夜往見諸裨于外屋。見一册子在炕上，册面書"檔"字，問其義，主胡答是文字之號也。遂展見，則記往來人馬名數及年月日時刻，極其詳細，或稱公幹，或稱上用某物持往，而悉是瀋陽及寧古塔烏龍江將軍等處往來之事也。其上用物則人蔘、鰉鱠魚、野韭菜、鶴翎、鱘魚、松子、鷹也。問："鰉鱠魚何物？"曰："是大魚，出烏龍江。"鱘魚亦大魚，其長丈餘，色青黄，此則亦見於《本草》也。鶴翎問何用，則以爲用於矢羽云。野韭則不過是土産，故進貢云。到大凌河，廚房得重唇魚，到此烹進，味殊佳，與我國魚無異。到三臺子店前又逢兀喇進貢車十餘兩，皆載獐鹿、山猪，而其籠盛者人蔘云。一車載生土狐，盛以木樻，一面開孔可見，狀如豹而小。又槖駞四頭載雜物在店[1]前，胡人喝聲，則先跪前足，次跪後足而伏于地。又喝則復起。其跪其起皆吼，其聲似牛而嘶。

【校勘】

［1］店：庫本同，館本作"站"。

夜，首譯入來，告曰："即聞瀋陽消息，團練使以初十日出去，而刷馬驅人多買禁物，出栅時必生事，然則於行次亦甚可慮。"此蓋[1]欄頭之言，而首譯來告使行者，意在恐動，情狀可駭。李惟亮言曰："刷馬驅人設有所犯，此係行次離發後事，則有何累及之慮乎？"東和奮然作色，顧惟亮曰："何發不知之言乎？"惟亮不復言。余謂東和曰："如君言則事將如何？使臣以此革職乎？今行員譯中買清馬者亦有之，清馬非禁物乎？此則君何不言？而獨以刷馬人事爲慮乎？"蓋東和奴及其侄女婿到瀋陽皆買清馬，出送於團練使，故余發此言。於是東和遂沮，逡巡出去。團練使離發瀋陽僅三日，而其消息追到於五百二十里之地，可謂神速。其後鳳城以刷馬驅人從間道潛出事，馳通義州。團練使拿囚被罪，而府尹亦至遞罷，此蓋欄頭嗾城將所爲也。

【校勘】

［1］蓋：庫本同，館本作"皆"。

夜深，兩胡持馬四五匹入來，乃騎鋪馬者也。宿外屋，諸裨遂見逐。朴東和來言，路逢瀋陽章京趙三，則自北京回來，言皇帝以十月二十五日出獵于口外云。口外即長城外也。貴同捨車騎雇[1]馬入關，或雇驢，或騎乾粮空馬。

【校勘】

［1］雇：底本脱，今據館本補。

十四日，癸亥。晴，自曉風大作，日氣亦寒。自小凌河站行二十里，至松山堡朝飯。又行四十三里，至高橋鋪宿。

平明發行。雪後山川倍覺有朔氣。三里小凌河，橋水大幾如渾河，亦不冰而有橋。河邊出瑪瑙石，胡人拾[1]其小者以火石賣之。獵胡五六騎引兩犬馳野中，乍近乍遠，不知逐何獸也。至松山堡，城皆殘夷，獨北邊一帶猶存，而亦太半頹落。附城有一臺尚堅完，似是曾置敵樓處也。朝飯先行，登其上城東西一里許，高可四丈。城外荒草遍地，時有放馬。東北[2]邊山勢周遭，而一里外山後即錦州衛，去此十四里云。南邊亦有山而差遠。曾見《瀋館[3]日記》："辛巳八月十五日，世子及大君自瀋陽發行。凡六日，至一横阜，望見錦州城。護行人言漢將祖大壽堅守此城，城外多埋大[4]炮，清人不敢近。去城五里許築夾城，圍住已過一年，柳琳在其東隅云。行過夾城，渡二川。清人與蒙古兵結陣山上，亘十餘里。行過陣前，越瞻松山僅[5]七里，迤山而南至汗陣，住於陣後岡上。清人向松山城放大炮，城中亦對放，炮聲如雷。炮丸大如鵝卵，屢落於世子幕次，築土墻以蔽炮丸。後移幕次於松山西十里許拒城稍遠炮丸不及處。蓋汗伊移陣，故世子亦隨而移也。"今見地勢，當日事如在眼中。

【校勘】

[1] 拾：庫本同，館本作"捨"。

[2] 北：庫本同，館本作"西"。

[3] 館：底本作"陽"，今據館本、庫本及上下文改。

[4] 大：館本、庫本、《瀋館錄》皆作"火"，下文清人放"大炮"則《瀋館錄》同，館本作"火炮"。今兩存之。

[5] 僅：底本作"近"，今據館本、庫本改。《瀋館錄》作"僅達"。

小凌河西邊一帶，自山頂至平地皆掘塹，有若土城之狀。此城西一里外亦有土城，皆清人築圍之迹也。祖大樂以總兵守此城，被圍二年，至壬午二月，總兵王廷臣内應，城遂陷。城中人盡被屠殺，獨廷臣親切將官十三人不殺。大樂及軍門洪承疇皆被執，祖即降，洪初不屈，後至瀋陽亦降云。此地被兵已過七十年，而民物凋弊，至今未蘇，烟臺處處殘破，片甓不留。當時屠戮之慘，猶可想矣，令人傷心。臺上有小屋坐一金佛，小鬼立左右，下有小虹門，門兩傍築垣屬之城，而垣亦盡頹。虹門南立兩碑。西碑嘉靖辛酉所立，是記脩城也。東碑萬曆甲午所立，而字皆剝落，似琢之也。出西門亦皆破，僅存其址[1]。其外有一小廟，而佛身皆破壞。兵火之慘亦及神佛，可悲又可笑。

【校勘】

［1］址：底本作“地”，今據館本、庫本改。

有兩胡一路同行，忽有兔起路下，兩胡抽矢欲逐之。兔截路而走，望之如飛，兩胡度不可及，勒馬而回。過杏山堡，堡在原上，人家僅百家。城郭殘夷尤甚，只有西邊一臺。瓦礫中立一碑，見之乃佛寺碑，而立於崇禎丙子也。堡後有一[1]烟臺在峰上，尚完。《瀋館日記》有杏山守將乞降之言，而未知竟如何也。自松山以後，放馬尤多，處處成群。有獵騎五人行草中，亦雪後求鶉者也。有車[2]二十輛連亘而去，所載皆獐鹿及猪，而其中四五車則以簟爲套，其大可容數石。問其所盛，盡是乾菌。言自瀋陽來，皆大家奴進貢其主之物云。其中三車皆插小白旗。又一車檻載二豺[3]，其狀如大犬而色黃黑。歷十里河店至高橋堡，人家亦蕭條。舊城在村北二里許而尚完。三行入察院，余出宿私寓。主人姓劉,問其役,屬真黄旗下軍。問海賊事,與王俊公言大同小異。問:"此去海幾里?"答:"十餘里。"問:"錦州幾里?"答:"六十里。"問:"我輩衣冠如何?"曰:"好看。如吾所着,其可謂衣冠乎?"

【校勘】

[1] 一:底本無,今據館本、庫本補。

[2] 車:底本脱,今據館本、庫本補。

[3] 豺:底本原作"豺",即"豺"。庫本同。館本作"豹"。

夕,柳鳳山、張遠翼來下處,打話至夜深。聞張譯到小凌河買甘冬汁一瓶,味絶佳,即令取至。其清如油,蘸猪肉食之最美。到松山,有一漢人騎驢而過,走頗快。偶使驛卒問價,遂隨來至此而歸。午後風少息,日候稍和。

十五日,甲子。自高橋鋪行十九里,至連山驛朝飯。又行二十里,至寧遠衛宿。

曉行,月甚明。行數[1]里,忽見海水在路左西南,頗有島嶼,而東南雲水杳茫[2]無際。至塔山後壠,三行皆停車觀日出。天氣清明,忽有一條氣横隔日中,遂成兩日,光芒相蕩,誠奇觀也。始焉,兩輪重累,引而漸長,爲杵臼之狀,上者漸高,下者漸消而滅。日下,我國也,望來不覺引領。南邊有一抹青雲横亘天際,問諸譯輩,皆言是海氣。余意是登萊一帶地隱映如此,而未可知也。塔山民居頗盛,而城皆殘破。城中有一佛寺,立兩竿懸幡,以望日故也。城外店房極盛,亘一里餘,名爲塔山店。松杏之陷,此城守將知勢不可支,率其麾下自投於炮火中。其節義凜然,而姓名不傳,可惜,或云是盧象賢。

【校勘】

［1］數：館本、庫本作“數十”。

［2］茫：館本、庫本作“然”。

自十三山以後間有岡壠。至此西北山勢漸近，其餘麓散至海邊，以此邱陵益多。過塔山又開野，自西北至東南幾四五十里。過朱獅河、卓羅山店、二臺子，至連山驛，此處亦開野。而東西山麓相環抱，其外海水也。城盡壞，只存西門，村落亘數百步皆土屋，中間一大家獨覆瓦，乃皇子農莊也。朝飯于劉姓人家。醬瓮在屋裏，求而嘗之。味雖微酸，亦佳。主人婦女在内炕喫飯，其中一人有姿色，柳鳳山見而悦之，引椅坐其門，同行指笑而亦不動。過五里河五里有一小石橋，橋上立榜，書“長春橋”三字。橋西有新造佛寺，一僧持木器立路傍募錢，見人輒鳴鐘。過雙石城，店房極盛，連亘四五百步，中有廟堂。自長春橋至此三里而築堤爲路，兩傍種柳，橋名似以此也。店西半里有舊城而盡頹。

自雙石城行十里間越兩岡，至永寧寺，寺在大路傍。入第一門有一金佛，過此又有門，左右累甎爲墻，玲瓏成文。門内設石屏，内外刻龍獅，極其精工。殿上佛像乃觀音也。佛殿後有一峰臺，庭有兩碑。一康熙甲子立，鄉進士劉君德撰，鄉進士耿生晚書。君德即吴三桂部下配遼左者也。其文曰，寧遠城東五里許曰首山，山麓有寺曰永寧，後依峰臺，前臨周道。故老傳爲明崇禎辛未年間，提督遼鎮福宇祖公所建也。蓋因其臺名永寧，遂以名寺云。一碑書重修檀越人姓名者也。中門左右各有一殿，東供關帝，西門鎖。寺僧有兩人在門内，請諸人坐凳，進胡椒茶，遍及從者。寺後有一峰，即所謂首山。其高數十丈，而其西又有峰對峙，其間爲大路。兩峰之頂皆設烟臺。自雙石城岡壠重複，至此成一關隘。自此至寧遠城六七里之近。在寺門望見西北遠山多,其中一山特大,驛卒指爲紅羅山,即元順帝走死處也。

到寧遠,城皆頹圮,門扇亦破。入外門一里許又入内門。外門曰寧安,内門曰東安,皆刻于門上石面。入内門百餘步爲十字街三層樓,一如瀋陽之制。見祖大樂牌樓在十字街南百步許。當街立四石柱,爲三間門,高三丈餘,左右差低。棟樑楣桷皆石,不假一木而成,結構雕鏤之工,殆非人力所爲。第一層刻"玉音",第二層内刻"元勳初錫",外刻"登壇俊烈",下層列書四世職銜。左右柱刻儷句曰:"松檟如新,慶善培于四世;琳琅有赫,賁永譽于千秋。"又其南數十[1]步有祖大壽牌樓。奇巧一如大樂之樓,而其高稍不及。第一層刻"玉音",第二層内外刻"四世元戎少傅",兩傍刻"廓清之烈,忠貞膽智"八字,下層列書四世職銜。左右柱刻儷句曰:"桓赳興國,歌倚干城之重;絲綸錫寵,朝隆銘鼎之褒。"此外所書文字亦多,不可悉記,大抵皆頌美之辭也。計其功費不啻千金。此樓一則立於辛未,一則立於戊寅。當其時,建虜、闖賊方充斥於東西,而大壽輩不以裹革爲心,方事此役,競奇務勝,其與古人何以家爲者異矣。大壽曾祖鎮,祖仁,父承訓即壬辰年與李提督救我國者也。大樂於大壽爲同祖堂兄弟,父即承教也。大壽兄弟以三世將家子並守雄鎮,與奴[2]賊百戰於凌河之間,功亦不少。而畢竟身爲俘虜,墜其家聲,惜哉。牌樓西巷中有大壽家,皆破壞,只有一屋,有老胡居之。屋後皆爲種菜之地,荒涼甚矣。中門傍甎墻皆雕鏤,當時侈麗猶可想。而曾見宋兄玉汝氏[3]丁丑燕行記有所謂文錫亭、楊嗣昌所書字大如股者,今亦無矣。門前有一牌樓亦極環麗,而敗塌[4]殆盡。豪舍[5]之不可久如此,可悲。

【校勘】

［1］十：館本、庫本作“百”。

［2］奴：庫本同，館本作“虜”。

［3］宋兄玉汝氏：即宋相琦（1657—1723），字玉汝，曾任弘文館校理、承政院承旨、吏曹參議等。康熙三十六年（1697）爲奏請兼陳奏使行書狀官出使北京，著有《星槎錄》，收錄於《玉吾齋集》卷二。［參漆永祥《燕行錄千種解題》（中），第628—629頁］

［4］塌：底本作“塔”，今據館本、庫本改。

［5］舍：館本、庫本作“奢”。

此處人家市肆之盛，雖不及瀋陽，而城池之壯殆過之。明朝既失廣寧之後，袁崇焕守此城。建奴來攻，屢見挫衄，乃行間於明朝，使毛文龍黨構殺之，志士至今悲之。世傳老酋來襲此城時，我國譯官適到此謁袁崇焕。公積萬卷書坐一室，城中寂然。夜深有一將入來有所告，袁公點頭。俄聞城外炮聲震天，見胡騎飄騰於烟焰中，或墜於城内。蓋預埋紅夷炮於城外，賊至而發也。虜之猛將精卒盡於此。翌朝，袁公登城臨視，歎曰：“殺人此多。噫[1]！吾其不免乎？”老酋僅以身免，與數十騎走。袁公送羊酒慰之，謂曰：“後勿更來。”老酋憤恚，遂嘔血而死云。又李惟亮言：“嘗聞老譯言，水路朝天時，至覺華島下陸到此城，胡兵適至。祖大壽單騎出城，持一鎗向東而去。見其勇氣，雖三國時趙子龍何以加此？”聞之亦令人髮動。覺華島在城南十餘里，有小城在岸上，此我國人下陸處也。明末吳三桂守此城。及闖賊度居庸口，京師大震，遂趣三桂退守山海關。三桂徙[2]五十萬衆入關，遂盡棄關外。自此以西，城堡烽臺少殘毁者，此也。

【校勘】

［1］噫：館本作“嘻”。

［2］徙：底本作“徒”，今據館本、庫本改。

三行同入察院。院在内城西門内，北邊堂宇頗頽落，舊屋也。上副使分入東西炕，書狀入西廊。來時，西門内見十餘歲女兒立門，容姿端秀，此來初見，又有年可二十餘者，兩人皆美。余謂柳鳳山曰：“君亦見如此女人乎？”柳曰：“吾[1]豈不見？我令尚建引出矣。”尚建即軍牢名，蓋軍牢持喇叭在前，前陪軍官隨其後，每過村店，柳鳳山輒催尚建吹喇叭。蓋聞喇叭聲，則觀光女人出來故也。然柳以在前先過，其後出者或未及見，柳常恨之。

【校勘】

［1］吾：館本、庫本作“我”。

市中始見橘，葡萄多賣者，其顆絶大，色味如新摘，奇特。胡人來觀者甚多，而亦有稱秀才者。曾見宋兄日記，漢兒王寧潘年十四，頗端秀，已讀四書云。試問其存否，一人曰在城内。俄而寧潘來，遂引坐院後一炕。書問曰：“丁丑奏請使行書狀[1]宋公曾相見乎？”答：“曾見過。”問：“曾聞君年十四已讀四書，今日文辭當益進，功名已成也。”答：“我年十四歲曾在館中與一位老爺談過，至今[2]十年有餘。當日纔讀[3]四書，今已入泮。但不知有甚事相詢？可一一寫明。”余曰：“别無可詢，只是宋公見足下，歸本國盛稱聰秀，僕飽聞聲華，今適到此，欲一識荆耳。”問[4]：“入泮是儒生，何以指上有角决乎？”答：“入是武泮，今弓馬嫺熟，策論精通，在本國亦算第一，但還未仕。”問：“足下先世有何官職？”

答:“並無。”問:“原住此地,抑自他州移來乎?”答:“祖居山西太原府,貿易來到遼東,今已數十餘年。”問:“椿萱俱慶?兄弟幾人?”答:“父母俱在,二兄早亡,只存我一人。”問:“娶婦否?”答:“娶過。”問:“此城内官員幾人?”答:“共是八位:知州、訓導、吏目、牛录[5]二員、驍騎校二員、筆帖式一員。”問:“俸銀各幾何?”答:“知州百零八兩,訓導四十兩,吏目三十六兩,牛录一百零九兩,驍騎七十兩。”問:“前年皇帝移咨本國,言錦州地方有海賊出没,令我國加意防備矣。此賊尚在[6]否?”答:“今已不在,但聞在鐵山桶子溝。”問:“鐵山是何府所屬?”答:“山東登州所屬。”問:“登州去[7]此水路幾里?”答:“順風一日可到。”又曰:“諸公姓名可著與我,倘日後有相會之際,亦算故交。”其謂諸公者,以申之淳在傍也。夕飯至,撤盤中鰒魚與之,曰:“未盡地主之情,焉敢領擾!多謝。”曰:“薄饌何足謝!”寧潘問:“此何物?”答:“鰒魚。”即少嘗,而與他胡曰:“與宋公别久,渴想之懷未嘗少遣,今遇足下,欲送書一部煩給宋公。但不知宋公所愛何書?”曰:“足下欲送書宋公,乃不忘故之盛意,不必問所愛,只送一部經書,或子史好矣。”寧潘曰:“愚且回去,少刻即來。”答:“尊便,必請更臨。”已而,寧潘更至曰:“倉卒新書難求,今得《春秋》一部,舊弊不敢煩寄宋公,聊表寸意。”答:“板本儘好,舊弊何妨,况義重乎物乎!當傳致宋公。”問:“過年何時方歸?”答:“二月念前後。”問:“來時必定詢我,專候駕臨。”答:“歸時固當銘心告行,但恐忙擾,或致失忘。俺行到此,左右亦宜留心訪問,勿致放過。”

【校勘】

[1] 書狀:館本、庫本下有“官”字。

[2] 至今:底本作“今至”,今據館本、庫本乙正。

［3］讀：館本作“讀過”。

［4］問：底本作“聞”，今據館本改。

［5］录：底本作“衆”，今據館本改。

［6］在：館本作“存”。

［7］去：館本作“距”。

問：“明末此城守將姓名是誰？”答：“前祖大壽，後吴三貴。”三貴，謂三桂也。問：“祖將初守此城，何以去此，使吴三桂代守乎？吴三桂降乎？敗退乎？”答：“祖守寧遠，吴守山海及前屯。至明末，祖無見識，西歸京地。吴三貴棄山海而守寧遠，後清兵西征，復棄寧遠而守山海。蓋由内有闖賊相逼，外有清兵相迫，所以歸清也。”問：“祖將畢竟下落如何？”答：“祖二壽下落陣亡于北門之外，祖大壽病故，今祖家在朝並三品職分。”問：“祖大壽兄弟有大樂一人，二壽是怎麽人？”答：“亦是大樂俗名。”問：“大樂曾守松山，城陷被執云，然否？”答：“松山被執是實，後又逃回。”問：“逃于何處？”答：“逃至寧遠。”問：“後竟何歸？”答：“後來之事，陳亡于北門外是實。”問：“祖氏子孫今尚存否？居此者有幾人？”答：“居此者亦多，但非正出。”問：“中國亦以嫡庶分貴賤乎？抑此所謂非正出者，指傍孫而言耶？”答：“在此者無非家下僕人，亦是祖姓。此所謂非正出也。”

問：“明末塔山守將、杏山守將皆殉節云，是否？”答：“殉節二字可知，但此實事而未敢枉談。”答：“所示亦然，但爲人臣各爲其主致忠者，乃天地之常經，有何可諱乎？然既惡聞則抹之，勿論是非，爲臣死國，乃節也。”答：“不是二字不知，但二人殉節之實事不知也。”問：“松、杏、塔三處城壁殘破比他特甚，自古傳言堅守致此，所聞如此，故偶及之。祖將之事，所示亦與俺聞有異，未可知也。杏、塔事設或不知，祖將既是此處人,其始末左右寧或不知乎?"答:"松、杏、塔三處之事,何必再三究問? 但今你欲赴京,吾欲讀書,先生必然等俟,何暇談此乎?"前此酬酢如響,及問松杏事,寧潘色忽變,雖强勉爲答,而額汗如水,見之可哀。余乃曰:"遐外鄙人,不識忌諱,妄談及此,惟足下恕其愚昧,勿深見罪。"答:"足下原是客居,並無見罪,但今事忙無暇故[1]耳。"余曰:"領教。此書載重難運,今姑寄留,待回來持去,如何?"答:"恁憑尊意。今此暫别,待足下事畢回東,與足下相談終夜,亦欲領教矣。"余曰:"深荷鄭重,適奉一扇,不足表情。如要清心元,當覓呈。"答:"深荷贈扇,亦是感感不盡,何謂不足表情也!"問:"清心元曾未聞知否?"答:"不知,如有,少賜徵須,但不敢啓齒。"遂與一丸。問曰:"松、杏事既係可諱,此紙毁去可乎?"答:"可矣。"寧潘别去。

【校勘】

[1] 故:館本、庫本作"功"。

夜已深,遂宿其炕。刷馬人在炕下爇火,烟滿屋内。又繫馬窗外,終夜喧鬧,睡不得穩。院中有一老婆來見,自言其父母乃我國人,丁丑年被擄來此,後生渠,年今六十九。其母本居京城藏義洞,父廣州山城人,夫則永安道人所生而死已久,只有一孫女相依而居。以我國法造沉菜及醬,賣此資生云。能爲我國語已貴,而藏義洞三字尤奇。與藥果及紙扇。此女前後使行時皆出現,外兄雩沙李相公及宋判書日記皆言之。夕飯,有冬沉菹如我國味[1],是老嫗所賣也。

【校勘】

[1] 味:鉛本作"造"。

卷 二

東關驛·兩水河·山海關

十二月十六日，乙丑。晴。自寧遠行三十三里，至沙河所朝飯。又行四十四里，至東關驛宿。

未明發行。西門内有一彩閣在路左，製如丁字，驛卒言是戲子屋也。自是凡市鎮熱鬧去處多有此屋，而亦必在於寺觀門前，雕甍畫棟，照耀街路，中國侈靡之俗，此亦可見。出城緣濠而南，城處處崩塌，濠亦湮塞。濠傍皆爲平疇，而一處喬木森然，驛卒言此祖家墳墓也。圍垣設門，門内外立三間石門者[1]凡兩重，皆不甚高大。去城半里許有水，其深過脛，而廣不過數丈。至青墩臺，此處去海近，觀日出最好，故早發。馳至，日輪方吐而爲一山所遮，昇數丈後方見，未能盡[2]其奇。臺後有一土屋，三行皆登其上，履之如地，而聞人在其下方睡云。臺東數十步許又有一臺，比烟臺差小，使驛卒見之，則乃碑也。此處碑三面及頂皆以甎築之，只開前面，狀如神主之在櫝，古以碑爲石闕，蓋闕形如此也。

【校勘】

［1］門内外立三間石門者：館本、庫本皆作“門外立三間石門者”，鉛本作“門内外立三間入門者”。

［2］能盡：底本此處空缺兩字，今據館本、庫本補。

來時作小札，使元建送于王寧藩，求當今文稿。元建受其答書追至，言其家似貧，而以茶果酒餅款待云。過曹莊驛有壞城，人家僅數十家而有小廟。路中西望，三峰出天際，驛卒曰是兩水河後山也，其名爲三山云。曹莊[1]、青臺之間有一石橋，水頗深。有牧馬百餘匹，兩胡騎而隨後，群馬齊首而行，無小散亂，見之可異。野中牧馬到此尤多，大群多至數百匹。七里坡人家店房連亘者二里餘。過此踰一岡，又見海水。無一里有鹽户數户[2]在路下。里餘[3]又有小河，水盡涸。

【校勘】

［1］莊：底本作"庒"，即"莊"，館本作"店"。

［2］户：館本、庫本作"家"。

［3］餘：館本、庫本作"許"。

至沙河所，一名中前所也。城多頹落，城南有一重城，即所謂羅城也。無片甎，只存土築。内城南北三百步，羅城又百餘步，通爲四百餘步。店房在羅城内。遠望内城西邊有一屋特高，前立一旗竿，未知何屋也。朝飯行，歷乾溝臺，至烟臺河，水大如沙河而涸矣。人居不過數十家，而廟堂却宏麗，廟前有戲子屋。半尺店，村居蕭條。望海店在原上，見海尤闊。店房連亘幾三百餘步，旗榜頗侈，廟堂亦宏麗。曲尺河，水尤淺狹，亦有小城，盡頹，村店數十家在路傍。店南崗上有一烟臺，四圍有城有塹，其形稍完，遂至其下周覽。三里橋亦在原上，路傍三十餘家，簷楹整齊，東有[1]廟，廟前亦有戲子屋。

【校勘】

[1] 有:底本脱,今據館本、庫本補。

至東關驛,三行皆入城内私家。察院東有小寺,遂往見。寺前設短栅,入栅,鐘鼓樓在左右,皆兩簷而金碧輝煌。過此始有正門,門有四天王,殿上佛像及十羅漢皆有精神,設彩精工,殆非前見之比。東西廊各有塑像,其中有關帝,又有一美少年僧,言是二郎神也。庭前有一碑,即康熙壬辰所立也,文即葉芳所撰。而以此處地名爲三韓,未知何故也。後有一殿而門鎖。僧欲進茶,辭而歸。所寓家在城隅僻静處,房堗亦新潔,過夜頗穩。是夜,月色如晝。

衙譯吴玉柱以行中柴草數少,與驛丞相爭。衙譯奴[1]被毆,衙譯怒,欲馳訴於地方官。驛丞言:"汝訴於地方官,則我亦往矣。"令其奴鞴馬。譯輩言:"此事原係我們,衙譯往則我們不可不同往。"驛丞聞此言稍沮,麻貝又居間公解,故遂已。此處人心本來甚惡,而驛丞又權勢家人,故尤如此云。東關城方可百餘步而半頹,城外店房人家多。

【校勘】

[1] 奴:底本作"如",館本、庫本作"奴",鉛本作"女",今據館本、庫本及文意改。

十七日,丙寅。晴,前夜大風,至曉止,午後復作。自東關行三十五里,至沙河站[1]朝飯。又行二十三里,至兩水河宿。

【校勘】

[1] 站:館本、庫本皆作"店"。

平明發行。城外有一小廟，前立四碑，忙未見。過二臺子，頻有丘陵。登降時見海水上一廣坂，西望山勢嵬峨起伏，直到海邊。其中一山秀異，彷彿我國道峰，即山海關後龍也。東邊海氣如雲，驛卒謂今日當有大風，果然。過六渡河，河水頗大，深可過膝，以板橋而過。未至河里許有一石橋皆壞盡，甎石無一片遺者。傳是吴三桂爲其祖塋造此，三桂叛後，清人毁之云。至中後所，外城有一廟，入兩重門，有兩殿，前供關帝，後殿榜曰文昌宫。所謂文昌真君，細眼美髯，風神秀朗，其服衮袍紗帽也。右邊立具鞍白馬，一卒持其轡。塑像皆有生氣。内外屋宇，金碧絢爛，左右各有廊屋。右有小金佛，左有墨畫白衣觀音，筆法不俗。桌上有小爐，色正緑，刻花着金，頗精雅，乃土造而燒者也。佛堂内有小室，即僧輩所處，而門鎖，求開，則一老僧出來咆哮，其氣兇悍。問其由，則欲得錢。遂令從者給五文，怒少止而門亦竟不開。廟門外有戲子屋，而金碧之麗與廟埒。

入漢人陳嘉由家朝飯。主人弟嘉賓書字問："大老爺何官？"答："閣老。"又問："何姓？"余乃書示。又問余何官，答："無官，只是老秀才。"頷而笑。余問："吴三桂祖先墳墓去此幾里？"曰："在東五里許，皆掘去矣。"蓋三桂此地人，其家在城内云。兩人欲得紫金丁，各與二丁。

聞氊鋪在後門外，往見之。四人共在一屋中，方造小帽，一人草創，三人潤色之。塗以油衣，烘于火，且烘且刷，帽成矣。其孔用毛和唾而付之，運手甚神速，亦可觀。聞内城市肆極盛，埒於瀋陽，而忙未見。城池堅壯，下皆熟石，累至七八尺，今猶完。然其甎太半破落，爲村人取去。濠皆湮，城外多放羊。

過一臺子、二臺子，兩臺相望，而村落稀疎。三臺子店肆、村落數十百家，中有廟。沙河站有壞城，城外村店僅數十家。先君癸丑年日記以爲："自寧遠宿沙河，自沙河到山海，相去皆百餘里，人馬疲病，二日内决難入關，言于護行麻貝，爲三日入關之計[1]，而非設店處，則麻貝、衙譯皆自行中供饋，且索柴水之價云。"以此見之，察院舊在此處，未知何時罷之而設東關、兩水兩站也。即今麻貝、衙譯，雖設站處皆自上副房供饋，此亦後來謬規。沙河水甚淺，冰盡合，間間斷流。地皆沙磧，故滲漏而然也。

【校勘】

［1］計：館本作"許"。

過葉家墳，有橋，兩傍種柳。橋東西村落店肆極盛，皆土屋，而前簷覆瓦者多。村北數百步外有古墓，前立三間石門，門外左右立華表，而去墓頗遠。圖局闊大而環抱周密，風水頗佳。龍勢穴法亦似我國山，此似所謂葉家墳。而橋傍又有王家碑，未可知也。過口魚河，水甚淺，但有一層冰布地耳。有小城皆頹，只存東西門。城外村店八九家，載穀車相續於道。蓋今年關外大熟，而關内人多，穀價常貴，故商賈皆販穀關外，賣於關内云。

至兩水河，入私寓。自一臺子，路傍盡生酸棗樹，至關門皆然。漢人黄得才，即宋兄所寓主人也，使譯輩問其存否，爲縣丞往遠方云。有賣牛黄者，而絶無真品。自中後所至前屯衛無大野，近路皆土山，逶迤起伏，其址爲平原廣坂，及海而止。土山之外往往有青翠峰巒，見於數十百里之間矣。

十八日，丁卯。晴寒。自兩水河行四十里，至中前所朝飯。又行三十一里,入山海關宿。

鷄鳴發行,曉月甚明。過前屯衛,城池雄壯,一方幾四五百步。從城外而過,人家頗盛。所過店房皆閉,時有燈火。過王家臺,有一水,再渡。至高寧驛,有石橋,店房皆懸燈。胡兒爇火路上賣燒酒。半里許有古城。過松嶺溝、小松嶺,凡行三十三里而天猶未明。至中前所,城頗完,一面可四百餘步。城下有牛車十餘輛,群胡屯聚爇火,乃蒙古也。聞蒙古雖大雪極寒必露處,其俗然也。

入城外人家,天始明。曉寒甚,鬚鬢霜雪皓然。朝飯行。路中望見西北山勢如萬馬奔騰,而長城隨山轉折,乍現乍隱,令人魄動。過大石橋,橋不甚大,水亦淺,兩水河亦淺狹。過老君屯、王丫頭店、王家店[1]數里,取左邊小路約一[2]里許,抵貞女廟。野中有小隴陡起,廟在其上,剗石構屋。世傳貞女姓許氏,名孟姜,其夫范郎以秦時築城卒,久未歸,貞女尋至此,聞其夫死,遂哭而死。後人即其地立廟,塑一女子,兩童子侍立,左者持傘,右者持帶。兩童即貞女之子,而傘像行具,帶像其夫所常服而女持來也。廟門刻"聖之貞"三字,左右柱刻:"秦皇安在哉,虛勞萬里築怨;姜女未亡也,尚留片石流芳。"傍書:"宋文丞相天祥書。"廟內碑板題詠甚多,不可盡記。後有小殿供金佛,守廟者亦僧也。佛殿後有一層巖石,石有貞女足迹,傍刻"望夫石"三字。巖上舊有小亭,今頹,石扁在地,"振衣亭"三字宛然。登此見長城橫張西北,而東則大野茫茫,亦非小觀也。

【校勘】

[1] 王家店:底本無此三字,今據館本、庫本補。

[2] 一:館本、庫本作"十"。

自廟西行一里許出大路，八里堡前也。路上兩烟臺東西相望，一方一圓，而方者特大，去關門益近。自此望見長城益壯，跨壑緣峰，萬雉崢嶸。而城外崗麓高處皆置烽臺，多不可數。路中逢一女騎驢垂面紗而來，衣袖寬，裳褶細，而前三後四，是漢製也。到關門外，左右有市肆，車馬駢闐。賣酒餅者甚多，亦有賣書畫者。入路南人家，廚房進薏苡粥。余休于佛宇中，俄而譯輩來言可入關，遂入。關門有兩重，門皆有樓，而内外門各有濠及瓮城。城高可四丈餘，外門樓二簷，内門樓三簷，極其雄壯，而頹落殆盡，草生其上。内樓西邊有扁曰“天下第一雄關”，世傳李斯筆而非也。瓮城内石面刻“威鎮雄邊”四字。

至外城門，人馬填塞，三行皆駐轎。蓋我國私持馬及刷馬人輩皆先入，而門内有城將點閱人馬，故内外填咽，出不得入不得者。移時，衙譯追至，以鞭亂打我國人馬，盡驅出。於是使臣始得入。是爲羅城也，門内車馬塞路，僅以穿過。城將坐路傍，遂下馬而過。車上有二女同載，衣裳之製如門外所逢者。一女美而垂面紗，一行皆注目。自外門至内門數百步，而人家櫛比。渡大石橋，乃内濠也，水深廣如湖。岸有一家，粉墻雕窗，臨水絶蕭灑。入内門，又有城將坐路傍點視人馬。城中市肆之盛埒於瀋陽，而士女都冶，衣服鮮華，則又非關外所見也。

至十字街，街樓亦壯麗。從南門出去，副使、書狀皆隨來，爲見望海亭也。南門外連有人家，寺觀亦多。路傍畦畛井井，皆是菜田，有已落種者。菜圃間時有土堆纍纍，皆墳墓也。村兒十餘人叫“高麗”而來。令善興突前大叫，張兩手爲執捉之狀。群兒皆驚走，其小者跌而復起，或有啼喊者。一行皆大噱，群兒始知爲戲，或笑或罵。行六七[1]里，已見望海亭出半空。又行數里入一城門，穿過小巷，登石梯數十級，亭在其上，長城盡頭也。樓下洪濤舂撞，南面而視，水天相接，無一點島嶼，此乃渤海也。北則群峰重重矗立，其外蓋大漠也，縹緲奇壯，不可名狀。我國嶺東亭觀如叢石、洛山者，眼界非不闊遠，而猶無如此氣像也。

【校勘】

［1］六七：館本作“六”。

樓凡二層，下層曰知聖樓，傍書“康熙十年重修”。上層内外皆有扁額，内曰“望洋舒抱”，傍書“己未春西湖尚標題”。外曰“海嶽朝宗”，傍書“己卯春閩中梁世懋”。樓中題咏甚多，有一詩曰：“嘗聞詩人長十丈，始知今日長十丈。若非詩人長十丈，何緣放屎此壁上。”蓋譏拙詩題壁者，可爲一噱。亭前有三碑，在東者大刻“海天一碧”四字，傍書“萬曆己丑監察御史吴逢春書”。在西者一刻“一勺之多”，一刻“瀚海奇觀”，筆法皆不俗。亭西有一古碑立城上，即天順七年癸未兵部主事楊琚《觀海亭記》。觀海，即亭之舊號也。《癸巳日錄》[1]所云“由前庭出小虹門，下石梯，梯下有碑閣，刻四大字，而石刓已甚，只卞‘天開海’三字。自此壘石作臺，臺上穿二穴，下通于海，以爲用兵運粮之道。過此又出虹門，下石梯，梯下築臺，一如上臺而不穿穴，即城盡處。蓋亭在大海頭，而自亭下築石作臺，截入于海臺之左右，挾以城堞，若甬道狀”者，今悉依然，而其庭前虹門及碑閣皆壞，臺上二穴亦不見，是則想已填塞也。臺南小虹門今猶在[2]，而其外城之若甬道狀者，中間十餘步崩塌斷絶，其盡頭不可復進也。“天開海”下一字，細檢[3]之，似是“嶽”字也。其樓中[4]扁額，如“海天一覧”及三韓朱國梓所書“彼岸先登”、萬曆甲寅王致中所撰《澄海樓重創碑》、范志完所書"扶桑幻象"等書，亦舊有而今無矣。樓重修已過四十年，楹桷窗檻多頹落，恐不能久，可惜。亭之東壁，出一小虹門，其外有胡梯可登而頗腐敗，人皆危之。余遂先登，於是諸人皆上來，相與眺望稱勝。樓中多遊人題名，金德三諸人亦書姓名于其間。還下循堞遍行，俯視城根，頗有巖石錯峙，築城處似皆山脉。世傳魏公鎔鐵灌海中，築城其上，未必然也。

【校勘】

［1］《癸巳日錄》：指金壽恒順治十年（1653）的燕行日記，然此書未見存世。下文所言《癸巳日記》亦同。

［2］在：館本、庫本作"存"。

［3］檢：館本、庫本作"驗"。

［4］中：館本、庫本作"下"。

自亭至關門十里，而從城上可[1]去。城廣三丈許，内外皆有堞而多壞。去亭五里有一城，附長城而築，方百餘步。南北兩面有門，是名南翼城，翼城北城之壞斷者數十步。世傳吴三桂初引清兵入關，清兵疑其詐，令毁城爲路。三桂遂役萬人毁之，於是清兵乃從關門而入，此乃當時毁處云。

【校勘】

［1］可：底本作"而"，今據館本、庫本改。

是日無風，海面如鏡，望西南間，時有遠峰出烟靄間，百里外山也。欲少留觀落日，而以早發遠來，人馬皆飢疲，遂還。

復從南門入，南門亦有樓及瓮城及濠。以察院方修，改寓于私家，房錢多至正銀三兩，以此處皆漢人，不肯借家，故自前如此云。夜來賣書畫者極多，其人多是秀才。其中蘭亭墨本頗佳，而索價過多。又有飲中八仙帖、花鳥帖、山水簇，皆是俗筆；唐伯[1]虎水墨山水、范鳳淡彩山水、米芾水墨山水，亦皆贋作。米芾畫討銀三十兩，余於粉帖上仿其筆意塗抹，書"三十兩"三字于其上，群胡大笑。其中一人舉止稍雅，年可四十餘，自言是廩庠生，遂延坐炕上。問其姓，答："姓郭，字廓庵。"問："廓庵是表德是號？"答："諱如柏，號新甫。"以字爲號？以號爲字？有未可知也。問："先祖有官職否？""古明指揮同知。"問："幾代？"答："十世。"問："俺們衣冠，你見可笑否？"答："各朝制度。"其人曰："邸中近體。"余問："近體是何語？"即書曰："體即作也。"余遂覺其求見所作，而一路吟咏，率多觸諱之語，故遂以東關所作一絶書示。其詩曰："客從東海向燕京，鄉月隨人處處明。卧算關門明日入，戍樓南畔聽濤聲。"其人見詩，點頭吟諷，又熟看。余曰："熟看何意？"答曰："意欲一和。"遂索紙，使傍立少年書之曰："文物衣冠莫如[2]京，願隨驥尾啓文明。未窺全豹偶相見，可憶當年絃誦聲。"語雖生澀，而寓意似不偶然。少年即其子也，年方十九，而眉目清秀，筆法雖生而却不俗。使人張紙，執筆柄之端，立而書之，亦不易也。以筆墨各一與之，固不受，欲與其子，亦不許。諸人再三言之，始許。余曰："今日卒卒未究，待過年回來更欲請教，可乎？"答曰："明春我皇上開萬壽科，不日攜子上京。"問："然則往北京相會，如何？"無答，夜深遂别。

【校勘】

［1］伯：底本作"白"，今據館本改。

［2］如：館本、庫本作"與"。

榆關·永平府

十九日,戊辰。晴。自山海關行四十五里,至鳳凰店朝飯。又行三十二里,至榆關宿。

待門開發行,日已出矣。出西門,門有樓有瓮城,瓮城外有兩重濠,皆有大石橋。路左右人家市肆極稠密。行二里許又出門,有瓮城而無樓有濠,即外城也。城外人家連亘亦一里許,廟院寺觀不可勝記。

去城數里有大川,名石河,水大幾如羊河,即吴三桂破李賊處也。谷應泰《明史》[1]:吴三桂自寧遠入關十三[2]日,"聞京師陷,帝后殉難,遂縞素發哀,乞師于清討賊,傳檄遠近。李自成聞之大驚,脅三桂父襄作書招三桂。令舊將唐通遺三桂書勸降,且言'東宫無恙'。三桂不答,上書其父,略曰:'父既不能爲忠臣,桂亦安能爲孝子。桂與父訣,請自今日。'書至,自成益懼。三桂以忠義激壯士曰:'吾不忠不孝,何顔立天地間?'欲自刎。其下俱曰:'將軍何至此?吾輩當死戰。'於是京城外遍張吴三桂檄,約士民縞素復仇,一時都人皆密製素幘。李自成率兵六萬東行,挾太子、永王、定王,吴襄自隨。賊精鋭不過數萬,所至虚聲脅下,未嘗經大敵,聞邊兵勁,無不寒心。自成知成敗决于一戰,益驅賊連營並進。三桂悉鋭出戰,無不一當百,奮擊殺賊數千人,賊亦賈勇疊進。自成挾太子登高崗,立馬觀戰。賊衆三面圍三桂兵,三桂兵東西馳突,賊散而復合。清兵至,繞出三桂右，所向披靡莫當。自成策馬走，諸賊遂大潰，自蹂踐死者數萬人。諸軍分道乘之，殺其大帥五人，奪輜重無算”。

【校勘】

［1］《明史》：此指《明史紀事本末》，所引大略相同。

［2］十三：鉛本同，館本、庫本作“十”。吴三桂入關具體日期尚有争議，姑存異文。

侍講院日記亦詳此事[1]：“甲申四月，九王率兵西犯，世子隨行。以初九日發瀋陽，出古長城，行蒙古地。十五日至一處，九王駐兵不進。世子使譯官探問，則山海關總兵吴三桂遣副總一人、遊擊一人來言：‘山西流賊春初犯圍皇城，三月陷之，皇帝自縊，后妃皆自焚，國事至此，已無可爲。賊鋒東指，列郡瓦解，惟山海關獨存，而力弱兵單，勢難抵當。聞大王業已出兵，若及此時來救，則開關以迎。大王一入關，則北京指日可定，願速進兵。’九王欲探虚實，遣其妻弟拜，然與漢將一人偕往山海關，漢將一人則留清陣中云。而軍機甚密，未能詳知。夕時，衙譯以九王言來曰：‘明日當倍程，世子一行人馬抄其可堪致遠者隨焉。’二十日至連山驛欲宿，吴三桂又遣將官于九王曰：‘賊兵已迫，願促兵來救。’九王即發馳行，促令世子只率輕騎以隨。上下顛倒，一行皆未及打火。達夜馳至沙河堡城外，九王駐馬少歇，世子露坐田疇間。黎明復行，去關門十五里止。一晝夜之間行二百里矣。清兵被甲戒嚴，夜半移陣。關上炮聲夜深不止。二十二日平明，清兵進迫關門五里烟臺下，炮聲大發。俄而吴三桂率諸將十數[2]員、甲軍數百騎出城迎降。九王受拜禮於陣中，進兵城下[3]數里許，下馬而坐。漢人、清人頻數往來。清兵左右陣一時馳入關門，竪白旗於城上，然後九王繼而入。蓋吴將方與流賊交兵而出城矣，兩陣酣戰于城内[4]數里許廟堂前。飛丸亂射于城門，世子倚[5]城底菜圃中墻壁而坐。九王所住處僅隔五六家。九王請世子，世子即往見。坐未定，九王便起上馬曰：'世子亦當隨往戰所。'世子不得已隨行，躬擐甲胄，立于矢石之所，炮聲如雷，矢集如雨。清兵三吹角，三吶喊，一時衝突賊陣，發矢數三巡後，劍光閃爍。是時，風勢大作，一陣黄埃自近而遠，始知賊兵之敗北也。一食之頃，戰場空虛，積屍相枕，彌滿大野。賊騎[6]之奔北者追逐二十里，至城東海口，盡爲斬殺。其投水死者，亦不知其幾矣。初更，九王還陣于關門五里許戰場近處，世子隨還陣外止宿。翌日，九王始稱攝政王，下令軍兵毋得侵略百姓。吴將以下盡爲剃頭，領騎兵數萬與清人一時西行。五月初五日[7]到北京，流賊已燒宫闕，掠帑藏、宫女南走。聞山海之戰，流賊騎兵十萬，步兵二十萬出去，而戰敗之後，只餘六千餘騎走還云。"

【校勘】

［1］侍講院日記亦詳此事：以下内容出自昭顯《瀋陽日記》甲申四月初至五月初，參林基中編《燕行錄全集》第 26 卷第 536 至 556 頁。

［2］十數：底本作"數十"，今據昭顯《瀋陽日記》及館本、庫本改。

［3］下：昭顯《瀋陽日記》同，館本作"外"。

［4］内：底本作"矣"，今據昭顯《瀋陽日記》改。

［5］倚：底本作"依"，今據昭顯《瀋陽日記》及館本、庫本改。

［6］賊騎：昭顯《瀋陽日記》作"騎賊"。

［7］初五日：據昭顯《瀋陽日記》，以下非"初五日"，乃"初二日"之事。

又張遠翼言："清譯崔後源隨世子行，目見此戰，常言流賊陣于石河南邊，清兵陣于角山寺下[1]。九王所領精騎一萬，分爲三陣，先送一陣衝突賊陣。賊分開兩邊，清兵不發一矢，但從中横過。又送一陣衝過如前，亦不發一矢。於是入送第三陣冲突，其先送兩陣在賊後者，遂一時回轉，前後夾擊。俄頃之間，賊屍遍野云。"此説與史記雖有詳略之異，而大概同。以此見之，其時形勢可想也。

【校勘】

[1] 下：底本脱，今據館本、庫本補。

世或以三桂開關納清兵爲罪，此不然也。當是時，皇城已陷，帝殉社稷，天下亡矣。三桂雖欲獨保關門，得乎？其勢不破於自成，則破於清兵，不由三桂主張也。且自成之罪，爲大明臣子者所宜不反兵而討者也？三桂棄必破之關，而復君父之讐，倉卒處義，可謂得矣。若使三桂徒守一切之義，不與清兵並力，則畢竟見破於自成，而清兵亦自入關矣。天下事亦何益哉？但襄死而三桂死，則善矣，而不能死，此三桂罪也。然隱忍三十年，白首舉事，使天下震動，其所爲亦壯哉。而惜乎不立大明宗室，失天下望。身自僭號，竟致敗滅，喪名失節，無足可論。豈其年耄志衰，而輔佐不得其人哉？何其與當日處義若二人之爲也？遼東李素曾爲先君言，吴王在雲南遇士卒善，飲酒每遇戲好點岳武穆事，見之大哭，仍曰："天下如此，藩竟不是人。"言訖復哭，哭罷復飲。此可見其志所在也。後來事雖不厭人意，要是雄傑間世人也。

角山寺在關門西北山頂，在路中可望見，相去不過十餘里，而石磴峻急難上云。自石河行八里，爲紅花店。路傍多墳墓，其中一墓石物頗侈，立神道碑，題曰"光禄大夫清吏司主事明祐張公之碑”。自此連有村落，然店房之盛反不如關外。自紅花店始有伏路兵。路傍設朱漆木棚，高丈餘[1]，以梯上下。上竪旗，書曰“某口路伏兵”。棚上架大炮，旁有小屋，清兵五人守之，弓矢鎗銃皆具。每五六里或十里有之，至北京不絶。間有不作木棚而築土臺者，上設垛堞，塗以堊，略倣烟臺之制，而拙朴甚。

【校勘】

［1］餘：館本、庫本作“許”。

過二十里堡有一村落，路邊立兩柱，横板其上，如我國旌門之製，題曰“柳村”，下書東西交界地名及里數。蓋亭堠之屬也，自是往往有焉。過范家店、浪河、大里營。大山遠圍，野中村落相望，柳林極盛，榆亦間有之，大川横流其間，風水極佳，田疇亦似膏沃。所過群兒多持紅蘿葍立路傍要賣[1]，大者幾如缸。賣梨者亦多，其色紫，如林檎。其味甘多酸少而少渣滓，彷彿我國鳳山所産者。過王家嶺，至鳳皇店。是日晏發，站亦遠，人馬皆飢乏，遂入客店朝飯。壁上有一詩曰：“盧龍塞上草初肥，雁乳平蕪曉不飛。鄉國近來音信斷，至今猶自著寒衣。己丑二月十八，温陵黄解客題。”詩即唐人作也。

【校勘】

［1］賣：館本作“買”。

過望海店，自此丘陵連亘，路多升降。店房外村落漸多，烟樹彌望。人家處處堆糞，一堆多至累百車，而無不方正如中繩尺。自寧遠以後，間間有之，近關漸盛，到此尤多。

途上始有拾糞者，或擔兩筐，或挈一畚，竞隨馬後。遇糞輒以小鍤取之，又以路旁枯荄連土括取，與糞同積，累次移積，皆成熟糞。凡事精勤類如此。至深河驛登一崗，望群峰橫亘西北，最遠四五峰雄拔秀異。方顧望稱奇，郵卒指西南間曰："昌黎縣後文筆峰出矣。"望之奇特。世以昌黎縣爲韓愈祖居，立[1]祠其地。峰號文筆亦以此而得，然非也。縣在山下，去此可五十餘里云。深河城尚完，東西可二百步。城中人家稠密，頗有市肆。是日值交市，人物填咽，觀光者擁路。未至城一里有水，亦名深河，水[2]頗大。

【校勘】

［1］立：底本作"之"，今據館本、庫本改。

［2］水：底本脱，今據館本、庫本補。

過網子店八九里，渡一水，名石子河，水亦大。過河數里，到榆關止宿。此地屬撫寧縣，而非設站[1]處，故無察院。入路左人家，主胡悍戾，多苦狀。夕飯後，往諸裨所寓處。房屋敞潔，而家主漢人，爲人淳善。余問："貴姓?"答："榮。"問："諱?"答："琮。"問："貴庚?"答："六十。"問："令郎幾人?"答："一介。"問："令郎年幾?"答："二十五歲。"問："名甚?"答："箴。"問："住此幾年?"答："祖居十一代。"問："祖先有官職麽?"答："不過千户。"問："千户是幾代? 仕在何朝?"答："萬曆初年。"問："我們衣冠與大國異制，可駭不駭?"答："老爺們衣冠甚可愛，我明朝衣冠是這樣。"問："然則公輩即今衣冠非舊制否?"答："我們此時衣冠是滿州。"問："令郎讀書否?"答："自十歲讀書到如今。"問："令郎在宅上，即唤出。"答："往親家去。"問："讀幾本書?"答："四書一經文章。"

【校勘】

［1］站：館本、庫本作“店”。

問：“錦州地方海賊，今在何處？兵衆幾何？”答：“今海賊不知去向。”問：“賊中有大王麽？”答：“自稱平康王。”問：“海中來往買賣客人多被劫掠云，這事是實否？”答：“有。客船六隻劫掠，傷客人十六名。”問：“平康王姓名？”答：“不知。”“是那裏人？”答：“是南方人。”問：“北京裏南方物貨[1]甚貴，緣何如此？敢是商船被這賊遮絶[2]，往來不得麽？”答：“物貨騰貴，果怕海賊，故此稀少。”問：“老爺貴姓？”答：“金，賤號稼齋。”問：“公文章敏速，有問即答，可喜。”答：“多承老爺過講。”

【校勘】

［1］物貨：館本作“貨物”。

［2］絶：館本、庫本作“截”。

問：“皇太子廢之，因何有此？”答：“聖上進京，有皇太子設宴，下上毒藥。”問：“何以發覺？皇太子何以處置？”答：“彼[1]臣馳奏，所以拿起，送至高墻，再不放。”問：“立第幾皇子爲太子耶？”答：“聞説過節三月，朝廷千秋祝神設立。”問：“公所業何事？”答：“莊農爲事。”曰：“我亦在城外十里地莊農爲事，公我一樣。”問：“蒙古部落皆入貢否？”答：“昨日已進貢去了。”問：“太極㺚子亦進貢麽？”答：“否。”問：“這㺚子利害否？皇朝怕他否？”答：“怎麽不怕？”問：“怕怎麽？”答：“怕兵衆。”問：“今幸遇五位老爺，指金中和、柳鳳山、金德三、昌曄及申之淳也。在舍下，有失親候罪。自京回來，我在家供[2]候。”答：“有緣得遇長者，奈行忙不得盡懷。過年回來更會，固所願也。”

【校勘】

［1］彼：館本、庫本作"被"。

［2］供：館本作"拱"。

更深，歸告伯氏，遂移來榮家。先寓家主無聊，奪馬粥在釜者，又追到榮家，多發怒語，可笑。主人壁上有一詩曰："後生摩詰右軍先，唐晉相間數百年。莫是右軍先有覺，故書摩詰一詩聯。"後一行書曰："晉右軍，唐摩詰，先人書後人詩句，莫非鐫石者錯誤也耶？"柳鳳山見而未曉，問於余。詳其語意，蓋譏刻王維詩而假稱右軍筆者也。榆關，世傳蒙恬樹榆爲塞處也。是日乍風，而塵沙漲路，眼不可開。蓋關内往來車馬益多，輪蹄所碾，沙土細如灰，乍觸輒揚故也。貴同入關捨雇馬步行，間間雇驢騎之。自入關，路傍持驢要貰者相望，一程價不過一扇。自山海關至北京皆向申行。

二十日，己巳。晴。自榆關行四十七里，至背陰鋪朝飯。又行四十四里，至永平府宿。

未明發行，借麻貝車子乘之。其車以青布爲屋，障[1]其三面而前設幔捲舒，其高可坐，其長可卧，駕以一馬，其行頗快。但摇撼甚，路稍不平，一身皆戰，雖坦途[2]徐行，猶不如騎馬之穩，所便者，坐卧惟意耳。去榆關半里許有小河。過上白石鋪、下白石鋪，至吴官營，有小店四五家，隔溪亦有數家。樹林翳然，墳墓似在其中。自此路頗崎嶇，近撫寧，山勢復開豁爲廣野。西南多秀峰，蓋文筆峰後脉也。未至縣數里有小河。路旁一墓，立神道碑，題曰"前軍都督蕭陞"。

【校勘】

［1］障：底本作"帳"，今據館本、庫本改。

［2］途：館本作“道”。

去城半里有東嶽廟，入觀。正殿塑像乃王者，而左右各有金童玉女及仙官十餘人侍立。後殿塑像即女人，似所謂娘娘也，左右亦有女仙侍衛。廟頗頽落，而塑像皆有生氣，似是往時所創也。左右廊設地府，十王分坐東西，鬼卒押罪囚滿前，或剖胸取心，或從頂鉅劈，或椓眼，或拔舌。種種刑罰，備極慘毒，血肉狼籍，使造惡者見之，或不無悔懼之心也。

從東門入城，城頗完，一面可四五百步。城中街坊、牌榜極多。路北有二衙門，一題曰“總督六鎮”，一題曰“鎖鑰兩京”。十字街樓，金碧照耀，四面皆有扁額，東書“聯峰拱翠”，南書“光被四表”，西北則未之見。當街有兩牌樓，侈麗相埒。一書“紫宸渥寵”四字，其下横書“王沉”。一書“青鎖名臣”四字，其下横書“王胤祥”。兩人職官不能記，蓋皆明朝人也。路南邊一家門懸兩榜，一書“坤貞閨範”，一書“當代女宗”。又一家懸四榜，一曰“邦光家瑞”，一曰“名世儒宗”，一曰“正人君子”，一不記。又十字樓北邊一家門懸四榜，曰“飛英銀漢”，其三不記。其榜或紅質金字，或粉質青字，極輝耀。

駐車街上，沽酒饋車胡。市人來集車前，遂取藥果及栗茶，食少許，與兩兒，諸人分喫稱謝。出西門，路旁有一墓，立神道碑，題曰“指揮同知黄惟正”。過此里許脱[1]羊河，河頗大，有舟。其東又有一水，即羊河別派也。撫寧，關内第一好風水，邑治在平野中。東有丘隴重複，西南則秀峰羅列，而羊河自北而來，繞城而南，環數十里間。清淑之氣發于山川，宜乎，鍾靈孕秀，而人文之盛如此也。城東南間山麓高處累石爲塔，蓋亦像文筆而爲之。此在城當爲巽地也。

過羊河八里爲五里堡，山有松野，皆柳林。村落數十家，風水極好。過蘆峰口，山斷爲路，此蓋昌黎縣過峽也。南北皆有高峰，自是一關隘。南峰上有一石墩，似是古烽臺也。路左右有店房十餘家，店旁村落盛。自五里堡至此，樹林人家幾相連。過茶棚庵，店舍八九家。至背陰堡，村落八九家，臨小溪，前後頗有松林雜木。自蘆峰口，崗麓[2]重複，路益磽确，而至此便有山谷意。

【校勘】

［1］脱：鉛本同，館本、庫本無此字。脱，此爲渡河義。

［2］麓：底本作“巖”，今據館本、庫本改。

三使行分入村家，一行人馬皆就溪上打火。主胡方織布，梭形扁而尖。其機軸之製亦與我國異，大抵便易[1]省力也。朝飯行，還騎馬。過雙望堡，堡有城，城東西皆有石橋。城内外有人家店房，而東門外尤盛，連亘幾一二里。至此野色復開豁，北望遠山，累累秀媚。渡一小河，過要站、部落嶺，村店皆蕭條。有平原靡迤而高，路旁立木榜曰“古盧龍塞”。按《水經注》曰：“自盧龍東越青陘，至凡城二百許里。自凡城東北出，趣平剛古城[2]可百八十里。”平剛即漢右北平治也。以此見之，盧龍在平剛之西也。又按《田疇傳》：“曹操北征烏桓，軍次無終。時方下雨，而海濱污下，濘[3]滯不通。操患之，以問疇。疇曰：‘舊北平治在平剛，道出盧龍，達於柳城。自建武以來，陷壞斷絶，垂二百載而尚有微逕可從。今虜[4]以大軍當由無終，不得進而退，懈弛無備。若嘿回軍，從盧龍口越白檀之險，出空虚之地，路近而便。’操乃引軍還，令疇爲鄉導，上徐無山，出盧龍，歷平崗，登白龍堆。去柳城二百餘里，虜乃驚覺云。”無終即今玉田縣。

操自無終回軍始出盧龍口，則是盧龍不特在平剛之西，亦在玉田之西。此去玉田猶二百餘里，則以此地爲古盧龍者，恐誤。柳城即興中，隋遼西郡、營州皆治柳城，即其地也。以地圖考之，興中在長城外，直寧遠北六百里。而《一統志》云柳城廢縣在永平府西二十里[5]，亦誤也。大抵所過山川道里以地圖考之，遠近東西，類多差謬。

【校勘】

[1] 便易：館本、庫本作"便利"。

[2] 平剛古城：《水經注》作"平岡故城"。此地名《三國志》亦作"平岡"，而《後漢書》作"平剛"，蓋通用也。本書下文有作"平崗"者，亦同。史籍中異名多，如上文"烏桓"、下文"白龍堆"，又作"烏丸""白狼堆"等。

[3] 灣：《三國志・田疇傳》作"濘"。

[4] 虜：底本作"盧"，今據館本及《三國志・田疇傳》改。

[5] 柳城廢縣在永平府西二十里：出《大明一統志》卷五"永平府"，原文爲"柳城廢縣在府城西二十里"。

過十八里堡，有村落四五家，亦有店房而不多。西頭有石橋小廟，路傍立牌榜書"義讓遺風"四字。過驢槽有河水，大如我國松溪，沙渚清曠。沿河村落店房共三四十[1]家。河西有石磯可坐，上有古廟皆頹落。《一統志》云，石槽在府東五里，大石盤礴，上低陷如槽，相傳唐張果飼驢之所。[2]驢槽之名，以石槽而變也。過漏澤園，有塚累累，前立石門，刻曰"漏澤園"。未知誰家墳山，風水頗好，蓋大窩也。自此至永平府堇二里，而路循岡脊，崎嶇不平，至城門皆然，而入城則地勢低深。蓋東城處[3]岡阜，而西臨灣河故也。局勢似我國平壤而大。此地大小城皆在平地，而此獨不然。城池極雄壯，殆與瀋陽相埒，而頹圮不修，門上無樓，只存兩扇。

然門外設大炮向外，門内設架，插鎗棍之屬，若待變者然。城[4]凡有四門，而此則東門也。南門樓亦頹落，只存其堵，見之可惜。人稱此城四門不相對，亦其地勢然也。城四隅皆有敵樓，其高與門樓等。見路北門上帖紅紙，書“封印大吉”四字，如是者數處。人言是衙門封印云者，以近歲時停衙也。

【校勘】

［1］三四十：館本、庫本作“三十四”。

［2］《一統志》云，石槽在府東……飼驢之所：出自《大明一統志》卷五“永平府”。府，《一統志》作“府城”。所，《一統志》作“器”。

［3］處：館本、庫本作“攄”，即“據”字。

［4］城：底本脱，今據館本、庫本補。

至察院，院在東北巷窮處。門徑回曲峻仄，大石當路，卸轎乃上。入兩重門有正堂，堂後又有二堂，規模宏壯，蓋試院也。正堂前左右皆有屋，其廣各五十餘尺，是則儒生所坐處也。一行人馬皆處其内，而猶恢恢然。正堂扁曰“天日鑒臨”，後堂扁以“退省[1]齋”。正堂楣間懸一詩曰：“孤竹何崔嵬，兩聖高千古。仰止魂夢間，有懷常欲吐。安得陟山巔，瓣香頭一俯。告我希聖心，欲濟蒼生苦。凛凛對簡書，汗下揮如雨。此行負朝廷，愆尤何日補。遥望望神靈，相助驅豺虎。灤水自無波，澄清在畿輔。”左傍書：“巡察使者刑部尚書魏象樞題。”似是明朝人[2]，而不書年月，不知何時所題也。察院久廢，廓落不堪處，遂移入院前人家。主人房姓，漢人也。曾聞先君癸丑年所入家，主人名房洞賓，而其家富奢，花竹[3]極多，中堂掛書畫，蕭灑幽邃，怳若異境。以此問於主人，則以爲此乃渠之宗族，越邊高墻即其家。而其人死後，子孫不肖，家産蕩盡，無復舊時貌樣云。持書册、雜貨來賣者頗多，沙果、柑子、乾柿亦有之。乾柿，其形扁如我國蹲柿，而以繩貫之，味殊佳。有所謂白魚者，狀似重唇而大者盈尺，即江魚也。

【校勘】

［1］省：底本作"看"，即"看"，今據館本、庫本改。

［2］似是明朝人：魏象樞（1617—1687），清人，官至左都御史、刑部尚書。

［3］竹：館本、庫本作"卉"。

有一秀才入來，余書問姓名，答"吴廷璣"。余問："本住此地否？抑自他方移來乎？"此欲知滿漢也。其人書曰："原係此處人，並非他鄉客。"其筆法不拙。又問其年，對以二十。問："讀幾本書？"答："四書、文章、《易經》。"所謂文章者，此處試場程式文也。問："釣魚臺去此幾里？"答："三十里。"問："這臺是何人故迹？"答："此臺在灤河東，緊靠五山，離五山有一獨山。其形下細上粗，叫做釣魚臺，並未聞是何人故迹。"善興嘗言曾隨東平尉見釣魚臺，絶壁插江中，岸皆白沙，上下有漁村，望之如畫。但自北京回來，過野雉坨[1]，迂路疾馳，至則無船不得渡，但隔水望見，夜深始達永平府云。以兩言見之，此地既在灤河下流，不但去路遠，與夷齊廟南北背馳，其勢不可一日内見兩處也。北京館夫輩來言，皇帝出獵歸期在今二十五六日間云。所謂館夫，即玉河館[2]所屬隸卒也。使行入關[3]一應所需，皆此輩覓入，而歸時計直，頗有奇羡。此輩生計專仰於此，故皆持糖果之屬遠來迎之云。聞使行所處，以會同館爲定。會同即玉河館名也。到撫寧聞之，縣人黄淳耀以崇禎進士甲申後不食死之云。知縣武令謨，山西孟縣人也。

【校勘】

[1] 坨:底本作“垞”,館本、鉛本皆作“坨”,今據改。

[2] 館:底本作“關”,今館本據改。

[3] 關:各本皆同,然疑爲“館”之誤,“玉河館”之簡稱也。

夷齊廟・沙河驛・豐潤縣

二十一日,庚午。晴。自永平府行二十里,至夷齊廟朝飯。又行三十二里,至沙河驛宿。

昧爽發行。所過牌樓重重,街西有一石塔,而天暗不能詳睹。出南門瓮城外,又有城遮其門。其外又有一重門,門凡三重,而其路回互,此則他處所無之製也。第三門外有兩重濠極深,皆有石橋,左右人家櫛比。行一里許有河水,即所謂青龍河也。有木橋而水大,幾如我國錦江。岸上積置材木極多,蓋自塞外流下者也。大小不一而尺度皆長,小不下數十尺。聞户部官員出來收税云。過河一里有小崗,崗底有村店六七家,曰南坧莊。過此一里又有河,即灤河也。水益大而清駛,深處可半篙許,底皆素礫,沙岸平曠,亦以橋過。半里許又有一水,亦有橋,即灤河支派也。自過河地皆沙而野色復開,山勢平遠可愛。捨大路直溯河西北行,訪夷齊廟也。

時日已出,回望永平府,炊烟滿城。行十里許過一村落,多棗樹。人家門外積去皮小枝,狀似楮,問之則桑也。聞[1]此桑種田畔,逐年刈取,以葉飼蠶,以皮爲紙,其木則揉作筐籠之屬。農書有地桑者，即此物也。村西有一荒山，此所謂首陽山也。山高不過數十丈。循山趾益北行，望見數里許[2]松林鬱然。至則有石甃小城，其制甚古，門上刻“賢人舊里”四字，章丘楊選筆。入城百餘步，廟在焉。前有牌樓一座，扁曰“敕賜清節祠”，萬曆甲午李頤書。牌樓南設土墻，墻面大書“清風百代”四字，字畫大如股，崇禎癸未陳泰來書。牌樓左右各有碑，東刻“忠臣孝子”，即崇禎癸未所立；西刻“到今稱聖”，即萬曆甲午所立。皆[3]李頤筆。牌樓北[4]始有門，門上有樓，樓上立一石碑，刻“伯夷叔齊”四字。樓外扁亦書“伯夷叔齊”四字，其上書“上古逸民”四字。門左右各有小挾門，左曰“天地綱常”，右曰“古今師範”。内有三間屋，中立三碑。中碑刻“孔子曰：伯夷、叔齊不念舊惡，怨是用希，求仁得仁，又何怨？餓于首陽山，民到于今皆稱之”云云。東碑刻“曾子曰：伯夷、叔齊死于溝澮之間”云云。西碑刻“孟子曰：伯夷、叔齊，聖之清者也”云云。旁書“嘉靖十八年夏四月既望，永平知府後學張玭謹志”云。左右庭各有鐘鼓樓。

【校勘】

［1］聞：底本、館本皆作“問”，今據文意改。本書他處亦有“聞”訛作“問”者。

［2］許：館本作“外”。

［3］皆：底本脱，今據館本補。

［4］北：底本與館本皆作“此”，鉛本作“北”，今據鉛本改。

過碑屋，又有門，是第二門也。無扁，而左右各有挾門，東曰“廉頑”，西曰“立懦”。入此始爲正殿，内扁曰“倫常師範”，外曰“萬世標準”。殿後又有一重門，内外俱有扁，外曰

“仁賢肇迹”，内曰“平灤上境”，亦張玭筆。門左右亦有挾門，東曰“盥薦”，西曰“齋明”。門内有屋三間，曰揖遜堂，即嘉靖庚戌所建。堂之後，以磚築臺，高丈餘，長六七丈，而東西附于垣，是爲清風臺。上有屋三間，扁書“山高水長，心曠神怡”等文字。臺兩旁各有小虹門，東曰“高蹈風塵”，西曰“大觀寰宇”。上臺者皆由虹門，門内累甎爲級，傍垣而上。臺東西各有門，東曰“百代山斗”，西曰“萬古雲霄”。臺北有短垣，其外江也。自牌樓至此，可百數十步，而東西四十餘步，圍以垣，垣外平地亦四五十畝。廟處地清曠而規模整肅，非他廟比也。

一行到牌樓下，皆下馬。至第二門，伯氏具冠帶，余脱敝衣，着道袍，就正殿楹内行再拜禮。伯夷、叔齊冕服並坐。殿陛左右立八碑，一大明弘治十一年戊午夏所立，一萬曆庚戌秋所立，一萬曆癸卯秋所立，一嘉靖庚戌夏所立，一成化十年甲午春所立，餘三碑皆順治、康熙所立。而左陛上又有一碑，亦近年所立也。殿柱面所書文字皆儷語，而不足記。至揖遜堂，壁間古今人題咏甚多，西壁有王世貞《吊伯夷賦》，刻諸石坎，壁而納之。堂後有二碑，其[1]一記祀典[2]式，即成化九年所立。概曰：“每年春秋中月，永平知府欽奉上命，具牲醴來奠。其祝辭曰：遜國全仁，諫伐存義，爲聖之清，千古無二，依仰高風，曰篤不忘，庸修祀事，永範綱常云。”舊有屋，今頹，只存其址。按孤竹君，殷湯十有八祀三月丙寅所封，禹後也，姓墨胎氏。一云孤竹君姓墨，音[3]眉。名台初。台音怡，《孔叢子注》。唐玄宗祀義士八人，夷齊與焉。春秋二時擇日致祭。宋真宗祀汾陰，駐蹕河東府，令訪夷齊廟祭之。徽宗政和三年，封伯夷爲清惠侯，叔齊爲仁惠侯。

元世祖至元十八年，追封伯夷爲昭義清惠公，叔齊爲崇讓仁惠公。大明成化九年，永平知府玉璽奉命致祭，立樓上碑云。

【校勘】

［1］其：底本脱，今據館本補。

［2］典：館本作“曲”。

［3］音：底本作“立”，今據館本改。

上清風臺，江山清絶，果如所聞。河水自西北來，至臺前分爲兩派，中有小島，與臺對峙。孤竹君廟在其上，臺下絶壁嶄然。水至其下爲潭，東西數百步。上下各有石磯浮水面，高丈餘，下者稍低。東北岸有一帶村落，皆漁户也。其形勢彷彿我國楮子島，而寬廣勝之。北望百里間，遠山重疊，橫亘長城，隱約可見。從東邊門出去，其外有長松數十株蔭江岸，從石磴步下，渡江冰，至孤竹廟。廟荒廢，門傾墻頹，獨塑像儼然，而蝙蝠矢滿桌矣。伯氏及副使、書狀亦至。在此望清風臺，隱映松間，更覺幽勝矣。

遂歸。廟西墻外有一屋，數僧居之，蓋守廟者也。堂供佛像，室頗精楚，壁掛一畫障，畫花鳥及水仙、梅花，而筆意殊佳。有博具，令僧爲之，見其行馬，象行以田字，包[1]行取敵方用梯，卒但進而不能旁行爾。賣魚者甚多，鱖、重唇、鮒皆有之，我國所無之魚亦多，大抵皆白魚之類也。廚房到此例以乾蕨作羹，今亦未免，可笑。飯後遂行。

【校勘】

［1］包：底本、館本、鉛本同。當作“炮”。

所過村落棗栗極多，梨亦間有，而種皆成行，極其整齊。田畔則皆種地桑，細條成叢，遍野皆是，間有已刈者。見村童取薪者所持笆如我國之物，而以畚仰繫笆枝之間，以笆柄繫腰，遍行田間。枯荄被括起，自盈于畚矣。

凡行二十餘里，出沙河堡。路口村店共數十家。有一石橋，傍有碑。過棗莊，有四五家種棗累百株。渡一水，即沙河也。自棗莊至此二里，而皆積沙没屨，極難行，人馬俱困。河水曠而淺，然以沙見之，夏秋泛濫之廣可知。河之西岸即沙河驛東門，而城址爲河水冲落路斷，遂轉過城北，從西門而入。門外有三皇廟，入見，廟中有伏羲、神農、黄帝塑像。門與殿皆有神將，生氣颯爽，似非近來所造也。

入漢人劉啓迪家，在城内北邊路旁。門有三重，而内二門皆窄劣，容一人往來。堂頗寬敞，有東西二炕，而椅桌華整。堂前隙地數丈，築小砌，置怪石，狀如我國水泡石。怪石旁有泥封之者，問之，乃牧丹[1]也。又有一小樹，不知名，云是探春花，其花瓣小而有香，其色白，二月間開放云。墻下有玫瑰數叢。問瑞香、水仙、蘭草，答並無。因要我入其後堂。凡過三重小角門，灣曲行至最深處有三間屋。東有室，室中位置清楚。南窗下置迎春二盆，方盛開，令人可喜。見桌上亦有筆硯，壁間有書。視之，乃我國人筆，蓋譯官輩所書也。主漢出紙要書，余遂作一絶書贈，頗有喜色。蓋主人以賣鹽爲業，不解文字，問答皆倩人書之。

【校勘】

［1］牧丹：底本、館本、鉛本皆同。即“牡丹”。

柳鳳山、申之淳、金德三亦隨來。堂中有棋局，使主人對着。其法皆與我國同，而但無初頭排子耳。兩人手皆拙，柳鳳山亦拙手，而在旁訓手，其人稱善，可笑。主人出茶果一桌，柑橘、橙丁、閩薑、榛子、西瓜仁、山查、正果、猪肉、鷄卵，凡十餘碟，極其精美。又出酒一壺，其清如水，而色微碧，香烈味淡。余連飲四杯，亦不甚醉。然杯亦小，一杯僅當我國半杯也。令乾粮給紙束、扇、刀等物答其意，又作一絶，書與主人。伯氏宿東炕，余與金中和、柳鳳山同宿西炕。夷齊廟題咏率皆可笑。其中一詩可記："天高露冷塞風清，吊古遥臨孤竹城。故壘參差餘落照，長河浩蕩瀉秋聲。求仁自恬西城餓，去國寧知後世名。叩馬數言殊坦率，止應虞夏識衷情。"題曰"登夷齊廟後清風臺"，下書"艾元徵"。

二十二日，辛未。晴。自沙河驛行四十九里，至榛子店朝飯。又行三十一里，至豐潤縣宿。

曉發行，過三官廟、馬鋪營、七家嶺，天始明。過新店堡，堡在山坡，有小城，城門石扁書"新店堡"三字。城内人家不過四五十户，西門外亦有村店數十家。乾河草村店[1]數十家，皆莊家。自沙河至此凡二十六里，而皆岡隴，路多登降屈曲。過新平店[2]，村落四五十家，亦皆莊家。糞堆益多，亦有車運者，皆路旁枯荄連土者也。見村中有俗名假中樹，使元建問其名，答以椿木。過此又開野。榛子店烟樹在望二十里也，野皆良疇，田間往往有墳墓。村落之盛，可知也。過扛牛橋，橋高水深。未至榛子店一里，有石橋曰青龍橋，水頗大，橋方改造。橋旁有一廟，金碧耀輝[3]，亦似新造也。店有城，東西約四百餘步[4]。東門有小樓，上供一塑像，未知何神也。城中央當街又有一虹門，凡小城皆有此，蓋亦倣十字樓也。

【校勘】

［1］店：館本作“落”。

［2］店：館本作“庄”，即“莊”。

［3］輝：底本作“耀”，今據館本改。

［4］餘步：底本作“步餘”，今據館本改。

入客店朝飯。戊午歲，江右女子季文蘭，爲胡人掠，賣往瀋陽，到此書一詩于店壁。詩曰：“堆髻空憐昔日粧，征裙換盡越羅裳。爺孃生死知何處？痛殺春風上瀋陽。”至癸亥冬，息庵[1]過此見之，詩尚在。詩下又有小序云：“奴，江右虞尚卿秀才妻也。夫被戮，奴被擄，今爲王章京所買。戊午正月廿一日灑淚拂壁書此，唯望天下有心人見此，憐而見拯。”下又書：“奴年二十有一，缺三字[2]。秀才女也。母李氏，兄名，缺數字。國府學秀才。”下缺，亦不可記。末書“季文蘭書”。問主媼，具言五六年前，瀋陽王章京用白金七十買此女，過此，悲楚黯慘之中，姿態尚嬌艷動人，垂淚書此。右手稍倦，則以左手執筆疾書云。曾見此説於《息庵集》中，今來此[3]地不覺依然。遂次其韻，書壁上曰：“江南女子洗紅粧，遠向燕雲[4]淚滿裳。一落殊方何日返？定憐征雁每隨陽。”下書“朝鮮人題”。

【校勘】

［1］息庵：金錫冑（1634—1684）的號。其於康熙二十一年（1682）出使過此，詩見《息庵遺稿》卷六。

［2］缺三字：此三字原爲正文，今依文意改小字。下“缺數字”同。

［3］此：館本徑作“此”。鉛本作“此處”。底本作“此處”但“處”字有兩點，爲删文符號。

［4］燕雲：此詩又見金昌業《燕行塤篪録》，"燕雲"作"邊雲"。

店人皆賣菜種爲業，如白菜、紅蘿葍等種，譯官輩皆到此買去。自店西行六七里，踰一崗。崗之南皆高山岡，蓋其過峽也。過鐵城坎，有石橋跨深坑，有村店十餘家。渡一水，爲小鈴河[1]。自鐵城至此皆丘陵而多坑塹，地名似因此而得也。過板橋有淺河，皆凍涸。市肆人家頗盛。此處舊有養漢的，今無，皇帝禁之也。過鐵城鋪、關帝廟，至豐潤縣，在路中遠望十數里間，忽見海水晃漾，宛有洲渚縈紆之狀。樹[2]林皆在水中，重重相映，光景奇絶，始見以爲海水。驛卒言此非海也，乃所謂"薊門烟樹"也。昌曄不信，以爲明是海水，行數十里，終不解惑，可笑。問海遠近於村人，則百里云。

【校勘】

［1］小鈴河：非前文"大小凌河"之"小凌河"，崔書中的《路程記》亦有載。

［2］樹：底本作"對"，館本作"樹"，即"樹"。今據館本及下文改。

豐潤城完而門樓皆壞，只東南一樓巍然獨存。城中有一塔，在十里外可見。城内外人家極繁盛。從東門入西門内，南邊小巷有谷姓漢人家，自前使行宿處也。主人自稱舉人，門外懸榜，言是本縣知縣所書云。入其别堂，窗皆鏤爲文，以紗塗之，畫花鳥。庭中有花草[1]怪石之屬。其西墻内又有一堂，堂三間而尤宏麗，扁曰"燕翼堂"。堂中置椅凳四五坐，更無他物，蓋亦客堂也。庭前有大瓮，種蓮之器云。夜，主人出茶果一桌，饌品與沙河略同，而酒則不及矣。既饋之後索價多，可鄙。炕小難容二榻，余出往越邊家，諸裨已先入。家主亦出茶果及酒待之,與諸裨同喫,使廚房酬以紙扇等物。賣書者多,而索價甚高。有《畫苑》《書苑》兩書,評論古人書法、畫法,無價不得買。又有《昭明文選》無注者,字樣大,宜於老眼,其價別扇八柄,而亦不能買。譯官金萬喜、金尚鉉、崔壽昌三人各引賣書者入來,夜深散去。此炕亦小,主人乃以余移他炕。問我年,謂渠同甲,而待之特厚。遂書册名與之,令求訪,待歸時相報。其人姓王,名未能問。是日行九十里。此處冬沉[2]如我國所造,味極清爽。夜失轎馬,羈于谷家,下人輩謂主人匿之。

【校勘】

［1］草:館本作“卉”。

［2］沉:底本作“沈”,二字同,然今據館本及前文改。下同。

沙流河·玉田縣·薊州

二十三日,壬申。晴,天氣暴暖如深春,一行皆脱屯子。自豐潤縣行三十八里,至沙流河朝飯。又行三十七里,至玉田縣宿。

昧爽發行,從西門出。路左有樹林,林中有亭,圍以土垣,即人家墳墓也。二里趙家莊,一里蔣家莊,多老柳,菜圃皆下種,畦畛方正,如中繩墨。時天始明,村人皆未起,路旁小廟,燈猶耿耿。過漁河橋,或名還香河。水頗大,幾如混河,流迅不冰。過盧家莊,日尚早,而路中已有拾糞者。過高麗堡，村前有水田數十畝，渡江後初見也。傳言舊有我國人居此地，故以高麗名村，水田亦其所爲云，但此不知何時事也。草里莊小店八九家，賣酒餅，皆草屋也。自高麗堡至此，丘隴陂陁，過此復開野。四里許渡一水，水凍涸。過軟鷄堡，茶棚庵有數間小廟，廟旁有酒餅店數家。

至沙流河，人家連亘二百餘步。入一家朝飯，門左右店房内有三間屋，以板墻遮門。墻面以墨畫松鶴，筆法不俗。問作者，乃此處畫工云。壁間多書畫，而皆陋拙，無可觀。有一絶句曰："草閣散晴烟，柴門竹樹邊。門前有江水，常過打魚船。"清新可咏，而筆甚拙，不知何人所作也。對店有一鳥，狀如小鵲，羽毛青黑，尾長尺餘，嘴脚皆紅。問其名，店胡書"托地蓮"三字。又書曰："多年能言會歌。"余曰："能言是鸚鵡，此鳥怎能會語?"其人書曰："見過《博物志》可知。"問出處，書"雲南"二字。朝飯遂行。店西半里許有水，是爲沙流河，曠而淺。過兩水橋，店之東有小川，而[1]有石橋，橋欄刻人物。其柱頭悉刻猿猴、獅子，極其精工。過兩家莊有城，東西百數十步，人家、市肆頗盛。十五里屯，村落十數家。東八里堡有四五十家。龍池庵路北有新構小寺，寺旁有數家。玉田縣東門外，人家連亘幾三里許，北邊有一丹青大屋，榜曰"鄉約所"。

【校勘】

[1] 而：底本作"西"，然前文已云"店西半里許有水"，故據館本改作"而"。

入察院，新修而宏傑。正堂扁曰"懷柔堂"，正堂之後又有堂，前後俱有左右月廊。伯氏入于正堂東炕，余入其西炕，副使、書狀皆入後堂。一人持林良《蘆雁》及仇十洲《春游桃李園圖》入來。《蘆雁》似是真迹，索價亦多。而朴東和言礪山君去年見此畫而歸，托渠令買來云。又有一人持白綾繡鶴一幅，謂是女人所作，畫品精妙。又持一花鳥帖，乃是近來人所作，而設色頗工。問所從來，言其主方在北京做官，南方人以此畫送來云。其人秀才貌樣，而畫則裹以袱，使從者懷之。方欲開展之際，甲軍入來，其人大生恐怯，卷而懷之。書狀適至，遂閉門見之。最後其人又出一畫軸，書狀展之，則初頭畫一少年與美人對坐之狀，其下又畫少年美女，而頗有昵狎之態。書狀欲見其下，余笑曰："似是春圖也。"書狀亦笑而止。余謂其人曰："君是秀才耶？"曰："然。"曰："既是聖門弟子，何以春圖袖來示人乎？"其人聞此言面紅，遂取而出走，可笑。路中見三橐駞過去。又有一胡騎馬持紅緞金字繡旗一面過去，其後六七騎隨來。其中一人狀貌頗偉，云是大官。其後又有旗如前，四五騎又隨去。

夜，本縣定甲軍在院外巡警，達夜摇鈴。蓋年前使行到此失表文，其時知縣以下皆革職，故以此爲戒，防守特嚴。我人亦不得任意出入，還可苦也。玉田，本春秋無終國地，漢爲無終縣。漢陽雍伯種石得玉，故名。按《搜神記》，陽雍伯性孝，父母殁，葬無終山，作義漿飲行者三年。有人出石子一升遺之，云得白璧一雙，可爲婚。雍伯種於田，得白璧五雙，徐氏遂妻之。其後孫陽千寶於種玉處四角作大石柱識之，名曰玉田，其西北即雍伯故居云。無終山在縣東北三十里，山上有燕昭王塚云。

二十四日，癸酉。晴。自玉田縣行三十五里，至蜂山店朝飯。又行三十二里，至薊州宿。

曉起，坐良久，天色欲明門始開，遂發，亦以本縣不許早行也。過西八里堡，往往村家，間有店房而少。五里屯，店房四五家，大柳數十株，離立路旁，店西有一石橋。過彩亭橋，人家頗盛，亦有店房。東西幾三百餘步，而四圍有城址，亦有寺廟。村中央有一石橋，三虹門，兩傍皆設闌干，橋西有鄉約所。屋製亦如玉田東門外所見者。村盡頭又有小虹橋，無闌干。大枯樹店有村落四五十家，無店房。按，《一統志》以爲："彩亭[1]橋在玉田西二十里，跨藍水河[2]，相傳金學士邑人楊繪建。彩亭，繪號也。"路中立牌門，書"薊州交界"。西至枯樹店三里，東至彩亭橋五里云。

【校勘】

［1］彩亭：各本皆同。《大明一統志》卷一"順天府"作"采亭"，下同。

［2］河：各本皆作"行"，然今據《大明一統志》及文意改。

西北山上有大樹，或言此乃枯樹，村名以此而得。閔參判聖猷今夏歸自北京，言此樹枯死已久，若生葉則真主起，自古傳説如此，近來此樹又有生氣，人皆異之云。遂令驛卒折而來，果有生氣。然此樹本來枯死與否，既不可知，而去路頗遠，驛卒之折來者，有同圉圉之魚，亦安知必爲其枝也？自過店，路益近北，往往循山址而行，南則廣野，一望眇然，意去海益遠也。是日，朝霧成木稼，所謂薊門烟樹化爲銀海瓊花，天下奇觀也。

過小枯樹店，有村數十家，自路至山底僅一里而皆棗林。路中有老丐兒坐路旁乞錢，一犬蹲其旁，口銜小器，仰首視人，若訴者然。行者投錢其器，丐者收之，犬則不動，銜器如初，甚可異也。行未幾，又有盲者使犬收錢，一似先見者。自入關始有丐者，至此漸多，而多是女人及七八歲以上小兒，坐路中，望行次至，輒叫“老爺賞錢”，不與則隨至數百步，且叫且走。余每使元建取錢與之，給數文，亦叩謝而去。行中罕有與者，唯書者孝石間與之。

至蜂山店朝飯。主人子見韻書能讀之，亦請余讀之，蓋欲知我國音也。至音同處以爲一様而甚有喜色。問其姓名，陳士奇，年二十歲云。又有旁觀一人，狀貌可鄙而亦能解讀韻書，可異也。路上一胡人乘轎過去，其制一如我國之轎，前後駕兩馬，或言自南方來，然儀從不甚盛，似非大官也。有大車六輛過去，其中一車插黄旗，書“上用”字。問其所載，則皆石茸云。金中和遇一驢欲買，步頗快，余以馬换騎先行。過螺山店無店房，只有村家數十户。村中有小廟，門前左右各有老樹，皆數百年物也。路南百餘步，有小阜突起，上有廟堂，所謂螺山，似指此而名也。路中有一木槽及三四桶子盛水，驢遇而飲。有一胡索直，善興與一大錢，其人以小錢還之。問其故，蓋大錢一文，直小錢兩文，故找還也。

去路二里許，有小城在野中，即所謂宋家城。世傳此家富鉅萬，明末私築此城以自保，清人累攻不能下。明亡後降，清人怒之，令歲貢萬金，因此家業遂衰云。聞元建言，曾隨使行往見城中，房屋規模尚雄壯云。此城西五里外，又有一城與此相望，亦宋家所築也。城中有兩敵樓，高入雲霄。過鰲山店，店在山嘴下。買賣極熱鬧，遂下驢。入一店坐凳上，見店中積紙畫無數，書問：“何用?”店主書“門神”二字，蓋元朝所用也。其人仍問曰：“府上亦用此否?”余答曰：“與大國一様。”行次至，遂隨行。

過二里店[1]、現橋、小橋坊，有河水頗大。自蜂山店至此，路皆旁山，而山多石骨，往往醜怪。山麓及村落間廟極多,不可勝記。過[2]小橋坊四五里有一山,是爲翠屏山,不甚高大。《水滸傳》所謂楊雄殺潘巧雲處也。山下有兩石人,世傳以爲楊雄、石秀之像也。斯未必信然,而亦古物也。其制甚朴,像面目而已。山有松林而山脚坡陁,路在其上者數里。自此至薊州十里,而轉一隅可望其城。城西北皆大山,峰巒重複。東有河水,即漁陽橋[3]。南則大野也,形勢極其雄偉。自過翠屏山,捨大路,迤西北行五里至漁陽橋舊橋石,而因水道移,今在岸上。其下百餘步有土橋,河水大於混河,小於灤河,而水色混濁不見底,莫測其深淺也。此水一名龍池河,一名漁水源。源出蘆家嶺口,合[4]黎河,經[5]玉田入白龍港。又三四里渡大石橋,亦古物也。

【校勘】

[1] 店:鉛本作"許"。

[2] 過:底本脱,今據館本補。

[3] 東有河水,即漁陽橋:底本、館本、鉛本同,然"橋"疑當作"河"。薊州漁陽河,上文《山川風俗總録》及下文都曾提及。

[4] 合:底本作"舍",今據館本改。

[5] 經:底本作"徑",今據鉛本改。

又一里許至城,即南門也。門凡三重,第三重有樓,城高幾比瀋陽,而城中市肆不甚盛。入城數百步爲十字街,樓有兩榜,一書"古漁陽",一書"京東[1]鎖鑰"。十字街西邊跨路有牌樓三四重,而石礎皆高壯,雕刻精巧,非他處可比。其中一樓刻"皇明大司成國子祭酒"九字,而其下漫漶不可見,考《癸巳日記》以爲成憲云。近西門有一虹門在路北,即獨樂寺也。此處無察院,自前使行入此寺。虹門内又有門,門内有二層樓,榜曰觀音之閣,筆勢飛動,世傳李太白筆,下層榜曰慈悲大士殿。殿内有立佛，高六七丈，即觀音像也。金身作被錦狀，設色精工，垂左手持瓶，舉右手當胸持數珠，狀若生動。殿西複壁中有板梯，向北上數十級抵壁，復轉而南上十餘級始上樓。樓皆鋪板，空其中央，傍設欄檻，佛身出其上，肩與檻齊，而頂柱屋梁。頭上四圍附有小佛十二面，眉目悉如大佛。觀者循檻回轉，在下仰視[2]，未覺其高，至此見之，始盡其狀。自肩以上猶二丈許，其長可推也，或云六十七尺。樓上又有卧[3]佛一軀，長丈餘，側卧榻上，覆以錦被。見之悚然不可近。樓之南北皆設窗，窗外有欄可憑，一城皆俯臨。

【校勘】

［1］京東：底本作“東京”，今據館本及金景善《燕轅直指》、李尚健《燕轅日錄》改。

［2］視：館本作“觀”。

［3］卧：底本作“掛”，今據館本及上下文改。

城中人家不甚稠密，空墟幾居三分之一。城周可八九里而間有新築處。蓋關内城池近年頗修繕云，未知其何意也。寺南數百步許有一塔，正與樓對峙。其高可與白塔上下，月臺有側柏一樹，亦古物也。有左右月廊，即十王殿。後有四角亭，亭後又有一殿，皆不暇入見。最後有一屋，即僧輩所居也。庭際頗曠，屋凡三間，中供佛。西邊有室，室中什物皆華整。主僧頑甚，拒而不納，久乃許之。然炕小不可並卧，余入庭下東邊屋，乃廚房也。炕陋且過温，小沙彌方炊夕飯，以唐米入釜内，煮一滚取出，傾去其水，復以米安釜内，覆以陶器，使不透氣。釜上又加蓋，蓋即箄也，遂更爇火。少時開之，飯成矣，取飯盡盛于器。又於其釜煮豆腐羹，先以小甫兒盛飯及羹，托以一盤出去，此則進主僧者，然後分饋諸僧。飯隨喫隨加，多或至四五次。通計其數，幾至七八合米也。廚房買酒來，其味頗佳，而猶不如沙河之酒。

譯輩自前到此，令初行者出銀盛設酒饌，謂之初行禮。一行盡歡，亦以三器饌送余處，一器鷄卵煮煎，一器鷄肉湯，一器紅柿、葡萄、山查、柑、梨等果。柿大於我國柿數倍，味亦佳。葡萄則我國所謂紫葡萄，而其味倍佳。閔參判聖猷到此遇一人，自言是朱太子孫變名姓，以丁含章行世，而與使行所入主人連姻，故適來云。閔參判見而奇之，夜與語，頗有所給。既歸，言于伯氏及副使，要必訪其所居，贈某物，亦書熹宗以下世系，付張遠翼，使往見其人，從容盤問，驗其真假。來時張譯以此事問余，以爲朱太子寧有子孫至今保存也？此必奸細之徒，圖騙賂遺，假冒其名，此何待驗問而知其僞？又或彼人欲試我國而爲此，亦不可知。訪問自是危道，不如已之爲穩。到蜂山店，張遠翼告上副使，與金萬喜先行，而以元建曾知閔參判所寓家，故帶去。至此訪其家在城中，含章以醫術爲人邀去，其子出見。兩譯以閔老爺命來訪之意言之而歸。兩譯言其子爲人無形，決非龍種云。

夕，有一秀才入來，余邀坐炕上。問姓名，答："賤姓康，名田，字惠蒼。"問我何姓，答："賤姓金。"仍問："你來這裏何幹？"答："看貴邦人物。"彼問曰："文字有拿來看。"余答："甚麽文字？"曰："考的文字。"余答曰："我雖識得幾字，從小[1]不會做舉子業。考[2]文不曾有，還有一二篇歪詩句，你要見，當寫出。"其人曰："你那裏詩句取士？"余答曰："我國生員以經書義考試，進士以詩賦考試，入格者謂之小科。又以策論表試士，入格者謂之大科，是及第出身。亦有背誦經書，通四書三經者亦賜及第出身。"其人曰："我這邊以八股文章試士，二場以策論，三場以表判。”余問初場，其人曰：“三篇四書文章，四篇詩文章。”余問：“這邊武科法如何？”答曰：“初場步箭、馬箭，後場武策論各一篇。”余問曰：“武科亦有童生法耶？”答：“亦如此。”余問曰：“間幾年設科？一科取士多少？”答：“三年一次，舉子、童生三年二次。舉人一百二十名。童生隨州縣大小不同，大者十五名，小者十二名八名。”

【校勘】

［1］小：館本作“少”。

［2］考：底本作“古”，今據館本及上下文改。

余以鰒魚分與，答：“多謝貴物。”余問曰：“大國文武科法一依明朝不變否？”答：“不變。我國五經《書》《詩》《禮》《易》《春秋》，貴邦有幾經？”余答曰：“都有。”仍問曰：“君[1]纔説[2]要看我人物文章，我[3]是東夷，有甚可觀文物？穿的衣冠與大國異樣，想必見笑。”答曰：“心愛貴邦衣冠，我這遵時王之制。貴邦筆墨甚妙，不知可見賜否？”答：“少頃當副。”遂令善興取行篚至，以筆墨各一與之。其人問曰：“一個官出這大差幾次便不來了？”余曰：“這話曉不得，請更諭。”曰：“往我國來幾次便不來？”答：“通官輩不拘次入來。俺則以書生隨父兄入來，今次往返後再不來了。”其人問曰：“貴邦武官衣冠品級如此官麼？”此官指柳鳳山，時在坐也。余曰：“此位是我國武官，以武藝中科，已經四品知州之職。常時穿寬袖禑衣，遠行及戰陣用此製，這是我國戎服。”問曰：“無鐵甲麼？”答：“鐵甲亦有，但天下昇平，我國亦無盜賊，因此上無用處，皆藏去了。”曰：“坐甚久，恐勞困不便，辭去了。”答：“小坐無妨。”

【校勘】

［1］君：底本脱，今據館本補。

［2］説：底本、鉛本作“設”，館本作“説”，即“説”，今據改。

［3］我：底本脱，今據館本補。

問：“漁陽，古號天下勁兵處，即今風俗亦尚武否？”答：“仍然。”問：“此處有術高的太醫麽？”蓋欲知丁含章來歷，先設此問也。其人答曰：“未必甚高，有曉一二的。”余問醫官姓名，答曰：“有憑弼臣者，有丁相者，有史大夫者。”余曰：“貴州[1]有丁含章，聞稱名醫官，其術如何？”答曰：“相等。”余問曰：“這丁公年紀多少？”曰：“六旬。”問：“原系此處人，是他處入來人？”答：“是此處。”又問：“這術是自祖先傳授，從他人傳受？這丁公祖先曾有官職否？”曰：“無官，大富家。”曰：“即今家業如何？尚如舊時否？”答曰：“如今家貧，以術自食。”以此言見之，乃是世居此處人，其變[2]姓名隱居之説，已歸虚套矣。

【校勘】

［1］貴州：館本“貴州”上有“聞”字。

［2］其變：館本作“變其”。

余又問：“讀幾本書？”答曰：“何書不可讀？何必定幾本？”問：“經書想已完了，文章曾熟何書？”答：“文章四書題目者多，四書内話取一二句出來教做題目，做文章一篇。”余曰：“我不曾做舉業，這等考文程式都不曉得[1]。”曰：“謙辭。”余曰：“君不會做詩否？”曰：“緩。”余曰：“俺看考[2]文還緩，視詩還緊些。”答：“我國以文章取士，此以緊。”問：“烏金朝何人？”答：“滿州中漢人，關東民隨皇上來的。”問：“秀才祖先有官職否?"答:"金帶指揮。"問:"仕在何朝? 於君爲幾代?"答:"仕明朝萬曆、天啓年間。"問:"城是何代築的?"答:"舊城,自尧舜有的。舜之子封于薊。"問:"此城是祿山所住處麽?"答:"過客耳。"余曰:"過客何以立廟一郡香火?"曰:"是娘娘行宫。"問:"娘娘是何神?"曰:"泰山的。祿山本是西胡人,非我薊城之主也。"余曰:"大國從前過客儘多。"此言蓋指胡皇[3],而彼不能覺矣。

【校勘】

［1］不曉得:館本作"曉不得"。

［2］考:底本作"古",今據館本及上文改。

［3］皇:館本作"王"。

余問:"薊州在戰國是燕所都否?"曰:"非也,小雁門關。"余曰:"君不諱胡字否?"曰:"皇上常往古北,人稱㺚子,胡人不忌。"問:"此去長城多少路?"答:"長城隨山而築,路不同。我薊州北往黄崖營六十里。"問:"此去大海多少路?"答:"未曾到。"問:"山海關是明朝魏國公徐達所築否?"答:"徐達是朱太祖頭一個大將軍。山海關城年代遠耳。"問:"山海關是秦始皇所設否?"答:"歷代國長城築緊要所在。"夜深,康田辭去。薊州,本秦漢漁陽郡,魏晉屬幽州,隋初徙玄州於此,後復置漁陽郡,唐置薊州,取古薊門關以名,天寶初改漁陽郡,乾元初復爲薊,遼置尚武軍,宋改廣州軍,金屬中都路,元仍爲薊州,大明因之。[1]彭寵、安祿山之反皆在此地,蓋恃漁陽突騎[2],天下無敵也。

【校勘】

［1］薊州,本秦漢漁陽郡……大明因之:該段文字出自《大明一

統志》卷一:"薊州,在府東二百里,本秦漢漁陽郡,魏晉屬幽州,隋初徙玄州於此,後復置漁陽郡,唐置薊州,取古薊門關以名,天寶初改漁陽郡,乾元初復爲薊州,遼置尚武軍,宋改廣州軍,金屬中都路,元仍爲薊州,隸大都路,本朝因之。"底本及其他各本皆將"乾元"(即唐肅宗年號)誤作"胡元","廣州軍"誤作"廣州郡",今據《一統志》改之。

[2] 騎:底本作"起",鉛本同,今據館本及文意改。

三河縣·通州

二十五日,甲戌。陰,午後微雪。自薊州行三十里,至邦均店朝飯。又行三十五里,至三河縣宿。

昧爽發行,出西門。門凡三重,内有樓,外兩門無樓。過五里橋,有小川,水頗深。過橋有一間小廟在路旁,即俗名楊妃廟者也。至邦均店有壞城,城内外人家、市肆極盛,比屋連簷者四五里,店榜多書鋼針記號。城外有一廟堂,金碧頗侈。遂入觀,正殿供關帝塑像,頗有神威。後殿有金佛,殿旁僧室有棕櫚一盆,壁上有書畫。

入城中店房朝飯。先行至白澗店,路南有寺,曰香火[1]庵。墻内皆種側柏成林,中有甎塔三坐,狀如浮屠,高各丈餘。繞墻而南有正門,兩旁墻皆累以雜石,大小方圓不一。以石灰塗其縫,其文如龜,凡寺觀人家垣墻多見此制。正門閉,從西邊側門入去。傍墻有長廊十餘間,有女僧居之。衣制與胡女無甚異同,但剃頭而戴僧帽耳。自長廊又過一小角門,殿宇重重,金碧照耀,始入其中,令人眩晃。概正門凡兩重，而門内又有兩重殿。殿後有高樓，殿皆五間，中供佛。左右各有挾室，室中無他物，惟有椅桌，而其中斑竹凳六七坐，其制精雅可愛。殿中懸四五彩燈，以紗塗之，悉畫人物花鳥，四角綴[2]五色珠爲纓絡，極其綺麗。前後殿及樓皆有左右月廊，其中皆有塑像。前殿庭中左右各有一松，護以欄。其皮似白楊而瑩澤，葉如海松五鬣也。樹大幾盈抱，而枝幹疎直，自是佳木也，或云是南京松。其實落地，狀如海松子而小。昔年，青平尉取此而歸，種于園中，今其樹亦已大，可數圍矣。松旁各有石碑，即萬曆壬子、甲寅重修碑也。

【校勘】

［1］火：館本、鉛本皆作"花"。

［2］綴：館本作"級"。

樓東隅倚壁有甎梯累級，其廣僅容一人。登其上，有小金佛，下置榻及桌，桌加黃漆，謂是清帝所御之物。左廊亦有黃色帷帳及帳額所掛香囊之屬，桌上置銅造香爐及匙瓶，制皆精。或言清帝妹出家曾居此寺，清帝常過此，故所以有御物云。見先君《癸丑日記》。又以院中甎塔或謂是崇禎皇帝妹所藏處。今之云無乃以此而訛傳耶？此寺不許外人輒入，故吾輩之來，亦衙譯先來言之，然後得入。樓左月廊供關帝。其南盡頭有一室極精洒，炕上鋪白氈，有衾枕之屬，即女僧所居也。三行皆至，僧聞外人至，皆深匿不可見。柳鳳山極以爲恨，可笑。桌上有香爐、花瓶、粧奩小器。開一盒子，内盛蠟脂、香皂等物。壁下置一大筐，滿盛棗子，龍眼亦在其中，而棗子絶大異常，遂取一握納袖中。出角門外長廊，所居女僧以茶遍飲諸人。蓋居此屋者似是下流，故不避人也。

自寺西去數十步許，又有一新造寺，殿宇亦多而不加丹雘，或言清帝每年一來宿而去。順治墓在遵化縣，似因其往來過宿也。寺中有倉屋十餘間，此亦他寺所無，不知其何設也。過公樂店、段家嶺，人家極盛，連亘三四里，間有店肆。過石碑、滹沱河，水深岸高，水大於漁陽河，而亦以橋過，舟在岸旁。以《一統志》考之，此乃泃河，縣以臨此水名[1]，滹沱之名不知誤自何時。滹沱河在保定府東鹿縣南三十里，其源出山西繁峙縣秦戲山，歷靈壽等縣，至直沽入海[2]，距北京三百八十里。按史記，光武北至薊州城，州反應王郎，光武南走，至滹沱河，以冰渡薊州，即今北京也。[3]以此見之，滹沱河在北京之南而不在其北也。嘗思之，世以今之薊州認爲古之薊州，而遂以此水爲光武所渡處也。自河至三河縣五里而皆丘陵、陂陁，路旁有甎窰，土坯黍幹堆積如山。問之，爲修三河城，自官燒造云。其窰制上下皆方，一面可數丈，而高亦如之。前面開火門，人可立而出入。一窰所積，計不下數萬張矣。

【校勘】

［1］以《一統志》考之，此乃泃河，縣以臨此水名：《大明一統志》卷一“京師”曰：“泃河，自平谷縣界，經三河縣，北至寳坻境。漢臨泃縣以此水名。”

［2］滹沱河在保定府……至直沽入海：出自《大明一統志》卷二“保定府”、卷三“真定府”、卷十九“太原府”有關滹沱河的記載。

［3］按史記……即今北京也：《後漢書·光武帝紀》及《大明一統志》卷三“真定府”有相關記載。底本脱“城州”兩字，今據館本補。

入東門，三行皆入察院。院宇極大，無慮百餘間，前後皆有門，前門扁以“朝鮮館”。自前門至後門幾數百步。中間院落重重，一行人馬皆入而猶有餘地。本以私家自官買作察院，給價六百兩云。正堂炕新泥未乾，遂移入西邊屋。譯輩來言街上以皇太子事貼榜文，即令謄來。榜文曰："奉天承運皇帝詔曰：朕誕膺統緒五十餘年，宵旰孳孳，不敢暇逸。惟以不克仰承祖考之鴻休爲懼，在位彌久，惕厲彌深，此内外臣工海寓黎庶之所共諒也。緬惟累朝創造大業之艱，主器承祧，所繫綦重。如朕憂勞，無間晷刻，猶且若涉淵冰，慮罔攸濟。胤礽向以狂惑成疾，難荷丕基，已於康熙四十七年九月十八日特行廢黜。嗣乃重念父子之恩，冀其悔心易行。胤礽亦當衆矢誓，痛改前愆，因釋其禁羈，復行册立。誰意年來狂疾益增，罪尤日積，昏暴僭越，罔有悛心。朕念天地祖宗付托之重，四海民氓屬望之殷，如胤礽者，既不率誨而忝青宫，何以篤祜而對天下？仍行廢黜，加以禁錮。既已諏日祭告天地太廟社稷。其用特申廢黜之由，宣示中外。《書》不云乎？'一人元良，萬邦以貞。'澄清國本，奠億年垂由之圖；式涣綸音，愜兆姓有瞻之願。布告天下，咸使聞知。康熙五十一年十一月二十一日。"[1]

【校勘】

[1]《康熙朝實録》(即《聖祖仁皇帝實録》)載此詔書，與此處文字一致，偶有小異。

本縣知縣以猪二頭、米六斗分送上副房。上副房各以紙束、清心丸等送上通事回謝，彼又款待。知縣姓名李長華也。後聞求見使臣，而譯官輩言于書狀防塞云。三河本漢臨泃縣地，唐析潞縣地，置三河縣，而以近七渡、鮑丘、臨泃三水故名。院堗廢塞，火不入，烟滿屋中。院之南墻外有寺，自夜中扣鑼，達曉不止，遂不得睡。

二十六日，乙亥。陰，向晚晴[1]。自三河縣行二十六里，至夏店朝飯。又行四十里，至通州宿。

【校勘】

［1］晴：底本脱，今據館本補。

曉發行，行十里。明[1]出南門，門壞方修補。過濠，人家連亘者數百步。路旁店房時有燈火，一路群車填塞，蓋漸近京而歲時往來者益多故也。過棗林[2]店、白浮圖店。路中逢蒙古以九橐駞載帳幕及雜物而去，向北京也。至夏店，東西三百餘步，兩頭設門，門内外人家極盛。是日值虚日，人物填咽，如米穀、菜果、酒肉及雜貨羅列道上，菜則薑、葫葱、白菜、胡蘿葍最多。胡蘿葍，即我國所謂唐根而色正紅，與紅蘿葍無别，果則梨最多。余以扇蔽塵，一市人皆笑之，似以冬月用扇爲駭也。

【校勘】

［1］明：疑前脱一字。

［2］林：底本作“村”，今據館本、崔書（作“棗林莊”）及李正臣《燕行錄》改。

朝飯行，過柳河屯，又逢蒙古驅橐駞三匹前行。其後有轎車垂幔而過，轎後三女子騎馬隨之。人言車中所坐乃蒙古王妻，而騎馬者即其侍婢云。車輪與輻，如我國之制，而稍輕薄[1]。轎亦如我國屋轎之狀，幔則以黑布爲之。過馬起乏、烟郊鋪，市肆亦盛。過三家莊，或曰師姑店。野中柳林極多，林中有墳墓，前立碑，風水亦好，似是有官者墳墓也。過鄧家莊、習家莊，自此已望通州城外人家。

【校勘】

［1］薄:底本作“簿”,據館本改。

過白河,河廣可百餘步,以冰渡,緣岸行。河中大小舸艦停泊者無數,上下十餘里,檣竿如簇。近岸有一舟,登之。船長八九丈,而上以板爲屋,兩旁設窗檻。屋凡八九間,而每間隔以板爲房,底亦布板,爲上下層,下層極深,用梯上下。鄰舟之人見吾行多出見,往往有婦人[1],似是全家在船者。曾聞南方商舶到此者,船中什物多精麗,至有書畫花竹[2],見此不爾。元建言南舶皆歸,此則似是此處商船云。船尾插風旗,如我國之制。白河源出塞外,經密雲,南至牛欄山,與潮河合流,至通州,入直沽。一名白遂河,河抱城而流。城外人家皆臨水,望之如畫。

【校勘】

［1］人:館本作“女”。

［2］竹:館本作“卉”。

自河岸至東門一里,而城内外街路皆鋪石。市肆連亘,車馬駢闐,大略如瀋陽而環麗倍之。路旁一家簷間坐鸚鵡,遂下馬見之。其大如鸛,尾長嘴短,背綠胸黑,脚與嘴亦皆黑。其足兩趾向前,兩趾向後。主胡教以語曰“客來”及“拿茶來”兩句,語頗分明。每語時必緣架騰躍,以嘴數數咬架,然後發語,甚有努力之狀。其架以鐵爲之,如鐙子狀。左右柱附小器,一盛水[1],一盛菉豆,蓋鸚鵡性嗜菉豆也[2]。鸚鵡坐兩器之間,左右飲啄,其態甚躁。又以小籠畜野鳥者,往往而有。又有一人在街上,手書坐椅讀之,衆人環聽,所讀似是小説。又於路旁設榻展紅紙書字者相望,皆爲人受價而書春帖，筆法不俗。

【校勘】

［1］一盛水：底本脱此三字，今據館本補。

［2］也：館本上有“故”字。

入城内，路左有畫器鋪，遂下馬見之。三間大屋，各様器皿，充棟盈架，形色種種奇異，不可名狀。其中有大器經數尺，高亦如之，厚寸許，外面所施彩畫極其精麗。問其價，一雙討四十金。申之淳、遇陽兩人隨來，見是器，皆艷歎不已。小香爐二隻，制雅而價廉，遂買之。畫器鋪比屋者凡六七家，而紗窗畫屏，極其綺麗。有街上持雜物旗麾者相屬於途。凡椅桌、帷帳、器皿等東西，或擔或挈，其數無慮數十對。俄有一少年乘綵轎，其後一老婦人乘轎隨之。問市人，以爲新婚者往婦家，而老婦人即媒婆云。

至察院，在城東北隅，而館宇敞豁，三行同入。次通官文二先入送鸚鵡，其狀亦似街上所見者而不能語，蓋是雛之新長者未及學語云。胡人持書畫雜物來賣者頗多。其中紫檀筆筒及紫檀香盒最佳，而其價亦多。香盒，其制方如小櫃，中分兩格，藏燒香諸具，上有耳可提。所謂紫檀，非我國之紫檀，乃白檀之紫者，出於南方，而尤貴於白檀。伯氏入正堂東炕，余宿西邊月廊，而窗無紙，以紙袋遮之。夜中大風作，甚寒，僅僅經夜。通州，秦屬漁陽郡，漢置潞縣，至隋唐廢入涿縣，復爲潞縣，五代及遼因之，金陞爲通州，取漕運通濟之義，大明因之云。

北　京

二十七日，丙子。晴，大風寒。自通州行三[1]十二里，至八里鋪朝飯。又行八里，至[2]北京。

【校勘】

［1］三：底本作“二”，館本作“三”。據其他燕行文獻記載，通州距北京四十里。且下文曰：“又行八里，至北京”，則此處當是“三十二里”。今改。

［2］至：館本作“入”。

平明發行。街上遇一轎，轎上絡以錦綵，極其輝煌，持器物前導者極多。其威儀仿佛昨日所遇者，或言此乃昨日新婦往其夫家云。出西門，門有兩重。城外又有城，兩城之間三四里，而人家市肆櫛比。外城亦有兩重門，而濠極深。過八里橋，橋壯麗，長可四十餘步，廣可方四五軌，高可通舟，即自白河運漕入北京之道也。橋名永通，正統十二年所建，祭酒李時勉撰碑記事。左右欄干極其精侈，人家至此猶不斷。未至橋里許，有一大刹在路左，粧嚴華鮮。過楊家闆，沿路多柳林，墳墓累累，間有圍垣者。

過官家莊、三間房、定府莊，自此左右皆貴家墳園，朱門雕墻，夾路相對。門[1]外皆穿溝甃甎，跨以虹橋。連亘二十餘里，略無間斷，而其製如一。墻内皆種側柏、白楊，其密如麻。墳皆南向，累土爲主山，墳前立碑，亦有面墻及箭門，但無石人。往往有佛宇在其間，金碧輝映。時見乘幔車出入者，皆大家女眷也。北京之俗，例於二十六、二十七上塚，而今日適值大風，故來者不多，在前則車馬塞路云。過大王莊、太平莊、紅門、十里堡，至八里莊。此去北京八里，自前使行朝飯處也。

【校勘】

［1］門：底本無，今據館本補。

是日大風栗烈，塵沙漲路，人不得開眼。所過人家皆閉門，到此入一家。主胡乃貴家守塚者，爲人極不良，而怙勢驕蹇，其習本來如此云。視其衣服不甚華鮮，而室中床桌之屬悉精侈。對炕有三四女人，而其中一女年十八云，是未適人，而頗有姿色，軍官及譯輩迭來窺覘。主胡知其氣色，似有慍意。然驛卒輩則托以乞火，直入户内而不之禁。伯氏所坐炕甚小，余不得坐處，就其東廂，有小炕，頗精灑。纔坐而副使及書狀入來，遂避之西邊屋。炕尤小，一胡與其妻同坐。灣裨言之，遂虚半邊使與坐，渠則坐炕下凳子。其妻仍坐炕上不動，與余坐席幾相接，可苦。金中和入來，欲同坐，主胡[1]不許，推出户外，金敗而去。坐頃，衙譯吴玉柱忽入來並坐，索燒酒。遂令元建得燒酒一杯、乾雉一脚與之。吴譯使主胡暖酒，斟以小鍾，先勸余，余辭不飲，吴自飲半鍾，餘皆與主胡夫妻及他胡共三人分飲。其鍾至小而猶不滿斟，亦不頓飲，細細呷下。乾雉吴譯亦盡與主胡。俄而飯至，吴譯亦不起。衙譯飯例自兩廚房輪饋，故遂同坐受飯。時以箸取喫吾盤中物，甚可苦也。余以佐飯及肉一器撤與主胡，其女使其夫受而藏之。吴譯謂余曰："女好乎？"其言不甚了了。余誤聽爲"此家好"而漫應曰"然"，蓋我國音"此家”與“此女”相似也。更使元建問之，始覺之，余乃笑，吴亦大笑，主胡不知而亦笑。其女年幾三十而冶容甚，外似矜持而頻頻偷眼視人，其態可惡。其夫終始相守不暫動，顯有防閑之意。

【校勘】

［1］主胡：底本置於“不許”下，今據館本改。

德世、貴同輩皆落後失路，將發始到關朝飯。聞副使、書狀之行亦皆入迂路，久乃尋至。蓋過陽家關後，路有三四岐，易惑，雖屢行者往往未免錯走云。自八里鋪行六[1]里許有大石橋，名曰新橋。凡三大路皆會于此，吾所行則乃中路也。自是市肆連亘，車馬駢闐。過新橋一里，至彌勒院。在前使行常到東嶽廟改服入城，因近年有禁入此寺。寺在大路南邊，制度壯麗，三使行入西邊月廊改服，通官二人出來以待。寺僧數十人會中堂方喫飯，其儀節頗似我國僧輩所爲。人各持一鉢及數三碟子，分四行列坐凳上，前置桌，列器其上，兩人以飯與菜以次饋之。諸僧喫訖，各收器而起。身皆穿袈裟，頭戴僧帽，亦有露頂[2]者。袈裟皆以錦爲之，而其制與我國不同，似古畫中所見。其帽以黑布夾絮爲之，狀如[3]我國寢帽，而方其稜，當額後及左右疊爲兩重。偶入西邊屋中，有一老僧迎坐炕上，點茶以待。問其年，七十二云。

【校勘】

［1］六：館本作“六十”。

［2］頂：館本作“頭”。

［3］如：底本作“與”，今據館本改。

余率元建、善興、貴同先行觀東嶽廟。廟在路正門前，東西跨大街有兩座牌樓，極其壯麗。兩樓内外俱有榜，一曰"太[1]虛洞天"，一曰"三清上界"，一曰"永鎮國祚"，其一不記。南邊又有牌樓與門對峙，是則用白石構成，如金碧，尤極瑰奇。正門内左右有二層鐘鼓樓。過此又有三間大門，左右有夾門。入此有大殿，其簷兩重，皆覆以青瓦，扁曰"岱嶽之殿"。殿中塑像具袞冕，泰山之神也，左右侍衛、仙官共有十餘人。殿内麾幢掩映，所供器玩皆奇異。殿中夾懸一琉璃燈，點[2]火桌前，有鐵釜可受數十斗，油滿其中。以此燃燈，晝夜不滅云。正殿左右附以翼屋，狀如鳥之垂翼，屬于左右月廊，其下門也，月廊東西各四十三間。其北頭折而屬于正殿旁翼屋者，各十餘間。南頭折而屬于門之兩旁者，又各十數間。一間可十二尺，前皆有楹。人在東西廊相望，僅卞面目，度其遠近，可八十餘步。正殿及四面月廊皆石砌，高與肩齊。殿前月臺長廣可數十步，其南端置一香爐，高三尺許。月廊亦每間各置一爐，皆插香，烟氣滿庭。庭中碑碣多，不可勝見，皇帝所書碑在左右庭，覆以黄瓦屋，趙孟頫書在東庭云。從翼屋下入去其内，又有大殿，扁曰"育德之殿"。殿内兩塑像並坐，一丈夫，一婦人，或云是泰山神之爺孃也。

【校勘】

［1］太：底本作"大"，今據館本改。

［2］點：底本脱，今據館本補。

自前[1]殿甃石爲路，屬之後殿月臺，廣丈許，高與前階等。庭廣如前殿，而南北嬴三分之一。四圍亦周以廊屋，屋中皆有塑像。北邊一帶高樓，其上供玉皇上帝，被袞垂旒，手執玉圭，而面色純白，如婦人塗粉狀，全無肅穆氣像。蓋此廟頃年經燬重建，故其塑像皆近工所爲，大抵粗俗，舊則必不如此也。樓下塑像亦無數，皆女子，蓋所謂娘娘也。其中一女神，數十孩兒繞一身，謂是主生產之神。見前輩所記廟庭多松柏，而今無一樹，想亦被回祿之災也。内外庭有新種之木，而長不過數尺耳。自外門至玉皇樓，可二百四五十步。内外殿宇，東西廊屋，以間計之，共爲二百數十。而廊屋外周遭有小屋，皆道流所居也。院落重重，不可勝窮，見内外殿及玉皇樓，伯氏與副使、書狀始入來。

【校勘】

［1］中，有一老僧迎坐炕上，…… 自前：此大段文字，底本錯位于下三段“副使入”與“正堂西邊室中堂”之間，今據館本乙正。

余又觀前殿月廊，每間皆有塑像，而具冕服，據桌按事，是則泰山所屬地府諸神也。左右立判官小鬼各數三人，陰森可畏。前列人鬼，或跪或立，亦有鳥獸化生者，形形色色，不可盡記。以粉牌貼楣間識其所掌。凡世間一切人物生死、善惡報應之事，皆在其中。初，譯輩以爲廟有守者，須用賂周旋可得入見云。而及至門，無攔阻者，有一胡自外追至，引余遍觀内外殿宇，其意款曲。譯輩之言不可信，大抵類此。遂以一唐扇與其人爲謝。

於是三使臣具冠帶，皆騎馬以次行。余以戎服在書狀後，軍官員譯又在余後，前排則引路一雙，外皆除之。自廟行一里入朝陽門，即北京城東門也。門樓凡三簷，皆覆以青瓦。瓮城上亦有樓，二簷覆青瓦，而四圍不作欄檻，以甎築堵，中開炮穴。此所以蔽内樓者，所謂敵樓也。曾聞使行到城門常爲車馬所塞，半日始得入，今來却不然。蓋以遠近貢獻商販趁歲時入京者，盡於廿六日前入去故也。城内大路廣僅七八十步，比我國鍾街加三分之一，左右市肆却不甚華麗。入門三里許有十字街，東西南北皆有牌樓，是爲四牌樓，樓傍書以“履仁街”。入東牌樓，出南牌樓。行數里望見城門，是爲崇文門，即都城東南門也。未至門數百步許，折而西行一里，有石橋，即玉河橋也。路傍有三間大門，謂是皇子[1]家門。有三四胡佩劍踞長凳，以槍槊插于架，弓袋矢服皆掛門旁。

【校勘】

［1］皇子：館本作“皇太子”。

過玉河橋數百步許至館，館在路旁北邊。通官輩皆在大門内以迎，使臣舉手爲禮而過。入中門，門内有東西廊屋，皆崩塌，此員譯輩所處也。又入一小門，始有正堂及左右月廊，而庭宇荒涼，塵土滿屋。向夕風不止，日極寒，一行無依着，栖遑靡定，愁痛可知。伯氏入正堂東偏室，室有南北二炕，伯氏處南炕，余處北炕。窗無片紙，外面遮以紙袋及黍幹，後用紙塗之。糊凍不粘，風輒振之，旋付旋墜，艱難彌縫，僅僅經夜。副使入正堂西邊室，中堂積置方物，書狀入東邊月廊，廚房入西邊月廊，軍官入于内門外西邊廊屋，與員譯同處。

二十八日，丁丑。風少止，而寒甚於昨日。留北京。

一行人馬露處經夜，僅免凍死，諸裨亦坐而經夜。其艱苦甚於柵外露宿。吾輩所入炕多穿破，言于館夫，召泥工以泥灰塗之。屋既高大廓落，室與大廳之間出入板門多隙，風入踈冷，不似室中。伯氏炕上設房帳，余炕以簟爲屋，其長丈餘，廣僅半之。南面開門垂氈，晝捲夜垂，便成好房。底鋪簟，其上又鋪油芚，置衾枕書册，亦蕭灑可喜。余戲曰："出去時此屋可惜。"同行皆笑。往見諸裨所入處，三間屋有南北炕。金中和、柳鳳山、金德三入北炕，昌曄、洪萬運、崔壽昌入南炕。亦方修炕糊窗，而以[1]炕小人多爲悶。灣上軍官、藥房書員、承文院書員、商賈輩皆無屋，皆於後庭作簟屋而入，買甎爲炕。驛卒、刷馬驅人皆依墻屯聚，聚敗甎障風，有錢者亦作簟屋。元建、善興、貴同亦就正堂東壁外議作簟屋而居之。見書狀所處屋凡五間，有南北二炕而皆敞[2]豁潔淨，勝於正堂。書狀與其軍官盧恰[3]同入北炕，以譯官吴之恒處南炕，其所屬也。

【校勘】

［1］以：底本脱，今據館本改。

［2］敞：底本、館本作"敝"，據鉛本及文意改。

［3］恰：底本、館本、鉛本作"治"，然本書他處皆作"恰"，今據改。

朝，三使臣往禮部呈表咨，一行皆往，而余不往。問儀節，言自玉河館西去一里許，禮部在焉。通官引一行坐月廊。移時，漢尚書一人、侍郎一人來，立正堂南向，前置一桌。三使臣詣桌前跪，上通事兩人奉表文跪進。上使手推之，令置桌上，退而立。將出，侍郎令三使臣少立。諦視，此人亦漢人，姓名王師直云。尚書來時乘四人轎，四面垂黑色帳。轎制似我國而杠在轎腰，以皮條繫杠，兩頭舁之。前有引路一人喝[1]道，聲亦仿佛我國。聞此國法，惟漢人乘轎，清人不得乘云。貴同亦觀光而來，言表文所裹油芚結纏解，群胡竞裂而去，官員無所禁。一人所得僅如册張之大，而甚[2]有喜色云，不知其何所用也。禮部皆頹落，問於通官，以爲衙門修葺，皇帝皆令其官員爲之，不曾給價，故如此云。誠如此言，皇帝之政亦怪矣。在前使行來，館中大廳及内外諸炕皆鋪簟，窗户皆糊紙。近年以來漸減[3]，至今日全廢，反不若察院。此則館夫輩受價官府而不舉行，雖其紀綱漸弛而然，亦我國人有以致之，可歎。

【校勘】

[1] 喝：館本同，鉛本作"唱"。

[2] 甚：館本作"亦"。

[3] 減：館本作"省"。

朝，首譯來告曰："驛卒一人自八里鋪落後，至今不來。"言于衙門，使甲軍尋來。而昨日極寒，其人又初行，不通言語，或不能得入人家，則不無凍死之慮。已而甲軍率來，問之，言因日寒入店，處以温炕，饋之食。此地風俗，可知其厚也。

所謂衙門，提督一人、大使一人、序班六人、大通官六人、次通官六人，處於中門外。門將二人率甫十古二人、甲軍二十名守門。門將每日相替，甫十古五日相替。通官迭相往來，提督或來或否，甲軍亦不盡來。每日未後，通官等鎖中[1]門加封，日出後始來開之。其開其閉，軍牢來告于使行。門臨閉，甲軍入來，呼出買賣胡人，其聲甚駭，令人益愁絶。每朝，軍官譯輩皆入來，行公禮于三使臣，在途亦然。門開，兵房軍官與譯輩行公禮于通官，拜於炕下，金中和極以爲苦。

【校勘】

[1] 中：底本作"重"，今據館本及上文改。

崔壽昌持來册帳二件，多未聞名者。夜，奴輩卧炕下，達夜呼寒，寢不能安。

二十九日，戊寅。晴，朝極寒，晚少弛。留北京。

通官文奉先[1]送切餅一盤，我國所謂造嶽亦在其中，見之依然。金應瀗入送葡萄、乳柑、山查、梨、柿，皆如新摘。乳柑似柑子，其味甘酸適中，而水多，以乍凍味稍減，而猶非我國柑橘之比。梨大如拳，小如鷄卵，色黄[2]，皮薄，肌脆，嚼之無滓，味殊佳，但近淡。柿其形高而大於[3]我國柿，皮厚而味却好。山查大如李，多肉而少蠹。朴東和、崔壽昌亦以各色果子次第入送。其中有甘橘而味皆别。申之淳入送連皮炒栗，其味絶妙，蓋我國皮赤栗之類。以各色果子積于左右，令人倍憶兒輩。

【校勘】

［1］文奉先：底本作“文鳳先”。按，此人名在本書中兩種寫法互見，但朝鮮其他文獻如《肅宗實録》卷三二下、《同文匯考》補編卷三、李澤《兩世疏草》等皆寫作“奉”，今據改。

［2］色黄：館本作“紅黄”。

［3］如：館本作“於”。

食後，通官引一行往鴻臚寺習儀。寺在禮部東邊門，内有八面閣，閣中設御榻，榻上立一牌，金書“皇帝萬歲萬萬歲”。臚唱官二人分立左右，三使臣立西庭，北向立，軍官、譯官二十七人分三行立于使臣後。於是臚唱，清語也。通官立于使臣之左，以我音傳之。凡三跪而每跪三叩頭，是謂三拜九叩頭也。若少參差，則令更爲之如儀乃已。

夕，往見書狀。夜，入歲饌，三使臣率員譯下庭行跪叩禮。歲饌例自光祿寺備送，而至深夜[1]不來，提督使通官迭往催促，然後始來。饌品惡，器數亦減於前，通官輩亦有不平底語。三使臣各一桌，桌四十五器。器錫而其大倍常碟。其饌皆糖果之屬，其中有五花糖，以炒豆糝粉染五色爲之，全無甘味。他物大抵類此，肉則只有熟鵝一頭而已。員譯許共送二桌，亦追後而入。領來官員例有禮單，遂給之。通官輩言明曉當入闕，可早起整齊，再三申飭而去。

【校勘】

[1] 深夜：館本、鉛本皆作“夜深”。

自昏後，城中發紙炮，徹夜不絶。玉河館三面皆高墻，南邊是大路，而又有人家隔之，舉頭無所見，但聞往來車馬聲而已。東墻外有一小廟堂，立一竿，懸紅燈。自是日始然，至二月乃止。一行員譯入來，行過歲問安出去，意思倍悄然。

自是日給一行粮饌、柴草有差。上副使同，次書狀官，次大通官三人，首譯一人、上通事各一人。次押物官二十四人，軍官、員譯。是謂正官三十員，其從人三十員，皆有所給。此外人馬粮草亦皆計口而給，人米一升，馬豆四升，草二束。每五日粮饌，大通官領來，而乾粮軍官、譯官同首譯受而分之。下輩人馬料皆灣上軍官次知分給。而此處斗斛倍大於我國，故給以我升，取其贏餘與行中一二人分之。自前如此，而事殊無據。故今番則令盡給，下輩皆悦。

卷　三

紫禁城

癸巳正月初一日，己卯。晴，頗温和。留北京。

五更，衙門入[1]呼軍牢，促入闕。余烹飯方食，譯官又入告以時晚，伯氏即出，余着衣而出，則門已閉矣。通官盡隨使行而去，但留甲軍。從門隙招甲軍開之，甲軍不聽。適譯官李惟亮老病未赴闕，來門底諭甲軍。甲軍欲得面皮，許以一扇始開門。

【校勘】

[1] 入：館本作“人”，鉛本作“大”。

使元建守房，只率善興、貴同。出大路，路中人往來不絶，間有乘轎者，轎後皆懸燈，赴闕官也。善興持燭籠前導，錯過了東長安門路口，至禮部前始覺之。乃循宮墻而行，燈忽滅。夜黑不知所向，適前有持燭籠而行者，從其後出大路，是東長安門也。門外人馬轎子充塞，而門内持燭籠往來者不可數矣。余下馬隨善興入，行百餘步，路折而北，五石橋並列。橋南左右立石柱，此所謂擎天柱也。夜暗，未詳其制度，其高可四丈也。過橋入一城門，是天安門也。門如橋數,而門深[1]幾三十步。馬頭俊元以伯氏命[2]來迎門内。行百餘步又有一城門,其制如天安,此端門也。入門百餘步,三使臣列坐於西庭,余就坐伯氏後,東西庭文武官列坐者不知其數。燭籠或來或去,而籠上各書官名。班列嚴肅[3],不聞喧譁之聲。通官輩坐於使臣不遠處,使譯官進清茶於三使臣,繼送駝酪[4]茶一大壺,使臣不肯進。余曾知其味佳,連啜二鍾。

【校勘】

［1］深:底本作"湥",即"深"字。館本、鉛本作"深",據改。下同。

［2］命:底本作"㑹",即"命"字。今改。下同。

［3］班列嚴肅:館本作"班列坐者嚴肅"。

［4］駝酪:館本作"駞駱"。丁若鏞《雅言覺非》卷三:"牛酪曰駝酪。"

坐久,東方始晰[1],鐘聲出於午門内而聲甚數,衆官齊起整班,皇帝爲焚香出廟堂也。殿庭人[2]除官員外,甲軍皆驅出西門外。余遂出坐地上,群胡環立侏離,莫曉其言,而時聞"甚麼官"三字。或以燈照面而視,尤可苦。有間,皇帝出而門開,余乃入。問皇帝出時威儀,言"黑暗中與諸騎俱過,前有燈籠一雙而已,餘無所見"云。譯輩謂皇帝入時不必出,可以黑衣混衆觀之,通官言蓋如此也。余乃脱裘坐伯氏背後,獨遇陽將見逐。上通事張遠翼遂脱其帽,掩加於毡笠上,以此得免,可笑。持鼓角挾御路而立者,東西各三十餘人,皆身着朱衣,其文黄,頭帽狀如毡笠而覆以紅絲,絲上插黄羽。鼓十二,角十二,太平簫五六。

【校勘】

［1］晰：館本作“拆”。

［2］人：鉛本無此字。

天明，儀仗自端門入，其數不多，先過曲柄黄涼[1]傘，又過交龍旗十餘，而持旗者皆騎，一旗似領一隊兵，而遠莫能數。旗至，左右鼓角一時齊鳴，鼓甚壯，動地。樂聲乍高乍低，乍緩乍急，有曲調，而與我國軍樂異，聞之甚怕。輦至，百官皆起，進數步而坐。輦後騎者百餘人，而無行伍次第。輦入午門，百官退入東西月廊。通官輩引使臣亦退入于西月廊。午門外左右各立黄屋車二兩，而輪轅赤，屋制圓，大可一間。四面周以欄干，容人環行，皆以金玉珠翠飾之。轅後欹插黄旗，旗上繡十二龍，以真紅絲爲組，其大一圍，繫于軸如船纜，垂其端于轅，所以引者也。皇帝乘是車，則侍臣立左右，御者在前，象以駕之云。

【校勘】

［1］涼：底本作“雨”，今據館本及下文改。

俄而五象自端門入，望如丘山，皆着金鞍，覆以黄帕。鞍上竪金柱，高可數尺，所以繫組者也。每象人坐其項[1]，以撓鉤鉤而制之，所謂象奴也。胡人云象頂被鉤，血出而見星則瘡合，蓋謂經夜輒瘳也。象至午門外，分立東西庭，左三右二。其中兩象最大，高可一丈許，長視高加尺餘，鼻長至地，左右牙五尺餘，眼小僅如牛目，唇在鼻底，尖如鳥喙。耳大如箕，垂向前，行則動。渾身灰色，毛淺尾秃，若鼠然[2]。耳與尾皆裹以青布。數人擡一大櫃置象前，開之，有羈𦋺[3]之屬，以柘黄絲織成組。縷金爲飾，嵌以青紅珠，珠大如柿，以此遍絡象身。人上下其背而不動。將芻束投其前，象以鼻取而内捲，漸上入口。象奴禁人不得近。問其故，言象惡生人，近輒揮鼻擊殺之云。

【校勘】

［1］項：鉛本作“頂”。

［2］然：底本作“肰”，即“然”。館本、鉛本皆作“然”，據改。下同。

［3］畢：底本、館本作“縶”，即“畢”，同“縶”。鉛本作“畢”，今據改。

軍官、譯官皆具冠帶，余服色與奴輩無别而以着豹裘，且有從者，胡人多目之。遂脱豹裘，却從者，混下輩周玩。有問者，對以幫子[1]。幫子，此地人奴稱也。有一胡書金德三掌，問三使臣齒爵，又及余。余目德三，德三答以不知。而再三詰問，德三乃以話不懂[2]塞之。德三問其官，對以小官。

【校勘】

［1］幫子：館本作“房子”，下同。

［2］懂：館本作“同”。

胡人常時所服皆黑色，貴賤無别。至是日，皆具冠帶。所謂冠帶，有被肩、接袖、馬蹄胸等名。其帽頂、帶版、坐席、補服，各以品級不同。蓋帽頂以銜紅石爲貴，其次藍石，其次小藍石，其次水晶，其次無銜爲下。帶版，玉爲貴，其次起花金，其次素金，其次羊角爲下。坐席，有頭爪虎皮爲貴，其次無頭爪虎皮，其次狼，其次貛，其次貉，其次野羊，其次狍，其次白毡爲下。夏則三品以上紅毡，四品以下皆白毡云。

補服,文禽武獸,悉遵明制。裏衣,其長及踝,狹袖而闊裾。表衣,其長至腰,兩袖及肘,是謂接袖。圓裁錦幅,貫項[1]加肩,前後蔽領,是謂披肩。披肩及表裏衣皆黑,而其繡以四爪蟒爲貴。補服在表,束帶在裏。文武四品以上方許掛數珠,拴馬蹄胸。馬蹄胸[2]未詳其制。此等服色雖非華制,其貴賤品級亦章章不紊矣。我國自謂冠帶之國,而貴賤品級之别不過在帶與貫子,至於補服,不曾分文武貴賤。副使亦用仙鶴,與伯氏同其文,紊亂可笑。此處人身材長大、姿貌豐偉者居多,而顧視我國人,本自矮細,又道路風塵之餘,三使臣外率皆黧黑,所穿衣帽又多來此而貰者,袍則長短不中,紗帽寬或至眼,望之不似人,尤可歎也。

【校勘】

[1] 項:鉛本作“頂”。

[2] 胸:底本作“脑”,鉛本作“胷”,即“胸”字,據此及上文改。

午門外西庭有一甎臺,即觀日影處也。日在辰,百官出自左右月廊。至午門外東庭跪而叩頭,蓋先賀皇太后云。禮罷,引百官入左右掖門。門在午門東西,東班從左掖,西班從右掖,我國[1]使臣亦從西班而入。余隨至門而止,不知門内何如。而午門洞[2]開,直見太和門。太和殿前楹亦隱映可見。太和殿即皇極殿也。

【校勘】

[1] 我國:底本脱此二字,今據館本補。

[2] 洞:館本作“通”。

百官入,鼓吹手甲軍佩劍者又挾御路排立。甲軍又驅人，余又出西門。此地蓋社稷後也，西南有墻，墻内側柏如織，中有黄瓦屋云。此齋室也。北有一帶城接午門，東西頭皆有三層十字閣。城高五六丈，壕闊三十步，兩傍皆甃石，鑿冰而汲，可知其水深。城濠之間有大路，人多往來。余步至城西隅，向北而望，百餘步有門，即西華門。城西濠外皆人家。其外又有一重宫墻云。在濠上徘徊，有一胡自城隅小屋出，請余入。屋中又有二胡，要余上炕，向火勸茶與南草，意頗款曲。問余何官，以幫子答之。壁上掛十餘人所佩弓劍，此似軍堡也。

少頃，還初坐處，門尚未開，賣酒麵者多集。良久開門，余復入。諸胡分東西庭次第出來。帽頂多紅珠，而諦其面貌，無特異者。三使臣未及出，余先出端門外，西月廊開一小門，向内視之，多種側柏，即社稷前庭也。門扁書“社左”，又以清書題其傍，内外諸門皆此例也。天安門内亦有擎天柱一雙，其石類我國忠州石而色純白如玉，上下刻盤龍，甚奇巧。橋左右又有一對石獅子如活。橋下水不凍[1]，色黑，不知深淺，而泛舟可達通州云。甲申，李自成入西長安門，至承天門，左右眄指其扁曰：“吾射天字，占得天下。”射之，乃中天字下，愕然失色。其相牛金星進曰：“中天字下，即中分之象也。”自成投弓而喜。承天，天安之舊名也。兩象各駕黄屋車自天安門出，向東長安門。又二車皆駕六馬，衆人引其絙而僅及象行，可知象力大也。

【校勘】

[1] 凍：底本作“動”，今據館本改。

少焉，三使臣始出。伯氏少休於擎天柱下。余問朝儀於褊裨輩，曰：“由右掖門而入，其中黑暗。西入北折而出，門内有五橋。左右月廊各有門，西曰協和，東曰雍和。度橋又有一門，曰貞度，此太和門西挾門。門内即太和殿，庭南端對立曲柄黄涼傘一雙，階上竪黄蓋三雙，階下立金鞍馬六匹。其次竪紅黑蓋，其次列各色燭籠，其次竪黄紅黑白旗八十，或以金織成龍，或畫日月星辰，或書門字，皆朱竿畫龍，其次竪金椎金鉞之屬。鼓聲出而鳴鞭三，所謂蹕也，聲振闕庭。傳言皇帝陞榻，東西班趨入仗[1]内，立庭，諸王立階上，俄而臚唱一聲，東西班皆跪。殿上一人高聲讀文，乃陳賀表也。讀畢，樂動太和門樓上，其聲仿佛我國樂而音節少促。東西班隨臚唱三拜九叩頭，起伏齊整，無少參差。禮罷退仗外，通官始引我一行立西庭八品前，行禮而退。蹕聲又三發，皇帝入，殿深未能睹皇帝出入狀云。”

【校勘】

［1］趨入仗：底本作“皆跪殿”，乃涉下文而誤。今據館本改。

前聞朝參後例行茶禮、宴禮。癸巳、癸丑兩年，先君子日記有參茶宴禮之語，而癸丑則使禮部尚書引先君坐太和殿内賜酒。此固别舉，然若宴禮乃例行之事，而近來廢之。曾於太和殿前十二爐燒沉香，今亦無此事，意皇帝尚儉惜費而然也。

蓋論宫闕制度，太和殿前有五重門，第一太和門，第二午門，或名五鳳門，第三端門，第四天安門，第五太清門。門外數百步有正陽門，此城門也。自太和至正陽，其直如繩，闢則内外洞然，無所回曲[1]。大清門内左右月廊各百餘間。天安門内左右月廊各二十二間。中間各有門，左通宗廟，名曰廟街門。右通社稷，名曰社街門。端門内左右月廊各四十餘間，而北頭有兩門，左闕左門，右闕右門。闕右即驅出我輩之門也。南頭有兩門，右曰社左門，左曰神廚門也。北京宫闕，永樂所創，而甲申經李自成火燒後頗重修，而制度皆舊也。壯麗整齊，真帝王居也。

【校勘】

［1］無所回曲：館本作"無少曲"。

午門制度，城高可四丈，東西六十步，中有三虹門，門樓凡兩層九間。門左右城折而南出，各六十步，其折處止處，皆有三層十字閣對峙，即闕也。門樓與十字閣之間，有閣相連，皆黄瓦。十字閣加金頂其上，色特爛然。曾聞此非金，乃風磨銅，即外國産，貴於金，磨風益光，故云。閣制奇巧，乃如畫中，丹青少渝。端門、天安門樓亦皆二層九間。太清門獨一層，而三門皆閉，惟皇帝出入。天安、太清之間左右有西長安、東長安兩門，此百官通行之門也。東長安，楹與欄皆以甎爲之。譯輩云此門照火星，屢災，故不用木。闕庭自太清以内盡鋪甎，而甎皆側竪，胡人馳馬其上，故甎皆缺而凸凹，極難行。自長安至午門三百餘步，年老使臣難於步入，今行副使亦休息而出。曾有一名官以書狀至，蹣跚不能步，通官督[1]入，譯官解以病，則通官怒曰："汝國豈無無病人，而送此犬雛耶?"其人素以多氣稱，到此顔赤，譯輩傳笑至今。

【校勘】

［1］督：底本作"晳"，即"督"字。館本、鉛本即作"督"，據改。下同。

出東長安門，還館，日幾午矣。喫朝飯，困睡至晡而起。

承文院書員姜遇文來言，西墻外蒙古方呑虱。余往墻底累鞍爲梯，據墻[1]而視外，即空地也。蒙古共有數十幕，而一幕八十餘人。其人皆廣顴，異於清人，衣裘弊污，不似人形。一胡方脱衣捫[2]虱，得輒呑之，尤可醜也。然呑虱非但蒙古，漢人亦然也。橐駝百餘頭，又多駿馬。今番蒙古四十八家盡來，住於他處者亦多。女人又有來者，而適不見，聞其衣制如胡女，頭髻類我國，但便旋不避人，蓋去禽獸無遠矣。廚房進歲饌湯餅，味惡不堪喫，蓋因水惡，亦無案而然也。

【校勘】

［1］墻：底本無，今據館本補。

［2］捫：館本作“拉”。

初二日，庚辰。晴，不寒。留北京。

食後，副使與書狀來見伯氏。余則卧簟屋下氈門而睡。既覺，副房具盤果送于伯氏，亦以一床送余。夕食後往見書狀。夜，得一烹猪頭，邀金中和、柳鳳山及金德三共啖之。出梨及柑子分與諸人。余於是日始食柰，其味極佳，與我國所食者懸絶。伯氏全不進食，可悶。

夜深後，東墻外出洞簫聲，聽之意思不佳。是日，紙炮之聲猶不止。皇帝及皇太后自暢春苑來受元朝朝參，今日還暢春苑云。

初三日，辛巳。晴，不寒。留北京。

食後，張遠翼來告，寧遠伯李成樑四代孫廷宰、廷基二人入來，出李東培書及李如柏畫像與之。如柏，即寧遠伯李成樑之第二子，壬辰征倭之役從其兄如松出來者也。如柏之弟如梅戊午深河之戰東走，遂爲我國人，其曾孫東培去年謝恩行隨閔參判聖猷入北京，與如梅兄如楨曾孫廷宰、廷基[1]相見。廷宰贈以寧遠伯誥命及其子孫族派所錄，聞如柏畫像在平壤武烈祠，請摸送。閔參判使金振汝摸出，並東培書付吾行，傳與廷宰。故振汝先以摸本來示也。聞其人在[2]張遠翼炕，出而欲見，以胡人多，不見。來坐諸裨炕，張遠翼來言，其人謂寧遠伯五子，一曰如松，二曰如柏，三曰如楨，四曰如樟，五曰如梅。廷宰、廷基則如楨曾孫，而如松無後云。又言寧遠伯子孫清朝特加恩遇，幾盡錄用，亦有爲駙馬者，廷宰亦纔遞知縣云矣。曾聞寧遠伯守廣寧時，老剌赤以其奴逃去，諸將皆請追擒，寧遠伯不聽，故縱之去。及老剌赤反侵邊防，如柏與戰，老剌赤戒其軍勿犯李提督軍。伐建州時，天兵以四路入去，東西北三面皆敗，而如柏軍從南入去，獨完而返。總兵杜松之戰死混河，或云如柏潛通於虜，知其有伏，誑松以送，遂致敗没，後罪死。天啓中，天朝遣其弟如楨代如柏，群議以成樑子孫與虜有香火情，不可遣。[3]今以清之待寧遠伯子孫者觀之，其説似不誣矣。如柏自知其罪而縊死，如楨以失開元衛，天朝[4]誅之云。

【校勘】

［1］廷基：館本作“廷基等”。

［2］在：館本作“坐”。

［3］伐建州時，……不可遣：底本作“總兵杜松之戰死混河，或云如柏潛通於虜，知其有伏，誑松以送，遂致敗没，後罪死。天啓中，天朝遣其弟如楨代如柏，群議以成樑子孫與虜有香火情，不可遣。伐建州時，天兵以四路入去，東西北三面皆敗，而如柏軍從南入去，獨完而返”，語序錯亂，今據館本改。

［4］天朝：底本脱此二字，今據館本補。

序班中有潘德輿者，爲人伶俐，文筆足以通情，因其人來邀坐，先問閒説，應對敏捷。余問："貴鄉何處？姓名云何？年幾何？"德輿對曰："家在浙江省紹興府山陰縣。姓潘，名德輿，年二十七。"問："來到北京幾年？"答曰："四十七年戊子來矣。"問："北京、浙江語音同耶？"答："不同。"問："子來此幾年而通北京語乎？"答："半年通矣。""子之文章敏速，應對分明，可愛。我且問君，即今閣老中德望重者爲誰？大將則智勇備者幾人？願聞之。"德輿曰："晚見君乃誠實人，不好相欺。至于我國諸事不堪告人。若論閣老不過伴食宰相，大將智勇者寥寥無人。"又問："九門提督有罪伏法，緣何至此？"答："九門提督陶和氣罪惡多[1]端，難以悉舉。"問："死是的否？"曰："尚在獄内，未死。"問："畢竟難活？"曰："然。"九門提督，總掌京城九門者也。或言以多受賄賂，皇帝誅之云，故欲知虚實而問之。

【校勘】

[1] 多：底本作"夛"，即"多"字，今改。下多有此字形，皆同。

又問："朝參時見殿庭甲軍衣裝傷弊，所佩弓劍亦不精利。或言平時雖然，若出兵時則衣服軍裝換給好件，然否？"答："豈有臨飲而掘泉乎？"細思之，是知。又問："殿庭鼓吹手所着紅衣亦不一，有新有舊，此必皇上尚儉而然矣？"答曰："皇上非儉朴，乃愛財是實[1]。"問："萬乘天子，爱財安用？"答："這就不知道。"問："竊聞皇上亦不治宫室園林，然否？"曰："信然。""然則儉德逈出前古？"答："我非以皇上儉德爲不逈出前古，用於外者多，不得不自己儉朴。"問："用處何事？"答："是做銀子，賞與口外㺚子。"問："口外是何處地名？"答："是寧古塔之外邊。"問："賞這㺚子何意？"答："不知道。”問:“㺚子便是蒙古麽?”答:“即是。”問:“即今蒙古來留者幾人? 久留何意?”答:“四十八家都到。而久留于此,不能知曉。”問:“一年賞銀多少幾何?”答:“每年四十八家約四五十萬。”問:“銀外亦有錦彩否?”答:“另有錦彩等物。”問:“㺚子一年進貢甚麽物? 多少何如?”答:“此皆理藩院經手,非我禮部事件,不能細知。”問[2]:“雖非禮部事,或因傳聞,豈有[3]不知?”答:“若耳聞,所貢者不過人蔘、皮張而已。”問:“自陝西至瀋陽以北皆蒙古所處,你何言寧古塔便是蒙古? 陝西近處蒙古無進貢領賞之事否?”答:“㺚子住居口外地方,名色甚多,何能通識?”問:“今此留京蒙古,皆是寧古塔㺚子麽?”答:“但知皆口外進來。”

【校勘】

[1] 實:底本人“実”,即“實”字。今改,下同。

[2] 問:底本作“聞”:今據館本及文意改。

[3] 有:館本作“無”。

問:“錦州海賊内有號大王者,然否?”答:“有,云陳尚義。”問:“利害麽?”答:“擾亂山東、浙江有五省。蓋海賊隨風而走,出没不定。去年十月内,有盛京將軍貝和諾清字折子啓奏,現存内閣。”問:“何不發兵勦滅?”答:“蓋海上賊人住居地方難以測想。且如今官兵個個畏死,誰肯履萬危一生之地,與賊戰爭也哉?”問:“賊兵多少?”答:“耳聞有三四萬人。”

問:“君曾娶室?”答:“未曾。”問:“漢人謂之蠻子,何意?”答:“蠻子,孔聖人言楚人也,原非一概而言。今㺚子家不知緣故,一概亂叫云蠻子。”問:“今日蠻子與㺚子結婚麽?”答:“是漢人而非漢人者,名曰漢軍,多與㺚子結婚。漢人從未。”問：“所謂漢人而非漢人是何如？願聞其詳。”答：“我朝初進來時，將山海關百姓亦謂己人後，平定之後分謂漢軍。”問：“烏金朝是何樣人耶？”答：“即是漢軍。”問：“大江以南無漢軍麽？”答：“也有，是從京中分出去的。”問：“漢人與漢軍結婚否？”答：“十分之内可有五分。”

問：“序班何職？”答：“是提督府書吏，而久勤則以勞爲知縣矣。”蓋北京解文字者稀少，以南方之人爲序班，而定送玉河館者凡六人，此皆南方人也。顔貌本不庞厚，雖有料亦涼薄。萬里羈旅，生理艱難，貧窘之色見於面目。使行時書册賣買，此屬擔當，以此有若干見利之事。且我國欲知此中陰事，則因序班求知，故此屬太半爲僞文書而賺譯輩，雖無一事之時亦以爲有事，事雖輕者言之若重，此屬之言從來少可信。是日問答，亦此中疵議，而其間亦不無真詐矣。

朴東和來進回回國甜瓜半片，曰：“此乃進獻皇帝者，而通官朴得仁送來云。”其狀似南瓜俗名琥珀。而小，皮青瓤黄赤，似我國所謂牛角甜瓜之色。其子與常甜瓜相似而較大。味甘香，與我國甜瓜懸殊。外殼厚如西瓜，削去粗皮啖之，則硬而脆，嚼之有聲。其味尤奇於瓤，然過爽，不可多喫。

天壇水汲之已四日，而此水比他雖勝，亦甚惡。自是日又汲朝陽門外八里鋪近處之水，比天壇似少勝，煮粥不成。此地之水醎，如我國闤闠最醎之水，醎味則久服漸勝，而最難者是醎味中有甘意，不忍下咽。盥面則面皺，指生芒，帨巾拭至三四日，殖若水枝，不知是何故也。正陽門外四十里許有佳水，蓮洞李相公來時每飲此水而給重價始得云。是日，出竹筒中炒醬啖之，來時譯輩言炒醬味易濇，不可食。而余用大竹筒一節，中截爲二，各裝入炒醬後皆閉口還合如故。用紙塗外面，令風不入，及出，味不少變。

奴輩於簟屋作堗，自今宿爇火之地，心始安矣。申之淳借於館夫，得舊硯及筆筒以送，文房之具粗備。廚房每夜給燭，晝雖紛擾，夜則下氈門，明燭而坐，苦楚中也有趣味。夜長無眠，可以讀書。

初四日，壬午。不寒，夕陰。留北京。

食後，往書狀所。柳鳳山持來兩種兵書，一名《武備志略》，爲五六卷，一名《武備志》，爲七十篇，兵家之言無所不載。自昨朝書册連入，而每書各送頭一卷看品，不買之前不入全帙，入後不得不買，是以所欲見者不得隨意得覽，可鬱。在前甲軍見書則禁，故卷卷潛懷而來，全帙若來，夜從墻上入送，而今番則書册肆然持來，可怪云。

夕時，譯官崔台相入[1]十餘種書，其中有《本草綱目》，餘皆還。貴同爲洗酒米，與灣上軍官往八里鋪還，言道遇皇女，有屋車三個來，而胡人五六雙騎馬先之，後從亦可數十人，而皆騎。在前者辟行人，貴同與灣上軍官皆下馬立道左。自車中似出女子語音，從者搴車帷，年少女子坐着露面視外，而珠翠盈頭，眼眩不可諦視。其後二車，侍女所乘云矣。

【校勘】

[1] 入：底本作“八”，據館本改。

是日，鄭世泰入送水仙花一盆，種十餘莖。花盛開，花大如單瓣桃花，色白，有雅韻。此花曾屢次買來而終不開。今日見之，特奇。

廚房飯饌瀋陽以前良可食，自後漸殺，入北京後，無一物可食。不惟所齎饌物久而味變,又不申飭廚子,故漸怠而然矣。飯則水味惡而又和雜米,故尤惡。蓋乾粮米皆宣郭嘉米,而廚子以其所親譯官驛卒之食同炊,其米皆此國山稻米也,是以飯尤[1]不好,而無路可禁。余朝晝每喫薏苡一鍾,脯一二條。出入時,以燒酒半杯療飢,在途亦連服薏苡,間或食糜飯,則一日所啖僅數合米,通計往返所食不過三四斗耳。余食饌物損於伯氏,而碟數則醋醢例設之外,魚肉不減三四器。以余無下箸之物,盡爲貴同等所食,或有稍勝者則每輟送李惟亮,以其老病也。金德三、昌曄許亦時出送。軍官[2]饌物涼薄爲甚,柳鳳山尤不能堪,每來輒索乾鰒脯肉等物食而去。醎葅一缸,雜用蘿葍、冬瓜、甜瓜,醃成以來,是日出食,雖不甚奇,食之脾胃即定,分于諸裨,莫不稱好。廚房買白魚作羹,狀如我國所産而味亦佳,此地魚鮮中爲最。譯官輩來言皇帝第七子在暢春苑有病,欲見御醫,再明間當邀去,通官預來傳之云。

【校勘】

[1] 尤:底本作"又",今據館本改。

[2] 軍官:館本作"軍官輩"。

三忠祠·四牌樓

初五日,癸未。晴,大風,飛沙撲窗紙。留北京。

堂上譯官朴再蕃得入蘭一盆,凡種二十餘莖而葉瘠,長才六七寸，似是新種而未著根者。問其出處，言得之館夫，並水仙花置之簟屋。晚後風少止，往見書狀。夕食後，閒步往北庭看井水，深三丈有餘。蓋以石鑿竇取，僅可出入汲器，是則蓋防人墜，此地井皆然。汲器用柳織成，如捲箕，而水亦不漏，輕而不破，好矣。水味甚惡，而下輩皆飲此井，不知何以堪飲也。水源極多，行中人馬皆飲而猶無不足矣。

刷馬驅人及驛卒輩露屯者，幾盡爲簟屋，入處，而其中二隊尚露處，見之可矜。然此地雖嚴冬不甚寒，今年無前溫和，如今日風雖嚴，日氣之暄僅如我國二月，是所以能耐也。一行馬露繫而少芻，故夜皆逸出，周遊一庭，盡剝簟屋而食。或有故縱己馬，使食他馬之飼者。夜則馬爭之聲甚鬧，以此尤難眠矣。

初六日，甲申。晴。留北京。

食後，序班潘德輿入來，與語前階上，給筆墨各一，致謝而去。

爲寫伯氏真求畫工。首譯領一人來，姓名羅延，號稱梅林，年四十，爲人樂易。入到炕下叩頭，命陞炕，又叩頭後陞坐。自言家在江南省池州府。問以何事到京，曰爲寫闕內壁畫見徵而來云。請伯氏具朝服坐椅，渠亦坐椅相對，兩間置一桌，先出紙草，仍上綃設色。畫品姑未知其如何，而用筆熟而有法。設色[1]未完，館門垂[2]閉，遂辭去。

【校勘】

[1] 設：底本作“也”，今據館本改。

[2] 垂：底本作“遂”，今據館本改。

是日，金德三往暢春苑，日没時還來，言朝者蝦一人及宦者一人將車來館所邀去,通官二人亦隨行。出北京西城門約行三十里抵暢春苑,環築高墻,入一門,門内引水爲池,池中泛二舟。再渡水橋,橋皆朱其欄,池邊有宫室,而不甚奢。到皇子卧處,共通官拜炕下,則與席而坐,行茶後問病。其人年可三十餘,得病五年,瘦甚,無血色,色白如雪。證則痰流注,膝疼,頭亦痛云。鍼刺頭部數處,藥則待更觀議定爲言。遂辭出,坐於大門外鋪子,自内出盛饌餉之。又言皇子脱渠笠子觀之,臨辭始還與。皇子所着衣服衾枕甚儉,不如常胡之富者,如器用之類亦無一奇物。又言去時求騎馬而不許,固令乘車。其車有屋,三面皆遮以帳,只開前面,而驅車者又蔽坐。及近暢春苑,並前面以帳遮之,不知所經山川之如何,不勝鬱鬱。乞暫開,通官云:"若使塵埃上君衣,則皇子必責吾輩以不善領來,帷不可開云。"然而觀其色,似有别意。

譯官吴志恒得來一書,名《大興縣志》。蓋北京城内有二縣,東曰大興,西曰宛平。北京城東邊内外宫闕、祠壇、村坊、山川、人物、風俗,靡不記載,其土産、花果、禽獸亦皆見録。得此書,益生出外[1]之心矣。遂與伯氏議,以數外方物還納户曹者貿此書,送于玉堂。是日,通官送新水,言汲來於城北邊云,而亦不好。姜遇文騎來驛馬病死。

【校勘】

[1] 外:館本作"遊"。

初七日,乙酉。晴,大風而不寒。留北京。

食後,羅延入來,畫像彩色斷手,全不近似。此本乃正面,故令更寫視面,則請持歸其家設彩而來。然觀其畫法太妍,少生動底意,似非高手也。贈我一書帖,即清朝節婦曹孺人墓誌，而翰林學士胡希恩撰，兵部侍郎宋俊業篆，翰林院待詔曹曰瑛書。孺人，遼東人，年十七爲馬爾吉圖之妻。吉圖死，孺人年纔二十九，子女三人皆未去懷，無斂葬之具，賣家與田産，以盡送終之事。忍耐十九年飢寒，務治女紅，長子女畢婚娶。鄰里以其節操聞于朝旌門。孺人父以寶坻縣屯長，卒于任所，從俗火化，權厝于廨舍之側。未久，孺人母亦死，葬於都城之東，將移父骨合窆。數年，其兄又死。孺人泣曰："父母生我四人，一兄一姊早卒。一姊雖生，貧且老。父母合窆之事，其誰諉乎？"遂即[1]日與其姊往寶坻，廨舍皆鞠爲茂草，而葬時不封不樹，又幾六十年，無路可尋。孺人悲號籲天，禱于鬼神，周行察視，漫占一地曰："掘此。"未數鍤，骨瓶在焉，歸而將與母合窆。孺人轉念曰："馬氏墓在城北，葬我父母於城東，則不久鬼其餒。"而乃得新阡，與馬氏山相望合窆，曰："吾子孫祭吾時，當不忘吾父母。"孺人於其家作一精舍，朝夕焚香於佛像。將死，以平生衣服遍賜婢妾，呼子孫親戚作訣，而言語了了，不少異於常時。孺人生於順治丙戌，卒於康熙辛卯，享年六十六歲云。羅延言曹曰瑛即己之親黨，故得此書以來。書晉體，篆亦善，其意似欲傳孺人行迹於外國，而亦誇其文與筆也。書狀見伯氏來坐余炕而去。

【校勘】

[1] 即：鉛本作"節"。

是日，爲酒醅置所居炕。此來時謄取百花[1]酒方，故依此釀之，而人皆謂不可成，以水味惡故也。瓮制亦異，下殺上闊，厚寸許，其大可容數十斗而酒醅只一斗，求相稱之器，終不得入來。

【校勘】

［1］百花：館本作“白和”。

初八日，丙戌。晴，不寒，夜始風。留北京。

朝，與昌曄據北墻俯視蒙古，蒙古亦來墻底仰見，四目相對，語莫能通。少頃，甲軍來禁，遂下。一甲軍後至，其貌良順，使元建相交，約同往汲水，蓋汲[1]時甲軍必領去故也。食後，余代灣上軍官作汲水行。元建、善興從，柳鳳山亦偕，皆着戎服。刷馬驅人三人各以馬載兩桶，領[2]將一人在前。所領甲軍凡兩人，其一朝與約者，别贈一扇。

【校勘】

［1］蓋汲：底本脱此二字，今據館本補。

［2］領：底本脱，據館本補。

出館門循大路而東，路傍胡兒指點，競叫“高麗”。過玉河橋數百步，北入間路。店房間[1]往往有高門，似是大官家也。路西有一黄瓦屋，屋後有牌樓，而其瓦青，此乃皇帝正朝焚香廟也。東有一帶甎墻，高可三丈，而下則挾灰築上數尺，但用甎累成，其孔成紋，云是皇子家。過此一里，東折出大路，此則初來時所由也。市肆視前倍盛，間懸五色紙燈，其制類我國所造。車馬織路，車中皆有三四女人同載，皆搴幔露面，或有步者，而衣服鮮明，蓋賀歲者也。

【校勘】

［1］間：底本作“門”，今據館本改。

欲訪三忠祠。三忠，即漢諸葛武侯、宋岳武穆、文丞相三人也。遂先問大通橋遠近，蓋知三忠祠在此橋傍故也。甲軍曰："橋距[1]朝陽四五里，而別無可觀。"曰："第導之。"遂出朝陽，度濠橋，送刷馬驅人於汲水處。吾輩欲緣濠下，濠水皆冰。有五六胡各持雪馬在濠邊，見吾輩來競挽而乘之。余與柳同上一馬，元建、善興亦與甲軍同上一馬。走得如流，亦一快事。到大通橋始下，甲軍自以錢償其直。橋制度甚壯，兩傍設石欄干，舟行其下云。

【校勘】

[1] 距：館本作"去"。

自朝陽至此可四里許，而城濠之間皆倉屋。橋下多閣船，蓋通州漕運至此也。濠東岸皆種柳，而丘墓人家相錯。橋南十餘步當内外城相接處有一門，名曰"東便"，往來人馬甚多。駱駝數百過橋上，謂是皇帝所畜，爲飲水而出。問三忠祠，人有指之者。緣濠行百餘步有橋，橋上有碑，視之，萬曆癸丑所立也。過碑無多地，有小廟在濠岸，前門閉，遂下馬，從傍門入。正殿只三間，殿内坐三塑像，中諸葛武侯，右文丞相，左岳武穆。武侯冠卧龍，衣鶴氅[1]，手羽扇；文丞相幞頭朝袍；岳武穆具甲胄，貌皆如生。岳武穆轉面右顧，欲開口語，氣像甚雍容，不見粗厲；文丞相亦和氣滿顔。古人云："辦得大事者，必有從容底氣像。"於此益信其然也。與柳鳳山進而再拜，意甚感慨。廟宇荒涼，可知其香火之疎，令人尤傷心。庭左右有兩碑，萬曆甲戌所立也。有一僧守廟，請吾輩坐廊下小炕，進茶。問三忠位次，有一老人書以答。問姓名，陳秉直，年七十七云。與藥果一立，守僧與一扇。

【校勘】

［1］ 氅：馆本作“𩫖”。

遂歸入東便門，門内有大石橋，橋下水濆瀉成湍，聲甚壯。欲觀其制，入橋底，水深不可通。水自西來，乃内城濠也。濠中往往置石堰畜水，使可開閉，此淺水船運法，所謂閘也。船到其下，決水上船，船上輒閉。用此法船無不到處，所以通州船遍通内外濠也。向來橋下亦設閘處也。城濠之間爲路，闊可數十步，南岸皆人家櫛比。行三里許抵崇文門，制如朝陽。濠有大石橋，左右市肆極盛，車馬塞門，僅得入。曾聞于少傅廟在此門東一里許，欲訪之，甲軍以日晚持難，未果。

歸館，日猶未暮，立階上，一胡至前袖出兩石，大僅數寸，圓而扁，如水磨石而較瀅潤，質淡黄而有青紋。細視之，人物、樹木、巖洞、雲烟皆具焉，謂之天成則必無是理。然堅且重，亦似非燔物。磨之石終不磷，又非染也，殊可怪異[1]。其直一扇，明是假物而人巧至此，却勝天造，遂買取。見書狀歸，副使在伯氏座，不得入。更往書狀所，共喫夕飯，有笋羹，味佳如時物。夕於前庭調馬，伯氏亦出前階，坐椅而觀之。

【校勘】

［1］ 異：底本作“肰”，今據館本改。

初九日，丁亥。大風終日，日又寒，入北京後始有也。留北京。

朝，招潘德輿，飲以酒，將問言，以有招者，即起去。李廷宰兄弟又來張遠翼房，餽以五筆及果實饌物而去。饌物即醬瓜菹，而味不好矣。又出玉角指一個，謂[1]是寧遠伯所用，要傳李東培，而角指小，不可着手云矣。

【校勘】

［1］謂：底本作“為”，今據館本改。

是日，皇帝自暢春苑入來，以十三日將行先農壇祈穀祭也。壇在正陽門外云。昌曄持來石雄黃一塊，而其大如升，鏤作木根狀，重可三四斤，翫後還送。先君來此時，吳三桂反報新至，京師洶洶，結陣於崇文門大街，調發大軍連送南方。又言西山近處有一朱姓人，自言崇禎皇帝第三子，聚兵數萬，潛約城中八固山軍，定以十二月二十三日着紅衣，放火城中，因救火欲作變。自中有告變者，發軍多逮殺，朱姓人則未獲，而如龍袍等物得之其家。正月初四日巳時，工部火起，是日西北風大作，火焰漸迫玉河館，而北墻外一家又火起，副使所在最近，一行蒼黃。驛卒盡上墻屋，一邊汲水以上，一邊盡毁墻外家舍，以絶火道。館中簟屋亦皆撤去。禮部郎官與大通官李一善輩，連續入來，催移方物，置於玉河橋下城底，令譯官、甲軍守之。晚後火雖暫定，烟氣未息，通官輩言夜亦不可無慮，方物不可還入館中，可仍置在處云。禮部官、大通官[1]皆來守，申戒夜中別樣慮火。或言工部之火有縱之者，故方得其人拷訊云。而館門外帶弓箭馳馬往來者連續，處處伏兵，舉有驚遑之色。在前甲軍只帶劍，是日皆帶弓箭，朝夕待變等語在日記中。老譯李惟亮，其時入來者，言方其火起也，通官輩亦怯，一行上下人無不蒼黃失措者，先君終不易坐處，一行皆歎服云矣。又譯官輩言，其時買頭輩皆賤賣白絲錦緞，亦多有不受價而與者，曰：“此貨置之未必爲吾有，可持去，幸無事則還價。”是以譯官輩見利無如是行,至今傳説云。

【校勘】

[1] 大通官:鉛本同,館本下有"衙役"二字。

十日,戊子。乍陰,而寒少弛。留北京。

食後,又因汲水出去。元建、善興、貴同皆從,甲軍則惟前日贈扇者隨來。是日,灣上軍官車俊傑亦偕出,騎馬而先從故[1]路去。路中往來女人視前尤多。柳鳳山前番之出爲見女人,若聞今日所見,則定[2]恨不得同來矣。每見美女輒思柳,歸語此事而一笑。

【校勘】

[1] 故:底本作"古",今據館本改。

[2] 定:底本作"正",今據館本改。

過東安門口,益北行,俄東折以去。此路即馬市,過此則[1]四牌樓街也。令車俊傑與刷馬驅人往八里鋪汲水以來,余與甲軍往[2]北路。店房極其繁盛,種種異物,不可殫記。二人擔琉璃燈四個憩路上,其大如小瓮,四面環以朱欄,以五色珠爲纓絡,奇巧極矣。市多懸燈,大抵皆紙造,而蓮花燈、影燈皆如我國之制。又有像芍藥花者,此外無别制。道遇官員,或恐以我輩出遊爲怪而終不問焉。

【校勘】

[1] 則:館本作"則定"。

[2] 往:館本作"行"。

胡人隨而觀者甚多，暫住則人輒圍住，有難拔出。路傍一家，墻内竪竹五六竿，其梢懸紙燈紙旗。大門内立銘旌，而竿長三丈有餘。其大僅數圍，貫在柎，柎與竿皆朱漆，而柎則鏤而加金。旌用全幅紅緞，其長至地，字用金寫。又門外有簟屋，元建言此乃喪家。此地人有病將死，則便移置簟屋，邀僧環立，限氣絶誦經，發靷時亦如此。其旗燈皆發靷之具云。

自四牌樓約行一里，而市肆外無他可觀，故還。甲軍引入西邊巷，左右亦皆鋪子，而其中一鋪賣活禽。環簷懸籠，羽族五六種，各以類處。其中有若雄雉而頭與尾皆白者，又有如雉而小，頭與尾如雌雉[1]，羽皆白色，而兩翼則有紅斑紋，極美。問其名，書示"石雞"兩字。自此出南邊小路而去，即馬市之街也。絶馬市而南入小巷，見一鋪中有兩人寫銘旌，一人寫之，一人隨[2]字着金箔，其制與向所見者同。見桌上所積皆以色紙爲人物，諸般器用皆喪具。復東折從狹巷出，路傍有賣筆鋪，下馬少憩，索筆看之，束法似未精，而用之却良。

【校勘】

［1］雉：底本脱，今據館本補。

［2］隨：底本作"隧"，今據館本改。

還出大路，南行，未及崇文門半里許，入東邊小巷[1]，爲訪忠節祠也。路邊有小廟堂，意其爲忠節祠，下馬入見，乃真武廟。而門閉，坐階上少憩，觀者數人隨來，用鞭畫地作"忠節祠"三字問之，無解字者，不能答。元建言自此無多行而有十方院，此曾使臣所接大刹，僧多，問於此，則或當有識者。

【校勘】

［1］巷：館本下有一"去"字。

東行百餘步，路左有高門屋，覆以鴛鴦瓦。此中之法，公家寺觀及諸王駙馬家外，不得用雄瓦。意此必非常家，而未及問。過其門數十步，有一胡追到，稱家主請來。問家主何如人，其人言官人。見之可疑，而彼既相請，亦欲一見其家，回馬到其門，有小丫鬟見余來，即入去。俄有一小胡出中門迎入。庭頗寬，屋大，見東邊小門有三四女人立觀，向者丫鬟亦在其中矣。至[1]中堂而無迎之者，小胡揖余入東室。其中有人面貌俊秀，年可三十，揖余坐炕上方席，而自踞炕沿而坐。余危坐，其人屢勸平坐。又一少年自内持筆墨出來，引椅坐炕下，年可二十五六，面暫麻而瘦，眉目少有清氣，出紅紙寫字，先問余姓名。兩人皆前揭，見余内外衣服皆木綿，少年[2]問："貴國布好，有可賣者否?"余答："無持來者。"又問："以我筆墨紙欲换貴國筆墨紙，何如?"答："筆墨不必换，當覔送。"少年聞之，有喜色。又問："貴職何衙門?"答："我無官閒人。"余問其姓[3]，寫"李"字。問："何衙門?"言："《一統志》纂修官。"

【校勘】

［1］至：館本作"至入"。

［2］少年：底本脱此二字，今據館本補。

［3］問其姓：底本作"問姓名"，今據館本改。

又問余解作詩否，答："粗解做句。"少年聞之，即入内出黄紅兩色牋置余前，令寫近來所作。余辭以不好露拙，少年曰："不妨。"余寫[1]除夜所作一絶曰："燕館投來歲亦窮，夜深孤坐燭華紅。同來火伴相勞苦，共説家鄉若夢中。"少年見之有喜色，書曰："似唐人語。"因言："君與我爲友，何如?"余笑曰："不敢仰攀。"少年曰："不必過謙。"唤丫鬟進茶，即外門所見者。少年復入内，持來木瓜一個置余前，示[2]七絶一首。其詩曰:"嘉品從教不耐春,舊時香氣尚清新。憐他投贈非容易,莫把瓊琚别報人。"又出律絶數十首,印紙共二丈,稱己所作。詩頗[3]精工,兩紙皆有跋,亦當今名流所作也。一丈書"高陽李元英作",一丈書"誦芬齋李元英作"。元英即少年名[4],高陽姓貫,誦芬齋其號也。

【校勘】

[1] 寫:館本作"書"。

[2] 示:館本作"書示"。

[3] 頗:底本無,今據館本補。

[4] 名:館本作"姓名"。

余有所攜酒,欲飲遂索杯。主人出二甆杯,色黑若漆,畫以金,制造奇異。斟燒酒于杯,色鮮可愛,自引一酌後勸主人。主人問何酒,書示"燒酒"二字,乃飲。因請送于内,令從者盡傾榼與之,可一大杯。余又與大藥果二個,問其名,書示"油蜜麵所作",則少嘗之,並與燒酒入送。又與江瑶柱、乾鰒各少許,皆不識,問其名。房東北隅有小户,少年由此出入。開户時見黑裘映户傍,似人窺。東壁掛一畫障,障下置桌,桌上置書十餘匣及水仙花一盆。余書問:"貴府有蘭花否?"少年答:"有一二盆。"問:"欲買一盆[1],其價幾何?"答:"此花只好在此,不可取去。"問:"何言不可取去[2]?"答:"風氣不同,恐不活也。"余云:"曾亦取去矣。"少年問:"能活否?"答:"花亦着矣。"

【校勘】

[1] 問欲買一盆:底本脱此五字,今據館本補。

[2] 去:底本脱,今據館本補。

少年出示桌上書一匣，題以《佩文齋廣群芳譜》，是乃皇帝[illegible]編之書。凡花藥菜果草木之屬，靡不錄栽培之法。古今人詩[illegible]合載，皇帝詩亦在其中，序亦皇帝所作。後見暢春苑所出給[illegible]書，皆書“佩文齋”，蓋皇帝齋號也。是書凡四匣，合二十卷，[illegible]厚字細。又有一書，求見，抽示之，是《左傳》也。册樣亦如《[illegible]芳譜》，而粉紙點朱，衣以黄紙，此亦皇帝所纂也。要借《群芳[illegible]》，遂與一匣，云：“待看了即還，當以次送之。”

有[illegible]内出果實五樣設於桌，一器大柑，一器橘，三器糖麵所造[illegible]一種似我國乾飣，此中稱爲珍者，即餅屬，一種似我國[illegible]糝之爲而味好，一種如卷薄紙，然大如我國蓼花果柄[1]。[illegible]人勸先嘗此物，啖之輕脆，味似雞卵和砂糖者。而歸聞[illegible]之言，此非雞卵，乃熬酪所成，此中所稱異味云矣。又一[illegible]年自内出，坐余傍，年纔二十許。先迎於炕者元英之兄，[illegible]者皆其弟也。三人外，立炕下者亦多，而識字者有之。[illegible]年之兄面貌俊秀，而余與[2]元英以書問答也，渠則與他[illegible]，其狀似不解字。

【[illegible]】

[1] 柄：館本、鉛本同，疑“餅”之誤。

[2] 余與：底本脱此二字，今據館本補。

甲軍以日晚催歸，乃辭出。見中堂懸八面彩畫，紗燈四[illegible]，以五色珠爲纓絡，極其奇麗。庭下西邊廊屋壁掛山水圖[illegible]。堂中有一疊琉璃屏，似我國衣架而廣三尺許，長四尺有餘，人從内外相見不知其間隔也。中門内墻下有一大樹，問之，言柿樹。元英送至大門，有十四五歲童子自四牌樓隨[1]至此。及歸，又隨馬後。此處亦有閙兒，以一柑與之。還玉河館，日已晡矣，往見書狀。

【校勘】

［1］隨：底本脱，今據館本補。

天壇·先農壇·斗姥宫

十一日，己丑。晴，不寒。留北京。

食後，作書於李元英。次[1]其絶句六首，同封筆墨各三，送善興，答以小紙，送紅紙一丈、筆二、扇一，而不言見詩，可怪。善興言其人求見我國紙、南草、海蔘、粳米、糯米各少許云。通官朴得仁因首譯入送木瓜、香櫞[2]各一，而言此兩物皆不可食，只取香氣者，宜置之案上。香櫞大於唐柚子，而皮與香如我國柚子。木瓜與他木瓜無别。

【校勘】

［1］次：底本作"以"，今據館本、庫本改。

［2］櫞：底本作"椽"，據館本及文意改。下同。

夕，月明，出坐前階上，與諸軍官閒話[1]。聞書狀馬頭直山善爲諸般禽獸之聲，雜歌可笑之戲。召試之，爲胡歌而甚似，聞者絶倒。爲灣上别曲之歌，此歌歷叙義州商賈到處失利，敗後出運餉債，入北京又失利，盡喪其銀，出往義州屬公，其妻子受刑編管之語，而往來道路艱窘景色，説得若目見。與胡問答之語雜用漢語，其狀益宛然。

【校勘】

［1］話：館本、庫本作“語”。

又摸寫定州衙客惑於妓生，不能作別，而女則厭薄衙客，苦不得送，送之旋踵，喜而唱歌之狀。以細頑發聲，與女無辨。直山，定州驛子，定州妓輩爲揚己疵，欲買殺之云矣。又爲兵房軍官之狀，而兵房軍官以前排先到客舍前，必仰其面，意氣揚揚，見衹迎妓生，從馬上左右顧眄欣喜之狀，摸得恰似。金中和，兵房軍官也，惡而欲已之，而岑寂[1]則輒使爲之矣。直山以善驅書狀坐車，每行入來。甲申年蓮洞李相來此時[2]，三使臣每召直山爲各戲，而李相喚之不以直山，輒曰“書狀别室來”，以其善爲女唱故也。書狀李明俊拙人，聞此則愧之。譯輩傳説如此。

【校勘】

［1］岑寂：庫本同，館本作“岑寂之”。

［2］時：底本脱，今據館本、庫本補。

藥房書員韓泰命持二燈來，一是芍藥燈，一則影燈，狀如我國之物，而人及禽獸四肢皆擺動。譯官輩傳通官言，皇帝明日將射虎於萬歲山云。

十二日，庚寅。晴，日氣似寒而凍，地皆融釋。留北京。

聞元建言，雖甚寒之歲，玉河館内則植馬橛，無不入。以此觀之，比我國風氣絶温暖矣。又作書李元英，遣元建而送壯紙二丈，南草二封，粳米、糯米各一升。曾往其家時見我食物所盛柳器而悦之，故送方結者一部。要送《群芳譜》一匣，則答以：“此書即内府所在，而我爲有考事取來，不可久留，還送前去書則後得送他件云矣。”忠節祠在處使問於其家，元英定其家人偕元建尋訪，終不得而還。是日，皇帝往萬歲山，而不射虎，只受蒙古貢馬云矣。

夜，月明，出坐前階，諸裨皆會。使軍牢二萬誦《三國志演義》，能誦“博望燒屯”一段。昭烈、張飛皆涿郡人，涿郡即今涿州，去燕都不遠。來此地聞此事，令人益依然。書狀亦來聽，又令朴世章唱歌。夜深而罷。

十三日，辛卯。陰，大風。留北京。

朝來鐘鼓聲出闕中，其聲如元朝所聽，謂言皇帝祭先農壇而歸。據西墻[1]望之，無所見，仍數蒙古帳，大小各三十餘，所居胡合四百餘人，又在其北邊者亦多云。通官輩言蒙古當留至三月，過皇帝生日而歸。一日所供羊、酒、粮、草，不可勝計。而久留如此，其意有不可知。或云爲壽皇帝生日，仍議立皇太子，故留之，而恐未必然也。

【校勘】

[1] 墻：館本、庫本作“壇”。

有一胡持玳瑁碗十枚入來，價頗賤，遇陽欲買之。一驛奴云此假物也，若盛水則輒坼裂，渠嘗見瞞，故知之云。然察其狀，莫知爲假。麻貝奴詹哥入來，與南草一封。

十四日，壬辰。朝風。留北京。

通官文奉先是日娶子婦宴客，以其饌送于三使臣各兩桌，一各樣魚肉，一各樣糖餅果子。水陸珍味盡具而極精潔，間染五色雜湯之類最多。余遍嘗，皆可食。我國鰒魚、海參、大口亦有焉。果則自龍眼、柑橘至梨、柿之屬無不登者，而柑子剝皮細切。又有藥飯，倣我國法爲之，其味最佳。器皆畫磁，而碗碟樣皆大。兩桌合五十八器也。上房以壯紙二束、烟竹[1]一枝、别扇二把回禮，來人亦與扇及烟竹。

【校勘】

［1］竹：底本作“升”，館本、鉛本、庫本皆作“竹”。烟竹，前文亦多有，據改。下文正月二十六日“烟升”亦改。

柳鳳山攜一胡兒入來，謂是提督之子，儀表俊秀，且有貴重之狀。問其年，答十四。問其姓名，只書“傅”字，名終不言。其衣服極華麗，上衣内繫青絲廣組。其左右前後皆有鏤金帶眼，以前眼鎖之，制作奇巧。所佩刀即我國青黍皮銀粧刀，禮單物也。與柏子餅一片，食其半而止。

晚後，風止月明。城中簫鼓四起，處處放紙炮。車馬往來之聲徹夜如沸。余自朝眩症劇，不能起動，服雀舌茶，少定，是日不得出氈門。夜，金德三、申之淳入來，與喫乾柿，又與山查、柰子而送之。

十五日，癸巳。陰。留北京。

朝，廚房設盤果以進，藥飯能成樣，可喜。朴得仁入送各色果子、造果、餅餌之類，中有我國乾飣。其果有所謂文丹者二枚，蓋柚柑之類，而其大如碗，以繩圍而度之，爲布尺九寸五分。其味甘酸適中，水極多，誠珍果，但比柑子瓤甚厚。又入送鹿尾，炙之少味，似是經久而變也。食後，書狀來見而去。夕，食後步西庭。書狀又來，共設椅坐話，柳鳳山亦來。

昨聞通官輩謂金中和曰：“皇帝以蒙古爲婿，朝鮮尤爲皇帝所待。君輩若請爲婿，則皇帝豈不許乎？”書狀乃以此語譏柳鳳山，相與一噱。蓋蒙古雖彼人以禽獸視之，而皇帝以女妻之，通官輩每言及此輒嗟惜不已云。余曰：“以蘇武大節而猶娶胡女，至生子，今爲皇帝之婿，顧何妨也？”諸人皆笑。余又曰：“然在今時，則蘇武歸後，臺啓必峻發，以無行辱國爲罪矣。”諸人亦曰：“然。”余又曰：“雖然，蘇武在大窖中餐雪呑毛之時，色念安從而出耶？以此見之，武之色慾亦甚於柳鳳山也。”諸人皆絶倒。

曾聞中國上元燈火極盛，視墻外人家無懸燈處。或云如我國燈皆懸於屋内，自外不可見。各色火炮，家家皆放，此亦名燈，而人物、禽獸、草木等各樣物逐焰成象。其價多者數百金，皇帝所賞直千金云。在墻内望見，時有火焰直上空中，若神機箭，此即火炮也。夜深，鼓樂、車馬之響，紙炮之聲如昨，而無由出見，令人極鬱鬱。皇帝在暢春苑與諸王設宴觀燈，蒙古王亦参云。

副使軍官崔德中因汲水出遊正陽門而歸，所帶驛卒有所買，爲甲軍所捉，告衙門，行中告使行，杖其人，然自是汲路復梗。

十六日，甲午。晴。留北京。

首譯朴東和入海棠、梅花各一盆，謂得於鄭世泰，花方盛開。海棠即我國所謂山茶也，曾知山茶爲海棠，見此益驗其然。

夕，譯輩入來。金應瀗言與通官輩閒語[1]，問[2]諸王賢否，通官言諸王爲人皆無形，其中八王雖曰稍勝，亦平平人耳，十王極不良，皇帝死後國事可知云。如此説話，全不諱秘。譯輩亦言：“我國每年進貢只爲皇帝，皇帝死後，我輩豈復來乎？”通官輩亦以爲然，少無怪之之意。通官又言：“今萬歲爺英雄，其子賢否必無不知之理，置諸王而不定太子，必有其意云。”萬歲爺，皇帝之稱。問：“皇帝每於元朝往滕將軍廟，滕將軍是何人耶？”通官曰：“滕將軍之云是訛傳。以老剌赤父之所着帽藏諸此廟，皇帝元朝先往焚香。其帽亦豈稀貴哉？不過是山獐皮而盡蠧矣。”仍笑之云。

【校勘】

［1］語：館本、庫本作“話”。

［2］問：底本作“設問”，今據館本、庫本改。

文奉先曰：“今皇太后非皇帝親母。”問：“然則皇帝親母是何人？”奉先曰：“順治喪耦後，宫中有内宴，諸王宰相之妻皆入參。其中有明都元帥妻佟氏極有姿色，順治見而悦之，仍留不遣。其夫自死，順治遂納而生皇帝，今皇太后即皇帝嫡母云。”曾聞皇帝事皇太后盡其道，皇太后亦賢，凡於政事多所輔益。年前皇帝出往瀋陽，欲見白頭山，我國聞之，正洶擾。皇太后稱有病召皇帝，皇帝即歸。惟此一事，皇太后之通慧，皇帝之承意順旨[1]，皆可見矣。以此嘗認爲親母子，今聞此言，其事尤不易矣。

【校勘】

［1］旨：底本作“志”，今據館本、庫本改。

奉先又曰：“老剌赤之父初在長白山東，其兄弟六人皆善騎射，時有童謡云六人中當出天子。六人[1]常祝天，其後移居建州，而老剌赤果起爲天子。其當初所居之地去朝鮮不遠，吾嘗往開市，聞北道人言其所居石垣猶存。年前皇帝遣人尋其處，果有石垣，北道人所言不爽云。”

【校勘】

［1］六人：底本脱此二字，今據館本補。

夜，月明，欲卧，聞東墻外廟堂有歌聲，披衣往聽。一人唱，衆人從而和之，打鼓與鉦爲其節拍，恰似我國巫覡之聲。夜半有喧鬧聲在北庭，問之，一胡人踰墻而來，爲刷馬驅人所執。使首譯縛其胡，待明送衙門處置。俄又聞之，其胡因醉倒墻底，刷馬驅人輩誘與之語，仍引其臂而越之，其曲在我，故放遣云。

十七日，乙未。晴。留北京。

首譯又得回回國甜瓜一個以進。皮皆完，其味甘爽異常，比前所啖亦頓勝。伯氏以病不可食生冷，故皆置余房。食後輒切食，而太清爽，少食亦覺内涼。崔壽昌得生荔枝五個進伯氏，副使、書狀適來，各分一個，亦送一個於余。見之則其殼半枯，而尚有丹色，内白如玉，裹核上數重。殼肉之間有漿盈滿，而其甘如蜜。啖時破殼，承以口，漿即不失。想其生時，肉填滿殼内，而摘已久，故融化爲水。嚼其肉，脆而有聲。其甘不及漿，微有濇意。曾聞荔枝以七月熟，而摘一日香變，二日色變，三日味變。是則去其枝已久而其味如此，使就樹下摘食者，奇當如何？然以今味論之，它[1]果亦無可比者。嚼外殼，香味亦佳，是則似以其漿液浸入而然也。問其出處，即鄭世泰所送來，而南方進上於皇帝者，昨纔入來，故得送云矣。崔壽昌別送余二個，招金中和、柳鳳山、昌曄、金德三四人，與一個分食，皆奇之。

【校勘】

［1］它：館本、庫本作“他”。

鄭世泰即北京買頭，我國所買錦緞皆出於鄭，其價銀多出十萬兩外。自其父時，以此起家，至世泰益富。而婚娶多仕宦家，以此頗有權勢。錦緞外凡干難得之貨言于鄭，則無不得者。其家在玉河橋大路南邊，而爲朝鮮買賣，作廟堂于玉河館門傍。晝夜焚香，其香若盤繩，燃其一端，則燒至一晝夜云。

首譯持來菊花一盆，紅黃花共三朵，即紙造，而與真花無辨，根下又爲細草，鋪於盆土，無不似者，人爲誠亦巧矣。

留館已二十日，而方物歲幣積置未納，表文亦聞未奏於皇帝。蓋此國之法，自臘月二十二日，百司封印不坐，故如是遷延。今月二十日間謂當開印。而數日前禮部招首譯上通事，問："方物移準文書中物種所錄，有與歲幣文書異者，何也？"首譯本不識文書頭尾，承文院書員姜遇文隨去，答云："此依前例而然，非誤也。"據理爭之，而譯官不善漢語，通官之爲我國語猶譯官之不能漢語，亦不分明，故不能明傳遇文之言。令禮部官解聽，終至語塞而歸。首譯告使臣曰，禮部[1]執言於移准文書，事將不順，須多用賂，可無事。使臣初信其言，然之[2]，而書狀明知其文書不錯，呼首譯，責其不善對，而首譯不肯服。伯氏聞書狀言，復入文書看審，實無誤處，更呼首譯屢言之。首譯始乃請以文字書其曲折示彼人，伯氏手書與之，於是與通官復往禮部。上通事張遠翼依所書言之。禮部官曰："汝等之言果是。"蓋此事首譯聽通官之言，以不打緊事爲大段者然，而欲作周旋彌縫之狀爲其[3]功也。張譯言於郎中也，首譯與通官輩坐於絶遠處。事既得已，通官言："我輩與首譯同力周旋，至於無事，何如云。"可笑。

【校勘】

［1］禮部：館本、庫本作“禮部官”。

［2］然之：底本脱此二字，今據館本、庫本補。

［3］其：底本無，今據館本、庫本補。

行中大小事首譯執權，毋論我國人，雖彼人通官以下於首譯之言，無不從者。蓋通官例得禮單之外，凡有欲得者必求首譯告使臣，隨求皆給，而以通官侵虐不可不與爲言，殆若恐嚇。而與通官言時[1]反作自己顔面，通官不知賣己而得之，認爲非首譯則不獲。是以通官親昵首譯，兩人遂爲一心，其所爲之事，傍人無得以知。任莫重於首譯，人不可不擇。凡館中買賣折價高下，與行中聚斂多少、驛奴黜陟，皆在首譯之手。自我國商賈、驛卒至彼人中館夫輩，待首譯若待其主。雖鄭世泰，於首譯之言鮮有不從。今番則攔頭亦待首譯無前。以此論之，首譯可謂執兩國之權，使臣有問行事者，首譯未答之前，他人不得開口，聽其所言從而爲辭。以此首譯所欲諱者，使臣無從得聞，良可寒心。

【校勘】

［1］時：底本作“是”，今據館本、庫本改。

一日，首譯告使臣曰，瀋陽攔頭訟[1]事已决，而攔頭得捷，與攔頭訟者狀頭編配云。始以爲然，後聞皆是孟浪之説。此則以一行皆欲罷攔頭，故恐有呈文禮部之舉，欲[2]截其路也。攔頭中魁首高天禄自遼東隨至北京，日入館中，通官亦多受賂，待之盡意。首譯則以行中事一動一静皆語高天禄，譯官輩[3]以此畏之，莫敢開口。軍官等亦以爲來言於我者，輒即歸於首譯，而一切不言，其權可知也。譯官無通漢語者,其中一二人,號爲稍勝,而觀其與彼人酬酌[4]者,爲十言無二三言分明。此所言則彼不[5]解聽,彼所言則此亦不解聽,見之可悶。兩國之情,只憑通官、譯官通之,而譯官既如此,通官亦不能爲我國言。凡言語雖備説,尚難使人解聽。今以數少之語,擇而爲之,其於曲折煩多之事,彼此豈有通情之理?是以,若有一事則不能析理爭之,無論大小,惟務行賂,寧[6]有如許寒心者乎?

【校勘】

[1] 訟:底本脱,今據館本、庫本補。

[2] 欲:底本脱,今據館本、庫本補。

[3] 輩:底本脱,今據館本、庫本補。

[4] 酌:館本作"酢"。

[5] 不:館本、庫本作"未"。下句亦然。

[6] 寧:館本、庫本作"安"。

嘗聞此國人多慾,近來無紀綱,百事皆以賄成。今來見之,亦不如此矣。此國人心明量大,非事則雖極有口辯,以飾其辭,亦無信聽之理;是事,則初雖誤認,以理爭之,旋即解惑。雖以今番事觀之,初則只見文書誤認,而聞張遠翼言後即爲解惑,無少持難。此等事亦非我國人所及處。郎中黄叔琬,漢人也,人物極明秀,此人先可張遠翼之言,開諭侍郎與他郎中輩云矣。

夕食後,與諸軍官往西庭觀調馬。馬四十匹銜尾盤步,而八道驛子各爲其勸馬之聲。蒙古輩上墻觀[1],有喜狀。是日,日氣温和,多春氣。

【校勘】

[1] 觀:底本脱,今據館本、庫本補。

十八日，丙申。晴，風。留北京。

飯後，往見書狀，還坐階上。序班潘德輿入來，求清心元，即與一丸。馬醫邊益齎司僕銀，欲買御乘，而以其屢度來，故胡人無不識者。雖駑馬，邊欲買則必索高價云。

李元英許裁書，并上元所題七律一首與元建往傳，《群芳譜》亦還之。以元英不在，畀其兄而歸云。大通官金士[1]傑還自北路開市，是日入來。士傑爲人不良，不但我人，雖其類亦皆苦之云[2]。

【校勘】

[1] 士：前文作"四"。此人名本書中"士""四"互見，館本亦然。不再出校。

[2] 不但我人，雖其類亦皆苦之云：底本脱此數字，今據館本補。

十九日，丁酉。晴，風。留北京。

朝，申之淳又以生荔枝四個來呈，此亦得於鄭世泰云。通官金三哥入送回回國真瓜一個，若新摘，味益佳。

近來不但門禁嚴，余亦以眩症不能出。是日，始與甲軍出，將見正陽門外也。朝，提督奴守門者入來，給一扇，辭而不受，少之也，然自是出入無碍。元建、善興、貴同皆得出去，申之淳亦從。自玉河館西行一里到大清門。門前東西南各限百餘步，環樹朱漆木爲柵。三面各有門而閉。自木柵南去數十步爲正陽門，門制與朝陽門同。而甕城有三門，中門則皇帝所出入，閉之，只開東西門以[1]通往來。余行從西門出，市肆繁華，倍於通州，百貨充溢，不可勝記。行數百步，有石欄大虹橋，是濠橋也。過橋，五間牌樓跨橋而立，碧瓦丹柱，極其侈麗。扁以金字書"正陽門"三字，右傍有清書。牌樓[2]內外數里之間皆是錦彩鋪，過此則雜貨與飲食之肆也。大街左右亦多歧路,縱橫相通。街上車馬塞路,難於穿去,刷馬人赶載桶馬在前遊目不防,馬蹄觸市上餅餌盡散。其人只收其器,不發一言,令人愧服。欲杖驅人[3],一市人皆挽止。當街設簟屋,用紅紙爲榜,或書"神相",或書"子平",或書"占筮"。據桌而坐者十餘人,桌上皆置書册筆硯,蓋賣術之徒也。衆人圍擁,中有踞凳讀書者,似通州所見,是收直於聽者也[4]。又有無匣弊書堆在路上,皆小説,是則似爲取直於讀者而置也。就視之,皆名未曾聞者[5]。

【校勘】

[1] 以:底本無,今據館本補。

[2] 樓:館本作"橋"。

[3] 驅人:館本作"驅馬人"。

[4] 似通州所見,是收直於聽者也:館本作"似是通州所見收直於聽者也"。

[5] 名未曾聞者:庫本同,館本作"曾未聞名者"。

市肆既盡,路東西皆有朱垣。東天壇,西先農壇也。天壇垣外盡樹黍幹籬。問其由,則以爲[1]此地多西風,故路中沙土隨風來積,以至埋垣,設此所以障也。籬高幾二丈,而沙積其外者半焉。先農壇不受風,故不設籬,地勢然也。天壇門以甎築成,覆黄瓦,門扇紅漆,獸環、鼓丁皆鍍金。凡三門皆閉,傍有夾門,人頗出入[2]。余遂請於守者入去。門内皆空曠之地。向東行三[3]百餘步又有門,制如外門而亦閉,守者在門傍小屋中,外門守者入來言之。有一老胡出而揖曰:"此乃禁地,外人不可入,而立門内遠望却不妨。"遂引余輩從夾門入數步而止曰:"可立此一看也。"東望百餘步外有柏林周圍,數百步中有三層圓閣,金頂彩瓦,高入雲霄。第一層瓦似紫而迥不可辨。柏林南有一黄瓦殿，而三面環長廊，此皇帝齋宿之處。既睹還出，老胡要余入其屋，點茶勸之，謝以一火鎌。遂起，老胡出屋外舉手爲别曰："就此騎馬可矣。"西南隅有一廟，遂入見。前後小屋重重而多空廢，正殿門亦鎖。元建偶入一屋[4]中，有道士而未曾[5]見我國人，見元建問何處人，對以"高麗"，即饋茶飯云。

【校勘】

[1] 爲：底本無，今據館本補。

[2] 人頗出入：庫本同，館本作"以通往來人"。

[3] 三：館本、庫本作"二"。

[4] 入一屋中：館本、庫本作"入一層，其中"。

[5] 未曾：底本作"曾未"，今據館本、庫本改。

出外門，群胡聚路上習騎射，置一毬於地，大如帽，馳馬射之。衣馬皆鮮華，蓋城中富貴子弟習武藝者也。其中一少年最善射，屢中。又有小胡亦能射，問其年，十二云。自天壇南去數百步許，當路有兩井，水極多。持桶而來者相屬，或馱驢，或扁擔，用轆轤而汲之。井旁小屋有守者，一桶收三錢，而於我國人不取直。屢汲方酬以扇把云。留善興同刷馬人汲水，遂出永定門，此外城南邊中央門也。自井至此一里許，而左右人家相接，間有廟堂，城外亦有人家市肆而不多。

渡濠橋數十步而止，還入城，見城上車馬往來，遂登焉。門樓鎖，不可開，循堞徘徊，皇城内宫闕及萬歲山皆見。是日風埃漫[1]空，未能了了，而自此望正陽門太和殿，直如引繩。宫城南[2]有白塔撑空，是太液池邊所立云。城外則人家不多，皆塚墓，而間有白楊。遠望大野杳茫，此走南方路也。西有大山橫亘，一少年在傍曰："此西山也。"曾聞西山去燕都四十里，今看甚邇，似不過十數里地。山之前面皆土山，而後有峰巒之隱映者。燕都八景中，西山霽雪即是也。乃出酒肴餞飢。問少年曰："藥王廟、金魚池在何處？"答曰："俱在天壇北。"藥王廟、金魚池皆見載於《大興志》，故問之[3]也。申之淳曰："此地，我人所未到處，登城尤可怕，不如遄歸。"多發恐怯之言，余雖不撓而意思亦欠從容。

【校勘】

［1］漫：館本作"滿"。

［2］南：底本作"西"，館本作"南"，今據館本及文意改。

［3］之：底本無，今據館本補。

自門樓從城上東行百餘步，天壇悉在俯視中。其東邊又有柏林圓閣，其制一如在西者，而兩閣相距[1]百餘步。其南又有黃瓦殿在柏林中。一墻之内三柏林，峙若鼎足，未知爲何制。外垣周[2]可七八里，其大幾倍於我國景福宫矣。先農墻内亦有兩殿，其瓦一青一黄，其制異於天壇，規模亦小焉。城下小屋守門者居之，城上往往置軍鋪，亦有守者，而見余輩無所禁。但見群胡來集，圍匝數重。余等衣冠及所持壺笥之屬，無不[3]件件着眼。余以藥果與一小兒，爭相傳玩，亦令甲軍送藥果於守門者。遂還到天壇前，射者猶未散[4]。李廷基亦來，元建前年入來時識其面，相[5]與致款。使申譯問其來由，對以觀射而來[6]。因問習藝之意，答曰："將以應試也。"問善射少年是何如人，答曰："是漢人，余之友也。"詢其姓名，只言姓李而不言名，蓋此地人不輒言名，莫曉其意也。余坐道上看射，不覺日晚，良久始歸。

【校勘】

［1］距:館本作“去”。

［2］周:館本作“只”。

［3］無不:底本無此二字,今據館本補。

［4］散:館本作“罷”。

［5］相:底本脱,今據館本補。

［6］來:館本無此字。

纔過先農壇,望見西邊有一廟,旛竿特鮮明。忽記崔德中言天壇近處有皇帝新建廟堂可觀,而未能訪云,意此即其處[1],遂入[2]去。未至門百餘步已有香氣觸鼻。廟門外東西南三面牌樓金碧輝煌,南樓内書“與天同壽”,外書“萬壽無疆”。東樓内書“東華注算”,外書“蓬萊深處”。西樓内書“天竺延祥”,外書“仙境長春”。牌樓内有一小池,甃以甓。其南邊刻石面曰“龜蛇池”,池東西障以垣,南北則皆樹朱木柵。池上置一木爐,長六七尺,高廣稱之。黑漆而金,畫八卦,覆以簟。池北列置紙燈三座,形如圓蓋,高可七八尺,燈面各標其名,有鰲山、仙鶴等號。左右兩頭各有一盆,中植紙花。其梢縛四五條卷紙,其大如指,此則花炮也。皆禱神時所燒,其火焰成各樣物像云。廟門鎖而有守者,余請入見,即開挾門。門少劣[3]容人,而既入,金碧耀眼,不可定視。此來前後所見寺觀多矣,論土木之工,無如薊州香火庵,而此則又不啻倍之。廟名斗姥宫,蓋供北斗神也。殿宇凡四重,而左右各有月廊。第一殿榜曰北極殿,内安一塑像,是稱斗姥君者也。兩壁及左右廊皆畫神仙,極有生氣。從殿後入一門,爲第二殿,北壁以五彩畫龍,守者揭之,即板也。板裏有壁,緣壁爲梯,守者引而上。屋樑懸彩旛無數,其端皆綴小鈴,乍觸皆鳴。中有塑[4]像,而不知爲何神。樓下東西有小室[5]而皆鎖。過此有三間屋,是爲第三重也,左右壁皆畫仙,大如四五歲兒,筆法尤奇。又掛草書二障,皆書“蔡璟”二字,未知何代人也。壁下置桌,數種[6]器玩在其上,兩傍列置四五交椅。最後殿供佛,左右夾室架插傘蓋之屬,用黄袱裹之,是爲第四重也。遍看内外,還至第二殿。

【校勘】

［1］處:館本作“地”。

［2］入:底本脱,今據館本補。

［3］少劣:少,各本同,朝韓漢文中“少”“小”多混用,此處應是“小”義。劣,館本作“僅”。

［4］塑:館本作“小”。

［5］室:館本作“屋”。

［6］數種:館本作“三重”,庫本作“數重”。

守者開西偏室,入其中,南窗下有一榻,上鋪錦褥,其厚數寸,其上靠窗,又置小椅,亦以錦襯背。東頭置小几,上有古銅爐、匙箸瓶。壁間掛小磁瓶,是插花者也。西壁掛畫障,下置小桌[1],上有琥珀瓶一、琉璃碟一、古銅香爐一、白玉匙箸瓶一。琥珀瓶高四五寸,插紙花。玉瓶高數寸。其北壁亦畫龍,守者揭之,亦板也。板裏有壁,就壁設廚,上下凡四五層,上書“長生樂”三字。其中皆藏奇玩之物,玉盒、玉瓶、玉杯、睡鴨古銅爐、沉香、棋奩、花櫚筆筒、星星石、螺殼、海漚石,凡種種珍怪[2]之物,多不可記,書畫亦在其中。廚窗皆塗以紗,使裏面所置之物盡見,而窗大小方圓隻各不同。闔之,縱横成文,又使可揭。守者取出沉香、棋奩、花櫚筆筒、螺殼、海漚石、星星石示之。筆筒不加礱劚,天然可愛。螺殼光彩黯然，其大可受數合。星星石狀如琅玕石，而大僅數寸，觸手如冰，謂是暑月所用。海漚石仿佛我國皮工之石，不知何用，然似是稀貴之物也。又出書畫。畫，山精木魅圖一軸、清明上河圖一軸。書，趙子昂筆一軸、米芾天馬歌一軸也。此皆御物，以皇帝所嘗來往，故位置[3]如此也。

【校勘】

［1］小桌：庫本同，館本作“一卓”。

［2］珍怪：館本作“奇珎”。

［3］置：庫本同，館本作“致”。

守者使其從者進茶，以一扇酬之。出燒酒藥果餑飢，亦分與守者。守者又引余入東室，室中有一椅，亦皇帝所坐也。桌上置筆硯之屬，而書鎮削竹爲之，不雕不漆。東壁下置一桌，桌上有一水晶研山，高三四寸。北壁掛吕純陽像，以右手撚其鬚，鬚長至腹。筆法似孟永光，畫上有題跋數百字而未暇[1]盡見。蓋康熙辛未王仲盛所畫云。廟左右庭各立一碑。左，康熙乙酉所立，翰林侍讀學士查升撰。右，康熙乙亥所立，翰林侍讀學士[2]高士奇撰。其文概曰，太監顧文行爲太皇太后祈壽，捐私財造此宫云。

【校勘】

［1］暇：館本、庫本作“可”。

［2］學士：底本無此兩字，今據館本、庫本補。

甲軍以日晚催歸，遂行。見大道上往往有聚塵而揚之者，詢其故，甲軍曰，此路車馬所輻湊，故金錢間有遺落者，貧者淘而取之。問一日所得,云無多。此處生理之艱、用力之勤可見矣。未至正陽門一里許,入西偏衚衕。街上盡張青幔蔽日。其曲巷[1]小路,百貨眩眼,紗窗畫屏,左右相映。往往有踞椅而看書者。邐迤入西甕城。申譯以未坐市房爲恨,遂還出東甕城,循大路而南百餘步,入坐一房,即錦彩鋪也。屋凡三楹,而寬敞華整,檐間懸紗燈六七,皆畫人物山水,極其精工,南方物也。入内屋有高樓,樓前懸琉璃燈一雙,大如盎。内外屋棟桷往往雕鏤加金,廛房之制,到處皆然。店中人舉止閒雅,無市井氣,揖余輩坐椅,待以茶,茶味亦清。坐有一胡能爲我國語,使申譯問之,去年隨穆克登出往我國,有所學云,而江邊邑名及軍官使令等名號皆能説得。到此忽聞我國語,令人驚喜。

【校勘】

[1] 巷:庫本同,館本作"衖"。

歸館,日已晡,俄而[1]門閉。在前入門之際,提督奴疑有市物,從人懷袖盡行搜擺。是日則不然,蓋屢次探索而無所得也。余亦以烟竹、扇子、清心元等物與之。

【校勘】

[1] 俄而:底本作"俄已",今據館本、庫本改。

崇文門場市・關帝廟・藥王廟

二十日,戊戌。乍陰。留北京。

甲軍王四以琉璃瓶貯金魚三頭入送,余受而掛諸壁。王四者,即偕余汲水者也,是日始問其名而知之。爲人至良順,余之欲往處,則雖遠無持難之意。余所不知而有可觀處,則四又引而先焉。余則[1]騎馬,四步而從。計其往還,一日所行殆二三十里,而少無苦色。貴同以爲[2]脱有東搶之患,如王四者似不能殺人。余每出遊而歸,輒與扇把或南草,而外此,渠之所求,無不應副。王四家貧,若值飯時入來,余之退飯,貴同必與同喫。汲水之日,貴同特爲四炊飯饋之,以故盡忠於我,無異僕隸焉。其與余行,人有問之者,必稱大老爺兄弟。余戒四勿浪泄,則四曰知之,而猶稱道之如前。大抵此處人重我國使臣,而尤重閣老,雖他國之官稱閣老則皆尊敬之。隨大老爺兄弟而遊,於渠有體面,是以到處誇張焉。

【校勘】

[1] 則:館本無此字。

[2] 爲:館本、庫本作"謂"。

午後往見書狀,柳鳳山亦來話[1]。是日,禮部招首譯及上通事,問:"上年謝恩使方物黄細苧布五十疋當爲剩數,而今此移准咨文中,以三十疋載錄,何也?"其意在於查實與執頉者有異，而首譯不識頭尾，莫能對焉。又出年前陳奏[2]方物文書及今番謝恩方物文書而示之曰："謝恩方物多少？何前後異也？"首譯又不知其故，驟辨而對曰："等謝恩耳。隨其事之輕重而方物亦有多少矣。"使臣聞此言，招承文院書員姜遇文問之，謂陳奏方物與謝恩方物，其數本不相同，自前謄錄如此。於是首譯始知失對，與姜遇文同詣禮部，諸官已散，不及言而還。此邦之規，凡文書盡以清書翻譯，然後奏于皇帝。謝恩[3]方物文書有頉[4]，至今不得翻譯。且坐譯官不善辭，一日可決之事二日不決，行期以此漸退，殊可慨鬱矣。譯官輩雖則逐年入來，而渠之商販外無所知。今番首譯全不解漢語，又昧文字，觸事昏憒。在義州除置太子方物而來，到此見之，則采花席二十五張、苧布二十疋，數外加來。即此一事，餘可知也。

【校勘】

［1］話：底本作"語"，今據館本、庫本及本書他處改。

［2］陳奏：館本作"陳奏使"。

［3］謝恩：館本、庫本作"因"。

［4］頉：即朝鮮語"탈"[tʰal]，義爲"意外，變故"。"탈"原指儺戲中使用的假面具，儺戲與祛邪治病有關，人們便用該詞借指病痛、意外等不好的事情。

張遠翼持書畫一帖來示，皆古今名人所作。問其出處，言得之於皇太子乳母之子金時聲。問："何以知其人？"遠翼云："金時聲之外祖，故通官張孝禮。孝禮居我國時，在鄭相宅傍，出入鄭門若奴僕然。曾隨東平尉入來也，金時聲爲拜使臣，頻來館中，故與之相親。吾亦往其家，其母出見別待，今送此畫作書云：'方在患難中，不得往見。此畫是傳家之寶，今家事窘迫欲賣云矣。'"過數日，遠翼又來言："金時聲纔來，問太子事，則言被搆於皇長子見囚，而只禁外人交通。太子妃、太子後宫數三人同置一家，今雖被搆，皇帝終當有悟云。觀其色，畫亦似是皇太子之物也。渠戒其人有煩耳目，此後勿來云矣。"

二十一日，己亥。晴，有風，日却温和。留北京。

飯後，遇陽招入出耳垢人，余亦試之。雖在深處能出之，使人不痛。觀其所持器，有六七件，常用耳挖外，有狀如針而鉤其末者，此則所以鉤出者也。又有狀如鑷子者，此則所以挾出者也。其餘不能盡形容，而一物用角爲柄，茸毛裹其端，如大豆；一物角柄，稍狀如帚[1]。此則皆耳垢出後[2]納于竅拭出者也。出一人之耳，其直五文也。是人又能剃人頭、洗人足、剪人手足爪。以一櫃藏各樣器械，擔之而行，隨求即應，措櫃於地，使人坐其上，屈身服事，了無羞惡意，業之最賤者也。

【校勘】

［1］稍狀如帚：此四字底本誤置於"用角爲柄"上，今據館本移此。

［2］後：館本無。

畫師王勛，曾畫閔参判像者也。是日首譯率來，使畫伯氏真，日晚未畢而去。畫法視羅延似勝，而年已六十四，眼昏[1]手且戰，筆畫粗，價要天銀十六兩，而起草時先索一兩矣。

【校勘】

［1］昏：館本、庫本作“暗”。

禮部又招首譯，姜遇文亦隨去，一一分辨以對，遂至無事。微遇文，費多少銀子矣。黃細苧布事，申之淳以辛卯使行上通事詳知曲折，其時文書適帶來，故考之，則元數五十疋內，只給三十疋，而二十疋則還持去。以此言于禮部，又得無事，此則之淳之功也。

夕食已，往西庭，諸裨及金德三入來同話。蒙古數人據墻而視。是日，余脱裘。通官來傳皇帝幸西山佛寺一宿而來云。

二十二日，庚子。晴。留北京。

飯後，馬維屏入來，此人家在大佛寺西偏[1]，吴志恒己丑年入大佛寺，相識往來。志恒每言其家多花草[2]，故余使志恒請來。數日前作書，遣元建。至是，志恒延坐東偏月廊，通于余，即出見。問：“尊府蘭草幾盆？”答曰：“只有數盆。”又問：“價之多少？”答曰：“建蘭十餘。”余出前日所得蘭草示之，其人曰：“此非真品，止有葉而無花。”余又問：“臘[3]梅花可得見否？”答曰：“是花冬開，今已盡謝，且家無所藏，唯花鋪有之。”餉以藥果、柏子餅、煎藥、燒酒等物，暫嘗其味而不盡喫焉。仍問煎藥法，余書示，袖其紙而去。

【校勘】

［1］偏：館本作“邊”。

［2］草：館本作“卉”。

［3］臘：底本作“蠟”，今據館本改。

俄而李元英來，無可[1]坐處，又就東偏月廊借書狀房一頭相見。元英書曰："前日承教元夕詩甚佳，因賤體有疾，尚未奉和，今日特來奉拜。"余對曰："猥蒙枉陋，至荷盛意。元夕詩如已俯和，見示如何?"元英曰："尚未[2]。承惠烟茶米種種，謝非言盡。"余對曰："不腆何足掛齒?"元英又曰："元夕亦有拙句，欲請大教，如何?"余對曰："願見焉。"元英欲寫詩，索桌子不得，但寫之而言曰："歪詩見笑。"余對曰："貴詩極佳，詩語亦道着吾人情境也。"元英問曰："間壁是那一位?"余對曰："是書狀官。"問答之際，柳鳳山入來，元英問曰："這位也戴雀翎，是幾品?"余對曰："武科出身，已經知縣。"進柏子餅、藥果、煎藥、栗、茶食，元英先喫柏子餅少許，曰："這松子糕甚美，我帶回家去。"次問煎藥是何物，余書示之。元英曰："性熱。"余曰："然。故只於冬月喫的，血熱少年不宜喫。"元英曰："我不敢喫，方衄血。"又曰："大老爺是令兄，我要一會。"是時畫師入來，故余對曰："家兄方查檢文書，没工夫相請。"

【校勘】

[1] 可：館本作"所"。

[2] 尚未：底本作"向來"，今據館本改。

元英又請見醫官診脉，余召金德三見之。元英又要見余比日所作，余書示咏海棠、梅花、紙菊七言絶句三首，咏琉璃瓶魚五言絶句一首。元英曰："尊作佩服之極，直與唐人並立。"余曰："過奬。"元英覽詩時，到意會處，以指逐字作圈狀，覽已藏去。余問曰："老爺祖先簪纓幾世?"元英曰："高祖，明人。曾祖，清駙馬，禮部侍郎。先君，一等伯。"余嘗見渠所作詩，其父已死，辛卯服闋。余又問曰："尊曾王父是何朝駙馬?”答曰:“順治。”元英又曰:“何時回程?”余曰:“來已二十餘日,回期未定,似在二月初旬前後耳。”

元英請周覽館中,使元建導去。元英遍前後庭人馬所在處,歸時直入伯氏炕。余起而踵入,元英已與伯氏對坐矣。伯氏因寫真,冠帶在傍,元英求見犀帶,自圍其腰,又求見浩然巾。與之,即脱其帽而着之,顧眄自笑。余曰:“我輩衣冠,君見如何?得無笑否?”答曰:“不笑,此正衣冠也。”去時以筆抹其語。又請見伯氏詩,伯氏使余書示七言律一首。元英曰:“我國自四品至一品俱稱某爺老先生,貴國亦然否?”余曰:“我國固無此例,亦無妨依此稱之。”元英又問曰:“看見過我國唱戲不曾?”余曰:“我只聞得大國有唱戲,何從得見?”元英曰:“許人請[1]喫酒看戲不許?問明通官,皇上不禁止,我請二位。”余曰:“我輩[2]不拘[3]得出門,如送戲子入來,或可一玩。”元英曰:“貴國布要買一疋。”余曰:“吾[4]無持來者。”問用處,曰:“作手巾甚美,我國最愛之物。”又曰:“有賣這好貂皮否?”余曰:“貂皮彼此禁物,不曾持來。”又指余所着,耳掩而問:“尊冠何皮?”余曰:“是狐皮。”實則狗皮,而此處人甚賤之,故詭對焉。

【校勘】

[1] 請:底本作“稱”,今據館本改。

[2] 輩:館本作“們”。

[3] 拘:底本作“句”,據文意改。

[4] 吾:館本無此字。

夕飯後,閒步西庭,諸裨及金德三亦來話而罷。畫師王勛又入來,畫像草本畢,彩色全然不似。自請歸家更出他本,而觀其手段,似不能爲矣。聞鄭世泰言,寫真者有許多等，以手品高下而價之多寡係焉。若與八十兩，則極肖云。問王勛，則曰僅直十許兩云。

二十三日，辛丑。晴。留北京。

次李元英律詩，使元建傳之。元英答書，有橘餅及青梅糖煎者各少許。蘭亭一本亦隨至，而非真本也。

崔壽星持二畫來，一宋徽宗《白鷹圖》，圖上有御寶，寶右有"察攸識"。畫法佳，而摹本也。一美人圖，一女人坐凳子，引領看雙蜨之飛，而眉目如生。此非近工所爲，紙亦有古色矣。鷹圖使師許淑摸之，美人圖張于壁數日，歸之。

金德三以畫簇一張來，即《王子猷雪夜入剡圖》，筆法蒼勁可愛，得於問疾人也。曾聞此處人問疾於我醫，勿論其效有無，皆有所贈，謂之面皮。其物無非錦緞，今則不然，而書畫之屬則頗有來遺者云。凡問疾[1]於德三者鎮日紛沓，而或入來，或坐衙門招出，女人則不得入來，皆舍于館門外，因通官求見。館門開，德三輒出，或終日而歸。一日來言曰，爲通官朴得仁所要，往其兄萬石家，其外孫十二歲女子，天下絶色也，渠輩亦言此兒意當入宫中云矣。柳鳳山爲見女人，每欲與德三偕出，而問疾人不許他人隨來。通言語亦不用譯輩，但令軍牢尚建爲之，以是柳願竟未諧。

【校勘】

[1] 疾：底本脱，今據館本補。

二十四日，壬寅。晴。留北京。

聞崇文門外，以每月初四、十四、廿四三次開市，而遠近珍奇之物皆聚，可一見。故是日蓐食，與甲軍王四領汲水人出去。元建、善興、貴同、馬夫業立皆從。出崇文門，渡濠橋，車馬已塞路。路東有一衙門，問其名，有人書示收錢粮宣課司。過魚肆，衆鱗堆積，或以大木槽養活魚。其中有鱖魚、鮒魚、鯉魚，又有所謂白魚者，大者踰尺。約行一里許，甲軍引入東偏路，市已大集矣。人肩相摩，列貨布路，難於進行。乃舍馬巷口，使貴同、業立守之，獨與元建、善興徐步挨入去。沿街百餘步間列各樣奇玩，如珊瑚、寶石、珠貝、瑪瑙之類皆布在地上。至若文房諸具，華棡筆筒、研山硯石、硯滴、圖書石、沉香、怪石、古銅睡鴨香爐、匙箸瓶，制皆精巧。此外異物，曾所未聞者甚多，不可勝記。有銅鑄太上老君及諸神仙之像，大僅數寸，而極有精神。其所布[1]置各以其類，甚整齊，而任人取看，不曾禁。眩轉瑩煌，莫知所揀。又以沉香諸器列置桌上，其中最大者可容數斗，形如木桶。外面壘磈，存其本質，不施雕劚[2]。置香爐其傍，以沉香不住燒之，香烟滿路。

【校勘】

［1］布：底本作“其”，今據鉛本改。

［2］劚：底本作“劚”，即“劚”字。鉛本即作“劚”，據改。館本作“斵”。

見花盆絡繹而過，每兩人共擔一盆，盆皆圍以紙籠。余尾之而去，人叢中忽失所往。東行百餘步人漸稀，市亦盡，方躕躇[1]間，忽遇李元英家人，問余因何到此，余答以故。其人引余南入狹巷，巷左右皆設桌，蘭草連根拔出，置其上，水仙皆去土而筐盛。其賤如葱，而個個吐蕚，買者各持盆而來，輒植而與之。又以水仙、迎春兩花共栽一盆，以怪石植其間，殊可愛。過此百餘步入一家，向之所追花盆盡在矣。余從紙户見之，乃梅花、緋桃、三色桃、月桂、棣棠、迎春、海棠，而花方盛開。又有以紙花栽盆置路左，其中山茶尤逼真。又以木槽貯五色魚者四五處，皆傍堆琉璃瓶，買者輒以魚貯瓶而去。

【校勘】

［1］蹰躇：館本作"躊躇"。

還至巷口，衆胡方圍擁貴同。貴同曰，彼人迭來看鞍韉衣服，有所問而不能答，或有罵之者。遂騎馬出大街，南行二里許，抵天壇，後折[1]而西，入路左小鋪，問關帝廟所在。此廟《大興縣志》謂是隋[2]代所造而塑像可觀。主人指東壁外曰："即此便是。"至則廟不甚大，度一門，即爲殿，守者開殿門鳴鐘。余前再拜仰視，神貌特異，被甲怒目，以兩手按膝，向東側視，若有所問。跪者一人背縛，其面向外，作不服狀。云是吴將姚彬盗神馬被獲，身雖挫心猶梗也。侍者四五人，其中一人在姚彬後背絏索，一人持椎而臨之，若將擊之狀，皆仰而承神命，莫不意在彬也。馬左右顧神，怒目揚鬣。人物皆如生，非近工[3]所及也。

【校勘】

［1］折：底本作"絶"，今據鉛本與館本改。

［2］隋：底本作"随"，今據館本改。

［3］工：底本脱，今據館本補。

殿東[1]有小門，門内有觀音竹數叢。東入一屋，壁下置榻，傍有二匣書而無人。正欲轉身，有一老僧自外來，留而進茶，問其名，對以融江。自廟西行半里許，爲藥王廟。廟中有天皇、地皇、人皇、黄帝、伏羲、神農六塑像。在其左右者皆有功於醫藥者，凡十餘人，皆竪牌於前，書其姓。其中孫者似是孫思邈也。諸塑像皆被以新錦，殿内香氣馥郁，燭淚堆積，可知其香火之盛也。殿後又有兩殿，庭有三四碑，而未暇見。

【校勘】

［1］東：底本脱，今據館本補。

入東偏小門，内有小屋而門閉。簫聲出深處。從屋後又度一門，有高樓，一少年從樓下出[1]，迎入其室。笙在桌上，余索筆書于桌[2]曰："此何名也。"曰："笙也。"請一吹，其人即吹一曲，其聲清婉可聽。取一小册示余，即天地壇及日月壇所用樂章也。其文四字，而一行書四句，以細字傍書曰"四合""二合"，似是習樂者表其音節也。其人每奏一章，即以手指其所起所止處。又奏其次，盡册而止。唯天地壇初獻不奏，問其故，曰此皇帝所行，不可吹云。余問："君是何人習此？"答曰："樂生。"問余姓及年，皆告之。余欲登樓，其人導而上。樓凡九間，新搆而未加彩。中有塑像，皆是女神稱娘娘者也。還出小門[3]，入一屋，即道士所居也。有棕櫚一盆，以氈圍之。又有一物栽于盆，而狀如蔓菁芽，枝繁色綠。問其名，道士書"藍蘭"二字。

【校勘】

［1］出：底本無，今據館本補。

［2］桌："桌"下底本作"[illegible]"，即原寫作"上"，後用圓圈點去。館本作"桌面"，鉛本只作"桌"一字。

［3］門：底本作"間"，館本作"門"，鉛本脱此字，今據館本及文意改。

余早出，日已晏，頗有飢意。廟門外有一鋪，遂入坐椅上。元建進粉湯，粉湯即我國水麵而和以醬水入雞卵者，此地食品中味最佳。王四以下五人皆買餅而喫。余出飲燒酒，以藥果分與店中人，片片分喫，求者頗集。自鋪西行，未幾爲天慶觀，又西爲慈源寺，皆不入。過慈源寺而西爲金魚池，周二里，界道之南北居人引水爲塘，養五色魚。夏月，遊人攜酒來觀。緣堤舊有柳，今皆盡。岸不甃石，傍皆闤闠，衆穢所歸，無可觀。過池而西，可數百步，折而北行，未幾又折而西出，亦一通衢。左右市肆頗盛，街列器玩如崇文之市，而稠熱不及耳。行數百步，出正陽門大道[1]，入西邊衚衕，折而北行。店房[2]綺麗，倍於他處。數百步間無非紋窗繡屏，畫欄雕簷。見其榜，太半是銀鋪也。所至延坐勸茶。轉入一巷，即前日所到青幔張處也。

【校勘】

［1］道：館本作“路”。

［2］房：館本作“旁”。

偶入一肆，賣文房奇玩。求見好硯，出一石，色如我國馬肝石，而謂是端州石。磨墨試之，平平。又入一肆，一人以白綾一幅展于桌上，以二青書之。其文《祭親翁文》，似是受直而爲人書者。其筆法嫻熟，立而書之，從左而右，是則防其污袖也。過此益西行，巷漸狹，間有酒食店。由此可達宣武門，而王四以日晚路遠持難，遂從正陽門東甕城門入去。館門外南邊一家立銘旌及紙旛之屬，當路置二桌，竪木牌于其上，兩僧焚香讀經。問之，乃明日發靷之家云。

歸館良久，門閉。夕，坐前階，與諸裨打話。是日，大珊瑚一樹入來，高四五寸云。通官文二先處曾求羊肝，是日覓送，仍求蝦卵及石卵醢，令廚房覓給。

天下歲入錢穀，載《官階統錄》。是日，崔德中與柳鳳山[1]算出北直隸九府二十州一百二十縣，地丁銀二百四十五萬一百九十二兩，鹽課銀四十三萬七千九百四十九兩，關税銀六萬五千四百六十兩，合銀二百九十五萬三千六百一兩。

【校勘】

［1］鳳山：底本作“山筭”（“筭”即“算”），並貫以一竪，似爲删文。鉛本無此二字。今據館本改。

盛京二府二州七縣，地丁銀一萬八十八兩，地丁黑豆粟米四萬四千三百石。

江南省東道七府六州四十六縣，地丁銀四十二萬四千六十六兩，地丁錢粮銀三百九十萬一百六十九兩，關税銀十七萬六千七百二十兩，鹽課銀二百八萬五千二百八十六兩，合銀六百五十八萬六千二百三十七兩。漕粮一百五十五萬四千一百石，秋米一百五十一萬一千九百八十九石七斗，白米十三萬二千三百五十七石，合米三百十九萬八千四百四十六石七斗。

西道七府八州五十縣，地丁銀一百五十萬六千四百三十三兩，地丁錢粮銀十七萬二千八百二十兩，關税銀三十三萬八千三百二十兩，合銀二百一萬七千五百七十三兩。漕粮二十三萬九千石，秋米十八萬八千九百八十七石三斗，合米四十二萬七千九百八十七石三斗。

江西省十三府一州七十七縣，地丁銀二百六萬六千五百二十七兩，又二萬二十七兩，關税銀十六萬三千八百八十兩，合銀二百二十五萬四百三十四兩，秋米七十萬九千七百三十石四斗，又七千八百八十八石四斗，又一萬三千石，又二萬五千八石六斗。漕粮五十六萬八千七百十六石，合米一百三十二萬四千三百四十三石四斗。

福建省九府一州六十縣，地丁銀一百二萬三千四百九十九兩，人丁銀一萬五千一百六兩，徵銀三千三兩，征銀二千七百十七兩，鹽課銀八萬五千四百七十兩，關税銀六萬六千五百四十九兩，合銀一百十九萬六千三百四十四兩。

浙江省十一府十州七十六縣，地丁銀二百九十四萬四千一百六十九兩，鹽課銀五十萬二千三十四兩，關税銀二十三萬一百八十兩，合銀三百六十七萬六千三百八十三兩。漕粮六十六萬二千三十石，秋米五十八萬三千四百九十五石，白米六萬六千一百九十五石，合米一百三十一萬一千七百二十石。

湖廣省八府八州五十二縣，地丁銀一百八十五萬八千七百三十二兩，漕粮二十四萬四千九百九十五石，秋米十六萬八千五十四石二斗，又六千石，合米四十一萬九千四十九石二斗。

河南省八府十二州九十二縣，地丁銀二百九十一萬五千六百八十四兩，漕粮三十七萬九千九百九十二石，秋米二十三萬一千七百二十四石，合米六十一萬一千七百十六石。

山東省六府十五州八十九縣，地丁銀三百四十一萬五千五十三兩，關税銀二萬九千六百八十兩，合銀三百四十四萬四千七百三十三兩。漕粮三十七萬五千六百石，秋米三十四萬四千九百二石四斗，合米七十二萬五百二石四斗。

山西省五府十九州七十八縣，地丁銀二百九十四萬六千五百九十三兩，鹽課銀十七萬二千六百二十八兩，合銀三百十一萬九千二百二十一兩。

陝西省八府二十州九十六縣，地丁銀一百八十七萬四千二百四十三兩。

四川省十府二十二州九十七縣，地丁銀二十一萬七千四百三十二兩，蕎折銀一百六十三兩，合銀二十一萬七千五百九十五兩，倉斗米三十六石。

廣東省十府九州七十八縣，地丁銀一百二十三萬九千四百三兩，改征銀一千七百五十五兩，關税銀十二萬二千九百五十兩，鹽課銀四萬一千五百十兩，合銀一百四十萬五千六百十八兩。

廣西省十二府三十七州四十六縣，地丁銀四十一萬二千七百八十二兩。

貴州省十一府十二州二十五縣，地丁銀六萬三千五百四十九兩。

雲南省十七府二十七州二十七縣，地丁銀三十六萬六千五十二兩，總銀三千四百三十六萬八千八百七十三兩，米八百五萬八千一百一石。

蓋地每畝征銀四分四里零，丁有三等九則之分，大約每人征銀四錢[1]二分九里零。賦役之法大綱如此，然其銀米各項名目多有難盡而知，要之，甚輕。

【校勘】

[1] 錢：底本原作"戔"，俗"錢"字。

萬歲山·暢春苑

二十五日,癸卯。晴,日氣甚暄。留北京。

朝,首譯入來,傳通官之言曰:"皇帝欲見朝鮮之射,可預選軍官中善射者待之。"俄而蝦一人已到,請見使臣,遂要入。通官文奉先、洪二哥、朴得仁三人隨而入。蝦上炕,與伯氏揖而坐,通官皆立炕下,傳彼此言語。蝦曰:"皇帝要見朝鮮善射人,遣俺迎[1]來。"仍[2]問:"行中有能詩善寫者否?"文奉先曰:"政丞大監必善寫[3]。"仍自大笑,答以俱無。又問:"有能摔跤者否?"亦以無答之。蝦問伯氏年紀及子之多少,首譯皆答之。又問子之有官無官,蝦自言其曾祖父母本以義州人被擄入來,渠爲皇帝寵任,早晚敕行當出去,其姓名金昌民云。蝦之未及入,申之淳先入謂余曰:"蝦在外屢問能詩人,其事可疑,可避而不見也。"余乃垂帷入房。蝦去乃出。

【校勘】

[1] 迎:館本作"領"。

[2] 仍:館本"仍"下有"来"字。

[3] 寫:底本作"射",館本作"寫"。今據館本及文意改。

蝦坐提督處,招諸軍官,金中和、柳鳳山、盧恰、崔德中皆出去,蝦使皆彎弓,留崔德中,只以三人行。余欲觀暢春苑,使首譯言於通官,使得同去。首譯曰:"閒人不許往,吾以首譯亦不得從，奈何？”余曰：“第言之。”首譯出去，即還入曰：“幸許之，可速出去矣。”余即穿戎服而出，則蝦與通官已立馬路上，三裨方騎而出門矣。於是，蝦在前，洪、朴兩人隨之，三裨次之，余稍後從。胡四五騎又在余後，一擁而出[1]。從玉河西岸過東長安門大街，街有大石橋，折而北，循宫墻而行，入東安門。此乃宫墻之門，而騎馬而入。門内又有門，制若牌樓。兩門之間六七十[2]步皆鋪石，蓋橋也，玉河水出其下云。第二門内路廣闊，左右有數三大屋，似衙門也。西望數百步外有一闕門，名東華，此即宫城門也。宫墻之内，宫城之外，人家櫛比，車馬往來，無異他處。未至東華門百餘步，折而北行一里許，過萬歲山。山，宫城主山，而累土而成者，高不過十餘丈，東西百餘步，南北半之。山上大木疎立，圍以墻，東南皆有門。山之前後皆有黄瓦殿閣[3]，觚稜重重，而北墻内三采閣並列。東偏第一閣，二層圓簷，覆以青黄瓦，上加金頂，四圍皆垂朱簾。第二閣一層，而六面金頂青瓦，不設窗户，亦不垂簾，環簷立太湖石。第三閣青瓦，二層，而凡三楹，亦垂朱簾。三閣皆高出墻上，在路上可見其欄檻。在昔甲申年懷宗皇帝自罄於萬歲山煤山閣，煤山閣想在此中，而不可訪矣，過此益感愴。

【校勘】

［1］出：館本“出”下有“馳”字。

［2］六七十：庫本同，館本作“六七”。

［3］閣：底本作“角”，今據館本改。

路遇少年胡人馳馬而來，前後從胡五六騎，蝦以下望見皆下馬，余等亦下馬。過後問之，皇子也，其人白面俊俏。聞此處法，惟於皇子下馬，閣老以下不下云。過萬歲山一里許，出一門，此宫墻北門而不知名，或云厚載門。門外大街市肆之盛，幾埒正陽門外。當街有大石橋，兩傍設欄干，橋下水頗大。即流入宫墻，爲玉河水者也。

過橋數百步，有三層樓，樓下四面有虹門。樓上懸鼓，是爲鼓樓，即十字街也。轉樓而西，由小巷灣曲行。良久始出城，是德勝門也，門制一如朝陽。城外市肆連數里，過此皆村家廟堂，而墳墓亦累累，間有圍墻栽樹者。在路上望西山甚邇，而適風埃，未能快睹。連逢騎馬而來者，蝦與通官相揖而過，或立馬語，似是官員自暢春苑來者也。凡行十餘里出大路，路皆鋪石，是通[1]西直門者也。又四五里，抵暢春苑。度一石橋，左右市肆皆賣飲食，人馬塞路。進百餘步，有青瓦小門，是佛寺也。折而西有一柵門，皆騎馬入去。又折而北行，路左右有高墻，累以雜石，灰塗其縫，上亦不覆瓦，只用灰塗之，其制朴素。沿墻往往有軍堡，群胡掛弓劍于壁，以槍卓地，或坐或立。西墻有一門，門外立一車，以黄錦爲帳。門内即皇帝所居云，而僧徒[2]有出入者。行數百步墻盡，折而西，高柳夾路，有水田十餘區，是爲暢春苑北墻外也。水自墻内迸出，向北流，上有大石橋，橋下又有小閘，是爲灌田而設者也。

【校勘】

［1］通：底本脱，今據館本補。

［2］徒：館本作“道”。

過橋數十步而至一門，門向北開，諸人皆下馬。蝦入門去，余等同坐墻下，人多來觀。而墻後有一帶小屋，自此出來者皆宦者也。余等[1]出燒酒、藥果喫之，衆人競問其名。以藥果與之，相與分嘗。俄有一宦持茶壺而至，飲余輩。継而衆宦以各樣果子迭相來投，生梨、紅柿、乾柿、山查、大枣、西瓜子、檳榔。檳榔，即此處人所常嚼者也。余等同在一處，觀者益多，不勝其紛沓，乃各自散行。

【校勘】

［1］等：底本作“屮”，爲“出”字前三筆，誤筆。鉛本作“即”，館本作“等”，今據館本改。

通官洪二哥引余坐凳，仍謂曰：“今日之舉，前古所無，亶出於皇帝親愛朝鮮也。國王聞此亦[1]當喜耶？”余唯唯。二哥又曰：“世上佛爲誰？今皇帝是也。”又笑曰：“清國、朝鮮，初亦相等之國，而清國以命數通，故爲帝耳。”余謂二哥曰：“余[2]之此來無名目，若有問[3]者，可以領軍官人答之，切勿直言。”二哥曰：“吾已會得。若正使道子弟之説來此，何可發口？今日已晚，雖在此經夜，吾輩自當周旋安頓，亦無慮焉。”朴得仁來謂余曰：“吾輩自有宿處，君當於何處安身？”余答曰：“吾有豹裘，且有[4]燒酒，何患經夜？”得仁大笑曰：“試看[5]今夜何以經過，雖至凍殺，毋尤我也。”通官輩雖爲我國語，曲折未備，齟齬可笑，有似小兒始學之語。余問二哥曰：“初何以學得我語？”二哥曰：“以父母皆朝鮮人，欲我之東語，奴婢皆買東人，家内禁用清漢語，故自然學得。父母没而漸至遺忘，若我子女，雖教之而終不能[6]。我輩死後，兩國通語之路當絶矣。”二哥仍謂余曰：“朝鮮人全不恤奴僕。”余曰：“何以言之？”二哥曰：“此處則飲食甘苦，衣服美惡，奴與主無分。以至其主騎馬，奴亦騎馬，而朝鮮豈曾如此乎？”余曰：“朝鮮奴僕與此處有異。蓋箕子立法，令盜人財者世世爲其奴。今之爲奴者，其祖先皆嘗竊他財者也，安得與其主同？”二哥頗然之。

【校勘】

［1］亦：底本作“𣥂”，爲“當”字前五筆，誤筆。鉛本作“即”，館本作“亦”，今據館本改。

［2］余：館本作“俺”。

［3］問：底本作“聞”，據館本改。

［4］有：館本作“持”。

［5］看：館本作“觀”。

［6］能：館本作“得”。

盧恰與一宦書字問答，余從傍替一二語，於是衆宦來圍余，步步不捨。其中一宦年可四十餘者，持紙筆書問曰：“你姓甚？”答：“金。”問：“高壽？”答：“五十六。”問：“何官？”答：“無官。”問：“無官何以進京？”答：“我雖無官，因賣買充押物官入來。”問：“令郎幾人？ 而做何業？”答：“兩人，業儒。”問：“你先代有官職麽？”答：“先世也有官職，只我因有病不能讀書取科。”問：“你國亦有果子否？”答：“有。”問：“有幾種？”答：“除龍眼、荔枝、楊梅、文丹外都有。”以羊腸内實膏血煮熟者切四寸許，一與柳鳳山，一與吾。問曰：“這肉好吃否？”答[1]：“味儘好，只是喫不慣。”問曰：“你國王打圍否？”答：“不打圍。”問：“在宫中何以頑耍？”答：“國王只在宫中酬應萬幾。”仍曰：“此不過閒話，别無他意。”諸宦引余入北偏屋中，饋以茶。時三禆已隨通官入門内矣，一老宦問曰：“你有甚恙？”答：“有痰火症，積年不痊。”傍有一宦於囊中取出寸許小瓶，傾黄色藥末入鼻取嚏。仍問曰：“你會鼻烟否？”答：“不知。”曰：“這是西洋人所造，能治痰，皇上亦用之。”曰：“然則要得少許。”執筆者即自解所佩瓶與之，即酬以花峰銕。有一小宦連以果子來遺，自初至終，須臾不捨，意甚[2]款曲，遂與一火銕。問其姓名年紀，答：“姓王，名進朝，年二十四,住在崇文門内云。"執筆之宦,其姓趙云。

【校勘】

[1] 答:館本、庫本作"笑"。

[2] 甚:館本作"又",庫本作"尤"。

所坐之屋甚小而人滿其中,炕又熱,余面熏不耐久坐,請出外散步,三四小宦攜而出。見苑墻内有以簟圍裹之物,出墻丈餘。問之,乃竹也。屋後有闊溝,水平若不[1]流。北岸爲小隴,有柳數十株。緣溝行百餘步至東墻後。北望皆荒野,遂轉步渡一石橋而西,有市肆焉。王宦攜余入一店,取酒進一鍾,余飲不卒,又進一鍾曰:"此老酒。"其色如琥珀,而稠粘多甘味。余從囊中出紅蛤啖之,以少許分與諸人。問:"味如何?"曰:"好。此何名?"曰:"此淡菜,乃東海中蛤肉,能補人。"諸人點頭。於是還坐[2]初坐處。問曰:"你國亦有這人否?"余初未領悟,彼即自指其身,小宦在傍者又稱"古者古者",余始曉得,乃答曰:"我國亦有。"問:"官至幾品?"答曰:"也有位至一品者,但無官職,只在宫中傳命令而已。"仍問:"大國如何?"諸人相議良久,乃書"一樣"二字,而觀其氣色似非實際語。蓋胡人懲明亡基於閹宦,畜以僕隸,雖有廪給而亦甚薄。觀此輩居處衣服,亦皆疲弊矣[3]。

【校勘】

[1] 不:底本作"下",今據館本、鉛本改。

[2] 坐:館本、庫本無此字。

[3] 矣:館本作"也"。

問答之際終始執筆者趙姓人,而衆宦各以所欲問使執筆者書示。前後相續,使人疲於應對。余所欲問有不暇問,亦恐行色或露,不敢作他語。諸人以問答所書紙皆摺而藏去,其意亦難測。又使我將问答語高聲讀一遍,是欲知我國字音也。余呼馬頭,彼亦從而呼馬頭,又能言“古者”二字。余問:“諸君[1]何以能爲吾國語?”答:“學於通官。”後問朴得仁,言皇帝使渠教群閹東語,而竟亦不善爲。其使習東語者,意又可異也。諸宦問曰:“飢乎?”曰:“不飢。”少頃又問曰:“飢否?”仍攜入炕上饋飯。菜二器,猪肉一器。一器所盛形如饅頭,色深赤,味鹹,似以麵化醬而造者也。趙宦坐桌頭,手切醬薑而勸之。食撤[2],以其餘授從者。出坐中庭,有一小宦來遺二梨,余問曰:“諸君連以果子與我,何意?”曰:“敬。”曰:“過蒙錯爱,感不盡言。”曰:“一是客,一是有緣。”余曰:“客當不得,緣是有了。”諸人皆喜而笑。

【校勘】

[1] 君:底本作“人”,此處作直接問語,館本、庫本作“君”字較妥,今據改。

[2] 撤:底本作“徹”,今據館本改。

余因切梨刀傷指,趙宦見之曰:“不相干。”即於囊中取[1]一物,狀似紙,亦似石魚皮,以唾潤而傅之,血即止,經數日不脱,竟不知何物也。“不相干”云者,與“不打緊”同,亦無傷之意也。諸宦又問:“貴號[2]甚麽?”答:“鄙人豈有稱號? 只喚做金三。”諸人皆笑。又問曰:“你兄何官?”曰:“一故[3],一出家雲遊在外。”又問曰:“你會做詩乎?”答:“不會。若還會得,早已做官了。”諸人皆笑。聞元建言,諸宦方與余問答間亦問於渠輩曰:“你老爺甚麽官?”元建答以“無官,亦非老爺,以商賈入來爾”。諸宦曰:“非也。觀其舉止酬答,決非以下之人云。”又言諸小宦以餅果之屬連續來遺，其直計不下五錢銀云。

【校勘】

［1］取：館本作“出”。

［2］貴號：底本作“□□字”，“字”之前爲兩個缺筆字“丿宀”。館本、庫本作“你字”。鉛本作“貴號”。今據鉛本及下文改。

［3］故：底本作“故人”，今據館本、庫本删“人”字。

俄報三裨已出來，余遂出書示曰：“請辭，後會無緣，悵悵。”諸人拱手而送，亦有隨而出門者。到墻底與三裨相見。問射時事，言：“蝦之先入者復出，使通官引俺等立門外，以皇旨問曰：‘汝等能射片箭乎？’答曰：‘片箭非人人所可射，且弓矢不適，尤難射也。’蝦還入，良久復出，引俺等入門。蝦先導，通官次之，疾趍至三十步許，四宦者各持[1]弓矢而迎，謂曰：‘此乃你國弓矢，敕行時賫來者云。’見其弓制如長弓，而非我國所造。筒兒與箭是我國所造，而現有射痕。群胡絡繹催進，俺等各操其弓，而箭則尚在胡手。疾趍可七十餘步，抵皇帝坐處。通官挽俺等向南而跪，距帝座僅七八步。膝纔到地，通官旋挽[2]盧裨向西北立，授片箭使射。盧問：‘向何而射？’通官曰：‘但向空遠射。’盧既發矢，通官即挽出[3]，立初跪處。次引金裨，次引柳裨，又其次復引盧裨。其授箭進退之節一如初，後引金裨連授四箭射之，故金裨矢數獨多。”

【校勘】

［1］持：庫本同，館本作“指”。

［2］挽：底本脱，今據館本補。

［3］出：館本、庫本作“去”。

"射已,即使向帝跪。問曰:'若書字問,爾等能對耶?'俺等答曰:'我輩武人,不能文,然有問或可書對也。'通官告于帝,帝有所云云,而俱是清語,不可曉。即又起立,使射方革。革用白氈爲之,高可四尺,廣可二尺,中以紅革爲上中下三的。其中的之中,又有黄圈,革上列插五色小旗,旁有四胡持小鼓而立。先授金裨帿箭[1]射之,次盧,次柳。皆木箭,而金、盧三矢,柳二矢,皆不中。柳裨因射矢不多,立而偷視。東有一帶墻,去墻數丈鋪甓爲庭,方可二十步。當中置一榻,高可尺許,上無覆,旁無圍,榻上鋪白氈,氈上設貂褥[2]。皇帝向西盤膝而坐,廣顙,頤稍殺,疎髯犯頰而斑白,雌雄眼,神氣清明。其衣帽皆黑,與凡胡無異。宦者數十人捧香爐等物羅立坐後。又其後群胡皆垂手而立。庭南畔列立者又六七十人,亦皆垂手。此外無他儀物。與通官退立於北偏五十步許,則爲方革之東,忽有鳴鏑聲,隨而擂小鼓,如此者五。通官云此皇帝親射,始見其身,長可七八[3]尺。少頃,諸胡一行立,迭相發矢,中者過半,皆鳴鏑也。蝦來問曰:'皇帝射法、諸武臣技藝何如?'答曰:'極善射,壯矣。'蝦趍入,還出問曰:'你[4]等詳見皇上天顔乎?'答曰:'我等外國人也,猝入天子之前,怳惚震慴,未能詳看。'蝦曰:'幸逢盛舉,不得瞻天顔,可惜。'蝦之出入,一宦隨來隨去。問其由,以皇帝命來聽我等之語云。蝦又索我等角指而入去,已而還與,曰:'不好,决不及我制也。'墻内平衍,周廻可五百餘步,地有馳馬之迹。南北兩隅皆有樓閣,而蔽於樹林,不能詳睹,但見西山出於墻上耳。園中有一道溝水,而岸皆不甃,但緣堤插木,防其潰。南北墻皆有虹橋,即水出入處也。見兩小舟從南橋下流入向北而去。以地勢則水宜南流,而今如此,可怪。舟上置椅,覆以黄帕,乘者各六人。蝦來問曰：'此何如?'答曰：'好。'又問都城何如，答曰：'天子之居，何敢妄[5]論?'俄而群胡一擁而出，其中四胡獨於帝前騎馬。俺等問何無禮如此，通官曰：'此是皇子。'其餘諸人或蒙古王或駙馬或蝦等，皆是清人云。"

【校勘】

［1］箭：底本脱，今據館本補。

［2］裍：底本脱，今據館本補。

［3］七八：館本作"六七"。

［4］你：館本作"爾"。

［5］妄：底本脱，今據館本補。

皇帝初有書問之語而竟無所問，似以諸臣中無識字者而然也。余意不然。通官輩素不善我語，而語涉文字則尤難翻傳。故此來時，通官輩[1]在路中戒諸裨，皇帝所問外無煩他語，至於文字，絶不可出口云。以此見之，寫字爲對之語，彼必不傳也。

【校勘】

［1］輩：底本脱，今據館本及上文補。

此時日已向昏，而通官輩以爲即當歸城中。問："城門閉，將若之何?"通官曰："蝦已先往留門。"遂騎馬疾馳，直向西直門。天暗無月，一路無所見。未及城數里，一雙大紅燈懸於空中，是寺門云。自此店房連亘，市猶未徹，家家開門燃燭，左右熒煌若白晝然，入城還復黑暗。而蝦從路左馳出，要余輩過其家[1]，引入小巷，可一里即至。蝦揖余先行，蓋此地待客之禮，客先而主後也。入門，僕隸列候，中堂已設燭[2],北壁下一帶長炕鋪[3]彩氈。引余輩齒坐,蝦在余左,通官皆立炕下。諸裨稱不安,蝦乃許其坐,通官始引凳坐炕下。茶一杯後,從胡擡二桌置于前,又一人設蔬菜數碟,每人前置一小鍾、一雙箸,以錫壺暖酒而斟之。酒數巡,主人願聽歌,盧宣傳唱二闋,使嘉山驛奴再奉繼之。主人扣桌稱好,自取琵琶彈之。出其兩兒一女,視[4]之,大者十餘歲,小者六七歲,而眉目皆分明,人事伶俐。囊中適有僧頭扇一把,與其大兒,稱謝[5]。

【校勘】

[1] 家:庫本同,館本作"門"。

[2] 燭:館本作"燈燭"。

[3] 鋪:館本作"布"。

[4] 視:底本作"示",今據館本、庫本改。

[5] 謝:底本作"譤",即"謝"字,今改。

酒過四五巡,從者又以肉四五碟擺列桌上。人各飯[1]一碗,飯白而軟,又有味,諸人甘喫,從者皆飽。主人以火鐐及火石贈我,言是好品。其小女持四錦囊從内出,主人分授余等。主人曰:"今日之舉乃皇上待朝鮮之意,諸君能會此乎?"三裨同答曰:"吾等亦豈不知?"主人又曰:"此事當歸告國王乎?"余曰:"此誠異事,自當歸告國王,而但諸人不能中,是爲無光也。"朴得仁曰:"皇帝見君輩之射有喜色。不中,無傷也。此乃百年所無[2]之事,奚但君輩之榮,吾輩與有光焉。至尊之前無事出入,亦是大幸。"縷縷爲言,殊有誇矜之色。又謂吾曰:"以君政丞大[3]監之弟,故言于將帥同行[4]。不然首譯亦不得往,而他人可往乎?"余稱謝。將帥指金蝦而言也。得仁又曰"吾將帥謂早知君欲觀皇帝,使與諸禅同入，亦不無其道”云。

【校勘】

［1］飯：底本作“飰”，即“飯”，今改，下同。

［2］百年所無：底本作“百年所所”。館本、鉛本皆作“百年内所無”，今據此二本及文意改。

［3］大：底本作“”，似原有“之”字，後用圓圈點去。館本作“政丞大監”，鉛本則作“政丞監”。今據館本及上文改。

［4］行：館本、庫本作“往”。

夜深辭出，主人送至門，使洪二哥謂余曰：“倉卒接待，恨不稱意。”再三致款。朴得仁言：“玉河館門已鎖，不可入。”遂引我輩向其家。街上有擊柝而巡更者，所過巷口有門皆鎖，呼守者開之而過。循宫墻南行一里許，入一門，即西安門也。門有持兵而守者，諸人騎馬入去。門内亦有持兵仗而行者，遇之皆不問。過門百餘步，北入小巷，至得仁家。入大門下馬，又入重門，自重門至中堂。庭皆鋪甓，堂中掛琉璃燈及紗燈凡十餘碗，庭宇通明。堂凡三間，而西南北三面皆爲炕，悉鋪白氈。壁上書畫皆庸筆也。行茶後進酒，味甚佳，無遜薊釀，饌品亦極豐潔。洪二哥歸其家，請於明日必歷過，不得已，許之。夜將半，得仁引余輩處于西廂，爲設四人衾枕，皆是新造，而余則枕袋覆裘經夜。

太液池

二十六日，甲辰。晴。留北京。

曉起出户外，有微雪。先送元建於館中通昨日消息，仍梳洗。有一二家丁伏侍，房中有青銅爐，是我國所造，見之亦依然。壁上揭紅紙牌，書曰“宣聖孔子位”，前置香爐。余戲謂諸人曰：“俺之此來雖爲遊觀，不無歉然於心者。今我夫子亦享此香火，我輩不足言也。”諸人皆笑。

柳鳳山年前夢入北京見皇帝，今行出於意外，入太和殿庭，自謂夢兆奇符，今日又見皇帝之面，尤可異也。金中和自來善射，而射法異於人。曾於春塘臺上以别射法稱之，自家儕類因此譏以異國射法。今番所射矢數多於他人，彼人又稱其善射，尤爲我輩所調笑。且以通官輩曾有請得皇女之譃，故余於來時戲謂此行殆爲揀擇金中和也。至是謂金曰：“聞公已入帝眼，其爲駙馬七八分有望。”仍又一場大噱。

得仁十歲孫兒[1]出見，肌[2]白眼瑩，所戴帽懸雀羽，云已屬諸王之蝦。蓋諸王侍衛者亦懸雀羽而但無金錢耳。余以一鞘刀與之，得仁固却之曰：“朝鮮物非我家所少，不必與也。”余曰：“此是面皮，不可辭。”得仁始令受之。又要余輩復入正堂，年少婦女在内屋者多而不甚回避。又令長[3]孫出謁，眉目亦清，年十三，已讀四書，而又能射，試令彎弓。使其兄弟各書姓名，兄書朴之温，弟書朴之恭。俄進一桌肴饌，而比昨日益豐，備果子、糖餅、菜蔬、鹿肉、獐肉、猪肉、羊肉并十數器。酒罷進飯，飯饌亦極精侈。是日，余以式暇行素，得仁爲余别設素饌，咄嗟間辦十餘碟，而有瓜葅及蔘芽、萵苣、生菜，最清新可口，清醬味亦佳，蓋以我國法造者也。

【校勘】

［1］孫兒：底本作“兒孫”，今據館本、庫本改。

［2］肌：底本作“肥”，“肌”之誤字，今據館本改。

［3］長：底本作“大”，今據館本、庫本改。

曾聞朴得仁從皇帝往征阿魯德，遂問其時事。得仁曰：“阿魯德乃蒙古種而所居絶遠，皇帝選精騎親征，捨輜重，日夜兼行，至其地。阿魯德舉[1]众迎戰，男女老少皆來，以槖駝爲陣。清兵用鳥銃斃之。會日暮收兵，阿魯德送一喇嘛僧到清陣請降。翌日見之，阿魯德已遠遁，遂不得殄滅而歸。戰士二十餘日所食通不過數升糜，而皇帝不食者亦六七日云。”而以其語疎，不能悉曲折，但重言複言曰：“吾輩幾乎餓死矣。”一胡自外入來，踞炕與得仁語，三裨皆進前致款。問之，通官金士傑也，面目極不良。且以余不即接話，頗出慍言，仍謂得仁曰：“昨日之射，三使臣宜與軍官同詣暢春苑。”得仁聽而嘿然。後以此言于洪二哥，二哥曰：“此不曉之言。使臣無皇帝之命，而其可往乎？”

【校勘】

［1］舉：底本作“𦦙”，即“舉”字，今改。

得仁呼其家丁出一櫝，高二尺許，廣半之，前爲兩扇門。開之，中有沉香假山，其人物并用密羅爲之，樓閣、樹木、花葉皆銀與珊瑚、青碧也。山之前面有小竅，用銕匙納而拗之，中作碌碌聲，而人物禽獸皆自動。山上有一寺，僧在樓中撞鐘。一邊有虹橋，騎驢者從橋上過。上有小庵，一僧開門俯視，其扇乍開乍闔。山下有城門，舟從城外到門，門輒開，舟入還閉。山底則爲水草及波浪，而中有躍鯉，又有蛤方開口，鸛俯而啄之。其機皆左旋，周而復始，良久乃止，止則又拗之。得仁謂是西洋人所造而得之於南方云。

臨起，得仁出四錦囊，各授余等從者。遂訪洪二哥，其家去朴家[1]一里許，二哥出門而迎，待以酒饌，其豐潔一如得仁家，亦使兒女出拜。有一胡在坐，二哥謂此亦朝鮮人子孫。蓋通官輩皆東人之子，故與被虜人子孫無不親厚往來，自相婚娶，人情之不忘本可見。聞主家女人欲見我國舞，使驛卒輩爲之。一人鼓桌，兩人對舞。群女出階上觀之，與以錢。聞五龍亭距歸路不遠，遂言于二哥，使得歷見，二哥許之，即請朴得仁同行。從小巷中西行，北折東出，地始闢[2]豁。而有一大刹，門前立三牌樓。殿屋上覆大金頂，制度壯麗，無異宮闕。通官言此喇嘛僧所居，其僧皇帝以下皆敬禮云。

【校勘】

［1］家：底本脱，今據館本補。

［2］闢：館本作“開”。

過此爲太液池西岸，池面闊如江湖，而瓊宫貝闕，映帶左右，乍見怳若身到蓬壺。近北岸有五彩閣在水中，此五龍亭也。閣制或八面，或六面，或四面，而皆金頂青黄瓦。五閣相去各三四丈，而屬以廊。朱檻碧户，望之如畫。五閣後又有數重殿閣隱映者。東岸有一帶廊閣，下繫二彩船。又其南有一島，上竪石塔，即永定所望者也。下圓而上爲八面，繚以石欄。石色白，遠望如玉。上加金頂，絡以銕鎖，四圍立太湖石。此乃瓊島八景所謂太液晴波、瓊島春雲是也。池周五六里而岸皆不甃，水之紆直闊狹隨地勢而成。大石橋横截東西，長可七十步，而中間數丈接以板，四隅有銕環，使可揭起，是爲舟過而設者也。橋欄皆鏤石爲之，板則朱欄。橋兩頭皆有牌樓，西曰金鰲，東曰玉蝀。東南岸亦有彩閣，而一閣直入水中，遠望欄檻，若與水接。南則樹林葱蒨，不見其岸。時池皆冰，成萬頃琉璃，而往往有枯荷，花時光景又可想像也。自五龍亭至金鰲門，緣池有一帶短墻，墻外路也。金鰲門以下，圍以高墻，墻内多樹木，是畜獸之囿也。

過玉蝀門有一圓城，圍僅數十百步，其上有三四彩閣。古所謂臺榭者恐如此也。四面異木叢立，薊州香火庵所栽之松亦在其中。城南北皆有路，北通萬歲山後，南通玄武門後。玄武門，宫城北門也。通官問："欲從何路?"余曰："萬歲山後昨日已見，從南路可矣。"過城有一寺，門前三牌樓，極其環麗。東樓内扁書"先天明鏡"，外扁書"孔祐皇祚"。西樓内扁書"太極仙林"，外扁書"弘祐天民"。寺之東有三簷彩閣，屋甍朱漆而金畫。至其前，通官皆下馬，余輩亦下馬，而不知其故，後聞則胡皇[1]父祖畫像所藏之處云。玄武門與萬歲山南門正相對，而門前跨濠有石橋。城東西隅皆有三層十字閣，其制一如前面。蒙古騎槖駝自西安門入來者填路，是往暢春苑受賞而來也。路遇李元英兄與一胡並轡而來，帽上懸雀羽，始知其爲蝦也。

【校勘】

［1］皇：底本作"王"，今據館本、庫本改。

歸館，副使、書狀同在伯氏所，進三禆問昨日事。朴得仁以沉香山琉璃燈入送，爲供伯氏一玩也，見後還送。以壯紙、扇子、烟竹、清心元[1]、花峰鐵、鷹鈴等物酬其接待之意，來人賞以一扇、一烟竹。夕，見書狀，柳鳳山亦來同話。

【校勘】

［1］元：馆本作"丸"，下亦多有。

二十七日，乙巳。晴。留北京。

柳鳳山病，不入來，門閉後往見，崔德中在坐。柳記暢春苑事頗詳，謂與崔德中共商云。

是日，通官金士傑入來，盡驅賈胡而出之，使次通官守門。譯官輩問其故，士傑曰："昨日通官詣禮部，禮部聞暢春苑射矢事，遂戒于通官曰皇帝待朝鮮若是殊異，使雜人出入館中，脱有盜竊之患，定有罪責，宜加嚴飭，故如是云。"而其言不成矣。或以謂鄭世泰以其物貨價高，我國銀多歸於雜貨，故世泰賂通官欲塞其路。此言近似，而如此者亦數日而止。聞洪二哥來，召其奴贈面皮，其數與朴得仁同。二哥固讓不受，使首譯喻[1]之始受，又以一篚與其奴，謝而去。得仁爲人濁而多慾，心却虛偉，二哥奸深而外貌精介矣。

【校勘】

［1］喻：各本皆同，然據本書他處似當作"諭"。

李元英許裁書，送咨文紙四張[1]、雪花紙三張，而咨文、雪花各一張，要得善畫也。元英兄見元建問曰："昨日汝老爺安往？"對以無往處。其人曰："我於東安門内相逢，何謂無往處？"元建以實告，仍問曰："既與相逢，何不交話也？"其人曰"人多，故闕之"云。

【校勘】

［1］張：底本作“丈”，今據館本、庫本改。下二處及下文三十日同。

首譯朴東和、上通事張遠翼、别灣上崔壽昌同力[1]購得文書二本，一則兵部招安海賊事，一則禮部請尊號事也。海賊陳尚義，廣東潮州人。本以凡民困於飢寒，聚黨六百四十人，所乘烏船十二隻，以仁義禮智爲號，出没洋中。山東、廣東、浙江、福建、江南五省沿海官寨及往來商舶盡被打劫。因皇帝招撫，去年七月，尚義作降表，授難民周錦歸命。錦本浙江寧波府人，隨父出洋貿易，十數年前爲尚義所劫，其父溺死，錦與兄任景被掠，遂從尚義。至是，留其兄任景爲質，從山海關下陸，九月至北京，上尚義表，略曰："只緣飢寒所迫，誤入海洋，悔艾莫及。四十一年，皇恩浩蕩，差官招撫，義原約仁義禮智四號船同時歸誠，不意陡遇颶風，打入番邊，不能同沐恩膏。迄今十載，流落外島，累欲上岸抒採，無奈船隻一近内洋，便爲巡防官兵勦捕，下情何能上達？萬不獲已，拼死冒犯，不過逃生，非有深謀大志。外洋之窮山僻島與番邊倭界，堪可停泊，苟延歲月。但聞皇上聖德如天，愛民若子，山陬海澨靡不歌功歌德，遠方絶域莫不來享來王。義何忍自棄化外，甘爲頑梗？今有商民周錦勸義革面向化，必沐皇恩，情愿挺身代爲投誠。爲此瀝血陳明，伏乞大府恩賜轉奏。倘蒙皇仁矜宥，特霈恩綸，赦其前愆，待以不死，義海洋情熟，技勇諳練，首先倡義，率衆歸誠，賜以官職，俾守沿海要地。義愿披肝瀝膽[2]，赤心報効，以答殊恩。不特每年可免防守官兵查巡之苦，並可杜將來海洋盜賊之虞。一字涉虚，愿甘寸磔云云。"

【校勘】

[1] 力:底本此處空白,缺一字,鉛本注曰"缺",今據館本、庫本補。

[2] 膽:底本作"血",今據館本、庫本改。

乃使御史陳汝咸、兵部郎中阿奇率候選知縣蔡文及周錦等,往尋陳尚義所在,招安以來。登州鎮臣李雄奏稱:"陳汝咸等上年十月二十七日,金州天橋廠乘船,十一月初七日到皇城島。此乃尚義送周錦時相期留待之處,而今來見之,尚義不在,周錦言尚義不在此,必在盡花山島,遂赴其處云。皇城島去復州不遠,盡花山島自皇城島數晝夜可去,與南京相近之地也。"又曰:"海賊既云上京投誠,而又敢拒敵,傷害官兵。北洋海賊是尚義同夥與否[1],亦未可定。而招安使今已南下,此後東洋再有賊船,或一概招撫[2],或因行追勦,懇乞皇上批旨[3],以便遵行云。"所謂北洋、東洋,以登州地方而言也。北洋指遼東與山海關一帶海,東洋指山東與我國之間海也。兵部據皇旨謂:"東洋如有陳尚義同夥賊船前來投誠者,即行收撫,遣員送至京城。或有前夥洋盜能自愿投誠者,務須宣布皇仁,善爲收撫,亦護送來京。若有抗違頑梗者,該鎮當行勦滅,命下之日,行文山東登州總兵并沿海各省巡查海洋各官,一體欽遵施行可也云。"

【校勘】

[1] 是尚義同夥與否:館本、庫本作"是否尚義同夥"。

[2] 撫:底本作"舞",今據館本、庫本改。

[3] 旨:館本、庫本作"示"。

《請尊號表》略曰"禮部奏,爲聖德崇隆已極,臣民咸戴無已，恭逢六旬大慶，普天同歡，請上尊號，以愜輿情，以光大典事。欽惟我皇上，至聖至神，允文允武，道貫三極，勳配兩儀。御極以來，敬天法祖，勵政勤民，親祀郊廟，殫竭精誠，承歡慈闈，備隆尊養，篤念本支，加厚宗室，宵衣旰食，親覽萬幾，勸織省耕，殷懷兆姓，歷年蠲免之數已逾萬萬，而三歲一周之令，復涣德音。盛京朝鮮年穀不登，特遣官員航海連賑，水利河道，躬臨修防。九重祥[1]刑，以全民命，時命保舉，以簡才能，整嚴邊備，訓鍊官兵。朝列舊臣，務全始終，行間宿將，倍錫恩榮。察訪高年，時須優賚，功則超越三謨，德則包涵二典，古所未有也。至於三孽拒命，六師用張，收察哈爾邊隅，輯鄂羅斯于荒服，東溟逋寇，坐就殲除，北塞窮番，咸歸版籍。惟厄魯特、噶爾丹恃其荒遠，荐噬鄰藩，衆意遲疑，聖心獨斷，大張天討，親整王師，跋扈之寇，終獲剪除，依附之奸，咸皆革面，胡胡腦兒、厄魯特及西域之土伯特等，輸誠款服。其餘茅龍山寇陳齊、俞七，打[2]箭爐，紅苗，猺人，黎人等，勦撫兼行，恩威并用。武功即震，文教聿光，崇儒重道，親詣闕里，千官陪祀，九拜致虔，御藻宸章，光照雲漢。闡經學之精微，褒諸賢之後裔，特命表揚朱子，祀大成殿，列十哲之班。又復優禮前王，倍崇儀典，駕幸浙省，拜祀禹陵，幸秦[3]中則命書御命，致至周文武陵寢，幸江寧則拜祀洪武陵。且聖心遜敏，經史融貫，文藝書射，超類絶群，象數曆律，探頤入奥，帝王之至哲，誠數千年來未有如我皇上者也。今考輿圖，東至朝鮮、琉球、暹羅，南至交趾，西至胡胡腦兒、土伯特諸域，北至喀爾喀、厄魯特、鄂羅斯諸部，以及哈蜜、番彝之族，逐鹿使犬之區，皆歲時朝貢，輸誠恐後。幅員之遼闊，誠數千歲來未有如我朝者也。遡自皇上蒞政以來，大小機務，咸仰睿裁，征勦反逆，實頼神謨，親擐[4]甲胄，跋履山川，寒不加裘，飢不再饍，與士卒同甘苦，削平寇盜，止戮元憝，盡宥脅從。念朝鮮享貢維殷，屢免金幣，厚其來使，柔遠之恩，無分内外。勞一身以綏萬國，誠數千年來未有如我皇上者也。是以運際昌明，一人有慶，天錫純嘏，萬壽無疆，率土咸寧，兆[5]民永賴。似此壽福之兼隆，平成之極至，誠數千年來未有如我皇[6]上者也。臣等曾率同文武大臣官員軍民等屢表請上'聖神文武大德廣運'尊號，我皇上秉德謙沖，未蒙俯允。今欣逢六旬大慶，禮部請旨，欽奉天語煌煌，聖裏惕惕，拜讀悚惶，何敢再奏？洪惟皇上大德如天[7]，臣民愛戴無已，因是罔知罪戾，再罄葵忱，籲懇皇上俯循輿情，允上尊號云云。"

【校勘】

［1］祥：底本此處空白，缺一字，鉛本亦注曰"缺"。今據館本、庫本補。

［2］打：館本作"燈"。

［3］秦：底本此處空白，缺一字，鉛本亦注曰"缺"。今據館本、庫本補。

［4］擐：底本作"擇"，今據館本、庫本、鉛本改。

［5］兆：底本作"垗"，即"兆"字。鉛本即作"兆"，據改。

［6］皇：館本作"聖"。

［7］如天：底本脱此二字，今據館本、庫本補。

奉旨："朕親蒞日久，每於讀書鑒古之餘，思念君天下之道，惟以實心爲本，以實政爲務。若誇功德侈祥瑞，加上尊號，以取虚名，無益治道，朕所不喜。以前諸王、大臣等屢有奏請，朕手書批示，諭以斷不允行之故。歷旨甚明，這[1]所奏知道耳。"或言皇帝不受尊號，亦以皇太后意旨如此故也。

【校勘】

［1］這：底本作“邊”，今據館本、庫本改。

二十八日，丙午。晴。留北京。

夕，書狀來見而去。副使招首譯，責以全不知文書出入，使行期漸退。伯氏亦招申之淳，諭以未安之意，申之淳費辭爲解而不成説，可笑。

余曾知我國鰱魚[1]、魴魚非真，故欲見此處所産，言于廚房，是日始覓入。鰱則皮與肉理仿佛我國之魚而多細刺，魴似我國瓶魚而稍長，皆川魚也。鰱[2]則宜於炙，魴[3]宜於膾。是日，副房作酒餉驛卒，自來例行事也。夜，風大吹。

【校勘】

［1］鱼：底本脱，今據館本補。

［2］鰱：底本作“連”，今據上文改。

［3］魴：底本作“方”，今據上文改。

二十九日，丁未。晴，風寒。留北京。

食後，袖梨、柑、柰子等果往見裨將金中和，以受柴草往西庭，遂盡與柳鳳山坐話。鄭世泰爲見金德三入來，年可四十，形瘦黑，甚没風采，不似萬金財主。問余年，書以示之。世泰家在玉河橋路傍，嘗見其門立棹楔，書曰“欽奉聖旨旌貞節女某氏之閭”。余問：“貞女於君何人？”世泰曰：“祖母也。”貴同言皇帝孫兒來，在通官所，余令驛卒引來，非皇帝孫，乃七寸侄。其父諸王，而通官文奉先即其奴，故此兒養于奉先家云。其年九，而人事穎悟，手引金世泓帶，索扇子、筆墨，金譯攜至伯氏窗外，與僧頭扇、筆墨各一送之。

夕食後無聊，又據西墻見蒙古。使昌曄更數其帳，大小并八十餘。兵房軍官盡出驛馬調之[1]。

【校勘】

[1] 之:底本脱,今據館本、庫本補。

三十日,戊申。晴。留北京。

朝,書狀來謁伯氏,亦來余炕,少坐而去。食後,余亦往見書狀。午間出坐前階,金中和、柳鳳山入來打話。作書李元英,并雪花紙三張,使善興送之。元英答之以《咏蘭》一律寄來,聞余將往藥王廟,言欲同往,善興與約而來。

穩城驛卒李貴今月初一日被毆於刷馬夫金洛乞者,傷左眼,廢明,今日始告。門閉後三使臣出坐前階,捉入洛乞,刑訊一次。同門刷馬夫崔可仁,决棍十度。杖時諸驛卒列立,一時發聲叫打,蒙古據墻而見之,有驚駭之色[1]。

【校勘】

[1] 色:館本作“狀”。

崔德中偶入來言:“昨日同金中和受馬蒭,上房書者例執其權,孝石受賂於胡人,以輕爲重,次通官金元厚覺之,謂吾輩曰:‘朝鮮人用奸如此,而每以馬芻之不足咎我。何也?’吾輩相顧無言,一馬所給七斤芻,而常以五斤受之。計前後所縮幾至數萬斤。元厚使供草者盡充其數。以此見之,凡館中用奸之事,可知皆我國人所爲云。”又謂:“廚房饌物皆乾粮馬頭買入而無不倍其直,耗失不貲。雖逐事嚴察而見欺者猶多,且爭價之際,此輩輒言上房所買亦如此,援以爲證,此又難處云。”其微意可見[1]。蓋上房乾粮馬頭名大直,龍川驛奴也,以利媚譯輩,連差此任,遂得事知名,而爲人陰匈[2]多慾。此輩所爲有不可詳。而在東八站，大直以一僧頭扇换一雉，元建以一别扇换兩雉。在路中，伯氏思山猪肉，大直初言稀貴難得。過數日，進家猪肉而謂是山猪，蓋山猪之價倍於家猪故也。余責無得，無得自謂山猪家猪，渠則不能分云。桂糖酒[3]别有持來者，到此問之，無去處。白清持來者多至數斗，到此數十日，欲和水喫，亦告盡，計其前後所用之數不過三四升。見此數事，他可知也。

【校勘】

［1］見：館本、庫本作“知”。

［2］匈：館本作“㐫”，即“凶”。

［3］桂糖酒：館本作“桂糖酒一壺”，庫本作“桂糖酒一瓶”。

卷　四

法藏寺·安國寺·觀象臺

二月初一日，己酉。晴。留北京。

朝烹喫宿飯，待李元英。王四言時晚，遂出去。姜遇陽、元建、善興、貴同皆從，而遇陽騎到玉河橋逢文二兄弟，舉手相問曰："奚往？"答以"汲水"。二人笑曰："是亦遊賞。"謂驛輩曰："金進士出入太煩。"旋曰"入此地，可不遊賞乎？我輩無言，何妨之有云。"出崇文門，車馬連續，步行女人視前益多。

到關帝廟前，路上列桌子，張關帝及佛像障子，插香其前。往來者多持紙花、紙鳶、紙猿[1]，作張翼狀。猿小如狼鼠，懸杖端而行，四肢皆動，小兒玩具也。至藥王廟，男女雜遝。内外門庭列百花[2]，女人所簪紙花最多，亦有假面、幞頭，此則戲子物也。挨人而入，到前日所登樓下闌干，人滿還出。觀第二殿、第三殿。老少男女持柄香，磨肩而入，插香爐中，退而叩頭，其中四五歲兒亦叩頭。其焚香自曉如此。貴家已先過，是則謂是閭閻婦女，其衣服姿色，不甚華麗，而大抵皆面帶病色矣。内外庭列椅桌，賣各樣飲食，食品精潔，器皿亦鮮明。出廟門，坐一店，廟中人隨來擁觀，令人殆不堪。看殺衛玠，非虛語也。

【校勘】

［1］紙鳶、紙猿：底本徑作“鳶”，脱三字，今據館本、庫本補。

［2］花：館本、庫本作“貨”。

遂訪法藏寺。從天壇北墻[1]外向東而去，寺中塔已見。渡一川，水淺沙曠，所過連有人家，而廟堂、佛宇居半。路側田間墳墓累累，截過一大路，此自左[2]安門通崇文門者也，往來車馬不多。半里許至寺，有一僧引入小門。門内有二殿，殿後有塔，即道[3]上望見者，高可十丈，八面七級。塔下南邊設虹門，劣容人入。入而右躡甎級丈餘，級盡而平，是爲第一層。又轉而有級，級盡平爲第二層。如是者五，遂登第七層。初入黑暗，到平處面面設窗，窗光相對處皆坎壁坐佛，前置香爐及燈碗。上元夜，寺僧於塔裏遍點燈奏樂。上下望之，如天上云。乃據窗四望，西而天壇[4]，北而皇城，皆歷歷可見。塔裏題名多南方人。余亦書于上層曰：“朝鮮人金某，某年某月來登，從者車俊傑、姜遇陽、元建、善興、貴同、張志。”車俊傑，灣上軍官；張志，刷馬驅人。皆因汲水自天壇追到也。

【校勘】

［1］墻：底本作“壇”，今據館本改。

［2］左：館本作“右”。

［3］道：館本作“途”。

［4］壇：底本作“墻”，今據文意改。

第二殿有二碑。左碑弘治四年立，清[1]平伯吴琮篆，鴻臚左寺丞高岱書，左給事中吴獻撰。右碑弘治七年立，左給事中吴夏昇撰，文華殿學士古鹽高岱書，錦衣指揮使臨江黄英篆。第二殿庭亦有一碑，此則景泰二年辛未立，國子監祭酒胡濙製，太子賓客淮陰金濂書，左都御史姑蘇陳鎰篆。按《大興縣志》，寺舊名彌陁，金大定年中立。明景泰二年，太監裴善靜修之，更名法華。有祭酒胡濙、沙門道孚二碑，孚[2]爲戒壇第一，帶履焚楮幣日進香，觀者塞路云。今頗荒落，而遊人猶有來者。寺之西有一新廟堂，金碧特麗，門外多車馬，王四引而入去。内外諸殿及左右月廊，燒香男女駢闐，所賣酒食采花視藥王廟尤盛。廟庭中央設八面板室，穴其三面，一道士在中[3]置經于桌，向殿上且讀且拜，其狀極妖妄。板室外北邊置桌子受施錢，蓋爲重修殿宇募財云。

【校勘】

［1］清：底本作“青”，今據館本、庫本改。

［2］孚：底本脱，今據館本、庫本補。

［3］央設八面板室，穴其三面，一道士在中：底本脱，今據館本、庫本補。

遍觀諸殿，欲求暫憩，而左右月廊，男女皆滿，或群聚飲食，不得坐處。還出前殿，入左[1]邊月廊，見數三匠人新造塑像，方塗粉。有人引交椅，坐余進茶，觀者滿屋。余取筆書曰：“此廟唤做怎麽？”一童子書曰：“此廟是太陽宫。前殿[2]當中位是紫微星君，東有太陽星君，西有太陰星君，後殿是九位聖母娘娘云。”其童子年可十四，給藥果，懷而不喫。諸人競來要分，余各與小許。一道士請入觀前殿，仍攜入。殿極深，帳設重複，塑像不可盡見。有小殿在外門之内，供關帝塑像，作衣繡狀，而設色極精麗。大抵關帝像到處各不同，未可知，其神威若生者亦難見。

【校勘】

［1］左：庫本同，館本作“右”。

［2］前殿：底本作“殿前”，今據館本改。

還尋來路，逢二人臂鷹而去，就視，是路中所見松鶻，猶以皮袋套首。問其往處，爲捉兔向南海子云。又問：“何不牽狗乎？”曰[1]：“本不須狗。”到天壇，令刷馬驅人汲水往待于斗姥宮。復至藥王廟，門外車馬稍稀。一處有數十人圍擁，駐馬觀之。置一桌子於地上，一人坐桌底握劍，劍出桌邊直竪，一人回旋叩鑼，一人赤身自遠走來，以首頂桌，翻身過劍，劍尖正當其心，間不容髮，見者寒心。王四投數文錢。廟門西邊賣花樹及五色魚者尚不散。其中丁香、桃樹、冬青多焉，間有水仙花，每一盆計銀一錢。又一筐盛各種紙花，花蒂皆有針。有買者即於盆中植小樹，以花插而[2]與之，真假莫能辨。元建輩爲供伯氏，用廿文錢買月桂四朵。

【校勘】

［1］曰：底本脱，今據館本補。

［2］而：底本作“以”，今據館本改。

西過天慶觀、慈源寺、金魚池，穿過人家百餘步。北望一寺，懸彩旗特鮮明，乃入去。門内左右有鐘閣，殿三重，皆有月廊。屋凡百餘間，金碧之麗殆埒斗姥宮。過三殿到最深處，東西北三面皆高樓，金户雕欄，照耀半空。左右皆設胡梯使上下。樓下有室，皆緇徒所居。北邊中央一室垂青帷，余揭而入。其内極曠，椅桌器玩甚華整。壁上掛墨竹障，筆法不俗。居僧甚多，其中一僧眉目清明，舉止閒雅。請余坐椅，渠亦坐椅，中間置桌子，出筆墨，書曰：“這裏是寺是道觀?”曰:“寺,名安國。”曰:“創自何代?”答:“宋朝所建。”問余居何官,答:“無官。”曰:“敢問貴姓?”答:“賤姓金。”問法號,曰:“賤字應山。”問齒,曰:“五十三。”問:“貴貫何州? 住此寺幾年[1]月?”答以:“松江府人,去年九月來留。”問:“因甚事?”曰:“有人請來。”問答間侍者進茶。余[2]啜一鍾,又書曰:“錯蒙款待,感感,多擾了,請辭。”曰:“幸會,少坐吃茶。”答:“已够[3]了,不好再擾。”又一勸鍾茶,味極佳,入此地所始嘗也。觀其容止,似非凡人,遂問:“先世敢有簪纓,何緣出家?”曰:“百姓,無官職。”此言未必可[4]信。筆亦不拙,問:“既出家,何以存髯?”笑而不答。乃辭出。

【校勘】

［1］年:庫本同,館本作“歲”。

［2］余:底本作“茶”,今據館本改。

［3］够:底本作“勾”,今據文意改。

［4］可:底本脱,今據館本補。

穿一小巷,曲折西出,即正陽門外大路,截路南行百[1]餘步,抵斗姥宮。車俊傑已[2]來待。守宮者見余復至,有喜色,盡開前日所見處,遇陽、俊傑皆叫絶。守者出二畫軸,《西園雅集圖》及陳眉公《水墨龍圖》,皆前日未見者也。水墨龍畫法絶奇。又待以茶,余亦出療飢物分與諸人,以藥果、火鐵與守者,稱多謝。入斗極殿西邊月廊,壁掛董其昌畫障,障下有一桌置香爐匙瓶。壁上掛一張琴,以貝爲徽,凡七絃,絃有大小,其音彷佛我國琴聲。請守者開栅門觀池,池冰始泮。一隊五色魚方出遊,大者幾尺餘,投藥果,不食亦不驚。池北所置大燈已放火云。還到正陽門外,觀[3]

數三鋪，所至皆引坐交椅、勸茶，是日所飲茶過十五鍾。入書鋪求見帳，不許，似因有禁而然也。返館中，日纔申。聞禮部文書明將入奏云，未知是的報也。

【校勘】

［1］百：底本作“有”，今據館本、鉛本改。

［2］已：庫本同，館本作“又”。

［3］觀：底本脱，今據館本、庫本補。

初二日，庚戌。陰，乍雪。留北京。

約李元英往觀觀象臺、太學、府學，作書使元建傳之，有答而諾。觀象臺，即元耶律楚材所造。太學在安定門内，周宣王時石鼓在焉。府學在太學南，文文山廟在其傍，欲往觀者此也。午後出前階，柳鳳山、申之淳入來少話。提督奴守門者入來，與八面烟竹，喜而去。夕飯後見書狀，遂往西庭見調驛馬。首譯來言皇帝將有霸州之行。霸州去北京二百里，皇帝爲觀魚[1]，每年一往云。皇帝侍衛官謂之“嚇”，而我國誤稱“蝦”。是日，金應瀗來言，通官見書“蝦”字，大笑曰：“滿音稱侍衛爲嚇，何可作蝦字云。”

【校勘】

［1］魚：館本作“漁”。

今日即余之生日，作一律，伯氏和之。是夜，夢定而、仲平同席，余與定而共觀《淳化帖》，傍有數朔孩兒，云是仲平子。余戲曰：“老來精力洩盡於此，官安得不遲？”俱[1]大笑。覺甚分明，聞于伯氏，一噱破寂[2]。余有眩氣，自前月十八始服滋陰健脾湯，中止，是日更[3]服。

【校勘】

［1］俱：底本作“久”，今據館本、庫本改。

［2］寂：底本作“𡨋”，即“寂”。

［3］更：底本作“𠀑”，即“更”。

初三日，辛亥。晴。留北京。

朝烹喫宿飯。同甲軍王四出館門，貴同、元建、善興皆從。副房奴寬伊亦願從，使領驅人直往八里鋪汲水，來待于四牌樓。遂直向李元英家。到玉河橋逢着元英，舉手爲禮，言方以公事往衙門，少刻當還，請待之。遂至其家，則元英弟請入。入大門，由東邊角門入去，過一廊屋，滿壁題詩。屋後有一帶[1]墻，中間開圓穴，以通人行。度此有三間屋，極蕭灑，即元英書室也。堂扁書“誦芬齋”三字，筆法不俗。東壁下置一榻，上鋪青裀，其厚三四寸。

【校勘】

［1］帶：底本作“大”，今據館本、庫本及上下文改。

元英弟揖余坐其上，進一盞茶，從者即將筆硯出置卓上。余先書曰：“貴庚多少？”答曰：“二十一。”余曰：“與[1]吾第三子同甲。”其人曰：“令郎讀多少書？”余答曰：“經史諸子若[2]干書讀過，而未得中科。”其人曰：“將來當大用。”余問曰：“君讀幾卷書？”答曰：“無所讀。”余曰：“過謙，弓馬必閒熟。”答曰：“自幼習弓矢。”問：“中武科否？”答：“未曾。”問：“一哥老爺安往？”答：“往口外去。”曰：“然則回期敢遠了？”答曰：“過了半月當回。”問曰：“一哥居何官？”答：“參領。”問：“這參領幾品？又管甚務？”答：“三品，領左領下三十二人。”問：“所領軍兵多少？”答曰：“一左領下軍四十名也。”以此計之，其數爲一千二百八十，似是千總之職。余問曰："二哥老爺方居何官?"其人書"白人"二字，似謂無官。元英自謂方任《一統志》衙門，而其弟之言如此，未可曉也。

【校勘】

［1］與：底本脱，今據館本補。

［2］若：底本作"略"，今據館本、庫本及本書他處改。

室之西邊一間，隔以屏風，其高至梁，畫各樣花草，極其精妙。其人引余入屏風内，即元英卧室。而室中不作炕，當中置一榻，上鋪錦褥，其人勸坐其上。褥極厚，榻四旁設帷，上設幔，雖嚴冬卧其中必不寒。南窗置一桌，上置筆硯香爐，亦有册數十匣。視之，乃《群芳譜》《宋史》，余之元夕詩亦在其上矣。壁上掛一洞簫，即磁造，竹笛一、琴一。琴聲極清越，使服事小胡吹笛，又吹洞簫，其曲調雖與我國不同，亦可聽。又一樂器自外取來，其絃十二，形似我國伽倻琴，而其頭稍折而向後。問其名，箏也。又有所謂阮者，其絃二，此則來時見於十里堡者也，令小胡彈之。

俄而李元英來，遂出堂中，坐余于椅。前置一桌，元英坐桌頭，其意不欲與余對坐。余屢請，然後始移椅對坐。此地待客之禮，賓主例共一桌，而尊客則不敢對坐而坐于桌頭，是謂打横。蓋元英用此也。少間飯至，魚肉蔬菜合五六碟，小胡用盤托出，擺列桌上，賓主各設一器。飯是大米，肉是猪肉[1]，菜蔬有芥菹，味頗佳。喫飯垂畢，從者進一器羹，其清如水，略有滓而沉在底。元英勸余和飯而喫，余不知其味如何，問於善興，曰好，乃代熟冷呷下，味果好。此用煮猪肉水少和椒鹽者，此地人最所喜喫，其名時時湯云。

【校勘】

［1］猪肉：此下館本、庫本有“鵝肉”。

會聞李元英謂元建曰：“使汝老爺着冠帶而來。”元建答以：“我老爺無官，不可着冠帶。”元英曰：“然則可戴大帽子來。”大帽子指笠也。是日持笠與道袍以來。臨食着之，元英兄弟及從胡輩舉有喜色。貴同在外，見女人輩見余衣笠，亦皆嘻嘻然，有貴之意焉[1]云。極可笑也。余問元英曰：“一哥老爺因甚事往口外去？”元英曰：“爲皇上五月避暑運粮也。”曾聞胡皇築離宫于熱河，每年往彼避暑，今此運粮處似是熱河也。余又問：“《一統志》聞方纂[2]修，當於何時印行耶？”答曰：“似在明年冬間。”余要元英同往觀象臺，元英曰：“觀象臺即我國觀天象的所在，關係重[3]，足下獨自往看無妨，我則不便同去。雖相親却有外國之分，恐惹[4]傍人是非。”余曰：“既如此，固當獨去，而但其地既關係重，如我外國人往看，未知如何？”元英曰：“足下獨往却無妨矣。”余問曰：“太學石鼓可往見乎？”元英曰：“太學非禁地，往見無害。”

【校勘】

［1］有貴之意焉：館本、庫本作“有貴之之意”。

［2］纂：底本作“簒”，今據館本、鉛本改。

［3］重：底本脱，今據館本、庫本補。

［4］惹：底本作“有”，今據館本、庫本改。

余問：“即今大國能詩者稱何人？”元英曰：“共有十三人。我國宰相宋卓所選十三才子詩今行于世。其中第一人姓名王端，江南省揚州人，癸未科壯元。此人即僕受業先生，前月奉聖旨歸鄉矣。”余問曰：“因何事歸鄉？”元英曰：“同僕在内殿校書，因行步怠緩，皇上降旨罷歸。”余求見其所著，其後送一卷詩賦，見之，却平常。元英見余所着交織布，書問曰：“這灰色布極佳，願買一端。”余答曰：“不曾拿來，後行當寄送。”余謂元英曰：“前送二色紙，如愛可盡留，畫則用它紙寫送。或已之，可惟意。”遂辭出，元英送至大門。

穿東巷去半里許，有一廣渠，此水名泡子河，兩岸皆寺觀，多不可數，所謂十方院在其北邊。東抵城底，折而北行一里許，抵觀象臺。臺附[1]城而築，高於城丈餘，下作虹門通人過。門南北皆有上城之路，而以甎爲級，路口皆設門，南鎖而北開。以一扇與守者求上去，許之。既上，又有守者三人，一人揮皮鞭驅下，兩人抱其腰而止之。城曲而出外者數丈許，其上可坐百餘人，此所謂雉也。有一小屋，即守者所處也。登其上，西而俯臨城中，東則遠眺城外，亦壯觀也，但不宜久留。又此上來本爲登觀象臺，而到此無其路，遂還下，問於人，觀象臺由欽天監可登，而欽天監在臺之西[2]邊云。然已過，故不復尋，仍從城底路北去。

【校勘】

［1］附：底本作“付”，今據館本、庫本改。

［2］西：底本作“四”，今據館本、庫本改。

出朝陽門大路到四[1]牌樓，汲水人已來待。令寬伊領二馱先歸，余將一馱欲向太學，王四言日勢已晚，不可往返，遂變計訪馬維屏家。路經馬市，馬聚無數，試其步者迭騎而驟，間有絶足。由馬市北行一里許，折而西，路之北有寺，曰大佛寺，是使行所嘗入處也。馬家在其西巷口。到門外呼人通之，即請入。入兩重門有客堂，維屏自内出來，其色欣然，迎[2]坐椅上。即喚茶。茶罷，攜余入西邊室，即渠卧榻所在也。鋪裀圜屏，一如李元英家，而室中器玩益華麗。壁上掛一墨竹障子，筆法蒼勁。桌傍立一疊石屏，高數尺。其石白質青紋，若畫雲烟峰岫。曾聞雲南大理府出文石，可作屏，恐此石是也。余索筆紙，書曰："特來相訪，兼欲一見各様名花。"維屏即命從者取一蘭盆置桌上。余問："何蘭？"維屏答曰："草蘭。""花色如何？"答曰："黄。"余問曰："有建蘭，願一見。"維屏曰："建蘭尤怕寒，藏土宇中，不可出。"令從者摘其葉示之，如草蘭而長，稍瘦勁。又問："夾桃花、瑞香花有不[3]？"答："並無。"以水仙花二盆置桌上，其葉甚短，僅數寸許。維屏曰："這水仙花名爲鴨子口，即蘇州地方進貢的，如愛可取去看。"即以一盆與元建。又出一扇、二香墜付元建。香，桂花所造云。

【校勘】

［1］四：底本作"西"，今據館本、庫本改。

［2］迎：館本、庫本作"延"。

［3］不：館本、庫本作"否"。

俄而從者以糖餅五器，大棗、龍眼、皮赤栗各一器擺于桌上，不住斟茶。維屏將龍眼剝數十枚，浸茶壺中。小頃飲之，味殊佳。堂中設十疊屏隔内外，每疊皆貼數張畫。人物、山水、花鳥、魚蟹，靡所不有，筆法皆精工，書數張亦在其中。余問："此圖是古人所作？今人所作？"維屏曰："皆今人的。"余問："然則此畫師安在？"答曰："俱在京。"余欲畫伯氏真，遂問曰："其人可得見乎？"答曰："這畫師常候皇上所在，外人不可見也。"余遂要得屏上畫，維屏即揭山水一張與之。

維屏不解書字，使一少年倩書問答。日已晚，遂辭歸，維屏送至外門。行過東安門大街約數百步，入西邊小巷，屢折出于宫墻底，此路曾所未經處也。所過有諸王家在東安門街上。南望彩瓦浮空，此天壇屋也，到此尤覺其高。

歸館。夕，見書狀。門將閉，首譯以下數人入來告曰："皇帝有欲問事，使通官招我國通官，即刻當往。"於是首譯朴東和，上通事[1]張遠翼、金世泓，堂上譯官金應瀗，同往暢春苑，通官洪二哥率去云。莫知其爲何事，一行猜度不得。至夜深後方滅燭就睡，譯官輩自暢春苑還來告曰，禮部左侍郎二格坐暢春苑門外，招渠輩問曰："你國有何書籍?"即書四書四經而對之。又問曰："此外更無他書?"又書唐詩、《古文真寶》而對之。又問曰："使臣必有持來書籍，皇帝要見，明日拿來。三使臣當待門進暢春苑云。"伯氏即呼燭起坐，副使、書狀皆來會，時約二更許矣，方同議所對之辭。

【校勘】

[1] 事：底本作"使"，今據館本及本書他處改。

已而提[1]督及筆貼式常尊以皇旨謄送，其文曰："伊等俱好讀書，或有持來的文章，不拘何樣書籍，俱拿來朕覧，曉諭伊等，無得隱匿，盡皆拿來一覧，並無妨碍。再問伊處無清朝何樣書籍云。"使臣相議，以爲皇帝既問我國所有書籍，又以所無書籍爲問，則雖係禁書，一概秘諱，非誠實之道。如是懇叩之，後必不以禁物爲咎。設有所問，但以明朝所嘗得來爲對，事不打緊，以利害言之，使知禁書之出去亦得矣。遂以四書五經、《綱目》、諸子、《事文類聚》等書，并書十餘種列録。譯輩以五經中《春秋》爲禁書，故去而對之。然不成事理，故以五經録之。至於兵書亦不可謂全無，故《孫武子》

《吴子》《三略》等書并皆入錄。現今帶來書籍無他册，以伯氏《唐律廣選》、副使《陸宣公奏議》呈納爲定。暢春苑問答之辭，更加細問。則禮部侍郎二格曰："使臣持來書是何書耶？"首譯曰："遠路驅馳，奚暇看書？"通官曰："似聞使臣於轎内看書，何謂無書也？"首譯曰："使臣路中所看不過是日記也。"日記中説話，有不可使彼人看，若或收[2]納日記，事將可慮。余遂造一册，使遇文將渡江以後陰晴及宿歇程道[3]連夜抄書，以備意外之事。待曉作行，皆秣馬治飯，達夜騷擾，更不得接目。

【校勘】

［1］提：底本作"諸"，今據館本及上文改。

［2］收：館本、庫本作"取"。

［3］道：館本、庫本作"途"。

暢春苑·清梵寺

初四日，壬子。陰。留北京。

提督入來促行，歠白粥而行，廚房隨去。出館門，通官輩已在前，三使臣以次行，軍官員譯若干人隨其後。過太清門不下馬，向西行屢折。出西長安門外石築御路，與東長安門外同。路北即宫墻，墻内多樹林，此則太液池[1]之南也。過一牌樓，西出于通衢。路口又有牌樓，此宣武門大路云。自此[2]北行數百步有四座牌樓，此所謂西四牌樓街也，西通皁成門，東通西安門。過此四五里，始折而西。路北有二甓塔，一九級，一七級，而其製皆古矣。度一大石橋，出西門，此[3]西直門，暢春苑歸路所由也。自西牌樓至此可五里而近。度濠一里許，又度一橋。橋下水自西來，向東北而去，深若不流，鵝鴨泛其中。是水發源於玉泉山，而内外城濠及太液池、玉河水皆此水也。路北有大寺，門上以金字書"敕建光明寺"，此前夜懸燈處也。過此則店房漸稀少，路傍多墳墓，往往亦有人家，小寺皆爲守墓而置者也。檜柏、白楊之屬，處處成林，而白楊尤多，其直如矢。

【校勘】

［1］池：底本脱，今據館本、庫本補。

［2］自此：底本作"且"，今據館本、庫本改。

［3］此：底本作"北"，今據館本、庫本改。

到暢春苑，日初上，栅門外數百步間，轎與車馬塞路，左右店房人肩相磨。通官引三使臣到宫墻東邊，入一寺，大小官員填咽内外。初坐東月廊階上，觀者無數。通官又引入第二門，得一炕而坐之，亦東月廊也。册名錄紙及《唐律》《陸宣公奏議》二册授通官入送，俄而還其册。而通官宣皇旨曰："這書俱是這裏有的。或伊等地方做作，或舊書雖朽爛破壞，無論着拿來朕欲覽云。"通官洪二哥入來三使臣前語[1]曰："皇帝必欲見朝鮮之文，雖一二[2]句書於扇面者，若得入覽，則好矣。"三使臣相議，欲以我國詩隨所記書進。首譯以通官輩言來告曰："今若書進詩文，必有往復之節，不如以無持來者爲對。"渠輩仍以此[3]意書示所對之辭，此與二哥言相左，殊可訝也。然渠輩之言既如此，且依其所書，書與首譯，授通官奏之。

【校勘】

［1］語：館本、庫本作“言”。

［2］一二：館本、庫本作“二三”。

［3］此：底本作“其”，今據館本、庫本改。

寺凡有兩殿，而前殿扁書“清梵寺”，皇帝筆云。殿後有門，門内又有殿。庭左右有二樹，其高丈餘，其枝幹似梨亦似木瓜樹。詢其名，即西府海棠，花色粉紅云。西廊，緇徒所居。室中有二盆，皆植石榴。又一盆所植狀如蔓菁芽，即藥王廟中所見者，藥王廟人謂是藍蘭，而今問於此，則乃曰：“此蘭蔓菁。”而謂可食，似亦蔓菁之類也。日午，四僧衣袈裟入第二殿，撞小鐘後燒香，列桌子前讀經。四僧之前各開一册，首坐僧右手擊木魚，左手翻經，讀甚疾，不可追看。經則《金剛經》《藥師經》《琉璃光如來功德經》。木魚形如覆瓢，上刻螭虎矣。桌前置一繡墩，僧言皇帝拜佛之席也。

暢春苑不設官府，故百官皆到是寺，改服而入，朝又退食於此。午後，首譯來言曰，其書對之紙授諸常尊，言：“今日已晏，明日當奏，使臣且可還館。”遂歸。路逢皇子，三使臣避匿，而余輩下馬，視之，其狀貌與前日萬歲山東墻外相遇者相似，亦不雄偉。路南百餘步許，有屋出墻上，左右前後皆有[1]太湖石。其南又有一[2]大殿，制度壯麗，言于通官要入見，通官謂明日來時可見云。念書對後既令退去，明日似不當更來，而通官之言如此，可怪也。

【校勘】

［1］有：館本、庫本作“立”。

［2］一：館本、庫本作“二”。

入西直門向西安門數百步，南見紫瓦圓屋，聳出半空。問其名，譯官輩亦不識也。入金鰲門，出玉蝀門，從小城北邊路，又度橋。南北皆有牌樓，南書[1]積翠，北書堆雲，製如金鰲、玉蝀。過橋則瓊島之東也，島傍人家，高下臨水，宛一江村也。其東又有虹橋跨小港。過此又有虹門，蓋以青瓦。出其門，路右有[2]一帶黄瓦墻。墻内有兩檐閣，黄瓦金頂，上圓而下方，其製甚奇。此墻南則前日下馬處也。墻盡而路有二條，三使臣由南路向萬歲山前，余欲觀萬歲山西北，從西[3]路而行，柳鳳山亦隨來。萬歲[4]山西墻外，閭閻及店肆櫛比，北墻外盡空地。墻内有圓屋，四隅垂簷，其制與東邊同。循墻而轉到東南隅，與伯氏行會。

【校勘】

［1］書：底本作“西”，今據館本改。

［2］有：底本作“又”，今據館本、庫本改。

［3］西：館本、庫本作“北”。

［4］歲：底本脱，今據館本及上文補。

同[1]出東安門，遵玉河西岸，到館日已申[2]矣。既下馬，首譯告曰，筆貼式常尊來言：“今日所對文字未及入奏，三使臣明日又當詣暢春苑奏之云。”通官輩中路所云明日復來者，蓋渠輩消詳之言也。譯官輩亦必與聞，而在暢春苑時不曾提説，到館始告，事甚可駭。設令此言出於禮部，渠輩若周[3]旋於通官，則不無彌縫之路，而了不致意，使使臣將不免再行，其情狀絶可惋也。且此事雖以昨日皇旨觀之，只令問於通事而已，未有召使臣之語，而譯官厭其往來答對，令使臣當之。通官[4]亦慮言語往復，或致[5]紕謬生事，遂令使臣書對也。余往書狀所，招金興濂，盡[6]言其情狀而[7]切責之,令周旋於常尊,而事機已誤,不可爲矣。余又[8]於伯氏前責首譯,出坐階上,諸譯皆會。責張遠翼,渠亦無辭自明。柳鳳山曰:"事已至此,追責何益?"蓋此事一行無不駭憤,而柳言如此者,以[9]余言太峻,慮爲譯輩所疾也。余更思之,暢春苑書對文字以無爲辭者,雖從通官之指揮,終欠誠實。以若干詩書示,似不妨。故余發其議,書狀之意與余同,副使亦以爲然,遂定其議。會副使行中有《國朝詩删》,遂抄律絶並三十五首,夜令寫字官繕寫作册,所對文字亦商議改書,而索還前紙。是日,通官之往暢春苑者,朴得仁、洪二哥、文奉先三人也。

【校勘】

[1] 同:底本脱,今據館本、庫本補。

[2] 申:鉛本作"西"。

[3] 周:底本作"通",今據館本改。

[4] 通官:底本脱,今據館本、庫本補。

[5] 或致:底本脱,今據館本、庫本補。

[6] 盡:底本脱,今據館本、庫本補。

[7] 而:底本脱,今據館本、庫本補。

[8] 又:底本無,今據館本、庫本補。

[9] 以:底本脱,今據館本、庫本補。

初五日,癸丑。陰,朝雪午晴。留北京。

通官四更入來,言昨緣晏往見責於禮部,今日不可不早行。雞再鳴,遂出館門。所過軍鋪皆設火,路有擊柝而行者,與鋪卒應聲。出西直門,天明到暢春苑。又入清梵寺,坐昨日所坐月廊。乃以所對文字及詩册授常尊入之。其所對文字曰:"朝鮮國正使某、副使某等謹奏,《陸宣公集》《唐律廣選》此二書外，並不曾帶得别樣書籍。如果帶來，豈敢欺隱。小邦諸人所作詩律若干首，隨其所記誦者，敢寫進云。”首譯黽[1]勉受去，而以通官輩有所云云，頗有疑慮之色。已而持其册還來曰：“禮部官以爲：‘進此册後，皇帝又求見此外文，則使臣亦能撰進乎？’仍以序、記、詞、賦、碑文五體書于小紙以授，曰：‘試以此問于使臣。’而莫知所對，將何以爲之？”蓋以余主張進册之議，先問於余也。余曰：“皇帝如有問者，我輩當有以對之，此非禮部官所慮，第往告于使臣。”書狀知其爲恐嚇之言，力言其可進，首譯憮然而退，遂入焉。

【校勘】

［1］黽：館本作“俺”，鉛本作“雖”。

是日，百官來者視昨尤多，内外月廊及階上皆滿，着常服而皆掛念珠。云[1]閣老松柱過去，視之，身長面瘦，頤長，鬚髯疎，眼有神采。此人以瀋陽將軍入爲禮部尚書，爲閣老云。譯輩過瀋陽時有識面者進前謁見，松柱舉手而去。又有一大官自後庭出來，立於余輩所坐階下，召通官曰：“高麗通事來前。”張遠翼出謁。其人先問曰：“何官？”遠翼曰：“鴻臚寺也。”又曰：“爾國臣僚見于國王也，行叩頭禮否？”遠翼曰：“無，只行四拜禮也。”其人久立，問多般事。卒又問曰：“行中有進士人來不[2]？”通官文奉先指余曰：“此即[3]進士也。”余方立其傍，不可避，遂相見。其人曰：“做何官？”余令遠翼答曰：“東國雖進士未必皆有官也。”更無所問焉。其人身短而容貌清明，有文雅氣，官户部尚書，姓名張鵬翮也，乃漢人。又有二大官立於其後，問其官，皆侍郎也。

【校勘】

［1］云：底本脱，今據館本、庫本補。

［2］不：館本作“否”。

［3］即：底本作“則”，今據館本、庫本改。

外門内月廊階上，蒙古女三人坐焉。面皆廣顴，一蒙古王妻，二其侍女也。三女皆穿貂衣，戴貂帽而着靴，編髮作兩條，前垂之，其主以黑繒裹焉。侍女或立或坐，而主則坐於紅氈，終不動。余問其所以來，蒙古王死，而其子幼，不能朝，故其妻自來云。喇嘛僧三人來坐西月廊階上，皆黄衣而加以紅袈裟。從者服色亦黄，衣至脛下，無褌。頭上所戴亦皆黄色，形如胡帽而稍高，三僧所戴，上皆圓，從者皆尖。此僧入來，人皆讓路，坐處亦無近者，獨坐一處，半日無動。望之亦似有道者。一胡人書示曰：“此僧乃萬歲爺國師也。”

月廊東邊有六七人聚立墻下，異而問之，即海浪賊也。昨日隨招安使到京，皇帝欲見，故來。而其衣帽自[1]官製給云。其面狹而皮急，狠毒之氣發於面[2]目。其中三者爲魁首，而觀其氣像，不過殺人掠財而已，終非有大志者，不足爲憂也。

【校勘】

［1］自：底本脱，今據館本、庫本補。

［2］面：館本、庫本作“眉”。

群胡來觀余輩，不勝其紛閙。柳鳳山出意思，招直山作胡歌一聲，群胡聞皆大笑。遂令直山出外門，群胡隨而出，笑聲不止，蓋直山作各種禽獸之音也。連二日晨起驅馳，又竟日在人叢中，疲甚，得空炕於西邊月廊，暫卧睡。貴同來告曰："譯官詣使臣處告何語矣。"余即起而往。首譯來傳皇旨，召上副使云。入册後久無動静，一行方蓄疑慮，聞此言皆恼恼[1]。通官又連促，伯氏已下炕，事急未暇問他曲折，第隨之。出寺門，入西邊栅門。門内車馬駢闐，僅穿而入，其辱甚矣。通官金四傑與余輩並行，告于伯氏曰："此必皇帝頒書也。"入栅門行五十餘步，西墻有門。此門前日見黄幔車處也。禮部侍郎已出立門外，使臣進前揖，侍郎傳皇旨曰："昨日進覽之書，伊處書少，我處新著書籍甚多，欲賞伊等幾部，問伊等。"使臣聽此言，還坐于寺。禮部翻皇旨示之。又令書納所對之辭，即書對曰："朝鮮國正使某、副使某謹奏，小邦偏陋，本少書籍，伏蒙皇上特垂軫念，有此聖旨。此非陪臣等意望之所曾及者，皇恩優異，迥出前古，陪臣等聚首榮感，不知所達云云。"以此書于小紙授通官，以傳于禮部官，則以爲今日晚矣，明曉更來奏，仍受書册而去可也，遂歸。請于通官，由德勝門而行，副使向西直門去。

【校勘】

[1] 恼恼：館本同，鉛本作"恟恟"。恟恟，嘈雜紛亂貌，似是。

自北京至暢春苑皆廣野，而有小小丘陵。未及城門六七里有古城遺址。南屬都城西北隅，北則不見其所止。門形尚宛然，不知何時所爲也。過北路，北有一寺，丹青鮮明，門上金書"敕建妙應禅林"。城門内遇𤟤馬五六十匹，云往暢春苑。入城門一里許，出鼓樓街，所過市肆甚盛。此則非前日往來之路也。鼓樓北有鐘閣而無屋，只有臺。臺上懸鐘，以簟爲屋。到鼓樓西，遇[1]六屋車，前[2]有四宦官騎馬揮鞭辟行人，使臣避入巷，余輩下馬立視，車中皆坐女人，前兩車皆紗幬，車中女子面目可見。而余立處稍遠，故不能細看，譯輩皆云絶色。後四車皆黑帷，侍女所乘云。問于胡人，言皇子夫人及皇帝後宫，以皇帝將往霸州，故往暢春苑云。過鼓樓而南，西望數百步外，有積水瀰漫若太液池。路西有一青瓦屋，門扁書“离德昭明”四字，似是太子宫所屬者，而在於闤闠中，未可知也。入宫墻北門，路左右皆有高墻，而覆以黄瓦，通官曰此皇帝奴婢所居云。未至東華門街，通官輩引入東邊小巷五六十步而度一小橋，即玉河上流也。循河南下，出東安門至館，日已入矣。鄭世泰送探春花一盆，花半開。

【校勘】

［1］遇：底本作“邊”，今據館本、庫本改。

［2］前：底本脱，今據館本、庫本補。

初六日，甲寅。晴。留北京。

雞鳴而行，視昨更早矣。書狀稱病不去。路有二人共抬紅大盒而來者五六。其後有燭籠，又其後剝全羊盛大方盤，二人共抬而來，云是太廟祭物，自太常寺來。又有四人抬一物而行，狀如門扇，裹以黄帕。又有四人抬一物而行，狀如杠，其長丈許，亦以黄帕裹之，一官騎馬領去。使張遠翼問之，新畫長白山圖，持往暢春苑云。

抵西直門，未啓，乃下馬，坐路傍。門内車馬填咽，燈燭熒煌，皆往暢春苑官員也。一小肆懸燈開早市，見其買賣，以檳榔一顆四破南草作小封置桌上。沽者以錢投桌子，隨直取去。前後來沽者衆而皆如一，雖其主不見，而亦無濫取者，其俗可尚也。良久，門上擊鼓而門開，乃行。天尚早。未及暢春苑五里，又坐人家簷下。是日，路上車馬尤盛，乘轎者相續[1]而去。到暢春苑，又入清梵寺，坐於前坐處。百官始會，先至者入廊屋，後至者坐於階上。文奉先曰："使臣早來故得入此室，若後到，則雖是國尚書，皆露坐。"蓋此處之法，人所先入處，雖大官不得奪云。

【校勘】

［1］續：庫本同，館本作"屬"。

余之往來于此者凡三日，而未見寺門外，今日受册外無餘事，故余帶善興步出寺門。路塞車馬，乃由小巷，屢折北去，人家櫛比。寺後有高墻，皇子所居也。登一丘，墻内盡見。大門之内有水，跨以木橋，朱其欄。橋北有一屋，似門，其内有大池。池西畔置一堆太湖石，其根浸水。池北又有一屋，東南皆設窗。其後又有屋，是似内堂，而東邊亦皆設窗。其製異於此處之屋，瓦用常瓦，又不丹雘。此蓋金德三來看皇子處也。自此見西山益近。西山少東又有小山。逢一胡問山名，曰："此玉泉山也。"又問二山遠近，曰："西山無十里，玉泉山僅六里也。"按《一統志》，玉泉山下有三洞，其二在山之西南，水深不可測，其一在山之東南，巖上刻"玉泉"二字，水出其間，若垂虹然。玉泉垂虹，亦燕都八景之一也。下有西湖，玉泉所溢也。周遭十餘里，菱芡芰荷被焉，魚鳥出没於天光雲影之間，蓋自古北京人遊賞處也。玉泉山後遠峰疊見，雪色皓然，是則居庸關也。《一統志》曰："居庸自南口出北口四十里，而左右皆懸崖峭壁，天下之险也。"距京城一百二十里，而居庸疊翠，亦入於燕都八景。余嘗怪其取景之太遠，今見之，甚邇。

歸寺，諸人問往處。煩不敢直對，但曰："往觀店房而來矣。"飯後騎馬從大路至暢春苑南門外，地廣闊，車馬亦稀。有左右兩門，而左則重重種[1]柳，不見其門。右門不高大，門外但置石獅子一雙，門内屋甍亦無見者，其屋似皆低也。前有大陂，余問胡人曰："可往見乎？"其人答曰："無妨。"余遂下馬，步至水邊。其廣七十步，長三之，其中浮鵝鴨。自此至西山下，廣野茫然，皆水田也。往往有樹林，盡白楊云。野中有一屋，屋去暢春苑西墻可[2]一里而遠。其間有高橋，人行其上。其屋似亭觀，而不施丹青，亦無門墻，似是觀稼之所，而未可知也。

【校勘】

[1] 種：底本無，今據館本、庫本補。

[2] 可：底本無，今據館本、庫本補。

歸寺，百官自皇帝所皆退出，五閣老在後殿月廊，余隨裨將輩往見。清閣老二人同坐于北邊一炕，漢閣老三人設椅炕下一帶坐焉。各前置桌子，疊積文書。清閣老，一松柱，一温達。温達短小，容貌古怪而有猛意，面赤黑，須髯少，一目眇。漢閣老，一李光地，福建安溪人，容貌端整，眉目清明，鬚髯[1]白；一蕭永祚，奉天海州人，身短面長，前一齒豁；一王琰，江南太倉人，有文雅氣，而容貌豐盈，精彩動人。温達、松柱相與語，漢閣老三人皆閲視文書，或俯而書字。李光地帶眼鏡，左右無人，只一胡在前使令。余輩立門外，移時視之，略無所省，亦不禁焉。松柱外四人不識其面，問從胡，皆言其姓字。使臣坐處門閉，而胡人坌集，多穴窗而視，下輩禁之。一胡曰："我閣老你們見，你閣老不使我見乎？"此言可笑而亦不非矣。西邊月廊坐一藩王，從胡四人脱帽伏於王前，叩頭無數，已而退出着帽，問其故，曰："誤事，故王責之也。"大官數人飯于階上，見其饌，猪肉一器，蔬菜一器，熱鍋子湯一器，而不設桌子，直置于地。從者以磁器盛飯而進，或一器或二器而止，其簡約甚矣。軍官輩喫飯時，皇子過而見之，問冬瓜蒜名云。

【校勘】

［1］髯：底本作“冉”，今據館本改。

兵部尚書及侍郎二人來坐東月廊階上。尚書主壁，侍郎左右坐。尚書，清人而身小，眼有精神，舉止輕率。侍郎，在右者漢人，容儀魁偉[1]，沉靜有威，不輕瞻視；左者容貌平常，清人云。有一官過去，身大面黑，頗雄壯。問之，乃工部尚書，清人也。又有黄衣官入來，體大幾[2]十圍，舉止異常。問之，乃蒙古王爲皇帝婿者也。此處天下人皆會，而形容各異。使漢人、清人、蒙古、海浪賊、喇嘛僧及我國，雖同其服色，決不相混，而唯清漢或不能分矣。

【校勘】

［1］偉：館本作“梧”。

［2］幾：館本作“僅”。

是日，喇嘛僧來者三十餘人，首僧二人入西[1]月廊，坐炕。柳鳳山、崔德中往見，余亦隨往。崔德中以書書示，一僧能以文字對之。問其所居何處，對曰：“西天國也。”又問：“西天國何在？而幾日程[2]也？”對曰：“即西域之西，七朔可到。”問：“喇嘛何義？”對曰：“僧名也。”問：“因何來此？”“十年前爲進香來矣，皇帝待以國師，作寺于宫墻内處之。月給銀十兩，度天下。”僧皆衣黄衣，爲徒弟。一僧貌大，一僧瘦而頤下垂大癭，二僧面色皆如黄金。是日海浪賊又入來，使張遠翼探其事情。遠翼尋見招安人蔡文，問之，以爲“招安先來者共十六人，而陳尚義亦隨後來，我以此勞，將爲知縣云。"

【校勘】

［1］西：底本脱，今據館本、庫本補。

［2］日程：庫本同，館本作"往程"。

日幾午，百官盡出，始招使臣入來。軍官員譯皆隨至于昨日所到門外，兩使臣北向立。禮部清侍郎二格、漢侍郎馮忠、蝦二[1]人已在門外，分左右立，宣皇旨。通官金士傑使兩使臣跪而聽，遂傳旨曰："爾國書册少，清朝多新書。今賜四部，毋壞傷，歸致國王。東國詩賦雜文朕欲覽，可付來使。"一邊傳此言，一邊宦官抱書來，立于侍郎之右以授通官。通官[2]開各書頭卷示使臣，曰"題目皆皇帝筆"云。其書《淵鑑類函》二十套，《全唐詩》二十套，《佩文韻府》十二套，《古文淵鑑》四套，共三百七十卷也。使臣對曰："小邦前後蒙被皇恩，蠲減方物，非止一再。小邦君臣不勝感祝，今兹書籍之頒，實曠世盛典。此不但陪臣等榮感而已，謹奉持獻于國王。東國詩文亦當以皇旨歸告于國王云。"通官又以皇旨問曰："聞國王仁賢愛民，善治國，使臣往來自然有聞，朕甚喜焉。"使臣不敢對，只俯伏聽。士傑再三申言，必欲得其對。使臣對曰："國王一心事大，未嘗少懈，而皇上恩旨至此，惶感不知所達。"又問："國王即位今幾年？"對曰："四十年。"又問："國王祖先享國之久亦有如此乎？"對曰："昭敬王享國四十年。"又問："昭敬王於國王幾世？"對曰："五代。"又問："國王春秋幾許？"對曰："五十三。"又問："國王子世子外幾人？"對曰："二王子有之。"又問："世子年幾何？王子年亦幾何？"使臣皆對之。又問："使臣年幾何？立朝幾年？"兩使臣各以年歲及立朝之年對之。通官問昭敬王諱,使臣對曰:“君父之名不可口傳,皇帝必欲知之,當出外書奏。”仍問其問之之意,蓋禮部官慮皇帝有問而欲知之云。

【校勘】

［1］二:館本作“一”。

［2］通官:底本脱此兩字,今據館本補。

兀喇總管睦克登出來請使臣,使臣進而揖。克登使通官傳言曰:“白頭山事今已了當,不復往見,毋慮。地界立標亦須勿亟,唯於農隙徐徐爲之,毋傷百姓。”言訖即入[1]去。已而又召首譯謂之曰:“我於北道往來,聞會寧開市,寧古塔人抑買朝鮮人之物,歸奏皇帝。皇帝曰:朕亦嘗聞此,當加警飭云。而使臣相見時,未及言及,可以此言告之。”克登,皇帝寵臣,守兀喇之地。年前以[2]皇帝命往視白頭山,故有云云也。克登爲人小而眼有英氣,語時如笑,甚慧黠,亦非雄偉人。曾於鴨綠江躬自刺船,跌而缺其齒。宦者以書置墻底,一官員以紙絮及黄白綿布袱授譯官,使裹之。先用紙,次用絮,袱裹其外,以授擔者。

【校勘】

［1］入:底本作“立”,今據館本改。

［2］以:底本脱,今據館本、庫本補。

書既在擔,而慮復問御諱,還寺少待,從者報書擔已去,使臣隨之。甫十古二人護其擔,章京一人領去。路遇騾子四五十匹,乃皇帝往霸州時帶去者云。不入西直門,從城底路南去。濠之西盡菜田,間有人家,而濠水往往溢爲陂池。

景色殊佳。入阜成門,路邊觀者甚多,或有追及數百步者[1],蓋玉河館西邊居人初見使行故也。過西長安街,東入小巷行宫墻底,至太清門之西,此亦非前日往來之路也。到玉河館,章京授册于譯官,置于大廳,旋出去。欲贈禮單,通官云不可。欲賞擔來人,通官又曰:"此皆雇人,不必賞也。"欲以酒果待其官,以扇竹贈擔者,則皆已歸矣。鄭世泰入來,觀書,有喜色曰:"體面有此,猶曰生光也。"蓋渠輩以此爲曠事,入館中,輒賀于諸譯。自此胡人待我人亦有異云。

【校勘】

[1] 者:底本脱,今據館本、庫本補。

余連三日往觀暢春苑,人山人海,而絶無喧嘩聲。頒書之時,如我國則必招呼各司[1]人,舉措紛鬧,而此則不然,寂無一聲,書出而已。進所裹之物,纔裹了,即又擔而行。以至運置館中而無晷刻稽緩,只此一事,亦非我國所及也。暢春苑逢金蝦,見而欣然,謂明日從皇帝于霸州,而有匆匆之意。

【校勘】

[1] 司:館本作"寺"。

初七日,乙卯。晴。留北京。

昨自暢春苑受來四部書,各抽其首卷視之。《淵鑑類函》以《唐類函》演成,蓋類聚也。《佩文韻府》凡例,一如《韻府群玉》,而極其該博。《全唐詩》即盡取唐人之詩者。《古文淵鑑》即選自左國以至宋人之文者,其序皆皇帝親製也。

舊聞皇帝於暢春苑作離宫十五處,貯以北京及十四省美女，宫室制度及衣服飲食器皿皆從其地風俗，而皇帝沉湎其中。今來見之，與所聞大異。暢春苑南北二百餘步，東西百餘步，其内豈容置十五處離宫乎？圜其三面而終未見屋甍，其不高大可知。且觀其門與墻，制度朴野，無異村莊，誠如事遊衍奢侈，則棄太液五龍之綺麗而居乎[1]此乎？竊意此處與西山玉泉相近，山水之景、田野之趣兼焉，似愛此而來耳。以此觀之，其人性稟可概也。初往見時，北墻内有竹樹。又見[2]《群芳譜》有皇帝詠暢春苑碧牡丹詩，即此可知不無花草之植。然引玉泉水入苑中，而左右岸不用石甃，雖有池臺園林，而終儉素耳。且暢春苑不設官府，百官入於僧廬。又使日日往來於二十五里之地，或以此爲怪而亦不無意思。蓋胡人以馬上爲家，能耐飢寒，其長技也。入中國七十年，居處飲食漸奢侈，失其本色。以故使之朝夕往來，以習其驅馳。不設其所居，以警其安逸。其意可謂深遠。其避暑于熱河，觀魚于霸州者，亦非徒爲巡遊也。且建夷、東夷之種性本仁弱，不嗜殺人，而以康熙之儉約，守汗寬簡之規模，抑商賈以勸農，節財用以愛民，其享五十年太平，亦[3]宜矣。至若治尚儒術，而能尊孔朱，躬修孝道，而善事嫡母，則雖比於魏孝文、金主雍，無愧矣。第其爲人明秀有餘，渾厚不足。才多，故好自用；量狹，故喜自矜。雖以今番事觀之，頒書於我國，以示序文與題目，所以矜文翰也；召我國人試射，又親射而鳴鼓，所以伐武藝也。似此舉措，近乎誇張。又聞通官之言，惡聞諫諍，峭直之臣不容於朝。此豈君天下之量也？其稱我后之享國者與誇己力者，先詡他人同也。其不受尊號者，欲兼謙遜之名而取之也。儉德雖可尚，過儉而近於吝。官府壞弊，而使其官自爲修葺。試射[4]遠人而無所賚賜，此亦不足貴矣。見此數事，則其人長短得失可知也。

【校勘】

［1］乎：館本作“于”。

［2］見：底本作“此”，今據館本、庫本改。

［3］亦：底本無，今據館本、庫本補。

［4］試射：館本、庫本作“射試”。

昨夕，文奉先來言，暢春苑問冬瓜蒜之王，要見我國飯床，故自副房備送。今日又來，要見上房飯床，故亦令廚房備送。而要知冬瓜蒜之法，書與之。余終日疲卧，夕見書狀。是日皇帝如霸州云。

太和殿・大光明殿・天主臺

初八日，丙辰。晴。留北京。

書五絶一首於僧頭扇，使元建送馬維屏。維屏即至，坐東邊月廊見之，前日執筆少年亦來。余書曰：“前日造貴府，過蒙款待。其後再辱枉臨，適緣往暢春苑，俱失候迎。今又屈駕，多荷勤意。”維屏答曰：“前臨寒舍并無好菜相待，至初四、初五二日，連來貴館謝罪，不獲一會，至今悵悵。昨日留竹紙一副並水仙、扇墜等物，俱屬見笑大方。今有親筆手卷一箇，送備遊玩，萬冀笑納。”余曰：“昨留墨竹[1]，又賜山水軸，知出貴手，尤堪珍玩。歸詑東土，當與百朋同價。”維屏曰：“勿哂幸矣，以百朋見説，即吾何敢？”余問曰：“這水墨圖是何人所作？”前此維屏送一丈畫，而畫法拙，故有是問也。

維屏曰:"養心殿内强國忠先生所作。"養心,闕中堂名,前日所言皇帝所在常待候者,似是此人也。余曰:"這畫敢非[2]高手?"維屏曰:"是名工畫。"余曰:"雖云名工,但不似名工所作,敢有人假名?"維屏曰:"不是假的,我們時人大不同乎[3]古作,豈非真手?"乃出酒脯、藥果待之。以壯紙一束、筆一枝、墨二丁與維屏,少年則與白紙一束、僧頭扇筆墨各一。其兩奴各賜火鐵,兩奴叩頭以謝。維屏亦以香囊二個分與元建、善興。余問少年曰:"貴姓?"少年答曰:"賤姓王。"余曰:"貴貫何處? 今住何處?"少年曰:"同馬老爺一家住。"余曰:"貴庚?"少年答曰:"二十八歲,丙寅生。"余曰:"與俺第二兒同庚,一倍親愛。"少年曰:"豈敢。"余曰:"文筆贍敏,曾讀幾本書?"少年答曰:"一字不識,見笑大方大[4]矣。若論讀過之書,約[5]有數十簏。"余曰:"一字不識,過謙。不敢動問高名?"少年曰:"賤諱之啓,字學山。"余曰:"於馬老爺爲親戚不[6]?"少年答曰:"相與朋友。"少年即書五言律詩一首曰:"貴國交情薄,惟君逈異人。話言從肺腑,舉動盡天真。皎月同君度,高山企我心。何須金石譜,友道本彜倫。"余見詩,書曰:"高作絶佳,但稱奬太過,愧不敢當。"少年曰:"道其實耳,安敢過譽? 絶佳之稱,萬不敢當。"

【校勘】

[1] 竹:底本作"紙",今據館本、庫本改。

[2] 非:底本作"是",今據館本及下文文意改。

[3] 乎:館本作"于"。

[4] 大:館本、庫本作"多"。

[5] 約:底本作"納",今據館本改。

[6] 不:館本作"否"。

余問曰:"石竹有幾樣色? 黄的、藍的亦有不[1]?"維屏答曰:"黄的、藍的也有。"余曰:"石竹一名洛陽景花。"維屏曰:"足見多學之徵,拜服。"余曰:"從少性愛花草[2],看過幾卷花譜,記得一兩種名,何足稱多學?"維屏曰:"東西二國之人,萍水相逢,又承種種眷愛,此誠千古未有之遇也。本欲搜羅異樣花竹[3]相送,怎奈今非其時,又老爺異言不肯輕出,恐一時不能相送。"維屏又曰:"金老爺,你若再來,凡有所愛墨畫與草竹[4],務祈早説,以便奉送。"余曰:"固所願也,不敢請,盛教至此,數日當翼如。"維屏曰:"若肯再來,倚門而竢。"鄭生敾、趙生榮祐、畫師李穉所畫山水,尹進士斗緒[5]人物,有所持來者,遂皆出示。維屏以鄭畫爲勝,遂與之。尹畫即小紙畫一僧者,維屏以衣紋生短之。

【校勘】

[1] 不:館本作"否"。
[2] 草:館本作"卉"。
[3] 竹:館本作"卉"。
[4] 竹:館本作"卉"。
[5] 緒:館本作"瑞"。

甲軍王四兄之主人要見余,王四屢以爲言,而不知其人來歷,有難輕就,推托不許。是日,其人又送人言曰:"常以官事没工夫,今日適在家,必望暫過。"余使張遠翼問其姓名官職於來人,言姓名趙華,官職管蒙古云。余問王四:"這人是文官,是武官? 其年亦幾何?"王四言:"是文官,年三十四。自十三歲常在皇帝傍云。"趙華家人是日再來,王四以《春秋》刻本一紙來呈。問其出處,以爲得於其主人,其主人即趙華妻甥云。

夕，方物皆改其結裹，明將入納云。所釀酒以甕厚，至三十二日猶不熟。數日前入薊州酒二盞，是日始有醅意，即加麴飯。

初九日，丁巳。晴。留北京。

欲因納方物，觀太和[1]殿。朝喫宿飯，隨譯輩入東安門，至東華門，即宫城門也。門有佩劍者六七人守之，坐門外待方物車至，遂同入。西去百餘步，有黄瓦殿，扁曰“文華殿”，圍以墻，其門南向，扁曰“文華門”。其西數十步又有門，此即太和午門，間旁[2]出之門，名雍和者也。雍和與東華相直，而文華少北焉。未至文華閣數十步，折而北，有三石橋並列，兩旁[3]皆設石闌干。橋之北有門，扁曰前星門，覆以青瓦。入此百餘步，又有門。門閉，門内有青瓦殿，此太子宫也。内外門之間爲廣庭，東西皆馬厩，東厩樹栅爲門，内有一馬廠及掌馬者所居屋，餘皆空地。馬百餘匹，皆脱羈散放。西厩圍以墻，屋多而馬少，蓋盡往霸州也。有三馬在一廠中，亦皆去其羈。胡人言此皇帝所騎，皆日行二千里。此似誇張之言，視其狀，亦同常馬，但身大腕促，似多力，眼有神耳。一馬赤身而鼻上有一條白毛，兩馬皆黑身白文也。俄而驅出兩厩馬，盡立于庭，將飲水也。井在東北墻下，去馬立處百[4]步許。井傍置大石槽，兩胡汲而注之。掌馬者以十馬爲隊，以次入送。前隊既飲，方送後隊，無敢横逸失次。入者從右，出者從左，而自入于厩。其回轉去來之狀，若行軍然。東厩後即虎圈，聞洪萬運言曾到此見活虎，守者從栅隙納肉，虎就掌食之。今來聞[5]之，皆往暢春苑云。西厩後有庫屋，屋凡三行，行皆二十餘間，間皆有門，門皆鐵扉。此即方物紙席所納處也。庭有古銅器，如爐、如鼎、如盆者三[6]十餘，而形制奇異，重非十人可運。崔德中見而言之，蓋明朝舊物也。

【校勘】

［1］和：底本作“華”，據上文改。

［2］旁：館本作“房”。

［3］旁：館本作“房”。

［4］百：館本作“百餘”。

［5］聞：館本、庫本作“問”。

［6］三：庫本同，館本作“二”。

庫屋之西有一殿，四簷罩鐵網，門户之飾皆用銅起龍，鍍以金，而丹雘色暗，舊屋也。殿内置一榻，覆以黄錦帕，胡人言皇帝射的之所。此殿南去文華[1]殿可八九十步，西去十餘步爲左翼門。門内太和殿也。曾聞昭顯世子隨九王入北京，處于文淵閣，閣在皇極殿東。以地勢見之，此殿似是文淵閣而無其扁，未可知也。有一宦者引兩狗從殿右而去，云是皇帝獵狗。

【校勘】

［1］華：底本作“和”，今據館本、庫本改。

遂入左翼門觀太和殿，殿三簷二層之制，上爲九楹，下爲十一楹，而中央一間大，兩頭皆小。丹柱黄瓦，簷罩鐵網，殿前月臺三面並治白石爲陛。各三層，層皆有欄，欄柱悉刻龍。循陛往往爲龍頭向外，似所謂螭頭者也。東西南俱有升降之級，而護以南[1]欄，則爲三路。中央石面悉刻龍鳳，皇帝所從行也。階高並三層，可二丈。太和殿在其上，而未覺其甚高。月臺南端左右各置四銅爐,其六横列,其二在東西兩頭,北折而對峙。第二、第三層夾路,各置兩爐,通爲十二,大可兩抱,高稱之。夾太和殿兩旁,各有門而皆有守者。向内視之,黄瓦殿閣重重,而深處有一圓屋。太和殿後面並皆白石欄,蓋御路也。太和門五間而三門,上有樓二層,兩夾門在其左右,右曰貞慶,左名未記。三門皆在石臺上,臺[2]高丈許。自太和殿月臺至太和門可八十步,東西如之。東西廊各有二層閣,東體仁,西弘義。閣前皆有月臺,高與太和殿陛等,亦有欄干而但一層耳。體仁乃錦綵所貯處,我國苧紬亦納于此。崔台相、金尚鉉曰:"梳函所納處在西偏而最深,所過多有可觀。"遂隨去。次通官金元厚、序班潘德輿領而行。

【校勘】

［1］南:底本作"南乙","乙",今據館本删"乙"字。

［2］上,臺:底本脱"上""臺"兩字,今據館本補。

出右翼門,即與左翼門相對者也。門内外俱有石梯,高丈許,兩傍護以石欄,蓋左翼門亦如此也。門外亦有一殿,其制一如東偏所在而益頹落。此則或言是武淵閣,有數三個工人在其中方打[1]銅葉起龍,未知作何物也。殿後有門,時有黑衣女出入,謂是官婢。過殿而西,度一石橋,從兩墻間南出。東望協和門數十步,西望西華門[2]八九十步。協和門外有一殿,其制一如文華閣,是爲武英閣也。門前有石橋,未至西華門數十步,北入小巷坐一屋。柳鳳山、盧宣傳皆追至。通官得一壺駱茶,遍飲諸人。俄而官員至,即以小紙書三字示通官,清書也,使留梳函而去。前此官員領我國人就納于庫,今如此者,省弊之意,蓋亦以皇帝優待我國故也。然余則未見深處,可恨。

【校勘】

［1］打：底本脱，今據館本補。

［2］門：底本作“山”，今據館本改。

還至太和殿，諸譯已納紬苧出去，方在外庫納紙席云。遂出左翼門，從文華閣右度一石橋，出東華門。蓋太和殿東有體仁閣，西有弘義閣。右翼門在弘義閣北，左翼門在體仁閣北。左翼門外有一殿，是疑文淵閣；右翼門外亦有一殿，是疑武淵閣者。文淵閣後有一帶高墻，其西隅有門；武淵閣後亦有一帶高墻，其東隅有門，是皆通大内者也。協和門外有武英殿，雍和門外有文華殿[1]，協和門與西華門相直，雍和門與東華門相直。殿閣門墻，左右相同，而步數遠近亦皆均適。太和殿後所未見處，計亦同此制也。但東偏文華、文淵兩閣外，只有東西馬厩庫屋而已，西則大小[2]屋。屋瓦自殿瓦至門墻皆黄，庫屋亦黄，惟太子宫及前星門青耳。太液池一派入大内西偏爲御溝，穿墻繞屋，屈曲經武英閣，前入協和門傍，過太和午門之間，出雍和門傍，折而北，從文華閣後過前星門，又折而南出，水道如乙[3]字。而在太和殿爲彎弓形，溝闊可二丈。兩傍皆以白石爲闌干，此其大綱也。

【校勘】

［1］文華殿：庫本同，館本作“文英閣”。

［2］大小：底本作“多少”，今據館本、庫本改。

［3］乙：底本作“已乙”，今據館本删“已”字。

自東華門外循城三面盡爲庫屋，至西華門而止，不知其幾間。宫中日用百物皆儲于此。我國歲幣米納于西偏云。庫門向城開，外皆墻壁，而壕水環焉。城與庫之間爲路，其廣可並兩車。遂行，訪大光明殿及帝王廟，帝王廟在阜城門內，大光明殿在西安門內，皆暢春苑往來所歷而未見者也。藥房書員韓泰興、副房奴寬伊亦隨來。到萬歲山前遇一喪車，制如我國屋轎而大，帳與幔皆黑色。喪人哭而步在前行。喪車前後有三四女人同載一車，而其中一人垂淚而吸烟，可笑。宮墻內行喪，亦可怪也。過玉蝀門，登橋而望，池冰盡解，鳧鴨群浮，水如鏡面。五龍亭、瓊島皆倒影其中，比前見時尤奇麗。瓊島春雲、太液晴波，稱於八景者，始可知矣。

到西安門內，折入南偏小巷，行數百步，西有朱漆大門，即大光明殿。門外貼告示榜，禁人出入。試請於門者，不許，遂回馬而行。有一宦[1]者自內出來，請入，入大門，又有兩重門。門屏及左右墻皆以青甓刻龍。第三門內有三簷，紫瓦圓殿，高入半空，上加金頂[2]，以金字扁曰大光明殿。宦者開其門，殿內坐塑像，玉皇也。環壁又有三十二塑像，皆衮衣冕旒，神采儼然。殿中央立四柱，上撐屋頂，刻龍繞柱[3]，作升降狀。屋凡十二面，左右前後共有四門，皆閉。壁皆朱漆，去地三四尺，鏤青甓環之。陛三層及四面昇降之梯，皆白石闌干，其制一如太和殿。從殿後度一門又有殿，扁曰太極殿，供三清神[4]。又度一門又有殿，扁曰天圓閣，是供佛處也。光明殿東廊及天圓閣盡頹落，方重修，皆撤瓦而設梯矣。

【校勘】

[1] 宦：底本作“官”，今據館本改。下同。

[2] 頂：底本作“瑣”，館本、庫本作“頂”，鉛本作“鎖”，今據館本、庫本改。

[3] 柱：底本作“酒”，今據館本、鉛本改。

[4] 供三清神：底本無此四字，今據館本、庫本補。

自天圓閣還出，聞光明殿内有讀書聲，入見之。有兩道士在玉皇桌前焚香讀道經，道士衣道袍，其製一如我國，頭巾仿佛我儒巾，而皆黑色。一人書示曰："此係皇上香火處，有道士四十人，太監十六人守之，今出帑財重修。"指其傍[1]一人曰："此乃董役官員也。"以一别扇與引來宦者，遂引余出坐中門外小屋，待以茶。一宦者求清心元，所謂官員亦欲得之，並許[2]。又有喇嘛僧求扇，亦許之，而以無持來者，使於明日持問答所書紙，來館中討去，諸人喜而謝，問善興姓。

【校勘】

[1] 其傍：館本、庫本作"在房"。

[2] 許：館本作"許之"。

宦者又引余出大門南，入小巷數百步許有一山，皆太湖石，高可五六丈，周百餘步。山前有一虹門，門内有古屋址，折礎斷砌，皆刻龍鳳。北有小洞，其高可立，深廣各丈餘。自洞東行十餘步，又度一虹門，右轉而上夾路，奇石林立，如行山中。登其上，有閣三楹，無窗户欄檻。坐此，内城宫闕及太液池、五龍亭盡俯臨。城中人家、都城九門樓，亦可數也。遊人先有來者，余書問山名，一人書"兔兒山"三字。此山在於宫墻内，而去太液池不遠，想亦明朝遊幸之所，而今廢矣，閣亦盡頹落。石之環簷而立者，其狀千百，大抵皆嵌空玲瓏。其色青蒼，高者丈餘，大或數抱。太湖石奇者價踰百金。此山所聚，其數無慮累千。計其車輦舟運之費又不貲，此何異於宋徽宗艮[1]嶽哉？或遠而致之，或近而不玩，其得失可見，而興廢之數亦可悲也。外虹門外數步治石爲臺，長可三十步，闊二丈，高四五尺，上有兩條水道，深七八寸，其長竟臺，而石面瑩滑，又不見縫合處，似爲流觴而設也。臺之南有壞墻,墻内有三層圓臺,高可二丈許,以甎爲路,回轉而上,其制亦奇矣。

【校勘】

[1] 艮:底本作"良",今據館本改。

以烟竹與宦者,遂行。出西安門,一人在街上使劍,使劍已又使槍,使槍已又試拳法,觀者皆與錢。到帝王廟,門外亦有告示榜禁人,而守者謂有皇旨然後可入,屢請不許,遂還向宣武門而去。市多柑橘,令善興買之,價亦不賤。至門内向東望,有一鐵鐘,高出人家上,此天主臺也。曾聞申之淳言,隨洪禹鼎見之。外門[1]扁書"天主臺"三字,門内有臺,其高三四丈[2]。南面開一虹門,入其中,北壁掛一像,其人散髮袒臂,持火珠,面如生,其上有"天地真主"四字及"敬天"二字,即皇帝筆。左右壁各掛一像,其貌皆似北壁者。虹門左右石面周迴書十二方位,中插鐵針,所以看日影者也。其上懸大小鐘,鐘各有撾,在[3]中央者最高而大,渾天儀在其上。虹門左傍又有一虹門,門上亦書十二方位。門之内立四薄板爲門,粉其面而畫之。守者以竹杖分開兩板,藏於左右壁。其内又有二層朱門,而上二扉下四扉,次第開之。中有物如柱、如椽、如竹者,簇立無數,大小不一,而皆金銀雜塗之。其上横置一鐵板,其一邊鑽穴無數,一邊如扇形。俄見日影到其方位,臺上大小鐘各打四聲,中央大鐘打六聲。此是自鳴鐘,不足爲異。所怪者,鐘聲纔止,東邊虹門内忽有一陣風聲,如轉衆輪,繼而樂作。笙簧、絲竹之聲,不知自何處出。律吕合度,宫商成調。通官輩云此中華之樂。良久而止,又出他聲,其聲如朝參時所聽,通官輩云此今之樂。良久而止,復出他聲,其聲急促。通官輩云此蒙古之樂，亦良久而止。樂聲既盡，六板門皆自還閉。此西洋國使臣徐日昇所作也，蓋如[4]朴得仁家沉香山，其制雖異，其機則同。亦欲一見，而聞近有禁，故遂過之。出門外，市肆不甚繁華，車馬亦不至填咽。行一里許，入東偏小巷，向正陽門去，路回曲，所過多市肆，一家前列各樣奇玩。其中有一木根，長僅二寸，天成兩狗交卧形，頭尾足皆具，與真無辨。把以細察，人工無所[5]施，惟點兩眼耳。試問其價，討兩銀。

【校勘】

［1］門：底本作“面”，今據館本改。

［2］三四丈：底本下衍一“高”，今據館本删。鉛本“高”作“臺”，則屬下讀。

［3］在：底本無，今據館本補。

［4］如：底本作“與”，今據館本改。

［5］所：館本作“少”。

入其屋，有一卧榻，漆以金，三面闌干以大理石爲之。有水精研山，高二三寸，長四寸許，而其形嶙峋。向日視之，則其凸處皆成虹光，可異也。有琥珀一塊，重十二兩，形似硯山。又有紫檀筆筒、鐵如意、青花磁尊，尊重[1]耳，有金環。此外異物，不可盡記。不但平生所未見，亦崇文門外所無也。又有三畫，一趙孟頫樓閣，一董其昌山水，一南京山川圖，水墨加淡彩，未知爲何人作，而筆法極妙。過此未幾，又有一肆，所積皆簇軸，意是書畫而未能見。而從正陽門入歸館，日未晡矣。元建從柳鳳山往馬市，路逢蘭花買來，花凡三朵而未及開。是日探春花盛開，香似丁香。

【校勘】

［1］重：館本、庫本作“兩”。

夕，坐前階，一胡兒入來，哭且訴。使元建問之，其所戴帽爲刷馬人所奪云。使元建領其兒遍尋而竟不得，蓋其帽以氈爲之，似常帽，故奪取也。夕，譯官納米而歸，傳通官言云，朝鮮米只用於[1]御供而僅支一年，可見其貴之也。又以米品近來漸粗爲言。蓋此是宣郭米，而一石之價爲三石，故近爲謫客防納而如此云。庫中所儲棠梨及山查蜜煎者頗得來，棠、梨大如李，味亦好。李惟亮得正玉沙來[2]贈。棠，俗名每子。

【校勘】

［1］於：底本脱，今據館本、庫本補。

［2］來：底本作“東”，今據館本、鉛本改。

初十日，戊午。晴，日暄。留北京。

買方物餘紬一疋，使元建送于[1]李元英，元英以徽州墨一匣爲答。自三四日來，饌用苧蛤，甚新可口。夕時，告示榜出來，示使臣後貼之。告示榜者，許買賣榜也。自是日行中人益有忙色。南貨貴，故一行盡買雜物，雜物異於白絲段疋，無定價，遇一物則群爭之，一兩價增至十兩。以此所買之物互相欺匿，譯輩亦言其可羞，蓋在前則不至如此云。譯輩自家賣買外，最以士夫家别付爲悶，其價多是紙扇筆墨之類，以此失利甚[2]多云。

【校勘】

［1］于：底本脱，今據館本及下文改。

［2］甚：館本作“尤”。

是日，定先來，上房軍官金錫保、副房軍官金尚鉉、譯官張有齡也。是日，一行馬皆掛鐵。大光明殿人持書來，以清心元二、扇子一送之。

順天府學・文丞相祠・國子監

十一日，己未。晴，日暄如昨。留北京。

馬維屏所送水仙花開。是日，胡人持各色物貨入來，館中紛沓如市。蓋告示榜揭後門無禁，人皆任意入來故也。午，書狀來見伯氏，仍來坐我處而去。麻貝之奴詹哥入來，與壯白紙各一束，使贈其主，謝而去。

北京城池及宫闕制度大略已見之矣，遂圖其形。北京城周回四十里，四隅方正，而西北稍殺。東西北三面各有二門，東朝陽、東直。朝陽正中，東直差北。西阜成、西直。阜成正中，西直差北。北安定、德勝。德勝西，安定東。南三門，中正陽，左崇文，右宣武，共九門。内樓則皆三簷，青瓦覆之，門各有瓮城。城之上皆有二層樓，此名敵樓，以甎爲之。三面各開炮門，四重障以板[1]，塗以硃。城四隅皆有二簷樓，而狀如曲尺，是爲角樓，其制如敵樓。南城外又築外城，周回二十八里。有七門，南永定、左安、右安，永定中，西廣寧、西便。東廣渠、東便，此七門樓，皆二簷。有瓮城而無敵樓，宫城亦方，東西可三百步，南北五百步許。東東華，西西華，北神武，南午門，四隅皆有十字閣。城外環以濠，濠外皆閭閻。其外築墻一重，有四門，東東安、西西安、南太清、北厚載。太清門左右各有一門，東東長安，西西長安，東安門直東華門，西安門稍偏於北。此兩門之内有太液池，故其勢然也。午門左右立宗廟社稷。宮城之外，宮墻之内也。宮闕在都城偏於南，故萬歲山直朝陽門，而宮城北開市肆，鐘鼓樓在焉[2]。此南朝北市左廟右社之制也。

【校勘】

[1] 板：館本、庫本作“樓”。

[2] 焉：館本作“於此”。

内外城四面皆有濠，水自外城西北引入，分爲二派。一派入宮墻西北，爲[1]太液池及宮城濠水，仍入宮城之内，經太和門、玉河橋，出崇文、正陽之間，爲外城濠，注於大通河。一派過鼓樓街，入宮墻東北，經東安門，會于宮城，水入玉河。《大興縣志》謂舊城元至元四年築，大明永樂七年定都，十九年作宮室，拓其城南邊。重城嘉靖二十三年築，甕城嘉靖四十二年築。甲申流賊之亂，門樓盡燬，但餘正陽門二樓，清人修理云。余前後出入[2]館門者十三次，内城九門，出入其八，而朝陽、崇文、正陽、西直、德勝出入者或三或四。東直至其門而還，外城門則出入者，永定、東便，大路無不經過，僻巷小路亦多貫穿。雖不見處，其形勢皆可領略。城内人家無空隙，皆瓦屋。而路旁人家雖僻巷盡開鋪子。人家之間，間以寺廟。寺廟之數，十居二三。城中市肆，北最盛，次則東牌樓街，西不及東。西牌樓南北路旁，皆官府及諸王第宅，鋪子僅十之二三。城外市肆人家，南最繁華，正陽門外爲上，崇文門外次之，宣武門外又次之，東不及南，西不及東[3]，北不及西焉。城中大路及夾巷人家簷外皆設隱溝，一城之水皆從此出。城中大渠之外無溝瀆,又不畜鵝鴨羊豕,故路無污穢之物。

【校勘】

［1］爲:庫本同,館本作"有"。

［2］入:底本脱,今據館本補。

［3］東不及南,西不及東:庫本同,館本作"東不及西,南不及東"。

十二日,庚申。晴。留北京。

首譯傳通官言曰:"來日受賞于闕中,仍往禮部行下馬宴,歸館行上馬宴云。"去夜觸風,左頰麻疼,朝起有寒縮意,服荆防敗毒散。趙華屢請見之,而前日蝦來問行中作詩人,華又皇帝之近人也,恐有意外苦境,故不往見矣。皇帝既往霸州,行期又近,今則見亦無妨,而欲知其欲見之意,兼欲見其文筆,遂作書使王四傳於華。其書曰:"疎逖之蹤,猥蒙不外,累辱伻速,適有薪憂,未克趨命。今行期迫矣,匆卒無暇,終負一謝但有罪恨而已。第念欲相見者,必有意指,如有所欲問,當隨所知而對之。或有所求,亦當隨所有而副之,可幸書示。不能躬進門屏,輒敢書稟,乞恕簡慢。"夕風。

十三日,辛酉。晴。留北京。

早食後,一行盡往闕中受賞,我則爲見太學及順天府學,率甲軍王四及元建從玉河東岸,出東長安大街,循宫墻而去。路遇一騎馬人,問太學、府學,則皆詳指之。過宫墻盡,東折出于大街,此走安定門路也。少行東有小街,街口有牌樓。入牌樓行數百步,又有牌樓,皆書"育賢坊"。兩樓之間,北有大門,此即府學也。言于守者而入[1]見,則聖殿五間南向。明倫堂在聖殿東五間，啓聖廟在明倫堂後三間，名宦祠在大成門東三間。奎文樓在明倫之東北，文丞相祠在明倫之東，皆南向。大成門，中門也。門外鑿池，作[2]半月形，即泮水也。上設三虹橋，爲石闌干，池涸無水。橋南有大門，名曰欞星門，閉之，其東有一門以出入。聖殿外扁書“先師廟”，内書“萬歲師表”，位牌書“至聖先師孔子之位”，前設桌子。桌前左右配顔、曾、思、孟位牌，書“復聖顔子”“宗聖曾子”“述聖子思”“亞聖孟子”。顔、思東，曾、孟西。左右壁下分設十哲位，左右從祀七十二弟子及諸先儒[3]。庭左右各有側柏五樹及二碑。東碑，康熙庚午所立，禮部尚書王崇簡撰，吏部右侍郎孫承澤書。西碑，康熙辛亥所立，高爾位撰。明倫堂中樹碑甚多，不暇盡見，而大率多萬曆所立也。其東庭一碑，成化十二年立，文淵閣太學士安房軫撰，翰林編修趙昂書，中書舍人程洛篆。又一碑，崇禎三年立，國子監博士金鉉撰並篆，國子祭酒黄一䨲書。此學田記也。西一碑，上方書“洪武二年左丞相宣國公欽奉聖旨”，下方列書學校格式，洪武八年立。又一碑仆，洪武二年所立也。殿閣荒涼不掃，聖殿僅免頽落而已。

【校勘】

［1］入：底本脱，今據館本、庫本補。

［2］作：底本脱，今據館本、庫本補。

［3］諸先儒：底本作“先儒氏”，今據館本、庫本改。

文丞相祠，屋僅三間，廟庭益[1]隘，殿内書“萬古綱常”四字。塑像作秉笏仰視狀，眉目疎朗。其衣袍、冠類、幞頭，亦類兜鍪。曾見君臣圖像，宋人有此冠，蓋宋制也。詣桌前行再拜。《大興縣志》曰：“元至元壬午十二月初九日，公死於柴市。是日風沙晝晦，宮中皆秉燭行。世祖悔之，贈公金紫光祿大夫太保中書平章政事廬陵郡公，謚忠武。使王積翁書神主，除柴市設壇，丞相孛羅祭之。旋風捲起神主，雲中雷隱隱若怒聲，晝愈晦。以張天師言，乃改書神主曰前宋少保右丞相信國公，天乃霽。明日，歐陽夫人從東宮得令旨，收葬公。江南十義士舁匱出都城，藁葬小南門外五里，識其處。大德三年，公[2]繼子陞來北京，於順成門内見石橋織綾人婦，公之舊婢綠荷也，指公瘞處。見大小二僧塔，一塔有小石碑，刻'信公'二字。至元二十年，歸葬廬陵。柴市即此處也。洪武九年，北平府事劉崧始請立祠堂。永樂六年，太常博士劉履節奉旨祭以春秋云。"

【校勘】

［1］益：館本作"甚"。

［2］公：底本脱，今據館本、庫本補。

遂行，出大路，市多柴車，觀此益驗其爲柴市也。當日事若目睹，意思愈覺不平。北行數十步，東巷口有牌樓，書"大興縣"。過此數百步至十字街，西望鼓樓，東望東直門，北去安定門[1]，皆二里餘。過十字街，又行數百步東巷口有一牌樓，書[2]"崇教坊"。入牌樓百餘步，是太學也。欞星門左右跨路樹牌樓，内外皆書"國子監"，一邊有清書。門南樹照壁，如帝王廟。東牌樓之外又有一牌樓，此與巷口牌樓相對者也。欞星門之西又有一門，亦三間許。贈守者一扇。入門東折又有一門，扁曰持敬，此旁出之門而鎖之。守者取鑰開門，入其内，側柏滿庭。南墻下夾欞星門，左右各竪二十三碑，北墻下碑亦多。其中有大碑覆以閣，字刓不可識。中門凡五間，是爲大成門。門外有月臺，制度壯麗。

【校勘】

［1］安定門：各本皆作“定安門”，然據本書他處改。

［2］書：底本脱，今據館本及上文補。

大成之西有挾門，亦鎖，守者取鑰啓之，觀者多隨而入。廟庭愈清肅，有側柏四五十株，枝柯相交。正殿題“先師廟”，七間，二簷閣也。青瓦覆之，左右翼漸低，接於兩廡，制如東嶽廟。左右廡間數亦多。庭之東西南北皆可八十餘步。正殿前月臺以白石爲闌干，上下陛刻花紋，比之太和殿，則階級雖少，制度之整齊則無異也。正殿亦有守者，啓傍門導我以[1]入。先聖位牌及左右陪饗一如府學，守者使行拜禮，答以私謁者不可拜，首肯之。殿内置祭器、樂器，皆新造，琴四、瑟四、鼓一。琴朱絃而音極清越，瑟似琴而絶大，二十四絃。鐘磬及笙藏於櫝中，不可見。庭前有四碑，東一碑，正統九年三月初一日新建太學時所樹。文，御製也。其一，康熙二十五年所樹，書“至聖先師孔子贊”，皇帝所撰，而文不記。西一碑書顔、曾、思、孟贊，亦皇帝撰。顔子贊曰：“聖道早聞，天資獨粹，約禮博文，不遷不二，一善服膺，萬德來萃，能化而齊，其樂一致，禮樂四代，治法兼備，用行舍藏，王佐之器。”曾子贊曰：“洙泗之傳，魯以得之，一貫曰唯，聖學在兹，明德新民，至善爲期，格致誠正，均平以推，至德要道，百行所基，恭承統緒，修明訓辭。”子思贊曰：“於穆天命，道之大原，静養動察，庸德庸言，以育萬物，以贊乾坤，九經三章，大法是存，篤恭慎獨，成德之門，卷之藏密，擴之無垠。”孟子贊曰：“哲人既萎，楊墨昌熾，子輿闢之，曰仁曰義，性善獨闡，知言養氣，道稱尧舜，學屏功利，煌煌七篇，並垂六藝，孔學攸傳，禹功作配。”康熙二十八年閏三月所樹也。又一碑，平阿魯德獻馘於太學之碑。文，皇帝親製也，康熙四十三年三月二十一日樹。碑皆有閣,三碑青瓦,阿魯德碑黄瓦。

【校勘】

[1] 以:館本、庫本作“而”。

中門内石鼓十枚,東西置,其高二尺,廣一尺有奇,其制如石臼。石鼓者,周宣王大狩而作者也。形如鼓,故名石鼓。其書籀,其文四字。《大興縣志》曰:“石鼓在太學廟門内,初潛陳倉野中,唐鄭餘慶取置鳳翔縣之夫子廟,而亡其一。皇祐四年,向傅師得之民間,十數乃全。大觀二年,自京兆移汴京,初置辟雍,後徙保和殿。嵌金,其字陰。靖康二年間,金輦至燕,剔取其金,置王宣撫家,復移大興府學。元大德十一年,虞集爲大都教授,得之泥土中,始移國學大成門内,左右列焉。”鼓以甲乙丙丁戊己庚辛壬癸次之。字凡六百五十七字,皆剝漫,餘者只二十五字,墨塗印之,猶有字形。唐韓愈、宋蘇軾所作《石鼓歌》,此也。或曰周宣王時去今二千餘年,安得傳之至今?是不然,此非書畫,無破落之患,又異於金銀珠貝,無所用,雖萬年存可也。傍立一碑,此則以隸字書石鼓文者也。以一别扇、火鐵分給守者。

還出大街,望見安定門堇數百步。走馬出門,立於濠橋上,望見北岸上有一帶高墻。墻内樹木蓊然,青瓦屋隱映其間,此方澤壇也。還入城門,至馬維屏家。維屏延坐於内堂,南窗内有炕,甚廣,上設一長桌[1]。桌上置數三畫帖,水仙花二盆,大花尊一,以黄楊如意插於其中。炕西隅置一小[2]桌,亦置水仙花一盆。北壁下置朱紅三層廚,廚,俗名藏也。此外無他物。維屏寒暄後,即命從者啓其廚。廚内皆畫卷、畫帖也。出而視之，皆令品題，又言欲取者取之，然不無吝色，答以“但好看畫，不願取畫”。又啓一箱，箱内皆畫扇也。强國忠畫居其半，皆畫山水，畫皆精熟，勝於館中所持來者矣。又以數三果品待之。西壁有門，垂青帷，飲食從此出來，意其家眷所在處也。内堂及客堂之間置一太湖石，高四五尺，而狀不甚奇。問瓊[3]島及兔兒山是何石，維屏曰："皆太湖石也。"客堂東偏小室有讀書聲，入見之。三小兒讀《論語》，王之啓在其傍，蓋馬家之門館先生也。余問之啓曰："君之語音南音也。何處人耶?"之啓始書曰："浙江紹興府山陰縣人也。"余求蘭亭帖於維屏，之啓曰："羲之乃[4]二十四代祖也，家有真本，後當送之。"

【校勘】

[1] 桌：底本作“草卓”（“卓”即“桌”），今據館本、庫本删“草”字。

[2] 小：底本脱，今據館本、庫本補。

[3] 瓊：底本作“璚”，今據館本、庫本改。

[4] 乃：館本、庫本作“吾”。

别維屏，行至馬市，有賣蘭草者，花盡開，一小盆討價銀五錢。過馬市半里，王四云趙華家在路傍，請暫過。至其門，路上人多聚，駐馬見之，幻術人也。以長繩貫錢數十文，再三結之，脱其衣，貫繩於兩袖，使觀者執其兩端，乃作誦咒狀。已而數其錢，箇箇脱出。又振其衣領，衣自脱，繩則依舊，觀者一時喝采。又以一磁鍾置於紙上，小鐵椎椎之，破作三四片。又椎破片碎之，跳出紙外者亦不一一拾[1]取。將碎片包以紙，地上[2]按方位書金木水火土五字，遂以紙包置中央土字上，脱其襖覆之。向觀者作何語，四面觀者擲錢如雨，其人盡拾其錢。於是開衣視之，其狀如初。以左手執之，又覆以衣，西向立，誦咒頗久。從衣上摸之，初則裹形低平，稍稍漸高。良久以手摸之，鍾形從衣下見。遂去衣開裹，磁鍾宛然。以指彈之，其聲鏗然，觀者又喝采。破鍾時脱上衣，但着褌，破鍾後解褌振服，以示觀者。

【校勘】

［1］拾：底本作“捨”，今據館本、庫本改。

［2］地上：底本作“上地”，今據館本、庫本改。

王四先通於趙華，累次促之。至則趙華已在門内，揖余先之。入中門，坐於西偏客堂，先設一桌，置筆墨其上。我先書曰：“累蒙辱速，以有賤疾，久違尊命[1]，今則病稍愈矣。行期雖迫，撥忙暫來謝罪。”趙華答曰：“昨見華翰，方欲作答，蒙此枉屈，喜出望外。”其書見在桌上。書曰：“竊慕大雅，思欲望見顔色，未遂鄙懷。昨承翰教，方知使君歸鞭已促，兼有薪[2]憂，僕亦不敢再强也。執事工於詩文書法，如果見愛，乞求椽筆，以當紵縞。伏承尊命，拙字呈醜，不過抛磚引玉之意，萬勿見哂，並祈原諒。”我見書答曰：“僕之筆已呈拙矣，無可論者。至於詩文，尤爲空疎，無可仰答大人之辱問，甚愧甚愧。”趙華之筆以半草書七言四韻，晉體也。趙華又問曰：“願見足下所作詩。”答曰：“我不能作詩，但能記友人所作詩，無已則當書示之。”遂書示前所作律絶數首。趙華又出所作文草示之，《代岳飛遺秦檜請勿班[3]師書》也，不特文精耳，辭甚激昂，中有逆虜等文字。此處諱胡虜字，書册中皆去之，而此文則逆虜二字之外，此等文字多不擇，可怪。問趙華曰：“滿人耶？漢人耶？”對曰：“滿州人也。”華請改正其文。余曰：“不敢。願歸示東國文人。”遂納於袖中。趙華貌黑瘦而麻，一目眇，以外貌則不知其爲文人。桌頭坐一老人，年五十餘，間代趙華書字與我問答。歸後，寄趙華書，問其人，言姓楊，諱澄，字寧水，號二橙，浙江紹興府餘姚人，大雅君子也。少有隱志，年三十，歷試二次未捷，心不平，即絶迹仕進，但以文章詩酒自娱云。蓋華之師也。出果實六七器列置桌上，其中有糖餅數器，皆前所見也。五婦人來立炕下，老者華之母，少者皆其妾也。老人揭余衣，使炕下婦人見之。又有婦人立户外，與元建問答，脱元建所着氈笠，觀其髻，趙華妻與妹在其中云。北邊大客堂階上立衆女，元建曰："想其宗族盡會也。"華求我國油果，余以二立與之。

【校勘】

［1］命：底本作"令"，今據館本、庫本改。

［2］薪：底本作"新"，今據館本、庫本改。

［3］班：底本作"返"，今據館本、庫本改。

日晚遂歸，館中才罷上馬宴，問其節次於軍官，曰："禮部侍郎來，使臣迎於中門外，入坐於東壁，禮部郎官坐於其後，使臣坐於西壁，軍官、譯官坐於使臣後。先行茶一盞後進饌，人各一桌，果實外無可食者。桌輟後更進熟羊一塊，行酒三巡而罷，宴前後有跪叩謝禮而除之云。宴床才入，未及下箸，馬頭輩各持囊袋而進，競攫飲食。胡人恐失其器，相爭作一戰場，聞之寒心，上馬宴亦如此云。"柳鳳山、金中和亦不知其如此，以未能預飭恨之。以柏子餅一塊與王四送於趙華。鄭世泰物貨高其價，不肯下，譯輩落莫之狀，見之[1]可矜。

【校勘】

［1］見之：底本無，今據館本、庫本補。

賞賜，冬至、正朝、聖節、謝恩、各有其數，合計之，國王前銀一千兩，綵緞二十五疋，駿馬四匹，玲瓏鞍韂全備。上副使各銀二百兩，大段十二表裏，黄絹八疋，鞍具馬二匹。書狀銀一百八十兩，大緞八表裏，黄絹五疋。大通官三人各銀一百三十兩，大緞四表裏，又一疋，黄絹五疋。押物官二十四員各銀七十兩，小緞四表裏，又一疋，青三升十疋。從人三十名各銀二十三兩。押物官二十四員所受賞賜均分於數外入來者，各銀五十三兩五錢。小段四疋，潞州紬二疋，青三升八疋。余以[1]銀十五兩、小段一疋與遇陽，而元建、善興等合賜銀十兩，三升二疋。馬夫業立、貴同各銀五兩。貴同三升二疋，業立三升一疋。甲軍王四銀一兩五錢。上通事紬價一兩二錢，小段一疋，潞州紬一疋。與昌曄小段一疋，與御醫潞州紬一疋，與灣上軍官任忠國三升一疋。與孝石來時借騎其馬三日也，銀一兩。换錢一千九百九十八文，爲歸路給乞丐次。昌曄九錢，麻貝奴六錢。東郊洞内下人分給次，帽子五十立[2]，帶子百條買之。其餘數兩給善興，使備路中用，不用渠自用之。賞賜馬皆内厩馬而换於中間，皆老羸不中騎。國馬一匹歸路死。伯氏賞賜馬分與金中和、柳鳳山，皆受四兩銀賣之。

【校勘】

［1］以：底本脱，今據館本、庫本補。

［2］立：庫本同，館本作“笠”。

是日，受回咨於禮部。一丈紙以草書大書，中有御諱，見之罔極。

十四日，壬戌。小陰。留北京。

譯官輩與鄭世泰爭價猶未決，首譯以下請退行期一日，伯氏不許，副使亦峻塞，落莫而退。晚後，趙華送自筆三丈、繡囊一副，余以紙一卷、僧頭扇一、南草一封回禮，來人與火鐵一箇。書三忠祠所作五古及律絶數首與王四送于趙華。通官朴得仁[1]、文奉先、洪二哥、金三哥各與清蘇。金三哥送西洋國輪圖，答以僧頭扇。

【校勘】

[1] 仁：底本作"文"，據本書他處改。

夕食後乍出中門外見之，左右月廊一行治行之狀[1]，有似場中。是日門閉而不出，賈胡持貨者填館内各房，與胡人達夜籌[2]計。譯官是日不食，但喫酒及冷物云。昏後往軍官房，金德三在炕上明燭結馱，一邊與胡人籌計。德三出示紅紙，書五言律詩一首，云是問病胡人所贈。詩曰："楊柳未堪折，君行何可留。語言相漸熟，離别忽深愁。袖拂春風裏，巾欹紫陌頭。一鞭果下馬，東海路悠悠。"對炕昌曄、崔壽昌與胡爭，洪萬運傍坐而見之，我至其前不能覺，其汨没之狀可憐。聞廚房所用飯饌秫幹價銀多至百餘兩，乾粮所齎盤纏不足，昌曄將以其賞賜充之，以此焦煎。見欺於大直之害，今始發矣。

【校勘】

[1] 狀：底本作"聲"，今據館本、庫本及文意改。

[2] 籌：館本、庫本作"算"，下同。

是日夕，出酒嘗之，極佳。以張遠翼嗜酒，送不漉酒一鉢。李惟亮、朴再蕃亦各送器，皆送之。譯官以紙炮五枝入來，其名曰葡萄火、蘭草火，置於前庭，以火燒之，聲如炮火，星迸散遍一庭。其狀略似蘭草、葡萄，此乃以紙裹火藥造，狀似竹筒，凡三節，從上節點火，三節以次發。一節火出盡，良久下節始出，亦可異也。前此使行見幻術及火炮，而其價出於行中，故今番則使之勿入，而此火以價少，故譯官輩得來。伯氏與副使、書狀出階上觀之。

卷　五

欽天監・通州・三河縣・蘇州

十五日,癸亥。晴,極暄。自北京離發,至通州宿。

朝,撤簟屋,皆與甲軍王四。又以柳器荊箱各一副[1]與之,亦喜。又以大好紙二張[2]付王四兒,使傳趙華。出瓮酒分送行中,下逮驛卒無不稱美。食後,余先行,善興以渠事落後,只率元建、貴同出去。通官朴得仁在門外相勞。金三哥、金四傑、文奉先等亦皆出立,舉手爲别。出崇文門大街,截街而東,入小巷。行未幾,又折而南,遂抵城。城底有路,路傍小鋪有一老人。遂下馬索筆,書問忠烈祠所在,老人與其鄰人相議,乃書曰:"這裏無,請再問。"遂行。

【校勘】

[1] 副:館本、庫本作"部"。

[2] 張:館本作"立",庫本作"丈"。

轉一隅,入北邊巷,所過有小小廟堂。行百餘步,出泡子河西邊,即前日經過處也。路右有小廟,元建言前日訪忠烈祠到此,有七十老僧矣。余遂下馬叩門,老僧出來,延入西邊屋,室中清淨。壁下置一牀,牀傍張大理石屏,高數尺許。牀前置兩椅一凳,凳前又置一桌。桌上置一大磁碗,滿盛清水,放金鯽六七頭。水中置嵌空小石,魚出入游泳,極可愛。坐頃,老僧進茶一盞,亦以兩杯分饋從者。余書問忠烈祠,對以不知。又以于少保祠問之,亦不知。廟有一殿,而新創未加金碧,塑像乃金甲神,頭戴青巾,面目獰猙,仿佛鄂公,鬚正赤。問其名,乃靈官大[1]帝,而廟名忠良庵云。遂辭而行。

【校勘】

[1] 大:底本作“天”,今據館本、庫本改。

至泡子河,冰盡解,以石梁渡。梁之南北,水益廣,周回可數百步,而甚污濁,蓋瀦也。沿河北行,到欽天監,遂入大門。門内有正堂,扁書“觀察惟勤”。東墻下有一銅器,形如鷄卵,中空,其經可四尺許,蓋天像也。其腹縱横刻“周天度數”,又刻細字。兩頭有柄,此則南北兩極。而置在糞壤間,似是廢棄之物也。正堂東南隅則儀臺,臺上立人。與前日東臺下有小屋。庭有一器,狀如大甑,高四尺許,亦銅造,不知何器也。元建見屋中人,求上臺。其人曰:“須有皇旨,方許上去。”元建言:“俺們是外國人,那裏得皇旨?當與面皮許暫登。”其人曰:“第當問臺上人。”遂上去,久待不下。念此地異於他處,不可輕上,恐或惹事,遂行。大門左右各有廊屋,壁上有告示榜,是禁各省赴試者不得攔入。蓋試院在其西邊,而數日前行慶科故也。出門回望臺上,南北各有渾天儀,兩儀中間置一器,經緯玲瓏,上下凡數層,而上尖下廣。其高丈許,亦不知何器也。

自欽天監北行數百步有小廟，元建言可觀，遂下馬入去，乃吕純陽廟也。塑像有生氣，而廟庭湫隘，左右階下各有碑。左碑，萬曆年間所立；右碑，弘治[1]年間所立也。左碑上貼一陰刻印本紙，見其文，即舉人之赴試者來廟中拈籤，夜夢甚異，其後果得第。籤與夢皆驗[2]，遂刻石爲記。縷縷數百言，稱其靈異。此蓋近年事，其辭[3]雖近誕，文字則佳矣。出朝陽門，車馬塞路，僅以穿過。一行人馬連續出來，行次亦已出去云。市中賣白楊、側柏、圓柏者極多，皆丈餘之樹，連土掘起。其白楊則并不留土，皆邱墓所種也。至東嶽廟前，人益多。蓋今日乃望日，廟中燒香故也。遂下馬挨[4]人叢入去。廟内外皆設市，百貨炫耀，士女紛沓，誠壯觀也。

【校勘】

[1] 弘治：底本作"弘平"，今據館本改。

[2] 驗：館本、庫本作"符驗"。

[3] 辭：底本作"事"，今據館本、庫本改。

[4] 挨：底本作"俟"，鉛本作"從"，今據館本、庫本改。

過鐘鼓樓，從西邊小巷轉折入去，即廟右月廊之後也。行數十步間有二小殿，殿内各有塑像，此乃前日未見處，而似未易窮，故乃還出。由中門入内庭，人益填咽，爐香逆鼻。月臺及左右廊各神前所置爐中，皆燒紙錠，其灰堆積。其内外庭所列雜貨大略如藥王廟而尤盛。其中有西果、真果、桃李柰杏之屬。怪而就視，皆以色紙造成。又有五色小石子數升，其狀如棋，大者經寸，小如指頭，斑爛瑩澤，可愛。又有小螺殼，大僅寸許者亦數升，形色如所謂高同者，皆不知何用也。其他瑰奇之物，推此可知。

正殿内中年婦[1]人數輩皆手執茶香，跪在桌前。余不好入去，遂立户外。忽有一醉胡自殿内出來，面目甚頑。見余睨視，若將相侵。余遂退步，從東階而下。望見北邊月廊人皆坐滿，從翼屋下出入者亦多，計内庭亦皆填滿也。至東庭，見趙孟頫碑。碑頗高，大字畫，無少刓缺。正觀看間，醉胡又來，執元建纏帶，探出所盛之物，大棗也，遂奪取。其胡却跳上龜頭，手杖揮之，使不得見碑，余遂去之。觀皇帝所書碑，左隸書，右清書也。又從西邊月廊階上轉而南出，其胡又追至，以先奪大棗還之，又與一大柏。余皆却而不受，其胡固與之，意欲尋鬧。傍觀者環擁，其中數人目余使去。余解其意，遂以柏與元建。其胡又執元建帶不放，余遂得脱去。出大路尋馬而行，顧見其胡揮杖而來，俄而不見。

【校勘】

［1］婦：底本作“媍”，即“婦”。

行至新橋路口，下馬路左待元建，久不至，使貴同往見。余就坐賣餅小店，俄而貴同與元建至。問其遲滯之由，則元建言其胡以刀割其囊而走，追至大路南邊小巷中，入一人家。僅推還其囊，而囊中所置[1]銀子四錢竟爲所奪。觀者皆言此人素行本如此，此處人亦畏之云，蓋光棍之流也。元建言其胡全不解漢語，不知何處人也。店中賣餅，列置桌上，隨其精粗，各有定價。來買者隨意拈取，留錢而去，餅主但取[2]錢，不爭多少。橋傍有丐者，覆簟而卧，奄奄將盡，見之慘然。使元建與錢，自此始給丐者，人各數十文或十餘文，隨其緩急而施之。

【校勘】

［1］置：館本、庫本作"貯"。

［2］取：館本、庫本作"收"。

捨來時路，入南邊大路而行，左右亦皆墓墳。門墻之制，樹木[1]之盛，一如來時所經處。路南有大寺，殿閣壯麗。門[2]外有轎車數兩，似是燒香人在内也。過此數里，路北邊有大門，謂是皇親墳墓。遂入見，門内有空地，東西百餘步，南北六七十步。中央立[3]大碑，覆以閣，前後皆無字。使元建問其故，有一胡以謂將待皇上命刻之云，而語不可了。碑閣後有一帶高墻，中有門牢鎖。其内有大殿，殿後又有圓閣，即墳墓所在云。東西墻皆有小門，門内有屋，似是守者所處也。有一胡女自東邊門出來，年可四十餘。使元建求見墻内殿閣，不許。又有胡女三人、漢女一人，自東邊門出來，入北墻門内而去。漢女脚尖小，所謂金蓮三寸及畫圖中弓鞋，始知爲實狀也。遂坐大門求茶，胡女即呼童子進涼茶一碗。坐頃，其女與元建有所問答，蓋問使行留館日子及所受賞賜之數也。

【校勘】

［1］木：館本、庫本作"林"。

［2］門：館本作"閣"。

［3］立：庫本同，館本作"有"。

又行一里許，路北有一墳，可觀。從側門入去，種側柏數百株，縱横成行。入其中，不見天日。中立一碑，即滿州人阿思哈哈之碑。碑文備載戰功，乃順治朝事，而碑則康熙年間所立也。碑後有一帶[1]墻，墳墓在其内，而門鎖不可入。主山及龍虎皆累土而成[2]，其高丈餘。遂轉過墻西，登其上俯視之。三墳并列，皆南向，左右各有一小墳，悉甃甎爲之。墓庭亦皆鋪甎，兩傍各置一圓石，高數尺許，當中有孔，似是插燭之具也。土山及四圍空地悉種柏，密如麻，但墻垣頹圮，亦無守者矣。遂行過八里橋，入通州外西門。路右倉屋連亘數百步，有門封署。來時過此而未能睹也。南方漕運米盡到此，一半入北京，一半儲此云。入城一里許，折而北百餘步，渡一石橋。橋下水聲甚壯，駐馬見之。水自西城入，向東城而出，至橋下澎湃噴射，橋底似是設閘處也。橋上下百餘步，各有木橋，人行其上。渠兩畔皆甃石，岸上重樓疊屋，左右相映，亦一勝觀。

【校勘】

［1］帶：底本作“大”，今據館本、庫本改。

［2］成：底本作“或”，今據館本、鉛本改。

過橋百餘步爲十字樓，又百餘步，當街有三層樓，扁曰“司空分署街”。至其下，伯氏與副使、書狀亦自察院出來，蓋欲登此也。門關[1]有守者，與一扇，始得上。四面設窗檻，縹緲如在半空。城中閭井街巷及城外數十里外，林樹川渠道路悉在眼底，亦快觀也。樓最上層供一小鬼，右手持筆，左手擎斗，乃魁星也。城中北邊有甎塔十三級，其高可十餘丈。塔下有大寺，欲見而餒甚，不能往。余先下，坐一錢鋪，見紗屏畫猫，筆法極妙[2]。試令元建問賣否，以不賣對之。又聞此處有彩花市，可觀，而亦因困乏，未果尋。

【校勘】

［1］關：館本、庫本作“閉”，鉛本作“闢”。

［2］妙：底本作“玅”，即“妙”。

入館，日僅晡。持書畫及雜物入來者頗多，前日紫檀筆筒及香盒又來，其外種種器玩亦多而無佳者。有一墨畫山水簇，筆法頗佳，勸書狀買之。宿西邊廊屋，即來時所宿處也。譯輩落後者未暮皆至。來時西門路傍見一小鋪，頗列器玩。其中有一鳥，尾長四五尺，文如雉尾，而其點純赤，不知其鳥何狀而出於何處也。去冬，元建以廚房價買一筆筒，仍寄其鋪，至是推來。昌曄爲買雄黄借元建，許之。路傍有耕者，或用驢，或三人挽之，牛固不貴乃如是，未可知。使奴輩見其所種，即小麥也。

是日行四十里。入城時，馬夫一人以日熱脱上半截衣服，赤身而行，見者莫不指笑。此處人似以行路脱衣爲駭舉也。

十六日，甲子。晴，暄暖。自通州行，至烟郊堡朝飯，至三河縣宿。

質明發行，出北門，自館至北門一里而近，北門外市肆夾路者幾數百步。市肆兩畔皆河水，蓋市肆挾河斗入也。市肆中間有大石橋，其高可通舟，而水不甚深。河之東岸，人家亦櫛比，架一木橋通往來。市肆盡即沙岸也，積材木無數，皆以大小、長短、曲直分類，井井不亂。河上聯舟爲梁，車馬通行[1]如平地，自城至此僅二里許。水自西北來，過此半里又有河，視初渡者稍大，亦以舟爲梁。此河自北來，似是白河正派也。時[2]日猶未出，船上有一漁者設罾而立，一如畫中所見。載新藁入城者相續，亦有以荆籠盛鷄鵝馱驢而去者，蓋趁早市也。始過河，地皆沙，一望荒蕪。路傍有草店數處，買酒餅及磁器。此乃荒僻之處而亦賣磁器，與城中無異，其賤可知也。行十餘里，漸有田畝人家。路南樹林中有[3]六面閣，閣之南又有大殿，似是寺刹也。寺傍村落名常家屯云。又二里有村落，名菜園莊。自是，過村落輒令善興問其名，或自書字問之，路之曲折處悉以輪圖識其方位。三里劉家莊，五里達烟郊堡朝飯，即去時所過村也。在北京發行時，以所釀酒和醴貯錫[4]壺掛鞍，到此喫之，其味好，亦進伯氏。

【校勘】

［1］行：底本脱，今據館本補。

［2］時：館本作"是"。

［3］有：底本脱，今據館本補。

［4］錫：底本作"賜"，今據館本及文意改。

過夏店，是日亦值虛日，人物填咽，如去時所見。至三河城，從西門而入。城方新築兩重門，才完虹霓，未及去架。甎與石灰緣濠堆積，賤如土石。至察院，從後門而入。門外累砌數十級，蓋城中地勢不平，人家多據丘陵也。所入之屋即去時副使所宿處也，有東西兩炕，伯氏入東炕，余入西炕[1]。有十餘人來到窗外，問余所着耳掩何皮，余對以狐，其實狗也。前此多有問者，而皆以狐對之，莫有能下之者，獨此人認破。蓋此處人見服狗皮，惡而賤之，故元建輩欲諱之，而到此竟露馬脚，可笑。凡事難以假爲真，類如是也。其人又指余所藉毛浮問何名，對以土猪，則其人曰："非獾乎？"余曰："果是獾，而土猪乃我國俗名也。"其人喜曰："明白。"其人又問余姓、何官，對[2]以實。仍問曰："這裏亦有姓金的麽[3]？"答："有。"其人又問余年，答之。又問："令郎幾人？"答："兩子。"問："作官？"余對曰："其父無官，其子那得做官？"余問："此處城何以修築？"其人曰："皇帝往來遵化縣過此，此處民人告狀，皇上築之。”問古北口遠近，答曰：“二百里。”蓋諸人中識字者有幾[4]人，而其中一人乃滿州云。余問：“此處亦有[5]秀才否？”諸人指一人曰：“此乃秀才。”見其[6]面目，無文字舉。余書曰：“既是秀才，何不書字問答？”諸人大笑，其人頗有愧色，想是不識字者也。

【校勘】

[1] 余入西炕：底本脱此四字，今據館本、庫本補。

[2] 對：館本作“余對”。

[3] 麽：底本作“磨”，今據館本改。

[4] 幾：館本作“數”。

[5] 此處亦有：此四字又重出，今删其衍者。

[6] 其：館本下有一“人”字。

夕飯，得土蛤作膾，味殊佳。夜，遇陽來告曰：“有天變，火自天中墜落四五塊。”余出庭中見之，則火墜已盡，但有一大星色赤，異於他星。伯氏亦出看，諸裨皆集。仰視次，其星漸移而西，始覺其非星。問於胡人，云是紙鳶，中置小燭，繫以線，蘸硫黄，火爇其端，使緣而上。其從空墜落者，硫黄火也。夕，元建自通州買雄黄追至，又以[1]渠銀買磁筆筒及水晶研山以來。硯山頗施雕鏤，不甚佳。令善興計償其直，研山六錢，筆筒二錢。

【校勘】

[1] 以：底本脱，今據館本補。

十七日，乙丑。晴，朝風乍涼，過巳後暴暖。自三河縣行，至邦均店朝飯，至薊州宿。

平明發行，自出城望見一帶山橫亘東北，去路可六七[1]里，或一二[2]里而近。過段家嶺，路傍有讀書聲，下馬入其家。有群兒十八人讀書[3]，其書皆經書。其年多者二十歲，少者九歲。使書字，則出紙一張[4]展桌上，加薄紙摸寫。蓋原本似其先生之筆，文則所學書也。紙上壓大鐵環，隨寫移易，此則欲使兩紙襯貼也。李譯惟亮隨來，與之問答。

【校勘】

[1] 六七：庫本同，館本作“六”。

[2] 一二：庫本同，館本作“二三”。

[3] 讀書：底本無此兩字，今據館本補。

[4] 張：館本作“立”，庫本作“丈”。

至公樂店，問後山名，則以爲在西北者爲塔山，東北者爲盤山云。自此至山底不過一里而近。至邦均店，店北有東嶽廟。牌樓立路傍，榜曰“聖化齊天”。入門百餘步即爲廟門，而大門與中門皆毁撤改造，木石縱横。寺僧聚役夫六七人，方築礎基。門傍大槐樹連四五抱不盡，數百年物也。樹下立短碑，刻“真一大觀”四字，康熙年中所立也。正殿頗宏侈，外額題“仁聖齊天”，内額書“大哉乾元”。庭東西兩碑[1]。東者，康熙五十年所立，以爲廟元至正年間重修，其舊可知。西[2]碑，康熙五年[3]所立也。廟庭左右共有老槐七樹，月臺上有一老樹尤大，不知名。問諸寺僧，書“白楊樹”三字于地上。左右廊屋各十餘間，每間各[4]有塑像，悉地府勘罪之狀。正殿東小殿供關帝，塑像精工。左右侍者及馬俱有生氣。周覽已，至店，即來時所入家也。

【校勘】

［1］碑：底本原作“畔”而勾圈之，蓋誤，今據館本改。

［2］西：底本作“兩”，據館本改。

［3］年：底本作“十”，今據館本改。

［4］各：館本作“皆”。

朝飯發行，自店向薊州有南北二路，南直北迂。初入直路，因泥淖陷馬，遂取田間小逕，出北邊迂路。路傍有新造廟堂及店房數間，使元建問其名，即南營莊。自均店至此可十八里。又二里有村店四五家，村前立小牌門，書“賈家莊”三字。過此五里至五里橋，見所謂楊妃廟。廟中有塑像，果是美女，而甚荒凉。背後立一碑，即通濟橋修治記，萬曆年間所立也。所謂通濟橋，即五里橋也。從西門而入，門樓扁書“西控神京”四字。入獨樂寺，日在未矣。登樓上，循檻四望，令人疎暢。城外烟樹春意藹然，益可喜也。城北山曰府君山，一名空同山。舊傳黄帝問道于廣成子，即此處也。山坡間有廟，曰玉皇廟。在州西者魚山，在正西二里許者曰五名山，一名五龍山。上有廟，即聖母娘娘廟云。

在路中望見盤山上有寺縹緲，到此問其名，雲照也。盤山，曾見袁宏道遊記，稱其松石之奇。其去路不遠，日勢足以往返，而[1]頓然忘却，遂差過，悔恨無及。後考《一統志》云，山數峰陡絶，一名盤龍山，絶頂有大石，摇之輒動。上有二龍潭，下有潮井，又有澤鉢泉云。見觀音閣階上左碑，即萬曆四十年所立重修記，有曰“寺不知創自何代，曾於統和年重修”，則去今六七百年。碑文云“閣中[2]大士像即因大樹刻成”云，甚可奇也。右碑，康熙乙巳所立，文尚書王弘所撰，而其文有曰“余於辛巳年間守此城，其後又過此地，則風景不殊而人民非古[3]，廟貌猶存，而城郭頽圮”云云。蓋大明人仕於清朝者也，其辭殊悲惋，見之可慨。然語涉忌諱而乃顯刻，未可知也。《癸巳日記》："堂中有一短碑，即遼乾統七年所立，節度使王觀所撰。"宋兄記中亦言之，而不知此碑在何處也。

【校勘】

［1］而：底本脱，今據館本補。

［2］中：底本脱，今據館本補。

［3］人民非古：底本作"人古"，今據館本改。

入來時所宿屋。前日沙彌又方炊粟飯分喫，余取嘗少許，香味殊佳。晚後率善興步往酒店，金德三亦隨來。店在寺東數十步，店屋凡三重，外屋買酒者填滿。第二重三間屋，左右兩邊置桌及椅凳。中央一間爲出入之門。最後屋是作酒之所也。余始至第二屋，一行無來者，椅桌皆空。遂經至後屋，見兩人方作酒。乃以黍米置於案板上，打作大片，如我國引粘米狀，中國釀酒自古皆用黍，故記我國物産稱粳米酒，蓋粳米[1]作酒，天下所無也。薊酒亦清烈，而多飲終有泥膈之意，以黍性粘故也。東邊有三間屋，入其中。四壁下周遭置瓮[2]數十，中間置酒槽，其制略如我國而特大。令掌庫的取上色酒來嘗味，其人即開罈，滿斟一鍾進之。喫後又令取他好品，又進一鍾。其味無甚異同。西邊亦有屋，皆藏酒，酒味亦與相等云。遂買二瓶，出坐第二屋。金中和、柳鳳山及崔德中[3]諸人來，継而譯官朴東和、金萬喜、張遠翼、申之淳、金尚鉉、金應瀗、劉再昌等皆至，各占凳團坐共飲，猪肉湯及猪肉熟片、鷄卵煎、粉湯等物所謂掌庫的隨求輒出。酒則盛以錫瓶[4]，出置桌上，盡則又出它瓶。盡飲後，數其空瓶收直。余與金中和、柳鳳山、崔德中、朴東和、張遠翼、金萬喜共桌，七人所飲共十二瓶。一瓶不過三大杯[5],余通初嘗二杯,共飲十餘杯,頗醉。余於去去年春間作一絶句曰:“鴨江西畔是遼城,匹馬榆關半月程。買取薊州[6]數斗酒,燕京市上覓荆卿。”到今其詩皆驗,始知世事皆有前定。乃於座上誦其詩,諸人聞皆嗟異。遂先歸,喫夕飯,乃大醉,和衣而寢,夜深始覺。

【校勘】

［1］狀……蓋粳米:此二十餘字底本脱,今據館本補。

［2］瓮:館本作“酒瓮”。

［3］中:底本作“重”,今據館本及上文改。

［4］瓶:館本作“壺”。

［5］杯:底本原字作“盃”,館本作“盞”。

［6］州:館本作“門”。

夕,康田偕諸秀才入來,以余醉睡不得見,見柳鳳山而去云。有一秀才見柳鳳山,書字示之,其辭不可解而頗有怒意[1]。詳訪之,則其人入于伯氏炕,伯氏方閲文書,見其入來收藏,又不接引,故無聊而出,以愠意言于柳也。此人亦與康田同來者也。

【校勘】

［1］意:館本作“氣”。

夕,丁含章來到寺中,張遠翼隨往其家。以世系問之,不能對,馬脚盡露矣。此地[1]人奸騙之習乃至如此,可畏可痛。寺僧賣眼藥,譯輩多買之。其藥[2]細末而有[3]龍腦氣,納于鵝翎筒,其直甚多,聞此僧以此多獲利饒財[4]云。是日聞雁聲。

【校勘】

［1］地：底本作“它”，今據館本改。

［2］藥：館本下有“即”字。

［3］有：底本作“青”，今據館本改。

［4］財：底本作“財産”，今據館本及文意删“産”字。

玉田縣·豐潤縣·沙河驛·永平府

十八日，丙寅。晴，暄暖加於昨日。自薊州行，至蜂山店朝飯，至玉田縣宿。

四更酒醒，覓水嗽口。善興坐炕下猶未睡，預煮蕎米水以進，飲[1]半碗，頗覺清爽，而虚乏甚。蓋兩日來飯生喫不得，只喫薏苡粥，以此酒不過量而經醉，困憊又如此也。遂令以[2]漿水同蕎米作粥，喫二合許，便覺腹中不平，渾身微縮，俄而吐出。少得鎮定，善興言三吹在未明，宜先發緩行，遂烹飯强進而不能喫。

【校勘】

［1］飲：底本脱，今據館本補。

［2］以：底本脱，今據館本補。

出城，曉月垂野，烟樹葱籠。過漁陽橋，景色如夢中。至翠屏山下，日始昇，下馬小立，觀西北諸山及漁陽河轉折之勢。路傍有石碑，字皆滅，碑東數十步有兩石人，一大一小，或傳以爲楊雄、石秀之像也。斯未必然，而其制拙樸，亦古物也。待行次同行，大路泥濘，遂取北邊小路而行。過一村，問其名，三間房，去州十三里云。又二里至一村前遞馬，問村名，曰現橋。問村後山名，書“胡帽山”。問其東北山名，書“鳳凰山”云。索水於村人，出蓼糜和雪糖喫之，味殊爽。初發薊州，餒乏，幾不能支。腰袋中適有大棗數十枚，遂於馬上喫之。又出人蔘嚼小許，僅以扶接，至此頗蘇[1]。自入小路，去山或一里或半里而近。四里出二里店，始與大路會。自此望宋家城在西南間，兩敵樓高入半空。自鳳凰山下，土阜累累絶大路，連峙野中，其高皆數丈，明是人功所爲，似是宋家店爲接其主山來脉而作也。書狀自在北京約同觀宋家城，而到此忘之，又與書狀異路不得見，書狀頗以爲恨。

【校勘】

［1］蘇：底本作“薊”，據館本改。

至蜂山店朝飯，亦去時所入之家也。至彩亭橋，橋下春水涣然，多浮鳧鴨。過店一里許，路右有一廟堂，門側有大白楊樹，樹下有井，水味極清洌[1]，井以西所無也。適遞馬其傍，一行上下，爭飲稱爽。路北有草店數家，廟與村名未能問。過[2]西八里堡，村中有一大屋，内外屋及門悉以簟覆之，蓋喪家也。有白衣人十餘在門前觀光。

【校勘】

［1］洌：底本作“冷”，今據館本改。

［2］過：底本脱，今據館本補。

至玉田，入察院，日僅未矣。城中十字街有兩層樓，亦華麗。所過人家牌榜之盛如撫寧，而皆未能記。過二里店，望見東南間一道江光横在野中，去路不過五六里間，意謂漁陽河下流，然怪其來時未見而今忽有之。問於元建輩，以爲想是來時水凍，故未見也。問諸譯曰："曾見此水否？"朴東和以下皆以爲未也。余笑曰："君輩過此幾次而猶不知有此水，雖謂之瞽，可也。"行十餘里，水漫闊遍野，滉漾若海門然，余始疑之。使元建問於所過村人及樵者，或云水，或云非水。見其光景只在數里外，而及近至其處，則移在其前，顧而視後又無矣。於是始知非真水。或云水者，蓋誑之也。至是昌曄方解惑稱異。蓋其率態奇絶，又非來時所見之比也。時日在辰巳間，似因日暉野氣相射而成。然路上則又不如此，其理終不可知。是夜，雨，亦似蜃氣之爲雨徵也。

十九日，丁卯。晴，東風終日，日氣稍清涼。自玉田縣行[1]，至沙流河朝飯，至豐潤縣宿。

【校勘】

[1] 行：底本脱，據館本及本書他處補。

平明發行。過龍池庵、東八里堡、十五里屯、兩家莊、兩水橋，至沙流河朝飯，亦去時所入家也，主人姓名卜士久云。炕上置怪石一盆，栽石榴、側柏于其上，柑子樹一盆，其高數尺。又有一盆所栽樹，其枝葉如野薔薇，而葉品字形。問其名，謂是暢春花，甚碎小而色黄云。

有一秀才入來，余問："聖壽加科取士之法如何？"其人答曰："今年聖上六旬，故二月加鄉試之科。若論正考，則今年歲試生童之年。三年之中，一年歲，一年科，一年會。主歲試官學院，主鄉試者有鄉試主考，會試則天下皆在京一場，又有大主[1]考者。”問曰：“生與童有分别否？”曰：“生是學院取中的秀才，童是纔去考的學生之通稱。”問：“自秀才選爲生員否？”曰：“見官則稱生員。”問：“童子與秀才亦有差等否？”曰：“童生無職，秀才見官[2]，行賓客之禮。古語有云：‘宰相不出位，秀才不下跪。’爲秀才始不拜人。生員便是秀才[3]，平常人稱秀才則曰某秀才家。”問：“這童生試法如何？”曰：“童生若作得好文章，學院取中了，便穿藍衫，戴雀頂。比如今年歲考，豐潤縣童生，文的去五百餘人，正數只取十五人，武的亦然。”問：“童生中的亦同生員就考鄉試否？”曰：“童生若是大學問，做了秀才，便去鄉試。鄉試中了，便去會試。會試完則殿試中壯元矣。”又曰：“皆因今歲加科，故去年會試年先考。”問：“加鄉試取幾人？”曰：“聖上六旬加鄉試所取額數，亦如正鄉試[4]之數。天下十三省，每省三百餘人。”問：“然則謂之加者，何也？”曰：“考舉名爲鄉試，歲考考舉人，故曰加鄉試。若論正試，則三年歲科會，周而復始焉。有餘年加鄉試，今歲所取者皆是加。何也？不是鄉試之年而鄉試耳。”又曰：“會試不加，正會之年在乙未，會試天下，共取三百餘人。”問：“加科今年何月日試取耶？”曰：“昨者二月初八進場，開榜則看龍虎日、寅辰日也。”問其姓名，即王化，年二十六，去年進學云。以盤中全鰒及生雉熟與之，即書曰：“生員揖拜而受。”余曰：“薄物何足稱謝。”曰：“願歸遺[5]老親。”遂令驛卒送之，乃辭去。其人爲人分曉，文筆亦贍敏。

【校勘】

[1] 主：底本作“王”，據文意改。

[2] 官：底本作“客”，今據館本改。

［3］才：館本作“士”。

［4］試：底本脱，今據館本補。

［5］遺：館本作“與”。

過高麗堡，村落頗富麗。村中有戲子閣，扁曰“太平玉燭”。取大路至豐潤，迂五里許城西河名爲還香河云。大於我國坡州廣灘數倍，而兩岸有白沙，岸上頗有流下材木，想水源亦遠也。入察院僅未時。夕飯後，崔壽昌來言，此有曹姓秀才家，多書籍，屋宇亦華整可觀。遂同崔譯步往，申之淳亦隨來。其家在於大街傍，去察院數百步許。至則過二重門，有屋五間，中堂左右皆有室，椅桌什物皆齊楚。右室有童子四人讀書。其中一人文理優通。問其姓名，谷永春，年十七。有門館先生一人，其姓名谷倬[1]。主人名永著，即前冬賣《文選》者也。多出書册要賣，其《文選》亦在，而其直更討僧頭扇九柄，乃許之。見前楹列置菊盆十餘，以一器貯燖猪湯澆之。東邊廊屋中有紅梅一盆，罩以紙籠，其高五六尺。庭西有梅實[2]一樹。余問：“有探春花、荼[3]蘼花，各以一條上盆，待明春使行寄來，如何？”其人許之，因請書留姓名及號。

【校勘】

［1］倬：館本作“卓”。

［2］庭西有梅實：底本作“庭西府梅實”，館本作“庭有西府海棠”，鉛本作“庭西有梅實”，今依鉛本。

［3］荼：底本作“茶”，今據館本改。下同。

初欲宿此家，以察院隔遠，遂歸。入西邊月廊，炕甚踈冷。元建得家於院門外，遂出往其家。炕益陋，無火氣，窗户盡穿，不可經夜。方議還入館中，主胡出來有所言而不可解。令書之，文亦不可解，見其大意，欲加得房錢也。蓋[1]副使裨將兩人先入此家，余來而移往他處，故主胡以此歸咎於余，欲以兩人所許房錢并討於我也。其人頗帶醉氣，不欲相較，遂起出。纔及門，元建報館門已鎖，甲軍散去，不可復開。時風雨大作，夜色如漆，咫尺不辨，彷徨門内，欲還入，元建已[2]還推房錢，故主胡深懷恨怒，喃喃不已，遂鎖其[3]房門入去，不復出。燭爲風所滅，求火而亦不應，狼狽不知爲計。試令善興尋員譯輩所寓處，俄而還報首譯所寓不遠，亦得燭籠以來，遂行。其家在察院西墻外，相去不過百餘步，而[4]泥滑易顛。適遇張遠翼馬頭石民，見余狼狽狀，遂扶而行。至其家，首譯外申之淳、金昌夏、玄端夏、金慶興、姜遇文皆入其家。首譯[5]以其炕讓余，小而潔，可喜。

【校勘】

［1］蓋：底本脱，今據館本補。

［2］已：底本無，今據館本補。

［3］其：底本無，今據館本補。

［4］而：底本脱，今據館本補。

［5］首譯：底本作“首驛”，今據上下文改。

夜，雨雪交下，向曉始止。院中人馬皆露立，達夜凍戰，猶免僵死之患，可幸。初入察院，使元建往來時主人王家，問所約書册得否，其人報已覓置待來看。晚後又往問之，則其家人云往館中而值余出外，遂致相違，可歎。送善興于曹永著家，以僧頭扇换《文選》以來，則乃是他本。欲還送更討前册，而日暮未及周旋，仍持來。金萬喜得一詩稿來示，題曰《自娱草》，乃此處人[1]所作也。律絶合數十首，往往有佳句，今行所未見也。問其人存否，數年前已死云。曾聞此處筆好，使金尚鉉買來，其直一别扇八枝也。衙譯[2]吴玉柱在路中時時接談，語次云，曾到義州通妓生，至舉其名，譯輩以其言謂無據，頗有錯愕之色。此事譯輩[3]所深諱，而吴胡爲人愚妄，故發説。會寧妓生亦多知名，此則開市時所知云。過龍池庵，吴胡以爲皇帝出獵時所憩處，庵名亦以此而得云。

【校勘】

[1] 人：底本脱，今據館本補。

[2] 衙譯：底本作"衙驛"，今據館本、庫本、鉛本改。下同。十一月二十八日有"所謂衙譯，即次通官，爲通語"。

[3] 輩：底本作"官"，館本作"軰"，即"輩"，今據改。

二十日，戊辰。晴。自豐潤縣行，至榛子店朝飯，至沙河驛宿。

朝，主人小兒與其叔出來。問其姓，周，名炳文，父母皆亡，問："然則靠何人過活？"答曰："我叔姨娘。"問："姨娘是甚麽親？"曰："母親。"問："爾爺之後娶的妻否？"曰："然。"問："兄弟幾人？"曰："有弟焕文、熠文。"問："你及兩弟年幾何？"曰："炳文年十四[1]歲，焕文九歲，熠文七歲。"問："你祖先有官職否？"曰："周家庠生員。"問："爾從何人學書？"曰："先生。"問："讀過幾本書？"曰："《易經》，文章六部，四書一部。焕文《大學》一本，《中庸》《論語》《孟子》二本。熠文《大學》一本，《中庸》一本，《論語》二本。"以墨一丁、火鐵一箇與之，房錢另給紙一束。

【校勘】

[1] 十四：底本作"四十"，今據館本改。

歸察院，朝飯後發行。曉雨止，仍陰，至巳後始清朗。風寒頗緊，一行皆襲裘。至榛子店日正午，入去時所入家。余所題詩下有一次韻詩，其詩曰："面撲風埃未解裝[1]，逢人泣淚滿衣裳。道傍閱到仳離色，那禁敲詩下夕陽。"詩傍書曰："旅店見朝鮮客題壁[2]，因以次之，灤州刺史。"筆如詩拙，問於店主，則以爲十餘日前灤州知府過去云。打午飯行。東城外立牌榜，書曰："永平府遷安縣榛子店交界。"過五里橋，石工數人方治欄石。六里有村落數十家，路過村間，問村名，一人畫地書之曰"蓮花池[3]"。又五里有村落數十家，名蔣家店[4]。八里許出新平莊。觀光村女最多，間有塗抹脂粉者。自蓮花池以後，非去時所經之處。以大路泥濘，故遂入此路，而泥濘難行處[5]亦多。至此始與前路[6]會。至馬鋪營，營路傍店舍皆破，只存一家，路南百餘步許有村落。

【校勘】

[1] 裝：館本作"粧"。

[2] 題壁：館本作"題詩壁"。

[3] 池：館本作"地"。

[4] 店：館本作"庄"，即"莊"。

[5] 處：底本脱，今據館本補。

[6] 路：底本脱，今據館本補。

過三家廟，廟傍店房數十家，廟西百餘步有一帶村落，負山臨路。山底松林蒼蒨中亦有人家，頗似我[1]國村落，令人開眼。馬鋪營至此，來時未明經過，故皆所未睹也。自榛子店後路傍多牧羊，一群多至數百，少不下四五十。未至沙河驛數里，有一獨山。羊數百頭食其巔，有兩人持鞭坐山下，乃牧者也。沙河村樓臺烟樹，隱映落照中，望來如畫圖。入來時所宿家[2]，主人又出酒饌、龍眼、荔枝、大棗、西瓜子、橙丁、薑沙、猪肉、熟豆豉、糟鯉魚、蝦菜。其糟鯉魚味最佳，以鯉魚和酒糟淹成，如我國食醢。蝦菜以米蝦和醋醬，味亦佳。豆豉即大豆所造，似我國青豆，佐飯矣。乾粮以壯紙、青粧刀、清心元、長烟竹等物酬之。余亦贈清心元二丸、蘇合元五丸、紫金丁二錠，求探春、茶[3]蘼二花，待明春使行以[4]寄送，許諾。主人見余所服木綿布，問價於元建，請於明年送二疋，許之。副使、書狀宿三皇廟。

【校勘】

[1] 我：底本作“家”，今據館本改。

[2] 家：底本脱，今據館本補。

[3] 荼：底本作“茶”，今據上文改。

[4] 以：底本無，今據館本補。

二十一日，己巳。晴。自沙河驛行，至永平府宿。

平明發行。復從西門而出，轉而東。東門外河水視前冬不啻倍增，其深至膝。不但此水，凡來時涷涸之水無不滋漲。至野鷄坨[1]，人家極盛。東西可數百步，而店居三分之二。自沙河驛至此二十里也。初，伯氏擬於歸時復見夷齊廟，與副使、書狀相約。以修先行狀啓，遂變計，將直往永平府。余亦不敢爲獨行之計。朝飯後，行八九里，望見首陽山，興發不可止，善興告以過路口已遠，不聽，直取北邊小路，行田隴間，三四里出一村前，即去時所經之處也。遇一老人，駐馬問村名，其人呼一拾糞者曰：“有商量。”其人即至，年六十餘矣。畫地曰“赤峰鋪”，前頭兩村名并書示[2]之。

【校勘】

［1］坨：底本作“蛇”，據館本、庫本改。

［2］示：底本脱，今據館本補。

三里許倉官營，五里許劉家莊，四五里高家莊，一里王官營，八里至夷齊廟。正門閉，遂入西邊僧屋。到門外忽聞朝鮮人語音，入去則醫官玄夏誼、譯官玄翊夏[1]、金世泓[2]子壽長三人方朝飯，相驚喜。問何以來，諸人曰：“欲遊賞而來，主僧不開門，故不得入見。”余遂呼主僧開之。直造清風臺，松陰覆墻，庭院闃然。適有漁舟六隻泛在江中，迭相投網，取出大鯉魚，撥剌船板上。頃刻所捉無慮數十頭，壯哉，曾所未見也。諸人皆吐舌稱奇。開東角門出去，坐松林，望見孤竹廟下亦有六七漁舟，傍岸繫纜。試呼漁者，問魚可買否，數人持魚而至。鯉魚長皆數尺，鮒與重唇之類亦有之。諸人皆不帶價，不[3]得買，可歎。風日清和，江山倍覺明麗。白鷗數群在水面往來飛鳴，尤可喜也。見江中往往聚樹枝爲魚巢，《爾雅》：“積柴木水中養魚曰槮。”《杜詩注》曰：“襄陽俗謂魚槮爲槎頭，言所積柴木槎枒然也。”然則此術其來亦久矣。又編黍幹防下流，使水停畜，所以取魚益[4]多也。倘佯移時，以去時所作五七言兩律題于臺之西壁，遂行，令人悵然有餘意。

【校勘】

［1］醫官玄夏誼、譯官玄翊夏：前文《一行人馬渡江數》中，醫官爲玄翊夏，譯官爲“偶語别遞前正玄夏誼”。

［2］金世泓：前文又作“金世弘”。

［3］不：館本作“未”。

［4］益：館本作“亦”。

由首陽山東邊緣江南下，即前冬所行之路也。路中遇車載耒耟者，駐馬見之，大略如我國之器，而但耕鐵之尖不仰而反向下，若覆鍤者然，可異。至永平府，城外有大廟在路左[1]。殿上塑像被金甲，榜曰四大龍王。又有一神，狀如牛頭鬼，亦被金甲，與龍王并桌而坐，榜曰平浪王，未知何神也。蓋城址爲青龍河所冲，西北隅幾盡落，故建龍王廟于此，以祈其護持也。龍王廟東又有一殿，供關帝塑像，儀物皆極華盛，皆康熙年中所建也。廟門旁多立豐碑，是則皆去思碑也。城南里許有岡陡起，其上有大廟堂，丹甍朱垣，規模雄麗。問之，即觀音所供之寺云。

【校勘】

[1] 左：庫本同，館本作"右"。

城門外[1]有兩人着白衣白巾，燒紙屋于路上，伏而哭已[2]，拜而起，哭聲甚哀。善興言紙屋即初喪所用之物，而葬後燒化者云。城中街巷廣闊，路傍往往有高門大屋，市肆繁華雖不及通州，而各種物貨亦無不有。街西石塔，其高三丈許，而石理瑩膩。周回皆刻佛像，細入毫髮。今行見塔多而大抵皆甎造，石塔之精巧者始見於此。我國擎天塔及大寺塔，世傳中國工匠所造。今見此塔，雕鏤之工，如出一手矣。入一店房小憩，至下處，在於察院西邊，與去時所宿家隔數家。家舍頗寬敞[3]，而有旁落光景，天井及窗紙皆穿。伯氏入於外屋，余入中門内東邊屋。巷内有一簟屋，即設戲[4]處也，男子[5]坌集如堵。伯氏往副使所寓家，與副使、書狀同觀戲屋。

【校勘】

［1］外：底本脱，今據館本補。

［2］已：館本、庫本作“哭已”。

［3］敞：底本作“敝”，今據文意改。本書“敝”“敞”常混用。

［4］戲：底本、館本作“戲子”，據鉛本删“子”字。

［5］男子：館本作“男女”。

相對處人家門内有一炕，群女滿窗。善興欲引余坐其中，群女不肯避去，遂坐門外。群女中有一胡女，年可十二歲，姿貌豐盈，不施朱粉，穿淺緑綺錦衣，髻插花花鈿，耳垂鐺，手執白錫壺，制甚精巧，乃茶器也，以小鍾頻頻斟茶自呷，亦勸[1]同伴，見其舉止，似非下賤人也。見戲移時，歸寓喫夕飯。有兩胡人來，自稱秀才，略有問答。一人李永紹，年二十六，一人楊大有，年二十九云。

【校勘】

［1］勸：底本作“觀”，今據館本改。

善興又報戲事益張可觀，遂復出看，俄而罷。戲事前後所演凡五事。初有一少年穿衫戴巾自屋中出來，坐于椅上。又有一人打扮官員模樣，與少年對立，手持一卷授少年，少年降椅受之。於是，有五隊旗麾導少年回轉數四，還入屋中。其間節次頗多，而不可盡記。使譯輩[1]問所演何事，或云班超萬里封侯云，其言未可詳。又有一人戴襆頭，穿紅袍，束玉帶，自屋中出來，坐椅據桌，顧眄厲唾。侍者數人左右趍走。其人下椅徘徊一遭，還坐椅上。俄而侍者皆散，其人于桌上展紙點筆，欲書復止者數次。自起向外四張，若覘人有無狀[2]，又還持箸作剔燭狀。又沉吟一回，遂書于紙上，方書之際亦頻頻四顧。既寫畢，卷入袖裏[3]，又左右顧望。既而其人時自驚動，不安其坐。忽有炮聲起於空中，其人即仆地，作暈絶狀，從者自屋中出來扶起。良久，其人始開眼，而惝怳不省。有一中年女人[4]出來，與其人對坐，有所言，其人聞言點頭。是則謂演秦檜上本構殺岳武穆事也。其燭下欲書還止、頻頻張望者，恐有人竊聽也。其時時驚動者，既殺岳飛，心不自安之狀也。其炮聲發而仆地者，爲岳飛魂所擊也。其女人即檜妻，東窗替計者也。秦檜瞻視不正，而面上塗粉抹朱，見之尤可惡。髯則編以人髮，繫于頷下，其狀貌、服色仿佛《三國演義》所畫曹操狀也。又有一女人背包裹，右手持傘，作遠行狀，向人有所告訴。聆其音節嗚咽，往往似辭曲，此則以爲其夫遠遊不歸，故女自尋訪而來，蓋如姜女望夫事也。其女人即前扮做秦檜妻者，其實男子[5]，其聲音容態酷似女子。又有一肥胖人穿紅衫、戴巾者出來，背手徘徊狀，甚可憎。有一人持衣包與其人，其人掉臂不顧，偃于椅上，仰面大笑，摇扇不已。持衣包去者而復來者數次，縷縷有言，而其人恬然無動意。觀者無不笑，持衣者亦笑而去。或言紅衣者乃秀才之稱相公者，典衣酒店，久而不贖，酒保以其衣來要贖，而所謂相公白賴不肯認。其狀類我國優人所作先輩戲也。最後有被甲戴胄者坐于椅上，軍牢三對持旗幟鎗刀之類排立左右。軍官打扮者數人自外趍入，跪于前，有所稟命。此三戲亦必有題目，而不知其爲何事也。其軍官軍牢服色頗似我國制度，而但氈笠簾挾頂高，其頂子及紅纓皆同。以此見之，我國軍服亦做華制而爲之也。

【校勘】

［1］輩：底本作“背”，館本、鉛本作“輩”，即“輩”，今據改。

［2］狀：底本原字作“収”，即“收”字，爲“狀”之訛，今據館本改。

［3］裏：底本脱，今據館本補。

［4］女人：底本作“女年”，今據文意改。

［5］子：底本作“女”，今據館本改。

戲屋之制，長僅三丈，廣二丈許，上皆覆簟，去地六七尺，鋪板爲棚，分其半，前爲軒，後爲室。室三面圍簟爲壁，室軒之間隔以帷。凡戲子共十餘人，而惟登場者在軒，餘皆在室中。每扮戲自室中出來，其换服色又還入室中，蓋戲具皆藏室中也。其登場者每到節拍换處，輒引聲唱曲。室中諸人皆應聲相和，絲管并奏，聲甚清婉可聽。但歌曲辭意不能解，殊無味。蓋戲子所唱辭曲，雖此處人不能皆解。通官吴玉柱亦來見，余問：“戲辭君能解否？”吴曰：“未解。”蓋其辭皆句語而或雜謎語故也。聞戲子皆從南方來，無遠不到。凡州府、村鎮、市坊，繁盛處皆有戲屋。而其無屋處皆臨時作簟屋設戲，多至十餘日，小或數日而罷。又轉而之他所，至男女奔波或自數十里外來觀。觀者皆施錢財，費亦不貲。然其所演皆前史及小説，其事或善或惡，使人見之皆足以勸懲。而前代冠服制度、中國風俗可觀者多。如今日漢人之後生猶羡慕華制者，未必[1]不由於此。以此言之，戲子亦不可無也。聞譯輩言，北京戲子在正陽門外設棚大街上，自今十三日始爲之，服色尤華麗云。

【校勘】

［1］未必：底本脱此兩字，今據館本補。

夕，主人子及鄰居秀才五六人來示書帳，試問其價，比北京倍高。又出花梨筆筒，崔壽昌論價，討銀一兩，皆不買。俄而主人出來，問其姓名，王含中，年五十九，子有五人云。更深，往伯氏炕。金昌夏得畫簇五六丈以來。其一即吕紀水墨所畫孔雀大障也，筆法蒼勁絶奇，曾所罕見。問其價，討一百兩銀子，他畫之直亦視此爲率。問其出處，乃城中官人家所賣。其家奴老少兩胡隨金譯入來。又出一古劍，長可二尺餘，而其形上曲如弛弓，其柄與鞘皆以魚皮裹之，磨而不漆，飾以鐵，制甚古雅。金譯言來時偶入其家，極宏深。有年少胡人出見，頗款待。自言祖先有功於清朝，渠亦襲職，食三品祿。仍出此劍曰，此乃宋時物，自其祖先傳來者，而在渠無用，欲賣之。仍斫鐵，不屈[1]，似是良器，故持來云。問其直，討六兩銀子。伯氏以所帶劍鏤金爲飾者示之，要與相换，不許，持去。問其官人於王含中，則其姓孟，以此見之，似漢人也。城中央有一方臺，高[2]與[3]城等，其上置屋，加以丹雘，屋前豎二旗竿。或言[4]是鐘樓，或言是廟堂，來時在街上望見，相距[5]隔數家而近。欲往登，而聞衙門在其北，登此俯臨，故恐或[6]有禁，不果登。

【校勘】

[1] 屈：館本作“挫”。

[2] 高：底本作“臺”，今據館本、庫本改。

[3] 與：館本、庫本作“如”。

[4] 言：館本作“云”。

[5] 距：館本作“去”。

[6] 恐或：底本無兩字，今據館本補。

榆關·角山·山海關·兩水河

二十二日,庚午。雪。自永平府行,至背陰堡朝飯,至榆關宿。

昧爽,三行皆發,余爲買劍落後,與金譯有約也。遂尋至孟家,其家在大街西邊,金譯已先至,而日早,門尚閉,叫敲良久始開,遂直入客堂,坐椅上。堂極宏敞,有老少兩胡揩睡眼自内出來,皆昨日持劍出者也。言其主尚未起,以來意言之。老胡入去,持劍出來。遂出大門外,使渠試斫鐵,其胡就店房借一鐵叉,略削之,遂留善興買來。遂先行,出城數里,下馬登小阜,望見西北群山環匝,極有生氣,但雲陰四合,不能快眺,可恨。少頃,善興追至,言其劍以三兩買取,天明視之,刃微捲,故還退而來云。

遂行,驢槽路西有一家,門前立小牌榜,題曰“柏舟完節”。雩沙記曰永平府五里許有所謂萬柳莊,多載前輩題咏,中《東嶽行錄[1]》有曰:莊乃故光禄寺監事李浣之别墅也,在永平東肥水北,門前有柳萬株,故名焉。其妻韓氏於監事之没,廬居三年,執喪盡禮。莊後建一堂,堂設監事及其祖父三代畫像,朝夕薦香,祭以四時,以節孝稱世。鄉人狀于府,旌其門,又樹碑,碑即翰林院庶吉士白瑜[2]撰,福建道監察御史韓應庚書云。余觀遺墟蕪没,舊樓傾頽,只有溪邊衰柳數十株而已。意此牌榜所立即其地,而碑不知在何處,又不知李浣爲何代人也。到部落嶺遇雪,驛卒一人持油衣在店前待之，聞行次過已久。至背陰堡，入去時所入家朝飯。雪益甚，風又作，不能開眼。至吴官營，自背陰堡至此三十五里，而雪深道泥，人馬俱困，遂入店房小憩。

【校勘】

［1］錄：底本作“禄”，據館本、庫本改。

［2］瑜：底本作“楡”，今據館本、庫本改。

至榆關，日已暮，雪入懷而結鬚者皆成冰片，其大如掌。寓於路北邊家，伯氏入内炕，余入外炕。榮琮聞余至，來見而去，夜又以其子箴來見。主人父子亦出來，榮箴坐炕上，餘人皆在炕下相與言。以墨一丁與榮箴，主人子亦欲得之，亦與之，兩人三拜稱謝。

余[1]書曰：“我今後不可再來，然每年進貢使行當寄書信，須惠回音。”箴書曰：“去歲與家父相會，實爲快事。小子今幸相遇，後必敬修一字，恭問老爺。”主人子問余笠價，余曰：“問價何意？”對曰：“我不知這裏價多少，并無别意。”余曰：“爾要這笠，我與爾戴。”遂脱而與之。其人乃脱其帽而着之，諸人皆大笑。既而[2]脱下，以兩手奉還。余書曰：“我們[3]冠服，皇帝曾拿去看。”蓋頃年疎齋相入燕時，紗帽、品帶、團領皇帝并取入，過數日始歸，故言也。諸人聞之，皆曰：“好好。”因咨嗟良久。

【校勘】

［1］余：底本作“今”，據館本、鉛本改。

［2］而：底本作“以”，鉛本作“已”，館本作“而”，今據館本改。

［3］們：底本作“捫”，據文意改。

夜深，諸人方辭去。作京書，圃陰濟謙、彦信[1]兩兒并三張[2]，心臺、石郊諺書各一張。夕，雪止。三行初擬明日往見角山寺，以雪停止，要金中和酌酒爲别，明日將以先來出去也。主人姓名王軺云。

【校勘】

[1] 濟謙、彦信：底本脱此四字，今據館本補。

[2] 張：底本、館本、鉛本皆作“丈”，然據文意當改爲“張”。

二十三日，辛未[1]，晴[2]，風甚寒。自榆關行，至鳳凰店朝飯，至角山宿。

【校勘】

[1] 辛未：底本脱此兩字，今據館本補。

[2] 晴：鉛本同，館本、庫本下有“雪止”二字，然前一日雪已止。

平明發行，至鳳凰店。是日，襲豹裘至此還脱。既朝飯，余欲往角山寺，一行皆以雪後風寒難之。申之淳言：“路[1]絶峻不可騎者十里，而雪被其上，决難着足。縱得上去，今日内不可回到關上。且使行不往，則行色孤單，决不可獨往。”意在沮泥。柳鳳山聞此言[2]，勸止尤力，皆不聽。於是，齎脯二條、鰒魚數箇[3]、藥果二片、燒酒二盞，皆掛鞍，以備療飢。又帶别扇一把，是則擬與寺僧也。所騎力弱，不堪登山，元建輩言商賈金漢珍騾健而快，遂騎騾[4]先行。

【校勘】

[1] 路：底本脱，今據館本補。

[2] 聞此言：庫本同，館本作“亦”。

［3］箇：館本作“介”。

［4］騎騾：館本、庫本作“换騎”。

至紅花店，店前有載穀[1]車六十餘輛填塞路上，皆從關外來者也。過深河，至山海關西羅城外。循城而北，初行人家中，俄而無路，散行邱墓田隴間約數百步，始得樵逕而進。路傍有一新墳，方栽松樹，高皆六七尺，周回成列，極其整齊。此乃山趾也，自城至此可八九里。過此路峻急，然騾能上去，故不下。行數百步有一紅門跨路，扁曰“扶桑觀日”。過此路亦磽确，皆布石[2]爲級，如階砌然。善興以爲視前猶平坦，蓋舊則由西邊谷中直上，故尤艱。近年因皇子來遊，修治如此云。

【校勘】

［1］穀：底本作“谷”，今據館本改。

［2］石：底本作“石石”，今據館本删其一字。

曲折行約二三里，當路又有一間屋。此於山爲三分之一，到此俯觀[1]，關内外田野、村落、途路皆歷歷可指。海中泛一舟，掛白帆向東而去。望之意思尤杳然。過此屋又上二三里，有六面亭，此亦遊人止歇之處也，扁曰玩芳亭。此在山約居三分之二，而望寺猶縹緲。自山底路距城可數百步間，漸上漸近，到此往往去堞不過十餘步。路西折，度一壑，盤曲數百步至寺。路雖改治，猶多峻急處，非騾則不可上。寺有圓峰，雖有巖石，不甚峭拔。左右各抽一麓爲龍虎，寺居其間，地雖高却平穩。是日，途上雪深數寸，風極凜烈。及至山底，風日却温和，如入房中。山上則雪爲風所吹，盡入于壑，餘皆消盡，一路若灑掃然。蓋以地勢障北而開南故也。以此路雖險，不覺甚難，意思從容，可幸。

【校勘】

［1］觀：館本作“視”。

寺前後松林葱蒨，而皆是數十年物，無大樹矣。於是下馬從西邊小角門入去。佛殿不甚大，前有一重正門，左右廊室[1]不過四五，而居僧亦不過六七人。始至庭院，寂然若無人。正殿東邊小屋中有讀書聲，遂直造其處。門内有金佛一軀，轉過佛桌後東北隅有一小門，垂以帷，遂揭而入。一少年在炕上讀書，見余，遂掩卷起立。余直上炕，揖而坐。其人[2]出紙筆，書問曰：“老先生至此何幹？”余答曰：“外國人，因遊玩至此，不期得遇佳士。”其人書曰：“佳士二字不敢當。”呼童子煎茶而進，略[3]相酬酢。起而出，登寺之西岡。岡皆巖石，層累如臺，西邊陡絶，俯臨深谷。谷中水頗大，轉折南出，即石河上流也。左右兩山壁立千仞，其奇偉非造次可盡。

【校勘】

［1］室：館本作“屋”。

［2］其人：館本“人”下有“遂”字。

［3］略：底本作“若”，今據館本改。

乍見還下，入東邊屋。屋有南北兩[1]炕，隔以壁，有小門相通。僧輩使余處北炕，炕敞潔。欲更上寺後絶頂，時日去西嶺堇數丈，正以歸事忽忽爲恨。元建畫策曰：“留宿此寺，趁明早行，亦可及出關。”余聞而喜曰：“然則固好，而得無所妨否？”元建以爲：“無妨。但夕飯具不曾持來，此却奈何？”余曰：“余則有所持糜與酒脯，以此可以療飢。惟患汝輩無所喫耳。”元建曰：“小人輩所食求於寺僧可得，顧何患乎?”於是定計留宿。遂令業立持騾子歸山海關,使於明早以馬來待山下。作書于伯氏曰:“到寺日已暮,勢難還歸[2]。寺中又有讀書秀才願與同宿,故遂留。當趁明早下山,分付廚房具朝飯以待。寺僧及秀才俱不可無面皮,紙束、筆墨各若干,馬來時伏望覓送。”寺僧出饋夕飯。飯一甫兒,雜菜一大碟,清醬一小碟。菜則各樣乾菜,如茄瓜[3]、冬瓜之屬,炒以油醬,味不甚佳[4]。飯亦山稻,硬[5]而少味,堇可喫。少年來見,余問:“今夜欲留宿,不知有餘榻可借否?”曰:“有有,此炕好住。”余曰:“須知房錢多少,明日方好算還,請問主僧示之。”南炕有一老僧,少年以余言告之。其僧聞之,微笑無所答,然其意似順。

【校勘】

[1] 兩:底本脱,今據館本補。

[2] 歸:底本無,今據館本補。

[3] 茄瓜:底本作“瓜茹”,庫本作“瓜茄”,今據館本改。

[4] 味不甚佳:館本作“味甚不佳”。

[5] 硬:底本作“粳”,今據館本、庫本改。

於是使元建守房,與善興復上西崗,仍欲上絶頂。善興告以無路,余從巖隙攀援而上,善興不得不隨來,而頗有難色。余緣忙不曾備芒鞋,仍着靴而行,往往未免滑跌。凡四五憩,約行數百步,去頂已近。風漸大,遂脱笠,繫在巖間小木。進至絶頂,其上平周,可坐數十百人,亦有小巖可踞。俯視關城,如在膝下,城池閭井,縱横綺錯。東南二方,海水接天,登萊地方亦可見,而但眼力不及耳。西南群山重複,近海時有青峰,似是昌黎縣近處諸山也。西北峰巒,最奇壯磊落,皆自深谷拔起,直上千仞,凜然可畏。但其色如鐵,欠秀氣耳。其形勢頗似登毘盧,俯視九龍淵洞壑也。月沙所記以爲從堞上北望山缺處,黄沙白草[1],渺渺接胡村[2],意謂登此可望沙漠,却恨其不然也。蓋山勢非不高峻,而山後又有山隔胡地,不知其幾重,恐月沙未曾上此而記之爾。此來亦擬看日落,而其入海處適爲遠山所遮,不得看,亦可恨也。但北望長城,隨山曲折,粉堞隱現於疊嶂間,自是[3]偉觀,令人意思豪壯,恨獨來無與論奇勝耳。自絶頂東去十餘步略降一層,即長城也。城[4]高不過丈餘,而以雜石築之,一如我國城。惟女墻也以甎爲之,其絶險處則往往不築。城外山麓高處皆置烟臺,新谷暗壑,無所不矚,使賊兵不得潛身。其設置可謂壯且密矣。循堞徘徊,久而乃下,取笠子戴之。

【校勘】

[1] 白草:底本作"白沙",今據館本改。

[2] 村:館本同,鉛本作"天"。

[3] 是:底本作"從",今據館本改。

[4] 城:底本脱,今據館本補。

至寺後,有一碑在榛莽間,前面字皆磨滅不可見,陰則皆古人題詠,似皆明人作也。讀已,更至西崗,俯臨仰眺,愈[1]覺奇勝。少頃,歸寺,觀庭碑。東兩碑,弘治萬曆所立。西兩碑,康熙所立也。時將曛黑,少年適出庭前,與余相遇,遂同至其房。明燭烹茶,閑話良久。余問:"何以來住深山?"曰:"爲讀書而來。"問:"讀何書?"曰:"四書文章,即科文也。"余問:"此處科文有八股之名,是何意也?"少年遂出二册示之曰:"見此則可知也。"其册一題以"明文商",一題"今文商",今文即清文。蓋皆科文程式,如我國東人也。少年遂展開示一篇[2]曰:"所謂八股者,以四書文字出題,演其義爲文,而首尾起結皆雙關,一篇中闔合凡四次,故謂之八股者以此也。"少年又問我國科舉之法,余略答之。是夜問答説話頗多,而所書紙皆留少年處,不能盡[3]記。少年眉目清俊,舉止閑雅,言語不苟,文字亦精。前後所見秀才無如此人也。

【校勘】

[1] 愈:底本作"俞",據館本改。

[2] 篇:底本作"扁",據鉛本改。

[3] 盡:底本作"書",今據館本改。

夜深,歸所寓炕,和衣而卧。但以鞍上所覆氈片覆腰,亦不覺寒冷。夜中風起,松檜皆鳴。呼元建視夜,云月猶未出,余遂自起,出户視之,海色蒼然而已,乃復還卧。自念人生雖曰如浮雲,不定南北,而此身來宿此寺,豈夢寐所曾及哉?於是意思似喜似悲,遂不能睡。少頃,又起視之,月上東南,海波半明半暗,光景殊奇。時鷄已鳴矣。是日約行九十餘里。

二十四日,壬申。大風,甚寒。自角山行,出山海關,至老君屯朝飯,至兩水河宿。

曉,於枕上用碑上韻作七律一首,又作七絶一首。呼燭起坐,使元建求筆硯于少年,少年即自至。遂書兩詩以贈,少年見詩,書曰:"辭句工雅,無愧其爲名家進士,但我素未學詩,不解詩中之妙。請問先生,何爲'如玉其人獨閉門'?"余書曰:"《詩》云'其人如玉',指足下而言也。"曰:"'其人如玉',我亦知其意,但顛倒過來,恐文法不順也。"余曰:"這等文法古詩中多有之，造次不暇援證出處，第於後日閱古詩自可知也。”少年又曰：“敢問詩亦有層次乎？”曰：“這層次指詩格高下而問乎？抑指一篇中辭意層次乎？”曰：“指一篇中先後次第而問也。”曰：“所謂先後第次，乃是辭理也。其辭理，文與詩豈曾有異也？但詩固亦以[1]辭理爲主，而辭理亦有雅俗之分。辭理之外，又有聲調清濁。其妙境自非天才高者，不可勉而至。此所以難於文也。”少年又曰：“請問二作之辭理，其先後次第安在？”余曰：“纔所説乃泛論詩法，如我所作安有所謂辭理次第乎？忘拙呈醜者，不過欲質於大方之家。君乃以不解爲謙[2]，請試轉示於能詩君子，或者有所評論也。”

【校勘】

［1］以：底本無，今據館本補。

［2］謙：底本作“嫌”，今據館本及文意改。

夜，少年言當今皇上崇文教，天下皆以八股文章圖進取。父以是導其子，先生以是教其弟子，所以不暇學詩云。余問：“足下高姓大名？”對曰：“程洪。”問曰：“年幾何？”書曰：“二十三。”曰：“具慶否？兄弟幾人？”對曰：“父母雙全，兄弟三人，我居長。”少年曰：“先生何去之太早也，恐虎傷人，不如晚去些爲妙。”余曰：“歸路有程限，早晚自由不得。果有虎患，則少遲待日出爾。”曰：“虎亦間有，少遲待日出亦可。”余問曰：“身邊有伏侍僮僕否？”曰：“未也。”曰：“我欲以筆墨奉贈，已令路中來迎者并房錢拿來，欲使貴僕同寺僧隨我下去取來。所以有是問也。足下既無僮僕，筆墨付寺僧，何如？”少年曰：“我有何德能，敢受先生之禮物？謹辭。”余曰：“今日邂逅緣分似不偶然，聊以薄物相贈，以效古人紵縞之義耳。何足固辭也?”少年曰:“尊者賜,少者不敢辭。我亦欲[1]略以微物相送,以表寸心,不知肯納否?”余曰:“中心藏之可矣,何必言報乎? 君亦客耳,有何物可贈人乎?”少年曰:“先生之言是也,但我無故而煩先生之大筆相奬,受先生之筆墨厚禮,實不能自安。”余曰:“鄙邦每年有進貢使,自此通書信,如何? 果有此意,君所住坊名請詳細書示,以便相訪。若僕則我國使臣以下無不知者矣。”於是出燒酒及鰒魚參糜分喫,少年指鰒魚問曰:“此是甚物?”余曰:“鰒魚。”此處人喫燒酒不過一小鍾,亦不能頓飲,而此人則連傾兩杯不辭。俄而南炕老僧至,少年起立迎坐炕上。余問其年,答曰七十四。少年書曰:“此僧不可輕視,亦曾作過三品官。”余問曰:“何以托迹空門?”答:“罷職之後,老而無局,故托寄于此。”想是漢人之有志者。不早知如此,不能問話,可歎。余更問曰:“所住何不明示?”少年書曰:“北門内城隍廟衕衕立扁者便是。”“扁書何文字?”曰:“中間一扁是‘松柏清操’,此是貞節扁也。”余曰:“此紙乃君筆迹,我欲拿去作别後顔面。”蓋昨夜則少年出紙書之,仍留其處。此問答則因行中無紙,遂書于日記册中故也。以攜來别扇贈寺僧。遂[2]别少年,出門外,日已高矣。俯視關城,炊烟滿地,亦一奇觀。促步下山,至八角亭小休,壁上頗有遊人題咏。

【校勘】

[1] 亦欲:底本作“欲亦”,今據館本改。

[2] 遂:底本無,今據館本補。

至山下,人馬無形影。使善興呼業立,而久無所應,深以爲怪。善興走到一墓傍搜出,蓋因早起困倦就睡于僻處也。元建輩高聲責其迷劣,問昨日事,則答以初昏到察院,朝飯備待事言于廚房，而白紙二束、筆墨各一得來云。遂以紙筆墨并付寺僧歸之。遂從山海關北門以入，城門亦有兩重，内城有二層樓。濠深如西城，亦有橋。入城，至察院。院在十字街西小巷中，門庭極其廣闊。賈胡出入者紛沓，倍於他處。院屋[1]新修，塗塈方完，窗户未具。以閭舍索房錢多，故三使臣皆入于此。天氣適值極寒，艱以經夜云。余以留宿角山獨免此苦，亦一幸也。伯氏與副使、書狀同坐一炕，遂問遊事，余悉對，皆嗟賞不已。伯氏購得一畫，乃是花鳥帖也，似是近作，而筆法可愛。

【校勘】

[1] 院屋：底本此下有一"雜"字，今據館本删。

討朝飯，則廚房已先發矣。方求他療飢之物，俄而譯官來報可出關，余遂先行，蓋爲從者皆不食，故欲[1]入店買食物以饋之也。路傍有關帝廟，遂下馬入去。内外殿宇皆華整，左有僧房，遂入坐，求暖茶調糜療飢。元建輩各買燒餅喫之。炕上有八十老僧，兩眼盲，端坐[2]數珠，頗有道氣。俄而報行次已過，遂追發至關，門將在路傍，只許使行先出。其餘員譯以下皆留之，車馬填塞，雖不如去時，亦頗紛沓。甲軍六七人，揮皮鞭禁遏[3]行者。有一老胡與譯官輩同坐[4]門將傍，見余立路上，向門將有所云云。俄而使譯官輩傳言出去，余遂得出關。其老胡即攔頭高天禄云。山海關最上層"天下第一關"扁，下又有三扁，一曰"康衢永固"；一曰"屏藩云云"，二字忘，未記得；一曰"左輔金湯"。

【校勘】

[1] 欲：底本脱，今據館本及上下文意補。

［2］坐：底本作“立”，炕上不當立，今據館本改。
［3］遏：底本作“過”，今據館本及下文改。
［4］坐：館本作“在”。

至外門[1]，雖有門將而無禁遏紛沓之患，蓋外門譏入來者，内門譏出往者故也。出關門[2]，積雪遍野，西北風極烈，入來時無此寒，咫尺間候頓殊，有若異域。殆所謂天限南北也，遂出豹裘着之。至邊墻子，有村五六家。路北邊有小城，皆圮，其址僅存。至老君屯朝飯，有店房五六[3]家。過兩水湖、大石橋，路傍蒙古駐車七八兩。縱兩犬逐兔，兔走如飛，走偏一野，轉過一村。村人又嗾犬而逆之，然終不獲，古稱狡兔有以也。至古寧驛，入店少憩，喫糜秣馬。至前屯衛，城底有破垣，瓦礫堆積，濠水湮塞，悉爲菜田。普慶寺，即一間小庵，傍有三四家，此皆來時曉過處也。至兩水河察院，與伯氏同宿一炕。員譯輩自關門追及老君屯，言卜物盡無事出關，惟車卜及清馬、驢子盡留，更加點閱後方可許出云。監税官在北京時受鍼於金德三，數次往來，故見金德三頗致款，饋以駱茶。今番出關之順無前，亦不無其力云。

【校勘】

［1］外門：館本作“門外”。
［2］關門：館本作“關外”。
［3］五六：底本作“五六十”，今據館本、庫本及文意刪“十”字。

午後，日候頓弭[1]，道雪皆融。是日約行九十餘里，登松嶺後原，見海水。

【校勘】

［1］弭：館本作“弛”。前曰大風弭，止息也。弛，緩也。皆可。

東關·寧遠衛·錦州衛·十三山

二十五日，癸酉。大風，不甚寒。自兩水河行，至中後所朝飯，至東關宿。

日出後發行，至中後所。城東西約四百[1]餘步，南北幾六百步許。而近南三分之一，横築一城，作兩區，如曰字形。蓋此處城自北京至鎮衛，城製皆如此，其外城即所謂羅城也。欲觀城中，從西門而入。門上石扁刻"説澤門"三字，城中人家櫛比，街巷縱横，市肆之盛，可與寧遠相埒。大街北邊有一佛寺，規模壯麗，未暇入觀。東門皆壞，甕城門獨存。甕城内有新造佛寺，丹雘鮮明。南門亦盡壞，惟存形址。城中北邊有高屋縹緲，在城外可望見，不知何屋也。從東門出，轉過南門至下處，善興曉發先到，蓋爲買小帽也。

【校勘】

[1] 百：底本作"十"，今據館本、庫本改。

朝飯遂行。過六渡河，河之大小可比羊河，有板橋。橋東岸上有廟堂，旁有小店二家。至東關，日在未申間，三行皆入察院。西廊有兩炕，書狀宿北[1]炕，余宿南[2]炕。城西有藥王廟，供華陀塑像，廟[3]前有四碑，皆康熙年間[4]所立，而文筆刻法皆拙。到中後所，廚房買竹蛤作饌，味殊佳，到此又進之。又得鮒魚炙進，爲之加餐。

【校勘】

［1］北：鉛本作“南”。

［2］南：鉛本作“西”。

［3］廟：底本脱，今據館本補。

［4］間：底本脱，今據館本補。

二十六日，甲戌。陰寒風暄，欲雪而止。自東關行，至沙河所朝飯，至寧遠衛宿。

平明發行，過望海店。道中遇二車，各載黑漆大[1]木櫃四五隻，人隨其後。問之，即戲子具也。過烟臺河，去時此水盡涸，今其深至脛，沙岸之廣亦五六十步矣。至沙河所朝飯，過五里橋，居人以此橋爲五里，而其遠幾八里。至七里坡，村後有一烟臺獨完，遂駐馬見之。臺四圍築方城，一面可二十餘步。城外皆穿塹，城高二丈，而四隅有方臺。前面開紅門，門扇裹以鐵片。門上石扁横書“七里坡臺”四字。臺南虹門上亦有石扁，書“七里坡”三字。

【校勘】

［1］大：底本作“木”，“大”之訛誤，今據館本改。

至寧遠衛，從西門入，日僅申初。送元建于王寧藩家，寧藩適出外，其侄來見。余問曰：“尊叔何往？”其人答曰：“去山中。”問：“其地去此多少路？可送人請來否？”答曰：“去此五十里多路。要去請他，只得明午纔到。”問：“去山中何幹？這山是西是北？地名云何？”答曰：“山在北，地名峰蜜溝。往親戚家去。”問曰：“俺去冬過此，與尊叔相會，一見便如舊識，半夜問答，未究深抱，擬於回時更對青眼，不期緣淺，有此緯繣，悵恨[1]不可言。就有一事，尊叔曾以《春秋》

一部，要送宋老爺。君亦聞此事否？”答曰：“我舊歲在家亦聽説過。”問：“《春秋》外又約求得今人文稿，送來尊叔手書。現在未知文稿在宅上否[2]？”答曰：“我家叔未曾得此文稿。”余曰：“然則這文稿不妨俟明年使行寄來。”答曰：“即是如此便耳。”問：“貴庚貴諱？”答曰：“我名眉祝，年十八歲。”問曰：“經書想已讀完？”答曰：“已讀完。”問曰：“尊叔曾聞武技精熟，今加科想已考過，得失如何？”答曰：“我家叔習武，要考得到今年四月初八時候。”問曰：“此城内亦有飽學秀才否？”答曰：“大要關東雖有秀才，亦不過平淡。”問：“君師何人？”答曰：“是副榜。”問：“這副榜何等名號？”答曰：“乃是舉人下一等的舉人。”王眉祝起去，頃之復來，以一套書示之曰：“此書我家祖叫拿來送老爺。”見之，非前日所見《春秋》也，即今人詩文類抄之書，而無足可觀。眉祝又曰：“此書也是我家叔有言，要拿送宋公。”余答曰：“當帶去送宋公。”問：“尊王父高壽幾何？”答曰：“年七十二矣。去歲送我家叔的藥有何用？”答曰：“曾與尊叔説過。”曰：“若有治疰毒的藥，再求幾丸。”余遂以紫金六丁并蘇合元七丸、九味清三丸與之。又曰：“有貴府拿來的高扇相求一把。”即與别扇一把。問：“這裏有書鋪否？”答：“這裏書都從京内來的。”

【校勘】

［1］悵恨：庫本同，館本作“悢悢”。

［2］答曰……在宅上否：底本脱此數十字，今據館本補。

向晚，雲陰乍開，見日，風益甚，塵埃漲天。此處城有内外兩重，而其制與他處有異，欲周覽。終日冒風，困倦特甚，未果爲。又聞温井在南門外十里許，而亦不得往見。是日入察院，伯氏宿東邊内炕，余宿外炕，書狀入西邊炕，副使宿私寓。

夜，有一少年女[1]來到炕門，問之，前日老嫗之孫女也。遂令解髻而視之，左右編髮如我國之制，盤結于頂上，以簪及針子縱横插之，使不解散。又以白布小套如篩輪加其上。問其所以，云服姑娘之喪，姑娘即其夫之母[2]也。女之髻是胡製，而足則纏之。蓋以滿漢混俗，雜用其制也。曰："汝能高麗話否？"曰："不解。"女年可二十四五，而自言其夫已老。下輩問："何以配老夫？"則答曰："父母所命，何可擇老少云。"女之所住乃西邊廟屋，廚房所入處也。聞柳鳳山招致調戲，以手探懷撫背[3]云。

【校勘】

[1] 少年女：館本作"年少女"。

[2] 其夫之母：底本作"夫母"，今據館本補全。

[3] 背：底本作"輩"，即"輩"，今據文意改。

二十七日，乙亥。風，午後先雨後雪。自寧遠衛行，至連山驛[1]朝飯，至高橋鋪[2]宿。

【校勘】

[1] 驛：底本作"縣"，據館本及下文改。

[2] 鋪：底本脱，今據館本補。

平明發行，至雙石城店。廟堂前作簟屋，置椅桌之屬，將設戲也。至長春橋，寺僧立路傍，鳴鐘乞錢，一如去時。至連山驛朝飯，即去時所入之家也。前日女人見柳鳳山，迎謂曰："好耶。""好耶"者，即此處人人之言也。柳得此言，極以爲幸，可笑。至塔山店遇雨，被[1]油衣。路遇蒙古車載唐黍向關内去者，前後三四十兩。又逢兩車載[2]柩而行，以一白雄鷄置柩上，且行且鳴。孝石言曾見柩車必置白鷄，似是禳法云。至高橋鋪宿。

【校勘】

［1］被：館本作“披”。

［2］車載：底本作“載車”，今據館本、鉛本改。

二十八日，丙子。晴，風寒，向晚風止，天氣亦和。自高橋鋪行，至錦州衛朝飯，至小凌[1]河宿。

【校勘】

［1］小凌：底本作“少陵”，據上下文改。大凌河、小凌河，底本卷五有4處“凌”作“陵”。《大明一統志》皆作“凌”，今皆據改。

昧爽先行，欲見錦州衛也。馬頭孝石從，御醫金德三，譯官申之淳、崔壽昌亦皆從。過十里河店，河水深過脛，曠數丈，其源則百餘里之水也。橋傍共有村店十餘家。又十里過杏山店，又十餘里路有歧，一松山大路，一西北走。問于胡人，謂當從西北路。凡行十里許，始折而東北行。路旁有烟臺數座，皆夷之。遠望一塔出半空，乃錦州城中所立也。未至城五里所有河水，以橋渡，即小凌河上流也。又數里有一河水，比凌河可三分之一。路傍有兩人燒棺。過河半里，至錦州西門城外，市肆稠列[1]，蒙古車塞路。金德三、崔申兩譯爲買[2]鹿茸、麝香，請小住，遂下馬坐路上。觀者環擁，從者皆就店中買麵餅療飢。

【校勘】

［1］列：館本、庫本作“熱”。

［2］買：底本作“賣”，今據館本、鉛本改。

坐良久，入城，城中市肆益殷盛。行百餘步，路北有小門在市肆間，即觀音寺也。下馬入門，門内又有中門，正殿榜曰蓮臺，上品金碧，極鮮麗。楹楝間以木刻龍作拏攫狀，加以金彩。西庭有碑，順治年中所立，而其文以爲寺建於成化，重修於萬曆與天啓年云。寺後數十步有塔，此乃路中望見者也，簷桷悉腐壞。塔後有大寺云。寺僧邀入西偏屋中，坐于椅，勸茶，茶後出裹飯，澆熱湯喫之。金醫、兩譯、孝石皆出就店肆，蓋爲買賣[1]也。庭中石盆植一物，高尺許，一本百枝槎枒，色如枯骨，即所謂琅玕石也。乃海漚所成，我國南海中亦有之。又有一鳥，大如鷺，色蒼似青鶴，而頂無紅，有長毛，如鷺絲，眼正紅，如朱砂色[2]。問之，乃仙鶴云。俄而金尚鉉追至，謂余曰：“見東屋中花草乎？”蓋渠曾到此，故知之也。僧不能諱，遂取匙開其鎖門，入其室。西窗内置長桌，上置一盆，梅一樹，海棠二樹，迎春二樹。北壁下置蘭草一盆。壁間倚一竹杖，取視之，有節而中實無孔。使金譯問可買否，僧曰：“此乃城中[3]官員所贈，而其人常常來見，不可賣云。”室之南爲卧炕，帳垂其門，椅桌器玩，極其精麗。而案上有一卷書，取視之，乃《四才子傳》也。日已向[4]午，而尚未飼馬，蓋寺中無蒭料故也。

【校勘】

［1］買賣：館本作“賣買”。

［2］色：底本無，今據館本補。

［3］城中：底本脱此兩字，今據館本補。

［4］向：館本作“晌”。

遂出寺門，東行二百餘步，有十字街，街有兩層樓，而門鎖不可登。兩譯立路傍，爲群胡所環，蓋買驢也。遂招孝石求秣馬處，迤迤行出東門。余早起甚疲困，思得一僻静處休息而終不得。益東行，又出城門，是爲外東門。出門百餘步，路右有新造佛寺在市肆間。入門視之，佛殿側露置一棺。西邊小屋中有群胡五六人方賭[1]錢，要余坐炕上而觀。觀其面目，似非善類，即還出。復入城，過觀音寺，從北邊小巷而入。遂繞出塔後，尋至大寺，門外繫數匹鞍馬，遂下馬，步入西庭。有古碑，即大明嘉靖所立。見其文，以爲寺名廣濟，唐契丹時始建，重修於弘治十七年云。東庭兩碑，一無字，一康熙年中所立也。月臺上有三胡，設椅坐殿門，兩[2]旁群胡侍者亦六七人，似是官員也。遂徑入西廊屋中，群胡填滿。始至門，有一胡戴假面，面大如盤，作開口笑容。張兩手，直就前，蓋欲嚇之也。余遂執其手而入，其胡遂脱其假面而笑。余坐炕上，群胡圍擁，斟茶以勸。書字問曰："甚麽官？"余對以無官[3]。問："何以來？"答："看看來。"仍問："月臺上三人是何人？"答曰："本州官員。"問："寺中人多，有何事？"答曰："皇上萬壽節將設水陸於此寺，故地方官爲辦事而來云。"諸胡欲有問，而余既以話不同爲辭。群胡中會寫字者不過數人，而所書往往不成文理，欲寫未成者亦屢次。見正殿階上積置四五大櫃，似是戲子諸具所盛者，而屋中群胡則皆戲子也。余益疲倦，遂出，遍觀庭中碑，階上三胡視而不問。

【校勘】

［1］賭：底本作“睹”，今據館本改。

［2］兩：底本作“而”，今據館本改。

［3］問曰……無官：底本脱此十字，今據館本補。

出門騎馬，復來觀音寺。寺僧皆在後屋，庭宇闃然。遂入西屋，茶爐火猶在。獨卧炕上，熟睡一晌而起，日猶未晚。善興已得芻飼馬，遂行。復向東街而行。三譯尚留店肆[1]中，余爲下馬少坐，一胡邀入内炕勸茶。金醫先在其中，言問病者甚衆[2]，已鍼過四五人云。余遂先行，出東門外數里許，入一草屋，借炕而坐。有數人方引埴造器，蓋陶店也。又買藁飼馬。少頃，諸人皆買驢而至，遂同行。路傍往往有村落，男女多出觀。村野間放驢極多。凡行八九里，有大陂水在路右，長數百步，群胡方投網而引之。岸上有五十餘家，村前有大梨樹數株。遂下馬坐樹下觀引網，村中男女稍稍來集。見其狀，乃蒙古之種也。錦州城西北十里許有一[3]帶山，其外則盡爲蒙古地方，近或五六十里。而蒙古往北京者皆取道于此，故道路間往來者太半是蒙古。鹿茸麝香之多，以此也。此村人則乃是蒙古别種，而因皇帝命來居此地，自作一村云。

【校勘】

［1］肆：底本作“寺”，今據館本改。

［2］衆：館本作“多”。

［3］一：底本脱，今據館本補。

有一胡持鮒魚來賣，以一火鐵换五頭。小者如掌，大者如鞋，以繩貫腮，縣鞍後。過此數里，望見小凌河村落。自此沿河[1]而行五里許，至察院，日在申。錦州官員兩人爲見金醫，持果餅來待于此已半日，衙譯入來招去。俄而金醫歸言厥胡受針後，又令見其奴病，兩脚疼痛不能屈伸者已半年。知其爲濕痰所結，遂亂[2]刺後以兩手用力展開。試令起立，則忽然而立，令行動，亦能行動。厥主叫奇絶倒，觀者無不喝采云。麻貝衙譯輩以往錦州不通于渠爲言云，故使元建送麻貝處，諭以行忙未及相通，則以爲："往見無妨，而恐或遭意外之患，不宜獨往。吾輩若知之，則當定送[3]甲軍護行云云。"見衙譯，亦以忙未通爲謝，則以爲："吾輩若同往，則到處當得酒食相待云。"

【校勘】

［1］河：底本作"海"，今據館本改。

［2］亂：底本作"乱"，即"亂"，今改。

［3］送：底本脱，今據館本補。

祖大壽守錦州，以奴之長於攻城，而終不能克。及松山陷，然後遣大樂誘而[1]降之。皇朝以松[2]錦委大壽兄弟，使遏長驅之虜。及其被圍踰年，兵盡餉絶，有朝暮必陷之勢，而終不救，遂致俱没，可勝痛哉。棄師之責有所歸，大壽之降未可深誅。息庵以大壽兄弟似襄陽吕文焕事，信然矣。然文焕爲蒙古人鄉導，終覆宋朝，大壽則未聞爲虜用。然則視文焕，其罪不啻有間矣。大樂或傳後逃還寧遠，與虜戰死。誠如此[3]，亦李陵之所不能爲者，不亦[4]奇哉？

【校勘】

［1］而：底本作"以"，今據館本改。

［2］松：底本脱，今據館本補。

［3］誠如此：館本作"誠如此言"。

［4］不亦：底本作"亦不"，今據館本改。

二十九日，丁丑。晴，風寒。自小凌河行，至大陵河朝飯，至十三山宿。

日出發行，至雙河沿，望見十三山，一峰相去四十里也。至四同碑，自前先來列書過去月日于此碑。故到碑下，三行皆卸車見之，則碑面有新書曰“癸巳三月二十六日巳時過去”。蓋“三”字，“二”字之誤也，書則[1]金尚鉉之筆云。以此計程，當於開月初七間入京云。四同碑文字，即明朝指揮同知王平，都督府僉事王盛宗兩人敕諭之文也。左兩碑，即王盛宗萬曆三年、五年、十八年拜遼東前屯衛遊擊將軍敕書也。右兩碑，即王平萬曆二十年及二十一年拜遊擊將軍敕書也。蓋兩人曾爲金復海，蓋鐵嶺、錦州等衛守將屢立邊功者也。碑文中“奴酋”二字皆琢去。然只去其字，不去其碑，亦寬矣。碑後有墳，而塋域皆夷，不可下。

【校勘】

［1］則：館本作“即”。

至大凌河，路上賣甘同者比去時更多。中國未嘗聞有此物，而獨此處多而賤如此，其法必出於我國被虜人所傳也。入前冬所入家朝飯。王俊公又來見，呈一片小紅紙，書曰：“冠紫荆，衣紅羅，繫吕洪，乘亮馬，兩龍河邊玩景。”余問：“此何語？”書曰：“錦州東有紫荆山，西有紅羅山，南有吕洪山，北有亮馬山，此是四大名山。”余問曰：“這龍河在何處？”答曰：“是大小兩河。”問：“這河在何處？”答：“過小凌河，至大凌河。”余問曰：“龍河便是凌河否？”曰：“是。”冠紫荆云云，指錦州形勝而言，蓋此處所傳俗語也。以鯔魚二尾來獻，長皆尺許，以別扇火鐵各一酬之。問：“特送兩魚，何意？”答曰：“至誠奉敬大老爺台前。”問：“這魚何名？”書曰：

"鯔。"問:"人言平康王已招安,然否?"答:"福建招安。"上片又書曰:"子念書小扇一把、刀子一把、烟代一介、頂子一介、墨一丁。"其意蓋欲得也。答曰:"刀子、小扇俱無,一烟代、頂子、墨當送。"即令覓給。書曰:"讀書人至誠,感謝不盡。"問:"要頂[1]子何用?"答:"地方共用。"頂子,即紫金丁頂子,二字通用也。問其年,五十五云。至三臺子,村中設棚方作戲。麻貝銜譯兩胡先到觀光,余同行中諸人亦駐馬見之。

【校勘】

[1] 頂:各本皆作"錠",然今據上下文改。

少頃,戲子輩皆下棚而去,蓋就食店房也。余乃登棚,盧宣傳洽、張遠翼、申之淳、劉再昌、畫員許淑皆上。譯輩探出戲本題目及唱曲各一册。余繙閱一遍,則戲本凡四五十題,而太半是小説未見未聞者。其中有華容釋[1]曹,此《三國演義》中事也。衆以此爲易曉,欲見其狀,而戲子輩久不來,故遂往[2]。棚下賣梨者多,善興買十介以進,遂與諸人分喫。行十餘里,馬蹶而墜,以沙軟,故[3]幸不至深傷。

【校勘】

[1] 釋:底本作"精",今據館本改。

[2] 往:館本作"行"。

[3] 故:底本作"放",今據館本、鉛本改。

到十三山,使行皆入察院,余出宿私家。主人姓張,自言是漢人也,而元建前日往來時,與之親熟云。蓋此則員譯、驛卒輩各有主人,彼此親熟,無異親戚,每於歸時必具酒肉待之。軍牢尚建至有養女婿,稱翁稱[1]婿云,尤可駭也。

見主人亦烹一猪候余夕飯，以肚子切片盛一器以進，其味絶佳。遂分送裨將，則以爲亦方得喫云。余久畜遊巫閭之計，明日當宿新廣寧，擬於朝飯後先發，疾馳到山中一宿，翌日可追及行次于前站。而日昨錦州之行，麻貝以不通於渠爲言，則今不可不言。而雖見許，亦不可獨行，要借其奴偕往。至於衙譯，則一行行止非其所管，不必言之。但其爲人狂悖，苟出不可二字，則事將不諧。故遂招金尚鉉、金萬喜兩人議之，仍令往言于兩胡，已而還告曰，先言于衙譯，則以爲“吾當周旋于麻貝”云，而有自功之意。又見麻貝言之，則一言即諾，又以爲“金進士何不往見昌黎縣”云云。又言：“既見錦州衛，亦將往見義州衛乎云?”其意似欲其遍遊，不但無阻搪[2]之意，已而[3]又云，以借奴事言之，則亦快許云矣。

【校勘】

[1] 稱：底本脱，今據館本補。

[2] 阻搪：館本作“阻擋”。

[3] 已而：底本作“而已”，今據文意改。

衙譯求紙扇，以壯白紙各一束，別扇、僧頭各一與之。十三山城盡壞，只存東門城，去所寓家僅數百步。夕飯後，緩步登其上，望十三山。主胡隨來，言山頭有小湖，方廣數丈，登此海水亦可望見云。城一面僅百五十步，内外人家百餘户，城外店房亦數十家。城東北隅有小寺，歸路入見，則門内築路，鋪小圓石。其紋像花瓣，階下種玫瑰。佛像極精巧，蓋古刹也。

所寓家有木綿彈者及卷爲條者，積置櫝上，而皆以半斤爲一塊，極其整齊。彈弓、紡車、攪車皆具。績車之製，一似我國而稍大。攪車之製，一人手轉足踏，一日可去百斤核。

主人子年十四五者能轉，而貴同不能轉。凡事熟與不熟，相去之遠如此矣。問："綿花價多少如何？"曰："去核百斤，不過銀子二兩四五戔云。"問："此木綿是買來否？"答："種的。"問一日耕所摘，則一千數百斤或至二千斤云。村西路傍有露棺，而其中一棺無蓋。刷馬驅人一人往見而來，言骸骨堆在棺中，而亦有散出於棺外者云矣。送善興于張奇謨家招來，則歸言爲觀戲子往三臺子云。

朝飯，廚房得鮒魚蒸進，而治得其法，味甚佳。王俊公所送鯔魚味亦佳，無異我國所産。三臺子村東頭有路，即直出遼東之路也，先來從此而去。蓋自此歷盤山、高平、三叉[1]河、牛家莊、畢官堡、耿家莊，至遼陽，不過三百餘里。而不入遼陽城，從捷路直出石嶺，千山在路傍云。舊則使行自遼陽過三叉河，直達廣寧。自數十年前，始以瀋陽改路，而先來則猶偷過此路云。主人妻纏脚，女兩人不纏脚。主人壁上有印花布之迹，使金萬喜問其法。主人妻對曰："以大豆末一分及石灰二分和作糊，塗上後染青，刮去其粉云矣。"

【校勘】

［1］叉：底本作"乂"，今據庫本及本書他處改。下同。

卷　六

醫巫閭山・觀音閣・小黑山

三月初一日，戊寅。晴，大風。自十三山行，至閭陽驛朝飯，行四十里，宿醫巫閭山。

平明發行，過六臺子，有小石轎，曰黄土橋。橋傍有重修碑，路遇三胡臂鶻馳過，一白二黑而皆[1]韜眼。後有一胡乘車而來，形貌雄碩，數十騎隨其後。遣崔壽昌以清語問之，則黑龍江將軍爲賀皇帝生日進京云。彼亦遣[2]騎問使臣官品而去。

【校勘】

［1］皆：底本脱，今據館本補。

［2］遣：館本作"送"。

至閭陽驛，入一關帝廟。屋華精，壁上有書畫，即守廟者所處也。庭中[1]有三土囷，一簟囷，各貯粟豆、唐黍、粘粟，其數無慮數十[2]石。又以黍幹織爲瓮盎之屬，置室中，貯米皆滿，可謂富矣。有數人來到余前，乃書問："此去廣寧北鎮廟多少路?”一人書曰:“四十里。”“閭山觀音閣去此多少路? 自小觀音至大觀音[3]多少路? 明白書示。”答:“五里路。”問:“這觀音閣一路可騎馬去否?”答:“騎馬的。”問:“馬快[4]今日可到否?”答:“今日可以去的到。”問:“這觀音閣住僧幾人? 到彼茶飯可得喫否?”答:“上觀音僧好,茶飯可以得。小觀音僧少,飯不得。”上觀音指大觀音也。余曰:“明示感感。願聞[5]尊諱,他日好不忘。”答:“姓路,小名登科。”問:“君戴素巾,遭何喪?”答:“變故親戚,奠紙來。”問:“此地既是驛,則何以無城?”其人不答,起去。蓋此城爲胡人所夷,難於爲答故也。問從者,言喪家在廟東,副使軍官有往見者,言其門外以簟作屋。屋内列佛像及十王圖像,僧徒鳴鼓撞鐘,誦經拜佛。一邊置柩,以金銀紙錠堆疊其上,柩頭設靈位,大小男女立于棺右哭泣,或有笑語者。皆頭着白巾,身穿白布衣。又以布條纏頭,腰帶素繩,其長至足。一村人爭以錢穀餅物來置靈位前叩頭起揖,主喪者哭而叩頭。吊客來,主[6]家輒與布巾,客着巾叩頭而出,如此者相屬。又有一人踞于靈位之左,書吊客及賻物云。

【校勘】

［1］庭中:底本脱此兩字,今據館本補。

［2］十:鉛本作“千”。

［3］至大觀音:底本脱此四字,今據館本補。

［4］快:底本作“悏”,即“快”,今改。下同。

［5］聞:底本作“問”,據館本改。

［6］主:底本脱,今據館本補。

既朝飯,麻貝奴詹姓者騎駿馬來待,余遂騎金商騾子先行,日已午矣。元建、善興皆從,申之淳、崔壽昌亦隨來。到常興店，麻貝及吴胡先到店中坐歇，送善興問訊。過店取北邊路而行，此向廣寧大路也。忽有兩胡馳馬追至。視之，乃吴胡與其奴也。余曰："何來？"曰："要與君同往閭山。"余曰："甚好。"言雖如此，苦甚。至壯鎮堡，從西門入，門上刻"壯鎮堡"三字。自常興店至此三里，城中凋弊，僅有四五十家。駐馬街上，使吴胡問路。有一女人能知觀音閣，指路頗詳。既出東門，吴胡從他路馳去，行止倏忽，可笑。時風勢轉大，塵沙漲路，開眼不得，遂低着頭，只管向北走。申之淳曰："大漠風沙疾馳如此，今日事可謂意外矣。"相顧而笑。

行數十里，有一壞墩臺，旁有數十家，下馬入一家，即村酒店也，甚荒落。有四五閑漢在炕上賭錢，遂坐凳少歇，買酒饋從者。問村名，十里堡，蓋去舊廣寧十里也。問觀音閣遠近，店人所言亦與壯鎮堡女人同。遂行，視日將晡矣。自此捨大路，從村北小路而行。二里許有一村落，亦數十家，從村中穿過。籬落間散植桃柳，放驢多如犬。三里間又有一村，景色如前，而村後有果園十餘畝，四面築土垣，中央置一間草亭，編黍幹爲簾。制甚古樸，望之有幽意。意主人必不俗，而行忙不得入見，村名亦未問。有一人自村中出來，與吾輩後先行。問觀音閣，言不遠，第向北去。言已，鞭馬先行。行三四里，路左有瓦屋數家，種梨成林，女人有出觀者，詹胡入去問路。自此望山益近，峭峰奇石，層現疊出，令人意思飛動。但觀音閣不知在何處，而村路多歧，莫知所從，亂行田間。

約二里許又逢一村，詹胡往問路，仍馳馬先去，蓋覓村問路也。於是余行別尋路。東涉一溪，水清沙白，即閭山之水也。過溪又迷路，登一岡，望見東北間有一帶朱墻，即北鎮廟也。殿閣隱映於落照中，望之如畫。度岡過一草屋，問路詹胡亦從他路來會。又踰一岡,樹林間有二廟堂。廟傍數十家,門臨小溪,有持車者自村中出來,遂駐馬問路。村人頗集,有一老僧解書字,余問聖水盆、桃[1]花洞所在,皆不知。又問賀欽舊居,亦不知。賀欽,字堯恭,遼東廣寧人,成化丙戌進士,聞陳白沙講論,即日抗疏解官,執弟子禮,肖白沙像懸于別墅,日瞻企之。正德初,鄉寇暴發,戒勿犯先生家,鄉人聞[2]之,請往撫之,賊遂退。潛心理學,清修篤行,鄉人化之,稱曰醫閭先生云。問村名,則觀音莊云。此村在山趾,而以觀音名,計觀音閣不遠,而日亦未暮,可幸。

【校勘】

［1］桃:底本作"柳",今據館本及下文改。

［2］聞:底本作"謝",今據館本、鉛本改。

遂踰一岡,望見山上有小屋着巖如蠔甲然,意是觀音閣也,相與指點喜躍,促鞭而前。行半里,背後忽有叫者,顧視之,觀音莊[1]人立岡上,以手指之。令詹胡往問,則以爲聖水盆乃在西邊峰頂云。蓋初以不知爲對,追問其處而告之,其意亦可謂勤矣。至山下,有數間廟堂,左右前後皆種桃。有兩道士在門前劈柴,柴亦桃也。自渡至此約七八里,而自此至觀音閣不過數里。余謂詹胡曰:"寺已近矣,我輩亦可獨往,汝則不必更勞,可在此歇息。吾輩宿山上,明朝下來。"詹胡對曰:"我亦要見名山,到此何可獨落乎?"遂隨來。此胡騎快馬在前,遇迷路處輒馳往問之。數里之間,往來如飛,終日馳驟,少無倦意。其忠勤已難得,又能要見名山,意尤不俗,不可視以夷虜也。

【校勘】

［1］莊：底本作“店”，館本作“庄”，即“莊”，今據館本及上文改。

過廟堂，沿溪而上。自此路皆累[1]石爲級，勢頗峻急，而猶可騎。溪中亂石堆疊，時旱水涸，而間有瀦處，清澈可愛。溪北有石砌，數三浮屠在其上，似是古寺址[2]也。踐石磴數里，至觀音閣下，仰見絶壁横張，高廣可十餘丈，石色皓然，如張素幕。上有小城，虹門呀然，門左傍有小寺，臨絶壁，即大觀音也。後有一小閣，奇絶如畫。諸人不覺同聲喝采，欲經造其處。絶壁下又有一寺，曰甘露庵。諸僧立墻頭，見余行過其下，遮馬固要少歇，遂被挽入一虹門。寺三楹，中供金像，其左右爲僧室。庭僅數丈，三面圍短墻，種柳三四株，枝柯相交，獼猴桃蔓絡其上，遍覆一庭。以兩鐵鐘懸于柳枝。其一萬曆年所造也。又以竹筧引泉，從簷際落庭中，涓涓僅續，溢于小槽。味亦清淡，勝於他水，庵名以此也。庭南近墻置一椅一桌，桌上置瓦爐石硯。位置瀟灑，了無俗氣。余就坐椅上，主僧出茶果以進，笑容可掬。中庭設蒲團，請諸人坐。旋具夕飯，飯是大米，菜醬數器，亦皆可喫。從者皆飽，余則有所裹飯，求熱水澆喫。僧進米漿一碗，味如我國熟冷，啜來能定胃氣，可喜。兩譯[3]曰：“如此勝地，我輩實初見，到此頓無歸去之意。”申之淳曰：“月沙後百年間無來此者，今日我輩之遊，豈不奇哉？”又謂崔曰：“我輩今番買賣必失利矣。”崔曰：“何謂也？”申曰：“享此清福，又安有得利之理哉？”

【校勘】

［1］累：館本作“鋪”。

［2］址：底本作“地”，今據館本改。

［3］兩譯：底本作“兩驛”。此處指申之淳、崔壽昌兩名譯官。

飯後遂訪觀音閣，主僧導而行。出西邊虹門，門外桃李交柯，僅通人過。路循絶壁，壁巷入爲大石室。僧曰："此觀音洞也。"要入見，而以暮姑捨之。過觀音洞數十步，有大石立路右，鑿爲龕，刻觀音像。以右手加膝，左手按地，坐勢微仄，有精神。過數十步又有十數丈大石，刻"遊目天表"四字，傍刻"蒲坂張邦土"五字。又行數十步，路有兩歧。一迤南而轉山腰，其盡處爲平臺，上有塔，此[1]爲甘露庵白虎。一折而北上，峻且狹，有兩石仆路側。視之，一周祚[2]所記碑，周祚，不知何時人；一書嘉靖丁酉翰林院修撰龔用卿、給事中吳希孟遊此識。蓋兩人以是年來我國，想[3]往來遊此，題名于石，坎壁而納之，年久脱落也。又上數十步，巖壁十餘丈，對峙如門，在右[4]者尤奇，刻"北鎮名山"及"瞻憶皇都"八大字，皆傍刻"恒齋"二字。到此，路亦峻甚，便成一嶺，踰而入，則平地數十畝遍栽桃樹，别一世界也。中央有一井，甃以石，深數丈，上有大松樹，數百年物也。月沙記中所謂"得一壁刻曰北鎮巫嶽，其下有水湧出，小池承之爲井，廚人炊飯，餉我于松陰。松老入雲，根露如龍"，似是此處也。但"有水湧出，小池承之"者，與今所見稍異，又不見"北鎮巫嶽"四字，是可疑也。然松則尚存，奇矣。

【校勘】

[1] 此：底本脱，今據館本補。

[2] 周祚：館本作"周祈"。下同。

[3] 想：館本作"相"。

[4] 右：館本作"左右"。

自井東行數十步，有大巖陡立空中數十丈，觀音閣在其上，向所謂奇絶如畫者。巖之南面大刻"閭山第一石"五字，旁刻“馬永恒齋”四字。東面刻“壁立萬仞”四字及“嘉靖戊戌五月初四日總兵官左都督馬永書”十八字，筆勢奇壯。傍巖有石砌四十級，登其上，有小虹門，扁曰“白雲關”。月沙所謂“迤東而上，石砌可四十餘級”是也。門内只有小殿三楹，僧寮皆崩塌，臨絶壁有數間廊屋，設窗檻，使可憑眺，而亦皆破落矣。佛殿左有小碑，即萬曆六年所立，而文林郎武清縣郡人李賁撰。其文有曰：“遊斯閣者，必神清步健，聳壑昂霄，有遊仙之志，方能登臨。其體厚形痿，心懷懦縮之人，鮮不中止云。”自佛殿後累石爲梯，回轉而上者凡八折。折多者二十餘級，小者七級。歷兩折小平，有屋址，月沙謂[1]“閣上有樓檻出壁外”者，似指此處。而[2]砌礎俱存，制猶可想。壁間刻“代屏石”三字。自是石梯右轉，繞巖而上，左手緣壁，右乃空外也。梯石層累，年久皆泐，將崩未崩，踏之如動。申之淳色變不欲上，即李賁所謂心懷慄縮者也。余顧而笑之，雖勉從而惴惴其恐[3]。歷七折至第八折，轉巖之北，級多而高危益甚。崔壽昌在前，余次之，申之淳在後，皆不免匍匐拾級。及登其上，閣僅一間，圍以數尺短墻，墻外無復餘地。其高自白雲關以上猶數十仞，而回轉而上，不覺其高。到此俯視，大觀音、甘露庵皆斂入脚底，危可知也。西南皆群峰環擁，獨東面野色莽蒼，渤海似可眺，而因風埃不能窮眼力。遂取筆書三人姓名于閣中，乃下。過數折，有石佛數軀在巖竇。就其旁復題一行人姓名，詹胡外皆書之。

【校勘】

［1］謂：館本作“所謂”。

［2］而：底本又衍一“而”字，今删。

［3］其恐：館本下有“亦七”二字，語意不明。

出白雲關，坐石梯少憩，取井水沃渴。望見北邊有一寺，曰清安寺，高與白雲關等。有數三緇徒[1]出庭中，揮手相招，遂造焉。百餘步間皆行桃樹中。陟石梯，兩折共四十級，入小虹門。僧寮佛殿小而瀟灑。從佛殿東隅，又出一門，登兩折石梯，小屋在其上，曰毘盧殿，坐此正對觀音閣。後面石勢危如累棋，我輩所立處直在半空，望之寒心。寺僧進清茶，指西南峰上小屋曰："此娘娘廟。"其下稍南爲三官廟，盡頽，獨門[2]與砌存耳。娘娘廟西有絶壁，水自兩峰間出爲瀑布，高可十餘丈，而久旱水少，僅被石面。然壁勢峻潔，亦自難得。僧言從瀑下東北行，深可四五里，而一谷盡是桃樹，故稱爲桃花洞云。余來正尋桃花洞，聞此言益喜，然恨日暮不得窮源。僧謂從者曰："此間桃實皆[3]是佳品，七月方爛熳，君行恨不在此時也。"桃是易枯之物，而見其枝條無不肥壯，可知壅治有法。而皆累石爲垣，其區井井，似各有主者，蓋居僧賣實給食云。是日大風，到此却不知有風。而桃萼已大，不過十餘日可開。山近北而風氣暄和如此，亦可異也。此山有東西兩臂，向前環抱爲谷口。東臂盡處爲大觀音閣，西臂盡處亦皆層巖。舊有關帝廟在其上，壞已久。觀音閣與關帝廟正相對，其間不過數十步，而横築一城，中開虹門，使一谷之水皆從此出落于絶壁之下。自下而望，但見壁勢嶄然，不知其上有此别區。清安寺正在其[4]中央，處地超爽，四圍峰巒，呈奇露秀，應接不暇。西谷瀑泉，又邂逅在望。若以此寺置諸我東，可與金剛船庵、水落聖殿、道峰回龍相甲乙，而寬廣却勝之，且難得者萬樹桃花也。然則雖謂之我國所無，未爲過也。

【校勘】

[1] 徒：底本脱，今據館本補。

［2］門：底本作“文”，今據館本改。

［3］皆：館本作“盡”。

［4］其：底本脱，今據館本補。

還到井傍，行松樹下。自井南去數十步許，有一穴，僧引余視之，其深三四丈。問：“此何[1]穴？”僧曰：“一谷之水皆出虹門，而上皆布石爲暗溝者一里許，所以人行其上而不知也。此穴即溝上之水所洩，水行溝中，多則從虹門出，少則滲入石室中，蓋壁有縫故也。人入穴，上可通溝中，下可出石室云。”於是從巖隙攀樹根，登關帝廟舊址。廣袤不過十餘間，四面皆巖石，而南益危，破磚壞瓦滿地。巖間多古人題名，而未暇遍看。從巖腹線路出嶺上，僧指路右曰：“見此。”就視之，石間刻“桃花洞”三字。於是諸人[2]益信其爲真也。所過往往有細草蒙茸，其色青綠，驟見如石髮之屬而非也，竟不知其何草也。

【校勘】

［1］何：館本作“何處”。

［2］人：館本作“員”。

既歸庵，日已曛。聞從者所言，人馬所食以錢償之，庵僧却而不受，欲以紙扇等物酬之，而忘未持來。余搜囊中，得二墨與之，主僧稱多謝。主僧名秀行，年四十餘，爲人樂易，接待之間，誠悃藹然。申譯以感愧之意，再三稱謝。僧曰：“出家人本以慈悲爲心，衆人猶不敢慢待，況三位貴客乃是他國之人，何敢不盡敬？”斯言亦有山人口氣，可喜。申譯欲自以錢與之，而知其不受，遂以一貫置佛桌上，叩頭而出，示以供佛之意，僧乃笑而收之。僧以余輩處于佛殿右邊小室。俄而撞柳上鐵鐘,就佛前點燈焚香,一僧在前,三僧在後,皆跪而念經。良久,出户外,同作阿彌陁佛聲,回轉無數。"阿""佛"兩字與我音異,而[1]亦仿佛矣。又復入佛前念經如初,約更餘方止。功課精勤,非我國緇徒之比。方其念經時,申崔兩人立階下,余坐庭畔椅上,望石室中亦有燈矣。待禮佛罷,方入室。炕小,三人交跖而卧。主僧安置後,去燈掩門,自歸其室。佛前懸一碗燈,徹曉熒然。夜中睡覺,卧聞丁東響,始謂後庵鐘聲,披衣出户尋其聲,乃置銅盆于筧泉滴處,其韻似遠鐘[2]也。遂坐庭畔椅上,四望闃然。尋還室,兩人猶未覺。

【校勘】

[1] 而:底本脱,今據館本補。

[2] 鐘:底本脱,今據館本補。

初二日,己卯。晴,風午後益大,猶不如昨甚。自觀音閣行六十里,至中安堡午飯,至小黑山宿。

曉起出坐庭前,寺僧念經禮佛一如昨夕。觀音洞中亦點燈扣鐘。望來令人魂消。始擬星行,秀行必要喫飯,不得已少留。使善興帶寺僧一人先行,及行次于中安堡,覓紙扇與之。昨日觀音閣道中寺僧向從者言,山下有一古墓,傳是高麗王所藏,其言可異。及是問於秀行,秀行[1]使其徒弟書曰:"這墓去此不遠,廿里之路,石碑墳墓現有。"又問曰:"昨日所聞與此有些不同,説有一[2]屋,渾是銅[3],内有石槨,傳言高麗人頭骨藏在這裏,是甚話?"僧書曰:"弟子年少,師父知。到城西二到溝[4]離城十里,有高麗王墳。㺚子打壞窟龍三丈深,棺材水淹了,槨現在,以磚造室,人或入見,有碑書高麗王墳,因此傳説。其碑今仆在土裏。"余念遼東曾屬我國，而此地則去遼東亦遠，不知高麗王墓何以在此也。曾見雩沙相國日記，有廣寧城北箕子井、箕子廟之語，無乃此説[5]與今所聞同其苗脉耶？然箕子遺迹亦何以在此？終有不可知者，姑記[6]之，以俟知者。

【校勘】

［1］秀行：底本脱，今據館本補。

［2］一：底本脱，今據館本補。

［3］銅：底本、鉛本作“洞”，今據館本改。金景善《燕轅直指・桃花洞記》引办作“銅”。（《燕行錄全集》第72册第164頁）

［4］二到溝：各本同，疑“到”爲“道”之誤。下文三月初三日“自小黑山行，至二道井朝飯”，又，崔書、金景善《燕轅直指》等皆載所經地名有“二道井”者亦在小黑山附近，而未見“二到”者。

［5］説：館本作“語”。

［6］記：底本作“已”，今據館本改。

秀行自言是蓋州人，因謂：“遼東本是貴國地方，蓋州亦遼東，是俺與足下同爲高麗人云。”余問諸僧法號，遂書曰：“秀行姓藍，興有姓金，興晤姓王，興光姓陳。”三人皆秀行徒弟也。余問山内外寺觀之名，僧書：“閭山大觀音閣，西玉泉寺，西北琉璃寺、滴水寺，南雙鳳寺、靈山寺、五鳳寺、觀音洞、甘露庵、桃源洞、桃花洞，西北望海寺、雙泉寺、清安寺。望海寺在此山最高處，登此不但見海水，蒙古地方亦可俯臨云。”余問秀行曰：“千山距蓋州不遠，曾見不[1]？”曰：“曾見過。”問：“千山奇勝比此山如何？”曰：“相等。”又曰：“千山，皇帝亦曾往見云矣。”余夜得一絶，遂書贈秀行，秀行未解詩意，申譯以華語釋喻，喜而藏去。

【校勘】

［1］不：館本作“否”。

秀行導余出東邊虹門，百步許登一岡。岡脉來自觀音閣，左峙爲平臺，上有層巖可坐。仰[1]見峰巒，俯視洞壑，亦一勝處也。岡兩旁亦皆桃田，而間有梨李櫻桃之屬。其地沙而瘠，樹皆壅其根，傾瀉處皆聚土爲壠，使壅土[2]不流。此皆寺僧所爲也。計一山所栽，無慮千萬樹，而以十數人力能辦此，可謂健矣。此地人作事多類此，可畏。余在岡上踞石周覽，遂拈筆略摸山形於日記册張，僧見之，笑曰：“便移得山也。”此山路上望見，不過蜿蜒磅礴雄大而已，不知峰巒巖洞之勝如此，其載職方有以也。然此山以掩抱六重[3]，亦名六重山，而今余所睹不過一面，則亦何能盡山之蘊哉？然見其沙與石，與我國京山同其色理。清淑所鍾[4]，遠近同範，沙白而水清，石潤而峰秀。此必然之理，美妻不生醜兒，一臠可知全鼎。此山典形又何待遍歷六重而後知哉？但山中寺觀多廢壞，使其皆存，其映發之勝當不止今日觀，是可惜也。山少松樹，唯危峰峭壁，人迹難到處間有之，餘皆濯濯。問其故，僧曰：“㺚子伐去，不可禁也。”

【校勘】

［1］仰：館本作“望”。

［2］土：底本脱，今據館本補。

［3］重：底本作“里”，今據館本及下文改。

［4］鍾：底本作“種”，今據館本改。

遂觀觀音洞。洞高可丈許，廣十餘丈，深三丈許，可庇六七百人。明敞潔淨，異於他洞。洞北壁高處有罅出泉，庵筧屬于此。而罅傍垂綆四五丈，此即入谷人引而上下者也。僧言大雨時水從虹門迸出，落于洞外，人在其中，如坐廣厦而玩，簷溜飛沫或沾衣云。蓋古所謂水簾[1]者是也。凡石之白者皆因水濯，而今洞外絶壁不然，雖水不及處亦皆皓然，不着一點苔蘚，尤可異也。洞中多置佛像，以觀音閣廢而移來者也。洞東隅依壁爲小室，數僧居之。其外有一碑，即具瞻亭記，亭則亡矣。碑傍刻“碧流”二字及“雲岡龔用卿”五字于壁間。洞外西壁刻“高山流水”四字，其下左刻“醫巫佳勝”四字，右刻“水石奇觀”四字。三刻皆横書“張邦[2]土筆”也。下有井，井旁刻“新都吴子治、汪子無擇躡屩來，潘子懋功在焉，同觴其下，時萬曆戊戌春”二十八字。古人遊迹之勝如此，其勝可知，而月沙記中不載，未可知也。

【校勘】

［1］簾：底本作“簷”，今據館本改。

［2］邦：底本作“拜”，今據館本改。

歸飯于庵。秀行曰：“三位貴官留下姓名。”遂書之，乃行。諸僧送至東岡，指去路[1]。踰岡而下，過一草庵，渡小澗而東數十步許，有一洞在路左，以磚築成虹門，扁曰“棲霞洞”，左右刻“鳥聲山路静，花影洞門深”兩句詩。入其中，北壁刻“桃源洞”三字。洞深僅二丈，而入四之三，隔以短垣，爲前後兩區，而不置門相通，其制未可解也。自洞東行數十步，渡一石梁，南折而有門。門外鑿巖爲梯十餘級，過此又有虹門。門外累石爲砌，亦十餘級，石役門制，俱極精巧。門内扁書“雖設”，外扁書“潛谷精舍”。兩門間平地可十餘丈，所謂精舍，計當在此。似是何人别墅，“潛谷”豈其號耶？不然必道觀，而無人可訪，可歎。見其設置，一門一橋皆有意致，而圮且盡，唯一棲霞洞呀然獨存[2]，而亦皆蕪没。至此桃亦衰少。至谷口回望，東岡盡處大石壁立，刻“畫中”二字，數百步外大如席，壯哉。

【校勘】

［1］路：底本脱，今據館本補。

［2］存：館本作“在”。

遂騎馬沿山東行五六里，有數三人家在路旁，遂立馬求水，村人多出觀，而女人皆在門内，使男子待之。村後石峰攢簇，有畫甍出其間。異而問之，村人謂之小觀音。月沙記中“立馬凝望，不忍失之”者，此也。今日行色亦有仿佛者，但恨同行無傅秀才耳。數里至北鎮廟，廟在高原，處地爽塏，而規模亦壯麗。可與東嶽廟相埒，但舊屋皆壞，存者乃[1]近來新修，而以廢址見之，不能十之六七耳[2]。略記其制：外門三間，前築月臺，高丈餘，門兩傍砌高亦等此，而墻在其上。入外門又有門，其砌高視外門而無月臺，門制與外同。兩門間爲[3]廣庭，左右皆有屋址，以礎計之，三間也。庭植四松，左一右三，而一樹枯死。門左右各有無梁閣，即鐘鼓所縣也。

【校勘】

［1］乃：館本作“皆”。

［2］耳：底本作“且”，今據館本改。

［3］爲：底本脱，今據館本補。

入門五六十步始有正殿，扁曰“鬱葱佳氣”。殿凡三楹，中有塑像，具王者服物，即閭山之神也。自門至殿，治石爲路，殿兩旁及前階三面皆有升降之設[1]。庭左右有月廊址，而屋存者各三間。月廊南頭稍近内左右各有一間屋，在右者六面亭也。夾路左右立七碑。右邊第一碑成化所立，第二碑正德所立，第三碑萬曆元年所立。文，都察院右副都御史張學顔所撰也。左邊第一碑成化所立，第二碑正德所立，第三碑康熙所立，第四碑萬曆丙午所立。階下左右立五碑。右一碑弘治，其二皆康熙所立。左一碑書"永樂十九年三月敕建碑"，其文曰："敕遼東都司北鎮醫巫閭之神，自昔靈應顯彰，而衛國祐民，厥績尤著。獨其廟宇頽廢，至今弗[2]克修治，朕心眷切，夙夜弗忘。敕至爾等即擇日興工建立祠宇，飭嚴祀事，以稱朕崇仰之意，故敕。永樂十九年三月初七日。"一碑康熙所立也。正殿後又有一碑，庭中共有二十四碑。弘治碑三，四年、六年、十八年所立也。成化碑五，元年、四年、十三年、二十年、二十三年所立也。正德碑三，元年及八年所立兩碑也。正統碑一，九年所立也。隆慶碑一，元年所立也。萬曆碑一，元年所立也。其二忘其年矣。碑上只刻行祭年月祝文，無他文字爾。殿後有一帶墻，其外瓦礫滿地，皆廢址也。當中者兩屋，左右各一屋，砌礎皆宛然。其在後者最大，而北邊一壁猶存。以青甓爲之，中刻大龍，日照其上，鱗甲欲動，畫法亦奇，雲物波濤，上下滃渤，而龍作正面，奮鬚張目，望之如生，不可狎視。此處地勢益高，而閭山撐立其後，氣像尊重，宜爲北鎮神之居也。自外門至此可百四五十步，而四面皆朱墻，石役之壯，亦所罕見也。

【校勘】

[1] 設：館本作"級"。

[2] 弗：館本作"不"。

還出外庭，坐松下，守廟者數人自西邊屋中出來，稱是道流，而面目頑鄙。余令從者求茶，則先索價銀，乃此地所無之風，極可駭矣。遂行，五里至廣寧城，所過多墳墓，華表石碑相望，不知幾箇好漢埋了此中也。城南里許有一大寺在原上，遠望壯麗。詹胡問余曰："將見此而去乎?"余曰："前路遠，直往可矣。"遂從西門入去。城往往崩頹，門樓無存者，濠極闊而皆堙塞，羊馬場[1]仿佛有迹[2]。城内人家稀疎，空地居半，瓦礫在在堆積。訪寧遠伯牌樓，人有指者。向東行至十字街，頗有店房，車馬往來者亦多。自十字街北行數百步，牌樓在焉。其制與寧遠牌樓同，而唯礎石丈餘，餘皆木耳。上層書世爵，中層書天朝敕誥，下層書"鎮守遼東總兵官太保兼太子太保寧遠伯李成梁"二十字。

【校勘】

[1] 場：館本作"墻"。

[2] 迹：館本作"路"。

過牌樓北行百餘步爲鼓樓，樓圮盡，惟存虹門。鼓樓西過一石橋，有佛宇在樹林間，金碧輝耀，望而不入。還到牌樓，觀音者益集。余欲訪寧遠伯舊基，申譯慮或惹事，止之。余知其不然，竟問之，有一人自言知其處，遂導而往。自牌樓向東北去，由小巷轉折可一里，望見[1]城門，謂是小東門。未至門百餘步，北邊有廢址，去路不遠。四畔皆人家菜圃。一碑立瓦礫中，此蓋都督府所建處也，遂立馬見其碑。碑上半截記李成梁出處、履歷、功烈，下半截分兩層，列書都督府所屬兵官官職、姓名、年甲凡數十人，而以李成梁首題，李如松、如柏、如梅及麻貴等名皆在其中。碑額横書"總督府題名記"六字。其下截第一行縱書"鎮守遼東都督府[2]題名記"十字。碑右旁缺,所立年月不可考矣。在北京日聞張遠翼所傳之言,寧遠伯玉角指甚小,不似武人所用。今見碑文,寧遠伯本書生,其非粗大漢,又可驗矣。碑後相望處有雙塔撑空,塔下有寺,名以雙塔云。還出大路南行,逢一騎馬胡人,與元建相識,余亦有些面善。問之,則來時小黑山途中相逢者也。其時昌曄欲買其馬,問其家,云在廣寧,到此再見,如逢舊識,人情可笑。

【校勘】

[1] 見:底本脱,今據館本補。

[2] 府:底本脱,今據館本補。

路西巷裏有一佛寺,規模宏傑,駐馬問其名,一人畫地書"晉慈寺"三字。過寺數百步出城門,即内城之南邊東門也,門外又有甕城門。既度兩重門,折而東數百步又出一門,即所謂大東門也。門外亦有甕城,城尚堅壯。蓋廣寧城亦曰字形,而以南邊爲外城,以北邊爲内城。其間横隔之城,居四分之一而近南。内城東西北各有一門,南有兩門。外城東西南各有一門,共爲八門。城周大於瀋陽,城中街路極廣。大小巷口皆對竪石柱,其高四五尺。雖在僻巷皆如此。似是舊時里門之柱,此則他處所無。其設置整密,猶可見矣。天啓二年壬戌,王化貞以撫臣守此城,時遼陽已陷,奴渡三岔河犯沙嶺,去廣寧一百五十里也。叛將孫得功入城中,疾呼軍民急剃頭歸降。一城哄然,爭奪[1]門走。西將江朝揀[2]聞之,急入化貞卧内。化貞方起視書,朝揀急拉之曰:"事急矣。"化貞始趍出,所養馬已爲叛賊盜去,倉卒整行李四箱,以兩駱駞載之,走閭陽。適熊廷弼自右屯引兵至,謂化貞曰:"六萬軍蕩平遼東,竟何如?"化貞慚,議守寧前。

廷弼曰："晚矣。唯護百萬生靈入關，勿資賊，足矣。"乃保衆西行。蓋失遼瀋後，化貞主戰，廷弼主守，及化貞敗，而廷弼亦被喪師失地之律，竟至棄市，冤矣。江秉謙曰："朝廷起廷弼爲經略，節制三方，則三方之進戰退守，皆一一當聽廷弼指揮部署。乃化貞欲進則使廷弼隨之而進，欲退則使廷弼隨之而退。化貞之倏進倏退，則又使廷弼進不知所以進，退不知所以退，是化貞操節制之權，而經略未嘗有節制三方之權也。亶成則無權，坐罪則有主，國家又安以此經略哉？"斯論可謂切中時病。

【校勘】

［1］奪：底本作"集"，今據館本改。

［2］揀：鉛本作"楝"。

大東門外有一古石橋，其半入地，而梁石兩頭作黽[1]頭，宛若生物，非近工所可仿佛也。橋東又有石獅子一雙在路左，亦古物也。詹胡在城中落後，及是追至，曰："古迹在路旁，過而不見，何耶？"申譯曰："既過，何可轉也？"詹胡視申譯曰："不見古迹，則君何迂路來此？"申譯聞言不無愧色，余亦笑，遂共回轡[2]，隨詹胡至石獅子處。有一廢址數十畝，瓦礫堆積，砌石縱横，有長丈餘者。有似寺觀，亦似衙門。石獅子蓋其門前之物也。見種菜者，問之，有所對，而不可詳。詹胡言城門旁有一碑，見此或可知。遂共往視之，乃天順六年修橋而立，竟莫知廢址爲何古迹也。後見先輩日記，言廣寧東門外，有遼東總兵寧夏侯李如松廟。蓋總兵甲子年征㺚虜陣亡，皇朝爲立祠，旌其忠節。榻下左右分立同死將領八員，後堂有夫人及侍立丫鬟。其父寧遠伯生祠在於其東，墻宇相連，諸塑像皆凜然如生，此蓋其地也。以吾輩訪寧遠伯故迹，故詹胡特告之，而申譯不能解聽也。

【校勘】

［1］黽：鉛本作“鼀”。

［2］轡：館本作“輿”。

過此里許，渡一淺川，陟一岡，詹胡指左路曰：“由此直達小黑山矣。”取右路，渡一溪，又踰岡。行谷中，路頗回曲，已而出大野。行十餘里，有一壞烟臺，臺下有村落。自廣寧至此可二十六七里矣。又行七八里，始出大路，未及于家臺數里矣。至中安堡，善興立路上待之，問行次，過已久。自閭山至此約六十里，而出入旁行者又六七里，日已過午，餒乏甚。入店房討喫朝飯，以正銀六錢[1]賞詹胡，叩頭稱謝。主胡自言滿州，而年七十四，視聽不衰，有五男一女，亦福人也。厥胡與申譯接話，備問我國山川風俗物産，亹亹不已。又言北京水味惡，雖渠輩亦難喫，若飲冷水必腹痛，故皆滚過云。又問我國造醬之法，仍曰：“此處則以大豆和小麥爲之，或和小豆者有之。市醬則全用小豆，故味尤不好云。”遂行。村東頭方設戲，立馬乍觀[2]。觀光女人極多，而間有美者。至羊腸河，春水渙然，橋下泛鳬鴨。

【校勘】

［1］錢：館本作“兩”。

［2］觀：館本作“見”。

至小黑山，日欲落。申崔兩譯以遊事備告伯氏，遍詑一行，莫不奇之。察院東廟堂前亦設戲，遠近女人來觀者多，一行皆往見云。路遇乘車胡，謂是瀋[1]陽户部郎中往北京，後車坐三十歲婦人，着鞍空馬一匹，從騎一人前行。又有十餘歲小兒帶弓箭騎馬者，似是其子也。宿察院，夜風猶不止。

【校勘】

［1］瀋：館本作“尋”。

白旗堡·孤家子·瀋陽·遼陽

初三日，庚辰。晴，終日大風，沙塵漲天，人不得開眼。自小黑山行[1]，至二道井朝飯，至白旗堡宿。

【校勘】

［1］行：底本脱，今據本書他處改。

鷄鳴發行，將越站也。天暗路多歧，往往與前導相失。至土子井[1]始明，已行[2]十五里也。過舊家鋪，出築路，自此始無山矣。至二道井，入私家朝飯，水味既惡，饌物味皆變。喫飯之難倍於來時。余分筒中炒醬送于柳鳳山，則食而甘之，謝曰："非醬也，乃清心元也。"其後每言此醬事，常[3]稱清心元。此時經過之狀可想。此處地勢窪下，水無歸處，小雨則泥淖難行。元建言不記何行次，而書狀所乘車陷泥中不得出，上使入站後送駕轎載來，夜已深，其車翌日始拔出云。朴東和亦言曾到此間，泥深及腰，員役輩皆赤脚着草鞋而行云。今行入來，日暖無前，皆以爲異事，而猶以歸時泥淖爲慮。今幸久旱，得免此苦，一行皆[4]相賀。

【校勘】

［1］井：底本作“亭”，今據館本改。

［2］行：底本作“䒸”，即“發”，今據館本改。

［3］常：底本作“甞”，今據館本及文意改。

［4］皆：底本脱，今據館本補。

有數胡來到所坐處。余書問曰：“你來何意？”一人書曰：“我來看老爺來了。”余書曰：“看怎地？與你是一樣面目，只是衣冠不同。”其人笑。遂問其姓名、年歲，則書：“姓崔，名文燦，年十七[4]歲云。”向晚風勢轉大，難以作行，故不得已借乘麻貝車。在車中望見一行人馬，與風沙相滚走如轉蓬。朴東和取戴驛子氈笠，所見可笑。余雖乘車而眩轉之苦，甚於冒風。至白旗堡，三行同入察院。而余以所處踈冷，出宿私寓。

【校勘】

［1］十七：館本作“七十”。

余以閭山、千山牽掛胸中，今閭山纔得放下，而千山又當前，意益憧憧，寢食不甘。正所謂得隴望蜀者，還可笑也。招詹胡，諭以同往千山之意，渠亦樂聞，以爲當言于主人，必得同往云。在北京時，與元建、善興日夜商量者惟此事，今得此言，殊幸。然此事却有許多難，何也？蓋閭山往返不過經宿，而千山則雖先發疾馳，非四五日不可，其難一也。千山去遼東或曰五十里[1]，或曰六十里，不得此處人知路者爲向導則難往，其難二也。自瀋陽先發一日達遼東，其翌日往千山，然後又其翌日，可及行次于狼山，若不及狼山，則青、會兩大嶺素多虎，不可獨過，其難三也。瀋陽門明後始開，自瀋陽至遼東，乃一百三十里之路，若待門開而行，則一日內不可得達，其難四也。千山一路，荒僻去處，非我國人往來之地，行色孤單，或逢歹人，則難免不測之危，其難五也。一路所過客店寺觀皆有告示榜，其文曰“面生話異，凡係來歷不明人，一切不許容留”云云，所到或遇譏詰，則不但一身狼狽，恐或弄出事來，累及使行，其難六也。二千里跋涉，人馬力盡，已爲强弩之末勢，而又自今日越站，若往千山，則當連六日疾馳，其難七也。七難之外，飯具寢具皆當擺落，然後可行，此又一難也。以此八難，籌度於心者亦審矣，而最緊者得諾於麻貝，自孤家先行而不入瀋陽城，直向遼陽也。

【校勘】

［1］里：底本脱，今據館本補。

遂招金萬喜、金尚鉉兩人，喻以此意，使圖於麻貝。兩譯相顧逡巡而對曰：“我輩言輕，使首譯言之，則或可諧矣。”余知其意在[1]推諉，不復强焉。招金應瀗言之，有難之之色，對曰：“第與首譯相議。”即辭去，已而與首譯來告曰：“其事幸得諾矣。”仍述問答之言曰：“俺等往見麻貝，謂曰：‘金進士之行，全爲遊覽而來，在北京衙門亦知其然。聽其出門，無處不到。昨日閭山之行，老爺亦借人，金進士極以爲感矣。’麻貝曰：‘金進士是好人，我也亦知之。其所請之事，如何不從？’俺等仍曰：‘金進士又欲見千山，要借老爺房子同行，騾子並欲雇騎，使俺等來禀矣。’麻貝答曰：‘這有何難，但騾何言雇乎？當借送。’俺等又以自孤家先行之意言之，則以爲：‘瀋陽官員多，使行未到之前，不可先過，有煩耳目。若以門限爲慮，則到瀋陽日，吾當宿於城外，金進士亦宿於吾宿處。如此則可以早行，亦便於借騾云矣。’”固知此事或不至落落，而亦不料其快許如此，此則似是詹胡之力也。然慮有横議，姑不宣洩，而一行似皆知之也。分付善興潛理行裝，用藿葉浸醬而曬之，爲代羹也。用一兩正銀换錢，爲盤纏之用也。正銀二兩爲備不時之用也。扇子、紙束、烟竹、火鐵、鞘刀各若干，爲面皮之用也。大米六升，爲飯資也。銅鍋一口，爲烹飲食也。燒酒三四盞、脯若干條、藥果若干立，爲療飢也。飯饌則筒中炒醬與石魚數箇，蒸昆布數條而已。詹胡要得扇子，而乏盡，不得與，以白紙一束與之。以朱烟竹一箇與麻貝奴將車者。又以海蔘一斤、厚白紙一束送于麻貝，車直也，固辭不受，詹胡再三勸留，方許。

【校勘】

［1］在：底本脱，今據館本補。

主胡姓周，年八十，㺚子也。其子請來識字人，書示曰："妻有乾血勞，求藥。"余招金德三診脉，書當歸、破疼湯、方文與之。求紫金丁，亦與之。炕曲而長，主胡宿一頭，狗亦上炕卧，從者驅出，主胡頗不悦。是夜，風亦不止。自小黑山至瀋陽二百八十里，本作四站而行，越則爲三站也。入來時程限急迫，不得不越，而歸時則不必越，且一行人皆困頓，馬亦[1]病蹇，棄置落後者相續，而書狀出越站之議，勢如下坂之輪，不可復住。余則既有千山之計，未及瀋陽先竭人馬之力，深爲可悶，而亦不可發説，奈何？

【校勘】

［1］亦：底本脱，今據館本補。

初四日，辛巳。晴，曉，風始止，而日候暄暖。自白旗堡行，至黄旗堡朝飯，至孤家子宿。

曉，主胡嫌房錢之少，奪善興刀子，已而還給。昨日爲渠請醫命藥，又與紫金丁，而今如此，可痛。平明發行，至古城子。有村數十家，皆草屋，而屋制高大，皆廣圍土墻。自此以後至八站，屋制大抵同此也。過石獅子、蘆溝河、大黄旗堡，至小黄旗堡，入來時所入家朝飯。主人家大門楔上以狐狸鴟雉之屬，乾而縣之，從者欲取見，則主家女人呵止之，可怪也。

過新民站，至郭民屯，郭朝瑞出坐路傍，遂下馬見之，身長七尺，狀貌俊偉，髯長過胸[1]。南方人大抵尖薄，而此却不然，自非庸物也。年八十二，耳聾，不可通語。副使以紙束與之，朝瑞問上使無所贈耶云。朝瑞子垣在前村，伯氏停轎邀見，留申之淳問海賊事以來，副使亦令金應濾問之。至五道河，橋下水幾盡涸，驛卒言舊則此水深不可涉云，久旱可知也。至巨流河，水渾不見底，深不過馬腹，而泥陷難涉。使行皆以人夫過，余寄於載物之車，而坐處鞔厖，未免軒輊危甚。至周流河，河有兩舟，舟形如我國津船之制，而上皆鋪板，以車子推以上之。麻貝衙譯先到，指揮渡人。使行卸車岸上，待人馬盡渡後始[2]渡，以蒿試水，深處僅丈餘，水色濁而味清。時日已平西，臨河徘徊，沙邊極目，自然有感慨之思。

【校勘】

[1] 胸：底本作“脑”，館本作“胷”，即“胸”。今據館本及文意改。

[2] 始：底本作“時”，今據館本改。

至孤家子，申之淳、金應濾與郭垣來，伯氏使余問之。

余書曰："平康王今在何處？"答曰："聞已退去。"問："初在何處？今乃退去耶？"答曰："聞在海島，或向登萊，見彼有備，又來東北。昨聞退去，不知所之。"問曰："或言已就招安，此説有苗脉否？"答曰："招安是實。聞有一船被風飄去，至今未見蹤迹。昨歲臘月，京中差官來查過。"問："《四書異同條辨》所著人李沛霖是何處人？現今生存否？"答曰[1]："聞此人今已作故，南人。"問曰："這人或説是都梁人，都梁係是何處地方？"答曰："大梁。"問曰："近時文章道學爲世所推者幾人？"答曰："王礎生、吕晚村，浙江人，皆有《四書彙通解》行世[2]。癸丑年壯元韓菼，號元少，又有許元。"問曰："這韓許兩人文稿有行世者否？"答："有。"垣書曰："承命來此，傾蓋而談，但姓字未通，寒温未叙。老先生官居何職？識面之後，便通聞問。"答曰："大老爺姓金，現居閣老。賤姓亦金，名某，無官。"曰："貴國諸大人俱識愚父子，亦嘗道及否？"答曰："慣聞盛[3]名。"仍問曰："尊爺爺曾[4]在吴[5]王幕下[6]居何職？"答曰："初任刑部郎中，轉鴻臚正卿，三任大理正卿，轉通政使。"問曰："貴貫何處？"答曰："祖籍江西南昌府。聞係汾陽之裔，因家譜失散，遷移不常，故世係莫考。"問曰："吴王勇略如何？身材大小如何？髯鬚多少如何？必有庭聞，願聞一二。"答曰："魁偉俊材人也。自幼在戎馬行中，軍略超衆，髯鬚長大，乃貴人相也。"問曰："吴王舉兵後僭號云，然否？"答："稱大周，昭武年號。"問曰："何歲生？"答："亡時七十，今已三十五年。"仍書曰："所書之事，不合人見。"答曰："會得。"問曰："兄弟幾人？"答曰："四人，愚居長。"問曰："尊諱已聞過，賢季請各示其名。"答曰："二坤、三墉、四坊。"問曰："巨流河上舊城是誰築的？"答曰："本朝屯糧小城，清[7]太祖的。"其言多不的確，何也？海賊初云退去，後因吾問,却以爲招安是實。李霈霖初以爲南人,又[8]以爲大梁人,是籠通的説,以爲大梁者,其疎又甚矣。但其文筆不至短拙耳,乃以紙扇、筆墨、烟竹等物與而送之。

【校勘】

[1] 答曰:底本脱此二字,今據館本補。
[2] 世:底本作“歲”,今據文意改。
[3] 盛:館本作“姓”。
[4] 曾:底本脱,今據館本補。
[5] 吴:底本脱,今據館本補。
[6] 下:底本“下”字重出,今據館本删其一。
[7] 清:底本作“請”,據館本與文意改。
[8] 以爲南人,又:底本脱此五字,今據館本補。

見一行氣色,皆以吾行事爲妄舉,申崔兩人皆有勸止之言,使伯氏知群議如此,必不許行,以此欲待臨時告知,姑且默默而行,事涉權數,心亦不能安。至周流河店,有四五人設桌子路上,陳祭物,飯五器,蒸餅五器,菜五器,烹猪一,以刀插其上,方斟酒,未知其[1]何舉也。或曰禳疾,如我國俗[2]退疾之法也。途中遇一胡以鐵索繫頸而[3]行者,問[4]之,此人[5]乃是宦者,而坐太子事,定配於寧古塔,而其年纔十七歲云。

【校勘】

[1] 其:底本脱,今據館本補。
[2] 俗:馆本作“俗稱”。
[3] 而:底本脱,今據館本補。
[4] 者,問:底本脱此兩字,今據館本補。
[5] 此人:館本脱此二字,今據館本補。

初五日，壬午。晴，朝日氣頗冷。自孤家子行[1]，至大方身朝飯，至瀋陽夕飯，進紅花堡宿。

【校勘】

[1] 行：底本脱，據本書他處改。

平明發行，路中觀日出。是日又大風，沙塵晝晦。過神農店、邊城、磨刀橋，至大方身朝飯。伯氏書絶句示之曰："萬里同賓雁，惟宜莫少違。豈知臨鶴野，不肯一行歸。"蓋余行事已因申譯而聞之也。余即次曰："已涉萬里遠，何嗟數日違？聯翩渡鴨水，殊道竟同歸。"伯氏見詩，不復言。過雙家子、永安橋，由南邊捷路至願堂，從墻北而行。問其故，馬頭輩言此寺前例下馬，故避而行。或云此寺有汗伊畫像，故下馬，未知然否也。向晚風益大，人馬欲飛，塵沙眯眼，漢匈奴不相見者，非虚語也。

至土城外，三使臣皆下轎，騎馬而行。内城門外北邊有一佛寺，門前以簟爲牌樓。又於左右跨大路各起一樓，亦以簟爲之，皆五彩畫龍。其東數十步，又作戲屋於街上。使驛卒問之，以爲今月十八日乃皇帝生日，故各寺將設水陸祈福，牌樓戲屋皆爲此而設云。至察院，群胡持雜貨出入者視來時益多，一行皆若狂，不勝紛沓[1]。蓋北京所無之物皆到此買去故也。善興則爲余治行，亦未免奔忙，殊可笑也。伯氏所坐處，觀光胡人排門而入，腥臊逼人，從者不能禁。喇嘛僧一人亦入來，余目遇陽[2]捲其衣輒走，蓋下無所着故也。觀者皆笑，渠亦笑，仍褰而示之，膝以下則有所纏，如我國行纏之制，其上皆赤脱也。

【校勘】

［1］沓：底本作"畓"，"沓"之誤字，今據館文、鉛本改。

［2］陽：底本作"両"，即"兩"字，今據館本改。遇陽，人名也。

欲喫夕飯出城，而是日夕飯特晚，詹胡亦無形影。柳鳳山、金德三兩人勸止不已，令人心亂。俄而詹胡入來，言其主到此聞其女死，"已往三十里之地，將一應事務悉委於俺。此處粮饌、柴草等物，皆當受出，分給一行，而文書亦未及交付。今方往候於衙門，俺則明日巳時前勢難抽身。若欲同行，老爺可於今日宿此，明日待門開先行，俺當追及於遼東，此外無他策矣"。善興謂詹胡曰："是何言耶？明日發行，一百三十里何可得達乎？"詹胡曰："形勢如此，吾亦奈何？"余曰："汝雖追來，吾行不可不趁今日出城，但以騾子相借。"詹胡曰："騾事吾亦知之，而吾老爺不曾以此言于俺，今不可任意許借云。"前所準擬者到此舉落空，與善興相視愕然。伯氏既持難於此行，而行中一二人承望風者[1]，必欲沮泥者有之。若使此輩知詹胡不得同行，則行事决不成，故姑不發説，潛使善興雇得金商騾子着鞍，裹飯二器，并行具入袋[2]連，加于驛馬，須臾告皆辦。貴同、元建以不能步，皆留之。咨文馬頭毛疾年少步健，方爲引路，故以元建换出，亦善興策也。書狀聞余行，出立庭中，要余話，亦以不必往之意縷縷爲言，然猶不知詹胡之未偕也。

【校勘】

［1］者：底本作"旨"，今據館本改。

［2］袋：館本作"大"。

既飯，日已落，風勢少止，仍有雨意。一行皆言可停行，余意亦少沮，欲待明早出城，善興曰："行具已辦，不行則已，苟欲行，不可不趁今日抽身。雖一夜之間，事有不可知者矣。"遂力贊之，余意乃决。辭伯氏，伯氏不言，示悶慮之色。乍見書狀，出館門，柳鳳山、金德三、昌曄皆有憂念之色，曰："好往來。"余謂諸人曰："新遼東以前乃一路也。沿路店房左邊第三家壁上當書過去日時，君輩須尋見也。"又謂柳鳳山、昌曄曰："吾行若不及於狼山，則當及於甜水站。萬一不及於此，幸留刷馬軍一人，以喇叭一隻、飯一器待之。"言已，遂行出城。如鳥脱籠，其快[1]可知。元建、貴同至城外落歸，於是與善興、毛疾、業立三人，騾馬各一匹，同走出城。時日落已久，出土城外，不辨遠人，道無行者。

【校勘】

［1］快：館本作"狀"。

行數里，有一胡自路左廟堂中出來，呼我人，使善興往問之，乃欄頭奴將車者，待商賈問其消息云。逢一胡驅車在前而行，問渾河深淺及橋存[1]否，其胡言："淺處不過馬腹，可涉，而橋亦尚在云。"問其所住，在渾河南數里許村舍云。同行未幾，投南邊路而去。至渾河，果有橋[2]，遂渡。至紅花堡，夜色可初更矣。店舍皆閉門，立馬路上，分遣善興、毛疾擇潔淨房子。良久，入東邊一家，陋甚。窗紙皆穿，店主捲破衣塞之。炕上所鋪簟亦皆破，不堪卧。寢具既不持來，毛浮亦忘之，其倉卒之狀，可知也。只得和衣而卧，幸羊裘在身，不覺其寒。入騾馬于屋後，主胡給草料。房錢每人討六十文，并水價計之，幾爲三百餘文，即計給。俄而有四五胡人到門外叫開聲甚急，余戒從者毋開。主胡出來，與在外者相語，已而[3]去。主胡在内炕，而達夜燃燈，吾輩所處屋中亦燃燈。睡已難着，而夜深後業立就主胡喫南草，仍與主胡酬酢。業立本不解漢語而强聒不已，善興屢加禁止而不即止，可痛。夜中起，出屋後小便。看天色，雲陰皆解駁，星河燦然，喜不可言。

【校勘】

［1］存：館本作“在”。

［2］亦尚在……果有橋：底本脱此三十四字，今據館本補。

［3］已而：底本作“而已”，今據館本改。

初六日，癸未。晴風，自紅花堡行，至沙河堡點心，至爛泥鋪喫烹飯，至遼陽永安寺宿。

曉起，善興煮飯以進。自此水味勝，烹亦善，此日始知飯味。行十餘里乃明。至沙河堡，自宿處至此四十里也。路[1]西邊有新造店房，遂繫馬入坐。窗檻明淨，凳桌整齊，新煮猪肉置几上，釜中方壓麪而煮之。客無先至者，店中閑靜，尤可喜也。使從者買餅麪肉，隨意飽喫，余只喫粉湯一甫兒。湯汁清淡，似是煮猪水而味甚佳，亦能使腹中平安。店門相對家有新壁，遂就其處書之曰：“初六日辰時，四人二馬過去。”其家主出見，謂之曰：“何不書年月？”余笑而不應，其人固請書之。不咎其污壁，而反請加書年月，亦意外事也。

【校勘】

［1］路：底本脱，今據館本補。

到十里堡，歇馬路傍，覓水啜糜，題壁如前。又行，所過村店多問行次消息，蓋爲買賣等待者也，間有問何以獨行。

是日雖風，晚來天氣頗暄，野有春意。東邊青山漸近。善興告以遼陽塔已見，歸興益浩然。至爛泥堡，余烹飯而喫，從者買麪療飢。驛馬飼粥，騾[1]不給水草。此家即來時所入家也，店人皆相識。有一老人，余問千山去此多少路，其人書曰："一百一十五里。"而自此至遼東則三十五里，以此言計之，千山距遼東爲八十里也，較於前所聞益遠。余問曰："老人何以知千山遠近？"曰："俺少時以雇車爲業，故熟諳其路也。"曰："然則自千山至甜水站多少路？"答曰："七十里。"出藥果少許與老者。以曉來所作五律一篇書付店[2]人，待行次傳之。遂行，過太子河，有一胡騎馬自遼陽城中出來，遇我行，問行次消息，蓋欲買米於灣裨者也。言行次以明日當到，遂回轡，與吾同行[3]入城。千山遠近亦能言之。

【校勘】

［1］騾：底本脱，今據館本補。

［2］店：底本作"站"，今據館本及上文改。

［3］同行：館本作"行同"。

至遼陽城，日正申矣。從北門入去，望南邊遠山中，有青翠秀峰出天際。來時在狼子山途中亦見此山，意是千山也。度其遠近，不過五十里，以日力則可至，而從者皆疲，遂向永安寺。迷路於闤闠，久乃尋至，直造藏經閣。一沙彌在窗間見余至，跳出階下，迎笑曰："來也來也。"仍要入内炕，老僧方晝寢，沙彌叫起。僧開眼視之，亦躍然而起，待之甚款曲。人馬即皆區處，優給其食。余問來時路上所遇僧，則皆出去。余遂謂[1]老僧曰："俺明日自此欲往千山，可有同去者否？前冬到此，曾以此事相告，想亦記[2]得矣。"老僧曰："寺中適有事，諸僧皆出，無人可行矣。"余遂往見崇慧于西廊，揭帷而入。崇慧方憑[3]几寫字，見余至即撤去，延坐，亦有喜色。余索紙書曰："前冬過此相見，可記得否？"僧曰："如何不記？"余問曰[4]："所寫何文？"僧曰："今月十八日乃皇上生日也，天下寺刹皆爲七晝夜功德祈福，自[5]今月十四直至二十日方止。此寺亦依他處爲之。所書乃其時所用疏文也。"余曰："然則不妨仍書。"僧曰："不必。"遂出茶果以待之。

【校勘】

［1］謂：底本作"請"，今據館本改。

［2］記：底本作"可"，今據館本改。

［3］憑：館本作"據"。

［4］曰：底本脱，今據館本補。

［5］自：底本脱，今據館本補。

坐有一胡能爲我國語。問之，乃鳳城人。待此胡去，余問曰："不瞞師父説，俺自此欲往千山，而不知其路。寺中可有持引者？當厚謝，以此來議。"僧曰："老爺來得不湊巧，寺僧以十八日佛事，皆奔忙，没工夫，恐難得人。"又曰："老爺既欲遊山，老僧宜同往，而奈身上有病，勢難隨往，奈何？"余曰："不敢屈老師。若難到頭同往者，只要出城門五六里地，指示去路亦可矣。"僧曰："這却容易，當爲周旋。"余問曰："禪師[1]曾遊千山否？"曰："曾見過。"問曰："山中共有幾座寺？"曰："六寺。"問："要見這六寺，費幾日工夫[2]？"曰："費三四日。"已而一僧來到炕前，崇慧與此僧問了數句語，謂余曰："此僧有脚力，且知路，要同去。"余曰："多感老師周旋，但俺所騎騾快，不可步趕，欲以雇騎之價相送。"僧曰："這箇自有道理，不煩老爺費念。"仍問曰："老爺要見千山，可有幾日功夫?”余答曰:“行色甚忙,要趁再明至狼子山,其入山多不過一晝夜矣。”僧曰:“然則不過看得三兩寺矣。”仍與其僧自相問答,所説雖不可曉,而似議入山之路也。遂謂余曰:“老爺明日至龍泉寺宿,再明日到大安寺[3]。”余出所齎療飢之物喫之,其中有蒸昆布,遂取一條與小沙彌。沙彌即受而喫之,崇慧峻責不已,沙彌面紅不敢對。余揣其意,似責其不辨葷素率爾入口也。遂更以數條與崇慧,對曰:“貧道持戒甚嚴。”余笑曰:“此乃海菜也,若是葷血之屬,何敢累清律?”於是僧收[4]之。

【校勘】

[1] 禪師:館本作“老師”。

[2] 工夫:館本作“功夫”。

[3] 大安寺:底本、鉛本作“天安寺”,今據庫本及下文改。千山大安寺在今遼寧省鞍山市。

[4] 收:館本作“受”。

遂回至藏經閣,崇慧目送至閣而歸。余喫烹飯,招明日同行僧與别扇一把,又以壯紙一束、筆墨各一送崇慧。俄而崇慧使其侍者送閩薑橘餅各一封,遂以一火鐵賞其人。夜出西邊角門外淨手,復到崇慧房。僧方病困卧床上,見余至,遂起坐。余曰:“適蒙賜珍果,感謝。”崇慧曰:“僧見老爺猶如故舊,思憶多時,無有可獻之物,只的遮羞而已。”余曰:“我以外國之人得遇老師于此,若非前緣,豈有此事?只緣行忙,未克從容請教,不勝悵恨,所以再來告辭。”崇慧曰:“人有内外,佛性一等,豈有異哉?”余問曰:“駐蹕山在何處?”崇慧曰:“就是手[1]山。”問:“去此幾里?”答曰:“十五里。西南出城望見。”余問曰:“這山是唐太宗駐蹕處否?”崇慧書曰:"唐太宗鞍山下馬,駐蹕山按一把[2]古人説的。"崇慧使小沙彌進茶,其味似酪茶。余問:"何物?"對曰:"芝麻。"余使小沙彌念經,已,余亦以我音念一遍。夜深遂辭歸,僧出庭相送。此處人送人必就前執手,致其殷勤之意,而此僧則不爲此態矣。歸藏經閣,湛元在内炕,已[3]掩門而睡。余遂宿外炕,與一老僧聯枕,善興諸人宿東廊。

【校勘】

[1] 手山:各本皆同。《遼史》即作"手山",曰"山巔平石之上有掌指之狀"。後改稱"首山",沿用至今,在今遼寧省遼陽市遼陽縣境内。如朴趾源《熱河日記·廣祐寺記》載:"塔南有古刹曰廣祐寺,滿洲秀才云漢時所創,而唐太宗伐遼時駐蹕首山,使鄂公尉遲敬德重修。"又《熱河日記·山川記略》曰:"駐蹕山在遼陽西南,初名首山,唐太宗征高句麗時駐蹕於上數日,勒石紀功,改爲駐蹕山。"金景善《燕轅直指》亦作"首山"。

[2] 一把:各本同,然語義不通,疑爲"一般"之誤。

[3] 已:底本作"而",今據館本改。

千山諸寺

初七日,甲申。陰,晚微雨。自永安寺行,至千山下朝飯,至龍泉寺宿。

曉起,善興得菉豆,同米煮爲粥進之,味勝於飯。湛元卧内炕未起,以白紙一束、烟竹一枝、南草二封留之而行。到崇慧房前，引路僧已鞴驢而待矣。以小囊齎粮掛于鞍，又以一張疊摺小紙藏于帽[1]，此則意是崇慧抵千山之書也。出南門時昧爽，僧策驢在前，其疾如飛，騾不能及也。過三里莊，有村數十家。至八里莊，村落頗盛。月沙記中“自八里站迤南行”者即此也，遂憩路側，飲騾子于井。仍問路，直南行[2]。途遇一胡跨無鞍馬，一路作行，自言家住千山東十餘里地。仍傳先來消息曰：“前月二十九日，貴國人五人[3]到俺家秣馬，用燒酒一瓶、鷄卵八箇、小米二升，留紙束、火鐵而去云。”行十餘里，其人向他路馳去。於是東南行，踰一土岡，途傍有耕者，以兩牛並駕，農器之制亦與我國彷彿。自此以往，耕法皆同，豈高麗舊俗猶存耶？引路僧謂從者曰：“勿問路。”仍疾馳而過。過後，僧曰：“耕者乃地方官奴也。使勿問者，慮被盤詰也。”以此見之，則非不知我行之冒禁而爲之導，其意尤難得。

【校勘】

［1］帽：館本“帽”下有“中”字。

［2］行：底本作“方”，今據館本改。

［3］人：底本脱，今據館本補。

自過土岡，行谷中，谷盡而轉一隅，爲平川廣疇，自此向東行。望中山氣重重隱見，若雲霞興蔚。僧曰：“此千山也。俗傳此山共有九百九十九峰，山之得名蓋以此云。”從者皆喜曰：“今日得見千山矣。”自遼陽至此約三十餘里矣。路左有一屋，立馬其門，使從者求水，仍問路。有腰鎌者出來，言此去祖越寺可二十里云。時天色陰晦，雨欲墜，山翠益濃，望之若近，神興飛往，却怪馬之遲也。又行七八里渡一溪，溪自東來[1]，蓋千山之水也。溪上有廟堂人家，自此十數里間皆清曠可居，景色與大路異。所過多藍田，其土肥亦可見矣。山下有一大路，此則東八站，雇車直出十三山之捷徑，先來亦從此而行云。截大路而南，及山趾，連逢耕者，問路而前。始入一谷，路有往來之轍，而夾路皆梨樹，樹下往往累石培其根。然深入四五里不見人居，又不似寺觀所在。余疑而屢住，僧曰："第隨來。"從者皆咎誤入，僧辨其不然，至於頸赤，而莫曉其語，彼此俱極泄泄，可歎亦可笑。已而山漸峻而路漸窄，樹交藤密，殆不可行。僧乃捨驢，直攀崖而上，余亦下騾而立，使善興謂曰："今日所訪者乃祖越寺，而路險如此，似誤入也。"僧曰："既要遊山，何憚險乎？"善興曰："就令前有可觀處，我老爺決不可往，不如還。"僧聞言遂止。此蓋山之西，而上嶺已至三分之二，還循來路，其遠幾六七里，出入登降之間，日亦晏矣。東踰一山麓，洞府寬曠，即山之北也。三四峰特立奇秀，意或寺觀在其下，遂入焉。山下多廢趾，梨樹之多亦如前。入一二里，有驚雉決起馬前，角角飛去。已而路窮，乃還出。引路僧到此，却不免隨吾進退，可笑。從者皆告餒，余亦倦，欲就飯于人家，而村落皆在數里外。遂下馬坐草間，出所持燒酒、藥果、脯肉等物分喫療飢。

【校勘】

［1］來：底本作"行"，今據館本改。

復出大路，益東行，逢驅車而來者問路。行數十里得一村朝飯，村在山之東北隅。至此峰巒見者益多，草屋凡六七家。雖在路傍，境落幽靜，如深山中。主人亦淳厚，見我人無驚怪意。以其妻女移外炕，坐余于內炕。人馬所食田米大豆隨求皆給，不言其價。其女言今月初一日在其舅家見高麗人過去。問其舅家所在，則去此十餘里云，與向者所聞相符矣。有年少鄰女三人入來，衣服皆鮮潔，坐外炕，與主女相語，已而借孩兒所懸器而去。主女求針子於從者，得之，有喜色，可知其城市之遠也。從者炊粟飯而喫，余喫[1]烹飯，以白紙一束與主人。

【校勘】

［1］余喫：底本脱此二字，今據館本補。

自村迤南行數里入山口，循溪西折，望見石塔出林表。凡行五六里至祖越寺。寺處地頗高，前皆累石爲砌，高數丈。仰眺群峰，俯臨溪水，自是好伽藍，而荒廢無門墻，只有兩殿及左右僧寮。始至，闃然若無人，遂坐佛殿簷下。少頃，有一僧出見，余書問此殿何名，曰雪山殿。問："何以破壞至此?"答曰："年久無人修。"月沙所記佛殿後層樓及玉皇殿，蓋無存者，如寺門及佛殿所扁"人境别區""千峰拱翠"等書，今皆不可見矣。惟佛殿後大石壁所刻"含澤宣氣"四字及"獨鎮群峰"四字皆宛然，畫大皆如股。僧言寺後有可觀，遂踏石磴而上，即寺之東岡也。於是，善興持驛馬先往龍泉寺治夕飯，業立守騾，惟毛疾從焉。岡南出數十步，陡絶，下臨深[1]壑，上平如臺，有石塔峙焉，即谷口所望者也。一塔在溪南，與此塔正相對爾，又有一大石如鼓，刻"太極石"三字。月沙以爲此石在玉皇殿傍，與今所見相左。又"含澤宣氣"所刻石壁不過數丈，而謂之萬仞。此恐追記，故未免誤也。循岡脊益上，斲巖爲逕，間有險峻處，而險必[2]有松有石可蔭而坐。回望前峰，愈上愈奇，以此不知甚勞。

【校勘】

［1］深：底本脱，今據館本補。

［2］必：館本作"亦"。

行百餘步，有巖西出，僧引至其上，指曰："此即玉皇殿故址也。"到此直俯臨寺甍，其高可知，而平處不能踰尋丈，直一陡壁耳，不知於此何以着屋也？又上數百步，立小碑，到此地稍平展。稍上有屋三間，道士數人居之。庭除疎潔無塵，前有一帶短墻，亦不設門墻，下有數叢枯[1]菊。道士一人，年少解文，見余甚喜，延坐室中，煎茶連勸。又出各樣糖果，待之甚款曲。見龕中有小金像，余書問曰："此是道觀，何以供佛？"其人對曰："燃燈道人，那不[2]是佛。"又北壁掛一影子，乃道士像，而眉目清古。桌上有圖書及數卷書，余書問曰："這是何人影子？"答[3]："先師祖之影。"問曰："這師祖[4]姓甚名誰？享壽幾歲？死於何年？"答曰："郭含真，享年四十三歲，卒[5]于康熙四十七年，五月初八日羽化。"余問："桌上印信是誰的？"答："道經師寶道號。"問："何處使用？"答："疏文。""此殿何名？"答："音喜閣，即名觀音閣。"音喜之云，似出於聞人足音跫然而喜，而又云"即觀音閣者"，不知其何義也。道士又書曰："家住廣東南海縣人氏，自少流落北方，故此出家，今已十年了。姓劉，道名清閑，字弘虛，年[6]二十五歲云。"余問曰："廣東去此[7]六千[8]里之遠，因何飄轉到此窮邊？"答曰："有花山賊難，隨父母逃難至此。父母俱已去世，因此出家。"余曰："聞來不覺惻然。不知這花[9]山賊是何賊？"答曰："賊名香花針。"問："這賊現今尚在否？"答："不知。"余問曰："俺今夜止宿龍泉，你隨來同榻穩話如何？"答："我如今此處管事，不能得離，有心留尊駕在此宿，奔將[10]不便。"答："我爲遊山來，期限甚促，勢難遲留，已將行李送龍泉，到彼歇了，明早便行，孤負盛意，可恨。”曰：“前生有緣，今生一遇，萬幸。”余曰：“你我所住相去萬里，今在此地邂逅，可知有宿緣，而所恨行忙不得從容也。”道士曰：“天已晚了，龍泉寺還有三里。”余遂以火鐵一介與之。

【校勘】

［1］枯：底本作“故”，今據館本改。

［2］不：館本作“介”。

［3］答：館本作“答曰”。

［4］問曰這師祖：底本脱此五字，今據館本補。

［5］卒：底本作“足”，館本、庫本亦同，今據文意改。

［6］年：館本作“今”。

［7］去此：底本作“此去”，今據館本改。

［8］千：底本作“十”，今據鉛本與館本改。

［9］花：底本作“山”，今據館本及上文改。

［10］將：館本作“特”。

道士引余由屋後上數十步，有羅漢洞，洞左又有小洞，設窗户，中設佛像。洞前有短碑在石上，即景泰七年丙午仲秋所立。而其文有曰唐之貞觀東征駐蹕于此云。望東峰頂上，有一小屋縹緲如畫中。余問曰：“此屋有人否？”清閒曰：“一道士居之。”余聞言悚然，欲往訪而日勢已暮，約朝日更來。清閒曰：“當具朝飯以待，願早臨。”余諾而行。復過祖越寺。寺前有石橋，橋南北有故砌。月沙所謂“延檻爲水閣”者，似是此處也。有數尺折碑，而文字不可見，爲之徘徊悵然。纔過橋遇六七人自龍泉寺下來，皆長者也。見余忻然，共相遮留。余爲少立，問虎狼谷遠近，答曰可七十里，遂舉手爲别。時微雨作，遂冒而行。涉一溪，折而北行，自此始捨溪矣。路右多浮屠,其中三坐圍墻設門,多植樹木。自山口至此,澗谷間森立者都是梨,更無他樹。六七里間無所[1]間斷,聞花時遍山如雪云。自過溪而[2]後,山勢却開豁,亦無樹木,但荒茅靡然而已。少前路有歧,右則龍泉之路,左者上西嶺。到此見之,則向來始入之路,與此只隔一嶺。方知引路僧不錯,而我輩却錯計,其枉走不下二十里也。

【校勘】

[1] 所:館本作"少"。

[2] 而:館本作"以"。

自路歧以後,左右奇嚴競出,疊嶂回合,寺在其間,至百步内亦不可見。路凡三轉,右折而入。兩巖間始有一虹門,扁曰敕建龍泉寺,傍書萬曆年號。入門數十步又有一重門,兩門之間,絶壁夾路,如甬道然。右壁間刻"嗽瓊"二字。過第二門始有平地,有屋五六間,皆廪舍。頗有車馬,乃燒香人持來者也。此上又有一層石砌,高數仞,佛殿僧寮皆在其上。善興已設席于東邊室,敞潔可喜。主僧精進盛設茶果以進,油粉所造果及各樣實果及橘餅閩薑之屬無不備。善興言始來入門,諸僧望見,競走來階下迎。問:"何來?"對以"遊山而來"。又問曰:"你獨自一介來?"對曰:"隨老爺來,老爺方在祖越寺,今且至。"諸僧聞言益喜曰:"我謂你不獨來,果然云。"開南窗而坐,烟雨溶濛中三四峰在望,興寄悠然。茶後觀佛殿,殿在三層階上,結構雖不雄傑,而莊嚴精麗。數十秀峰羅列于前,左岡環抱。自東至南爲内案,不高不低,而以石渾成,内外壁立,其上置小屋,曰羅漢殿。自佛殿[1]相去僅百餘步,風水極其緊固。殿西壁外題詩甚多,皆是近人所作。其中七律一首、五律一首稍可觀。七律曰:

“迹滯遼西忽復東,偶然憑眺意無窮。幽奇莫怪居龍尾,雄傑應教起沛風。寺在畫圖如□[2]勝,人遊詩句直凌空。此行共領林泉趣,不讓廬陵老醉翁。”五律曰:“巖壑聞爭勝,山陰有萬千。何圖遼海地,別具蔚藍天。龍卧藏丹壑,峰高壓淺泉。尋幽恣登眺,跌望興悠然。”下書:“康熙戊午八月,昆陵龔君書。”

【校勘】

[1] 自佛殿:底本脱此三字,今據館本補。

[2] □:底本此處一字漶漫不清,館本、庫本、鉛本皆旁注曰“缺”。

遂歸東寮,精進進夕飯。菜蔬五六碟,極精備,其中有炒菌,味最佳,問之則乃榆蕈云。有一僧自西寮來,年可三十餘,能解書字。余書問曰:“此山裏有瀑泉否?”曰:“此峰乃龍泉上邊,現有一介水泉冬夏不斷。”問:“此去多少路?”答:“只有一里。”又曰:“此寺有十六處山景,暫記不清。西[1]閣上有詩十六副,明早請上去一觀便明白,今日不必細問。”余問曰:“此山裏共有幾寺?”僧書曰:“龍泉寺、大安寺、祖越寺、中會寺、香元寺、雙峰寺、永清寺。”余問:“除了祖越、龍泉兩寺,這五寺内景致誰勝?”僧曰:“惟有香元、大安,其餘平常。”問:“自此至香元幾里? 至大安幾里?”僧曰:“從此處還出山口去,先到大安,有二十里。自大安至香元從西而嶺邊有十五里。”問:“這大安寺還是騎馬的?”答:“是的。”問:“自大安寺至虎狼谷可有多少路?”答:“六十里。”曰:“然則明日或早行看大安寺,可到虎狼谷否?”答:“山路甚遠,還到不去的。”問:“這大安寺有何景致?”答:“明月山,唐王箭射。唐帽山,御駕親臨。又仁貴庵,白袍將惜養瑞氣。英潞庵,雙鳳並立。正有許多奇景,一言難盡。”仍曰:“暫且念佛,明日再會。”

【校勘】

［1］西:底本作“四”,今據館本改。

雨止,與善興往觀藏經閣。閣在東岡高處,自東寮行百餘步,當路有一間空屋,過此而閣在焉。凡三楹而緣壁三面爲架,積佛書充棟,極其整齊。庭有一碑,都庠[1]清吾希夷汪東瀛撰,冲霄爲章甫宋文魁書,萬曆二十五年丁酉所立也。自經閣循脊而南,至羅漢殿,回望寺後,有小庵,又其後有巖如屏,壁立數十仞。時暝色初上[2],殿宇重重,燈燭熒煌。諸僧在殿上撞鐘念經,非世間景色。回至佛殿[3],坐階上復望前峰,久而歸。宿東寮,善興守馬,宿它屋。是日約行六十餘里。

【校勘】

［1］庠:底本作“痒”,今據館本改。

［2］上:館本作“生”。

［3］殿:底本作“前”,今據館本改。

初八日,乙酉。晴。自龍泉寺行,至大安寺中火,至黄嶺子宿。

曉乍風,殿鐸有聲,睡覺起,出房外。月已落,天色可五更,而上下佛殿尚有燈。四圍群峰陰陰,仰視天宇却清朗,星光錯落可摘,殊可喜也。呼起善興與馬蒭,還卧,少頃,呼燭起坐。作雲生書一紙,書曰:“全仗道力,遍踐靈境,寶筏登岸,不足喻喜。唯師大德,何以爲報?唯有東歸,瞻雲頂禮。癸巳三月初八日，海東人某。”以書與朗然歸傳，朗然即引路僧，是日始問其名。又書五絶一首與朗然曰：“無人指覺路，爾獨在吾前。共宿龍泉寺，應知有宿緣。”又次殿西壁上韻作二首，書贈精進。一詩曰：“踏遍山東北，來經路四千。風沙涉若海，烟雨到諸天。晚飯供榆蕈，新茶瀹石泉。何妨未通語，默坐更翛然。”一詩曰：“石扇啓初地，中藏界大千。龍潛峰有水，僧老洞爲天。壁色含春雨，松聲挾夜泉。明朝下蘿逕，回首但蒼然。”

有燒香人同炕宿，余問曰：“尊從何處來？”答曰：“三里莊上禮。”問：“貴姓。”答：“郭。”問：“此去蓋州多少路？”答：“二百二十里。”問：“海州？”答：“一百里。”以厚白紙一卷、别扇一把、烟竹一介與精進。余欲見大安寺，昨日問答僧要同往，以别扇、烟竹各一與之。精進又進茶果，而烹飯亦至，天始明矣。精進以橘餅十餘箇與善興，使置行橐。飯後乍入西寮，緇徒共十餘人方從殿上念經下來，儀表皆濟濟。遂就佛殿題兩律于壁外，並書歲[1]月姓名。

【校勘】

［1］歲：館本作“年”。

寺僧導至毘盧殿，殿即昨夕在彌勒殿望見小庵也。去寺半里許而夾路多梨樹，躡石梯，凡八十級上去。庭有老梨樹，連數抱不盡，枝柯扶疎，數百年物也。殿空無人，壁間掛一古僧影子。桌傍倚一木杖，景色幽古。庭東西各有一碑。西碑，隆慶五年所立，都司後學徐良卿撰。東碑，萬曆六年所立，題曰龍泉寺後小佛堂碑記，後學醒吾黄一芷撰。殿後大石壁渾然無罅，上刻“吐符應生”四字，畫大如柱。殿東又有一空屋，乃緇徒所處，而塵埃滿室，亦無人久矣。庵左十餘步有所謂龍泉,只窪然淺井,廣不能尋丈,而水亦涸。然稍下十餘步有數丈絶壁,水涓涓被其上,即龍泉之滲出者也。寺僧筧引入廚,能給一寺之用云。自毘盧殿轉至西閣,閣在寺西四五十步,與彌勒殿側對。地勢頗高,左右巖巒奇秀,到此更别,真所謂移步换形者也。有一石出谷中,當階挺立,如怪石然。形秀色潤,其高十餘丈,上生松,老而昂藏。雖善畫者描之,不可仿佛,造化亦巧矣。《一統志》所云龍泉寺"方丈前有大石如屏,松迸石叢出,奇秀可觀"者,恐指此而言也。閣凡三楹,而淨炕明窗,虚室生白,恨不能留宿數夜而去也。壁間題咏皆今人所作,而文理不通者居多矣。遂行[1],出外虹門始騎,精進送至門内相别。寺僧正悟騎馬與朗[2]然在前,正悟即昨日與扇竹者也。

【校勘】

[1] 遂行:底本作"行遂",今據館本改。

[2] 朗:底本作"浪",今據館本及上文改。

至祖越寺前,使兩僧先往洞門待之。余下馬披蓁莽,登南岡觀塔。其上稍平,可置屋,此似月沙所謂巡按[1]廳所在,而蕪没無其址矣。自此不復騎,遂步過祖越寺,不入,直至音喜閣。清閒在庭前,笑而迎請喫飯,余[2]辭以已喫。以一筆與之,遂同至羅漢洞。洞口依左壁爲室,一笏數僧同居,貌甚古。室右有數級石砌,砌上有小扉,啓而入,則乃呀然石屋[3]。左右有十八羅漢負壁列坐,大如十五歲兒,而形容意態宛如生活,曾所未見也。洞深可二丈,廣可丈餘,高視廣稍殺。頂與左右石理渾然如琢成。其北口巖形彎曲,如虹門狀,奇甚。凡洞皆依岸而成,此則不然,乃大石在岡脊上,洞穿成穴,穹然如屋。前後皆受風日,故其中明朗燥潔,不似他洞幽暗陰濕。登其上,皆層巖,可坐,尤可喜也。自石室少北,有絶壁側立,好松蔭映。循壁而行,鑿石爲磴者可數十步。既盡磴,望見東北間大巖壁立,上刻"振衣岡"三字。一字之大如張帷,真天下壯觀也。旁書"皇明隆慶四年某月書"九字,相去[4]數百步而悉了然可辨,獨月字上一字不分明矣。巖顛平,有石砌,古[5]屋址也。月沙記中"二佛庵踞其上"者,此也。測巖高可數十百仞,而刻書處去巖顛僅數丈。壁勢如甓,渾然無縫,在上在下攀緣皆絶,不知何以着手於此也。想來似從巖上垂綆而爲之,然何物好事者,施此捨身功德也。

【校勘】

[1] 按:底本作"安",今據館本及本書他處改。

[2] 余:館本作"予"。

[3] 屋:館本作"室"。

[4] 去:館本作"距"。

[5] 古:底本脱,今據館本補。

東越一壑,路旁有小井,深四五尺。自音喜閣至此幾數百步,而清閒言食此泉云。緣峰覓路而上,往往有古屋址,如石礎之屬在荆莽間。昔日庵刹之盛,可知[1]也。約行一里許有大巖對峙,狀如箭筈然。其缺處有石梯三十八級,級盡而有小虹門,望之如在半天。有一人手持一器從石梯下來。清閒遥謂曰:"客來。"其人還上去,余乃隨而上。虹門低僂而乃入,入而南折,又躡石梯十數級。其頂少平,有小屋二間,西爲炕,有烟火氣。東則道士坐其中,以金箍套頭髮,僅垂領,年可五十,而面正赤,目光曄然,無枯槁色。見余至,以小紙書示曰:"蓋蘇文殿坐在這裏。"蓋蘇文乃我國人，故恐余要知之也。要余入室，室方僅六尺，而高亦稱是，不可立。門低小，折腰乃入，與之對坐，兩膝相接矣。北壁供小金像，大僅三四寸，乃老君也。桌上有香爐、葫蘆之屬。余問曰："貴道號?"乃書"崑軒"二字。問朝夕所喫，答仙果。遂於桌下陶缸探出大棗十餘枚置吾前，余曰："此乃安期所喫也?"收置袖裏。室前有地，僅半丈許，繚以墻，其高可據，俯而視之，不見其下。但覺兩脚皆麻，立不得。眼前峰巒横張，視龍泉面勢益正，精彩倍加，箇箇特立，不相倚貼，奇秀無比。

【校勘】

［1］知：館本作"想"。

遂還下，余於路中問清閒曰："道士是何人? 在此獨居。"清閒曰："是吾師父，初在音喜閣，爲修鍊來住此屋。俺在彼往來照管，所以不得遠去。"其屋名無梁觀云。峰下左右巖石間栽梨，以土培其根，大小不一，而抽枝[1]無不條暢，似皆經接者。其多可敵閭山之桃，聞其實特佳，自瀋陽歲有所進貢北京云。還到井邊，清閒意欲送至山下，余曰："不須遠送，就此告别。"清閒依依不捨。余乃從谷中覔路直下，清閒舉手曰："好去也，不復[2]見了。"余不覺回顧悵然。清閒爲樂易，與人有情，故相接不久而最難忘也。

【校勘】

［1］枝：底本作"持"，今據館本、鉛本改。

［2］復：底本作"須"，今據館本及文意改。

至谷口，兩僧立馬待之。於是朗然自歸遼陽城，以一烟竹與之，遂同正悟取大路向東南而行。有一溪自西邊谷中來,水頗清駛,入山後始見也。正悟言緣溪而入,可至香嚴寺云。香嚴似是香元,蓋以元與嚴通用也。望見山谷呀然而高處,雲木相參,峰巒攢簇。想寺亦幽勝而忙未及尋,但延眺寄意而已。自龍泉至此可八九里,自此至香嚴不過四五里遠近也。過溪行七八里,却捨大路,迤入西南谷中。樹木多,石路峻急,僅可通馬。凡行數里路北折,從山腰而轉。地勢已高,群山皆在脚底,而路却坦易。有奇巖三四[1],離立路右,高可十餘丈[2],色蒼形秀。上皆有松蔭映,自遠望之,已覺非常。正悟顧余曰:"貴國亦有如此石乎?"余漫應曰:"有之。"路過其下,仰見益奇。想來我國恐難得敵此者爾。過此有一間屋在路左,即土地廟也。

【校勘】

[1] 三四:底本作"四三",今據館本、庫本改。

[2] 十餘丈:館本作"數十丈餘"。

自土地廟約行百餘步,即爲大安寺。山門外十餘步有小巖當門特峙,瘦巧如怪石。上生小松,與石相稱,奇甚。外門是虹門,虹門内有石梯數十級,其上又有門。門内有一殿,即小[1]佛所供之所。其後有大殿,扁曰大雄殿,中有三尊金身,金碧輝耀,似是近來重修。然庭宇荒涼,廊廡及鐘鼓樓亦未備。由殿右躡石梯十餘級入一角門,又爲一層地。上有一小殿,即百佛殿也。殿内小佛多不可[2]數,大約是百也。百佛殿右有僧寮四五間,緇徒四五人居之。其中有一老僧能待客,進茶果。及此所裹飯已盡,遂以所齎米炊之,不成。寺僧爲從者别炊,差勝,喫少許。善興在祖越寺採羊蹄菜,到此以炒醬作羹,其味絶美,爲之一飽。寺極高,百里間山川盡在階下,而地却平展。東西數百步,無少傾跌,奇巖疊嶂，環繞三面，如張屏然。寺之後嶺即無梁觀所對之峰也。余問曰："唐主親臨古迹何在？"正悟書曰："唐天子在此地屯兵三年，此唐天子大殿，東邊白袍巖養病石，西邊敬德庵。"余問曰："這白袍是薛仁貴？"曰："是。"在路上望西峰，下凹處略有平地，四圍山岡，周遭如城。正悟指而有言，不可解聽。到此遂書曰："你剛纔在路上指山頂説的話，更仔細書示。"正悟曰："山門外小靈山，夏月浸水。金剛山，古人修行。"余曰："不是這説，在後頭七八里地路上所説，甚麽王的這話。"正悟始悟，乃書曰："你問路上説唐王的馬圈在嶺後，這邊過不去。"所謂馬圈者，養馬處也。這邊過不去者，自此不可往也。其小靈山似指立石而言也。余又問："人説蓋蘇文塑像在這裏，實麽？剛纔無梁觀道士如此説。"正悟曰："唐時蓋蘇文在此屯兵，他的影在鳳凰嶺，不在此處。"余書曰："這老師父法號、高壽？"老僧倩正悟書曰："法生，壽七十歲。"余又問正悟年及名，答："三十九歲，號正悟。"正悟又書問曰："請問大人官居何職？"答："無官。"已而余乃書曰："我對你實説，我祖先父兄皆爲宰相，余獨從幼多病，不治舉業，所以不得做官，今老了。"正悟曰："看破世俗能有多少？往往求仕亦不知多少？只要心懷實處可也，何必仕與不仕？"正悟爲人痴而多氣，面目亦無雅韻，而却能出此言，非全無見識者。信乎，人不可以貌相也。

【校勘】

［1］小：底本作"笑"，今據館本及下文改。

［2］可：館本作"過"。

飯後往登白袍石，石在寺之東岡。去寺百餘步有大巖，高四五丈，有縱罅可受趾，然落葉積其間，滑而易跌。使一僧試上下，然後余乃去上衣而上。善興勸止，而余竟登焉。望東北間，亂山如波浪。緣壁南出者又數十步亦頗危。壁盡有小平處，此即白袍庵址也。其東又有三四丈大巖，緣隙可登其頂，而疲倦乃已。此處不但巖石奇偉，石間多老松，尤難得也。以白紙一束、烟竹[1]一介、火鐵一箇與寺僧。遂看佛殿前庭碑，萬曆二十二[2]年甲午所立也。其記略曰："故老傳聞唐太宗貞觀十九[3]年伐高麗，駐蹕於山，命鄂國公尉遲敬德建造。"又曰："僧明月好施捨，萬曆十七年雲居此寺，見殿宇傾頹，搆大殿五間，前殿四間。始於萬曆庚寅，成於甲午。值北虜屢犯，邊塵數驚，及今大兵遠征倭寇，將士對敵臨鋒。釋子深爲可憫[4]，將本寺千日禪二次建水陸大會凡三晝夜，祝聖壽無疆之福，下利幽冥[5]，若類群生。郡人千峰月川佟奎所撰云。"一碑敕賜千山大安寺建立正佛禪堂續後碑記，萬曆二十七年仲夏建立。一碑記施主名曰"欽差中路協守遼東等處地方總兵官都督指揮使郎忠，欽差巡撫遼東等處地方兼理軍務粮餉都察院右副都御使楊鎬，原任遼東中路協守副總兵官都指揮使佟鶴年"，萬曆年壬子仲冬所立也。大雄殿東庭有一重修碑，即康熙癸未所立也。西庭有一碑，刻古人詩律九首。其中一詩曰："杖屨遊山澗，馳驅石磴間。入天千嶂合，回首片雲閒。喜結青蓮社，愁過黃柏灣。短衣來射虎，不夢玉門關。"稍不俗，下書"襄平高大恩"，未知何時人也。西庭南端有一短碑，字漫不可識，而其蓋題曰重修住持圓清碑記。觀碑已，乃行。寺僧只在庭前相別，不遠送。令一沙彌指路，正悟自此別歸。遂步過土地廟，乃騎在馬上東望，青山萬重，青會兩嶺似在眼中，而遠不可下也。過奇巖而西，路右有平地數畝，五六浮屠在其上。四圍皆老梨成林，似是古庵址也。

【校勘】

［1］竹：館本作“升”。

［2］二十二：館本作“二十”，誤。萬曆甲午爲二十二年。

［3］十九：館本作“九”，誤。

［4］憫：底本作“悶”，今據館本改。

［5］冥：底本作“寘”，即“冥”。

自此捨來路，從右邊路，轉山腰迤南行三四里，所過雜木密如簀，而楸木最多，椵亦間有之。杜鵑躑躅之屬絶不見，可異也。到嶺上下馬回望，有三峰高下並峙，矯若鳳翥，奇秀不可名。此乃寺之右臂也。正悟所謂“英潞觀雙鳳並峙”者，似指此峰而言也。仍步而下嶺，其遠幾一里許。寺僧指路者至此告歸，以一鞘刀與之。千山山脉自南來，向東抽三條，第一條爲此嶺，第二條爲大安寺後嶺，至香巖寺而止，第三條爲龍泉祖越後嶺。此兩條長不過七八里，而表裏皆重峰疊嶂。第一條最長而無峰巒，但迤邐起伏，東而北，北而西，凡數十里。第二、第三兩條在其環抱中，其狀如也字形。所謂手山，即其餘氣所結，爲也字向上梢畫也。遼陽城亦從此枝而分落下平野，可知其風水絶好。龍泉香巖之水，初皆東流。既出山口，却轉而西。蓋隨第三條而行故也。此山盤據之大，僅如三角，而高則不及焉。月沙謂“合三角道峰可敵此山”，斯論亦然。然以此山峰巒較之，三角如仁壽一峰，固無矣。若其鸞鳳翔翥、芙蓉秀出、亭亭秀媚之態，不但三角所無，雖金剛亦未易當也。又峰巒之外，奇巖傑壁，層現[1]疊出，往往如智巧者雕琢而成。如龍泉寺西閣前立石，大安寺右岡三峰，恐我國無可比者，但所不足者水耳。若以閭山比之，巖石色理兩山一樣，而此山益精緊有精神，且多樹木，巖石間皆有松蔚然，此尤勝也。余之遊初從西北，轉而東，又轉而南。山之内外，幾盡領略，所未見者只四寺，則雖謂遍踏可矣。但恨卒卒涉歷，無優遊玩賞之趣耳。

仍下嶺，可三里有一人騎驢在前，善興問路，其人回顧，便不答，疾馳去，莫曉其故。行三四里有一村四五家，其人下驢坐村前，意其在深山中忽逢異國人，驚懼而走，逢人家始歇也，可笑。遂從村人問路，虎狼谷去此可四十餘里云。村南有大山，蓋千山之後脉也。樹木極多，群峰峭拔蒼蒨，但不能如千山之明麗也。自此田野夷然，左右夾以上，或闊或狹。沿路間有村落，而一村不過四五家，皆是草屋，籬落蕭條，亦不見廟堂。路旁連有畊者，多停牛而看，或釋耒走來勸從者吸烟。此處人不曾見我國人，而殊無驚怪之意，乃反厚待如此，與始料大異也。惟過一村，有十餘歲女見我行過，驚匿稼堆中，可笑。自問路處約行二十里，有大川自南而來，是千山隨龍水也。水頗清廣，深處可泛舟。自此沿流北行，溪上時有村居。村前木橋隨水勢曲折架之，恰似畫中所見。路西有村負山，山多松，前有平疇數百畝，頗似我國村落，令人開眼。有一鮮衣女人乘車而來，遇余行，引車立田中，似避之也。過此路，蓋北行十數[1]里間更無人家，行人亦少。但隨車轍而行，然向北行已多，恐已過了狼山。頗懷惶惑，踟躕再三，有三胡馳馬而來。見其在後者年老，遂問之。答曰："狼子山、虎狼谷，去此皆二十里。"

【校勘】

[1] 數：館本作"餘"。

行未幾，有一大路自西而東，乃先來所過之路。兩路口有草店一家，無人[1]，於是始知非誤，顧從者而喜。遂下馬坐溪邊，出糜喫之。善興於大連中出各色麵果，其數夥然，蓋自永安寺至大安寺收貯者也。與業立、毛疾分喫後，以其餘還入大連曰："一行人見吾輩向千山視若往死地，當持此歸詑之。"蓋得意之言也。視日不至暮，遂疾驅，擬達狼山。善興指東北間一山曰："此似是狼子山云。"至一村前，有數人方毀屋。其中一人忽走來執馬鞍，始頗驚訝，而視其色却欣然。其人問："京中買賣[2]何如？"善興答曰："價高。"其人曰："俺舊以雇車爲生，自攔頭出，遂失業。今將撤家移住他處云。"辭色愀然。問攔頭訟勝負，却不知云。過此村，東踰一小峴，涉一溪。自此亂山回合，路益狹，而猶有往來之轍。逢一收馬而歸者，問狼子山，尚十餘里云。此處素多虎，日且落，遂入一村舍，向收馬者即家主也。其藩籬堅固，門庭廣闊，内有兩屋，在北者五間，在西者三間。西屋對面又有屋，牛馬所入處也。西屋置織機，有一男子方織布。余入其炕，隔壁有女人以績車引絲，入夜不止。善興又烹菉豆粥以進，味更佳。夜，主漢以鴨蛋、猪肉、野葫、鹽菜各一碟，設卓而進之。織布者斟燒酒來勸，不得已少喫。鴨蛋烹熟，而連殼細切，可異也。人馬糧食皆不受價，以别扇一柄、白紙五張、烟竹二介，傾儲而與之，亦固辭。强然後始受。主漢粗解文[3]字，余問其姓名，答曰："劉仲昇[4]。"問："父母有否？"曰："有。"問："兄弟幾人？"答曰："五兄三弟[5]。"問："都是同腹？"答："一父二母。"問年紀，答："二十七歲。"問："家裏牛馬幾介？"答："牛三十，驢八，馬十五[6]。"問："畜得許多頭口，何用？"答："雇車。"問："牛亦喂料否？"答："一日二升。馬拉車，一日三升。驢一日一升。這頭口一日所喂，通共二十餘斗。"問地名，答："黄嶺子云。"所過見溪中往往編黍幹爲筏,浮在水面,即村童輩乘以捕魚者云。是日約行八十餘里。

【校勘】

［1］無人:館本作“而無人”。

［2］買賣:館本作“賣買”。

［3］文:館本作“書”。

［4］昇:底本作“升”,今據館本及下文改。

［5］五兄三弟:館本作“哥哥五介,弟三介,與吾通共九介”。

［6］馬十五:館本作“馬十五匹”。

連山關·通遠堡·鳳凰城·義州

初九日,丙戌。晚陰乍雨,雨止而風。自黄嶺子行四十餘里,至甜水站朝飯,至連山關宿。

日出發行,數里與狼子山路相會,逢直山將坐車在前行,蓋書狀以馬蹢嶺而車獨來也。余行從後追躡,而直山以車響不能覺。令善興推其背驚之,直山驚得幾跌,轉頭見余,仍納拜,遂相與大笑。時朝旭始昇,群雉飛鳴遍山野。入山口十餘里間亦往往有人家,而不過數三草屋,蕭然耳。在馬上望見疊嶂間有數峰亦奇,此乃青嶺之南,而乍見旋隱,未能睹其全體,可恨。道逢兩胡,其一人即遼東北門外所遇者,言其家在黄嶺子,與劉仲昇鄰居云。遂一路作行,言劉仲昇祖先即朝鮮人云,始知昨日款待者亦以此也。凡行三十餘里過一嶺，即青石嶺之後脉，而路坦易，不可與石嶺之險同年語。其迂亦不過十餘里，而一行卜馱捨此不由，必越石嶺。雖此易見之利害，而昧其取舍如此，良可痛歎。

自嶺至甜水站十里而近。一塔在山邊，此乃來時在甜水站上望見者，到此始[1]覺眼明。塔下有草店數家，買酒食，望見朝飯處已設幕川邊。一行人馬方陸續而至[2]，貴同先到，望見吾行，迎拜馬首[3]，其喜可知。下馬未幾，行次亦至。柳鳳山、昌曄爲前陪，見余已來，滚下馬來相勞曰："今日相遇于此，若從天降，實爲萬幸，喜不可言。"既謁伯氏，見書狀，仍坐其幕。一行員譯、驛卒輩[4]皆來賀無事往返。書狀謂余曰："君誠難矣。"余笑而答曰："君不聞'有志者事竟成'乎？"書狀曰："吾行亦觀永壽寺。"仍述其勝，概曰："寺在太子河東岸，鑿巖搆二層樓，樓上有數百小金佛云。"申之淳言隨首譯往高天祿家，到太子河上流見水磨。其制如大車輪置水上，以石磨置其上，使上静下動，水激其輪磨自回轉。見其所磨皆木札也，蓋取屑造柄香云。申譯以其屑來示，嗅之，微有香，似是榆木之類也。兩嶺間溪水皆北流，蓋嶺脉自南來[5]故也。

【校勘】

[1] 始：館本作"倍"。

[2] 至：底本脱，今據館本補。

[3] 首：館本作"頭"。

[4] 輩：底本脱，今據館本補。

[5] 來：底本脱，今據館本補。

朝飯遂行。至嶺底，伯氏捨轎騎馬而行。澗谷間冰未盡釋，嶺上尚有雪，踰嶺至小廟少休。伯氏自此復乘轎。廟中無塑像，只有畫，而主壁者乃三眼，左右侍立[1]者皆具冠袍，不知是何神也。自廟行半里，始有小店。自此至連山關二十里，而山谷高深，更無人家，連山關水亦北流。察院疎冷，不堪經夜，出宿私寓。隔壁有兒啼，達夜不得睡。是日行八十餘里。在北京點一行人馬數外，入來馬多至十八匹，而並不問。到此書狀又點人馬，未免爲文具，而行中皆懷不悦，可笑而亦可駭也。連山關人心特惡，金德三所宿家有老兒爭房錢，至拔刀爲刎剄之狀云。

【校勘】

［1］立：館本作“坐”。

初十日，丁亥。朝陰風寒，夕雪作，終夜不止。自連山關行，至畓洞朝飯，至通遠堡宿。

昌曄、洪萬運去夜宿于越炕。朝，同入察院謁伯氏，兩人齊言夜來大爲主胡所困矣。余問其由，則曰：“主胡即與攔頭相訟之人也，以其訟之未决，歸咎於我國人曰：‘攔頭朝暮且落，而爾國人以萬金與攔頭行賂訟官，事之延拖皆是此銀之力。你[1]們何愛於攔頭，而乃爲此乎？使此銀之出在於瀋陽後，則此訟早已决矣。’吾輩答曰：‘我們在北京聞此訟攔頭已勝，而關東民狀頭論罪遠配云。今言未决，何耶？’其人曰：‘那裏有此事？吾邊狀頭姓名王三平，現在鳳城。這人年未三十而有知識膽量，是箇好漢。’且言：‘瀋陽訟官得賂之後，以攔頭不可罷奏于皇帝。皇帝疑之，不準其奏，更令六部科道議處云。’又曰：‘爾國人若一開口，攔頭之罷久矣。縱不能，然何以出銀助彼耶？吾輩雇車時只以隻論直，雖重二百斤，其價不過八九兩銀子。今攔頭一隻以百斤爲限，而每隻加捧數兩。我輩則入去卜物不曾討價，而攔頭則雖入去卜物皆計隻討價。且我輩雇車之外，凡於買賣無少干涉，而攔頭則關外大小買賣一並截住，使爾們之利盡歸於他。如此事，爾們亦豈不知？而不助我輩，反助攔頭，是何心腸云？'而屢屢爲言，辭氣憤慨云。"以此見之，首譯所傳果是搗謊之説也。

【校勘】

［1］你：館本作"爾"。

日出發行，路多泥濘。分水嶺西邊有兩家方新造。至畓洞，張幞川邊朝飯。書者孝石言畓洞通遠堡之間東邊山谷，有故城形址，相傳是草河口云。再昨到劉仲昇家，善興作菉豆粥，欲漉去其皮，求篩于主女。主女不解其語，以他器出示。善興見，輒言非。彼此俱極泄泄，善興乃脱其網巾作篩之狀，於是主女始覺，笑而入去，取篩與之。善興在路上與元建言此事，相絶倒。漢語以篩爲羅子，而善興未嘗知故也。

察院冷落，出宿教化民家，書狀入西邊房。化民妻年可六十餘，在對炕績絲。化民母與婦對坐學念佛。聽之，皆佛名也。問其年，八十云。初，化民與其妻同桌而飯。化民起，而又有一老胡入來，直上其炕。化民妻使小婢進飯，其胡吃而出去。問之，即其奴云，此乃胡風也。化民求清心元[1]，與一元，求[2]全鰒，與五介。房錢以白紙一束與之，其子嫌少，化民言："一夜之宿，何爭房錢多少？老爺初來此地，遍遊而歸還朝鮮。若道教某心事好，此爲大德云。"化民年六十四，爲人不庸劣，亦攔頭也。化民言從鳳城纔還，在彼聞義州府尹遞罷，而新府尹則畿邑守[3]令姓金者爲之，而素有賢明之稱云。

【校勘】

［1］元：館本作"丸"，下文"與一元"亦作"與一丸"。

［2］求：底本脱，今據館本補。

［3］守：底本脱，今據館本補。

路中頻[1]逢載物之車，問之，皆從開市以[2]來者，所載皆[3]昆布矣。自沓洞至通遠堡雖稱三十里，實不過二十五里耳，所過山頭有雪。

【校勘】

［1］頻：館本作"頗"。

［2］以：館本作"而"。

［3］皆：館本作"多"。

十一日，戊子。夜雪已數寸，而[1]朝猶不止，至巳時方霽，大風旋作。自通遠堡行，至八渡河朝飯，至松站宿。

【校勘】

［1］而：底本作"已"，今據館本改。

日出後發行。至八渡河北邊，入店舍朝飯。主胡賣雉多，皆預畜而待者也。渡甕北河，水僅至膝。驛卒輩言前此此水深至腹，未有如今年之淺云。此水向東流入中江，沓洞以下之水皆入于此云。至松店，察院冷落，不可處，遂入村家，與伯氏宿一炕。風徹夜大吹，首譯及上通事、行中掌務先往鳳城，蓋出柵城將以下例有賂遺之物故也。是日爲清明，此地人皆上塚。來時所宿主人要致元建、善興，饋以酒餅云。衙譯吴玉柱見余謂曰："見千山好乎？"曰："好。"曰：

"何不見清涼山,直出松站乎?"仍言遼東東邊有一老僧在山,今年爲一百三十歲云。使申之淳更問吴玉柱,書示曰:"千山東南鳳凰城西北有清涼山,重嶂疊巒,奇奇可觀。上頂有泉水,從這山直到鳳凰城有一百七十里多路。遼東河沿上東邊三十里地,有一座霽雲寺,寺裏有一和尚,年紀一百三十歲,面縐,指甲黄,頗識文字。"

十二日,己丑。晴,大風,日寒如冬。自松站行,到乾者浦朝飯,至鳳凰城宿。

平明發行。察院東有大川,水皆涸。驛卒言此水未嘗見枯涸如此,前冬無雪可知也。書狀在北京言:"此地少雨雪,必以無大山而然。以此[1]推之,暑月潦水亦必少於我國矣。"余謂:"今年適然,雨水多少未必係於山之有無。"則書狀終是已見。到此見之,余言似不誤也。未及麻姑嶺有捷路,來時由此。已知其險峻,故今從大路而行,所迂不過百餘步也。至乾者浦,擇向陽藏風處設幕朝飯。鳳山數峰出東南間,望之如見三角。自乾者浦至鳳城稱三十里,亦不過二十五里。未至鳳城三四里,溪水成大潭[2],可十餘畝,其色深碧。南岸有絶壁插水中,雜樹葱蒨其上,令人開眼。路傍墳墓皆加土,清明日所爲也。

【校勘】

[1] 此:底本脱,今據鉛本與館本補。

[2] 潭:館本作"澤"。

入夏姓人家,即來時副使所寓家也。主胡乃是攔頭,而頃年犯參禁,事連諸人。而此胡自當其罪,死于獄中,故諸人聚金恤其妻子云。其家極大,院落重重而有破落光景。

余因小便入西邊空屋，屋中有磨驢而無人自轉。見之可怪。主家小女年八九歲，來到外堂看我人。余以藥果盛小笥而與之，其兒受而去。又有五六歲小兒在中門前，見余，有懼色，呼之，不肯前。其女兒招之曰："不怕也。"遇陽托以推小笥，隨其兒入内，見之，女人在炕上者多，文二先妻亦在此家。要見我國人能爲漢語者，員譯數人入去，酬酢而來。文二先父名金，本以我國人被擄而來爲通官。臨死屬其子曰："我，朝鮮人也。鳳城近於朝鮮，我死必葬鳳城。"其子從其言，葬于此處。二先雖爲通官在北京，而其家眷尚在此，故常常往來云。

驛奴莫山之兄負債於主胡之奴。夜，厥胡執莫山，欲入告使行，驛卒輩拒而不納，遂致喧鬧，遂拿入莫山，將決棍，主胡之子乞免其罪，不聽[1]，打五度。主家女人盡出來，立在階上祈免不已，遂停之。義州色吏及刷馬領將華寶入來，華寶即先來出去時同往者也。聞灣尹果罷遞，而新尹李裕民以忠牧爲之，今日已辭朝云。通遠堡所聞之言略訛，而亦不至孟浪也。問先來軍官，則以初四日巳時渡江，其夜發去云矣。舊灣尹以燒酒、米醬、魚肉等物入送。主家客堂高大，而窗户無紙，冷落，不堪經夜。余移入西邊廊屋，方滅燭而卧，麻貝使其奴送一盤果子，胡桃、生銀杏、乾栗，各色麵果也。言初欲相請至家致敬，奈自瀋陽追來，冗撓不果，極以爲恨云。遂以柏子餅盛其器而還之。來人即詹胡之弟也，以一火鐵賞之。金應瀗言此處胡人求清心元者尤多。一胡云去年九月生小兒患急驚風，目直牙堅，嚼清心元灌之便甦，仍得痊可，抱其兒來示，稱其神效云。來時見市街佛寺前，以簟作牌樓，亦爲十八日祈福事也。

【校勘】

［1］喧閙……不聽：底本脱此二十字，今據館本、庫本補。

十三日，庚寅。陰，晚後雨作，少頃而止。自鳳凰城行，至柵門朝飯，至馬轉坡中火。夜渡江，至義州宿。

昧爽發行，轉過鳳凰山，仰見東南四五峰素華浮空，真如初日芙蓉再睹，愈覺清新。未至柵門四五里，由東邊小路而入，欲見古城也。路傍有草屋數家，一胡在門前指路，言深入有廟堂云。行二里許至谷口，亂石堆疊，水皆涸，東西皆有壞城，此即古之設門處也。度此深入其中，平曠可田，亦有屋址，四圍石峰環立，緣山脊爲城，皆石築也。有一山麓自西南落下，蜿蜒入平處，陡斷爲石臺。登其上，城中形勢一覽可盡，而西北奇峰尤多，皆路上未見者也。《一統志》所謂"鳳凰山在都司城東三百六十里，上有壘石古城，可容十萬衆，唐太宗征高麗嘗駐蹕於此"者是也。然見其制似是我國之築也。城[1]南邊有將臺尚存。聞北門外有三寺，蓋蘇文、薛仁貴塑像皆在其中。向者一胡所言廟堂即此也，行忙未及見。後聞譯輩言，自鳳城來者由北門而入，甚近云。

【校勘】

［1］城：底本脱，今據館本補。

還出谷口，到柵門，三行皆設幕坐川上。京書已到，伯氏拆書待余，聞家國俱幸無事。吾家書則乃二月十五日所發也，聞堂弟仲習喪室，極可驚惋。清學上通事金世泓聞其母訃，其子扶護出去，慘然也。舊灣尹入送將校問候伯氏，護行將官槍軍及駕轎馬皆來待柵門外，任善後亦入來云。朝飯已，城將出來，開柵出一行人馬，而不搜檢卜物，只計其馱而出，無少滯礙。麻貝奴詹二及將車者來到幕外告別，各與火鐵一箇，致謝而去。行次將發，余先行立門内，麻貝自城將所坐處來就余前，舉手爲别，使金萬喜通言曰："遠來苦勞，遊賞處不多，可恨云。"余答曰："數千里同行，凡事多蒙周全。曾求清心元而奈所齎乏盡，不得仰副，待歸本國有便即當奉寄。"金譯以此傳之，麻貝稱謝。

既出栅，人馬如飛。至湯站下馬看古城，過柳田、細浦，至温井，灣人已於此處刈草設網，以待止宿。而日勢尚早，遂前進，歷觀温井。井在路右百步許，甃以石，泉脉極大，旁皆沮洳。未至馬轉坡數里，設幕川邊，欲止宿。俄而雨作，一行將露屯沾濕，皆欲前進渡江。自此至義州可四十五里，而日已晚矣。遂促飯，三行一時發行。卜刷馬已有先發在前者，馬之疲頓者至此無不生氣，長鳴奮邁，似亦知故土之已近也。過馬轉坡，路緣絶岸，岸下溪水成平潭[1]數百步，深若不流，其清見石。來時則潭皆冰，雪積其上，故不知有此也。行十餘里，雨止而日亦没，至九連城曛黑。東望一點火光出杳茫中，善興謂是統軍亭也。將近三江，副使使申之淳送言于伯氏，請停宿，待明過江，再三往復。三行遂卸車路中，而帳幕落後，勢將經夜於轎内。吾輩則擬坐而待朝。下輩言此處無薪水，難過夜，乃稍進數里復卸車。義州官人頗越來，以爲中江及鴨綠江皆整船，府尹亦出待江邊，且在前亦有夜深後乃越江之時。書狀亦言到此中止，經夜轎内不但貽弊不少，亦損事體，雖犯夜不可不渡江。一行皆以書狀言爲是，遂過中江，至鴨綠江，一府官吏及前導、威儀、妓生皆來待船上，進茶啖，命停之。至府喫飯，鷄已鳴矣。是日行百四[2]十二里。柳田、細浦之間爲松鶻過脉，鳳栅之水過湯站來行入於中江，細浦以東之水南流入鴨綠下流。

【校勘】

［1］潭：館本作“澤”。

［2］四：底本脱，今據館本、庫本補。

十四日，辛卯。晴，朝大霧。留義州。

作家書付渡江狀啓便。朝，舊尹、書狀來謁伯氏，仍見余而去。食後，書狀送言邀余同往統軍亭，以余將以[1]明日陪伯氏同往辭之。夕，往見書狀，自統軍亭未及還，坐少時，乃至。舊尹亦來[2]會共話。府人金振翊、崔台輔、任柱國來見，見金世泓于下處，與先來偕往陪持是日還，言以初八日三更到城外，從門隙入送狀啓，翌日入城云。見心臺諺書，彦、信兩兒適往成陵，無書云。通引得之、檢同兩人自昨[3]又來待令。平安監司箕伯[4]俞集一，稱以出巡不爲來待，以書抵伯氏，諸裨以事體不可爲言。

【校勘】

［1］以：館本作“于”。

［2］來：底本作“來共”，“共”字衍，今據館本删。

［3］昨：館本作“昨日”。

［4］令平安監司箕伯：底本脱此七字，今據館本補。

十五日，壬辰。晴。留義州。

舊尹、書狀同來見，從伯氏往九龍亭，舊尹略設杯盤，先[1]已來待。投網亭下，得重唇餘項魚數十尾，大者尺餘。送將官妓生于沙邊馳馬拔旗。遂乘船流下，以妓樂載旁船并着而行。亭下絶壁直插江干，舟過其下，仰視益奇壯。泊北門外，登統軍亭。本府又進盤果，動妓樂，把酒望松鶻山，彼地往來有如一夢。夜月明，出步庭中。歸而老妓玉娘與隨廳妓兩人來坐。少時兩妓去,玉娘獨留説舊話,良久亦去。是日,元建、善興兩人先歸其家。

【校勘】

［1］略設杯盤,先已來待:底本"先"與"略"錯位,今據館本改。

良策·定州·安州·平壤·黄州·葱秀·金川·高陽

十六日,癸巳。晴。自義州行,到所串中火,至良策宿。

朝飯發行,日已高矣。到所串,車俊傑、任忠國追送至此而歸。自所串行五六里有大川,北岸高處有舊壇,基址宛然,古老傳言我太祖駐軍處,其川以回軍爲名云。乍登其上,數十里間川野紆回之勢,可盡觀。至良策聽流堂下,春水渙然,三塘皆滿。與去時景色大不同,而但巖間花意尚杳然,可恨。往見書狀。龍川妓洛浦仙年纔二十,歌與色俱擅名關西。去年從假御史往義州受訊杖於灣尹,幾死還生,而步猶蹣跚,以此累不得備於使客隨廳。余於是日特召見,使之歌,其聲清暢振梁。書狀避去不聽,可笑。鐵山妓月出光來謁。

夕,三使臣同登巖上,妓樂隨之。余疲倦卧于堂後小房,仍宿焉。通引爲人端正,問讀書否,對曰:"盡讀史略。"問其年,十五,姓名李斗三云。撥便見家書,二月二十七日所發也。任善後至此告别。昨日在義州,府尹來謁伯氏,乘轎至門,柳鳳山杖其隨陪。是日朝,又乘轎而來云。

十七日，甲午。晴。自良策行，至車輦館中火，至宣川宿。

日出朝飯，發行。至車輦館，月出光以其子萬春來見，撤床以與之。過清江橋，至宣川。訪金將軍祠宇，西浦金公並享，遂[1]謁歷。憩鄉校，入倚劍亭。與柳鳳山、昌曄同宿東房。撥便，見[2]信兒十三日書。府使張鵬翼罷去，李汝迪來代云。

【校勘】

［1］遂：館本、庫本皆作“遂同”。

［2］見：館本、庫本皆作“連見”。

十八日，乙未。晴，風。自宣川行，至雲興館中火，至定州宿。

朝見書狀。日出後朝飯，發行。至雲興館中火。至定州方見柳有青色。謁鳳鳴書院，即仙源先生與曾王考俎豆之所。蓋以仙源曾爲本州牧，曾王考潘行經此處故也。又有所謂新安祠宇，亦歷謁[1]。以本州別號是新安，故一邑士人爲建祠宇，以朱子畫像奉安云。主守洪以渡要相見，遂於大廳見之。隨廳妓有未笄者，貌頗端正，余執腕而戲之。問其名，駕鶴，年十六也。

【校勘】

［1］歷謁：館本作“訪歷”。

夜，駕鶴與兒妓楚玉劍舞，楚玉尤妙，其年十三云。劍舞，我輩兒時所未見，數十年來漸盛，今遍于八道。有妓邑皆具其服色，動樂必先呈此技[1]。如此少兒亦能爲此，殆世變也。是夜侍伯氏宿。壽河叔自嘉山來迎,嘉山莊人有建興作者三人來謁而歸。

【校勘】

［1］技:底本作"妓",今據文意改。

十九日,丙申。晴。自定州行,至納清亭中火,至嘉山宿。

朝飯,日高發行。至納清亭,亭下水清沙曠,岸有老柳六七樹,景色亦自佳。納清亦天使所名云。青龍寺僧人來謁。至嘉山,寧邊府使李鳳祥來謁伯氏,余於大廳相見,主守[1]趙儆在座。伯氏明日將向寧邊,李鳳祥辭而先歸。此處驛奴崔士元曾於癸丑以先君駕轎扶囑赴燕,其[2]子二英今行亦以伯氏駕轎扶囑入去,二英弟順伊及余亦一時同行,其事尤奇。伯氏在彼地召兩人問其父存否[3],至是來謁,遂饋酒。問癸丑行驛人[4],皆死,只有渠一人在云。見書狀。夕宿東别堂,只有一間,陋甚。夜,主守來見,隨廳妓夢業出來,閑話良久乃去。

【校勘】

［1］守:館本作"倅"。下文"守"大抵皆類此。

［2］其:底本脱,今據館本補。

［3］否:底本脱,今據館本補。

［4］人:館本作"卒"。

二十日,丁酉。晴,風。自嘉山行四十里,至博川朝飯,又行五十里至寧邊宿。

去夜呼茶母之聲不絶,又有鞭扑之聲。朝來問之,譯輩言此乃御醫之事，非渠輩所爲也。仍曰：“各邑畏御醫之威，至呼藥房書員爲書員進賜，良可笑也[1]。”余曰：“此事無怪。昨日余之莊人稱余謂進士大監。有進士大監，豈無書員進賜乎？”衆皆絶倒。

【校勘】

［1］也：底本無，今據館本補。

日出發行，渡大定江，至博川郡。僻在山中，而風水極佳。客舍前有柳數百株，夾路而植。邑之東有一山，石色蒼潤，其名卧龍山云。金斗南一鄉與其從兄世南所眄妓皆在此邑，招見饋床。主守金萬相病重不得出謁。以硯石二面、《自庵集》一册送余。自庵，己卯名賢金絿，主守即其後孫也。朝飯，發行十餘里，藥山已見。相去三十里而似甚近，以其高也。又行二十里，有大川自北而來。此水源於理山郡境，流入清川江者。水大如金川猪灘而有橋。寧邊鄉任率民夫護以過之。方伯使軍官林震標迎候山下，方在天柱寺待之云。至城門有樓，樓左跨水爲三虹門，上有屋。水出處遮以鐵網，若垂簾然。此舊城，而門樓與水門，李光漢所爲也。入城循溪而上，路平，無峻急處。五六里西折，又入一城，此即李光漢新築虹門，用鐵鑄。至天柱寺，少憩，登東臺。臺在城外，距[1]寺三里許。從暗門出[2]去，路峻不可騎。嶺勢北出數百步，斷爲千仞絶壁，此所謂藥山東臺，奇壯縹緲。數百里山川皆在眼中。

【校勘】

［1］距：館本作“去”。

［2］出：底本作“入”，今據館本改。

是日適雲曀，不能遠眺。而妙香山在東北，若隱可辨。方伯隨伯氏上來，本府進杯盤，使妓輩舞于巖上。風多不可久坐，酒數巡罷歸。寺東數十步有小亭在巖下，名倚弓亭，亦李光漢所構。巖刻“倚弓亭”三字，亦其筆也。亭傍有一碑，記築城始末，文是柳相尚運所撰，而立于甲午[1]年矣。夜，伯氏出坐寺樓，方伯設杯盤，亦有劍舞。是夜，宿東邊小房。

【校勘】

[1] 甲午：館本作“甲子”。

二十一日，戊戌。晴，晚後大風。自寧邊行五十里，至安州宿。

早食發行。觀鐵瓮舊城，自天柱寺西行數里，度兩門至焉。將臺有三間屋，鑄鐵爲柱。城上積松，明炬大如丘，以草覆之，以備緩急之用，皆李光漢所爲也。出大炮放之，以地高，其聲散，却不甚壯。還下新城，門内有一亭，本府又設杯盤以待，遂少憩。藥山一面固絶險，而南北兩門路皆易，舊城亦有闊大之病。李光漢曾爲府使，别築中城，樓櫓雉堞，焕然一新。自寺刹倉庾以至器械什物，靡所不備。其精神才智絶於人，可見矣。此地人悲其冤死，皆稱其官而不名，亦可見遺愛之深也。按《勝覽》，太宗十六年始築藥山城，周幾二十里，有東南水三門。世宗十八年合延州、撫州爲一邑，置節制營牙門，南有運籌樓云。仁祖二年甲子，李适以兵使反于此[1]，遂罷兵營，移安州。初适見虫蛀屋柱，其文曰“一人”，适以此謂己爲國中一人之兆，遂决叛計。适敗，解之者謂一人之人是入字，乃一入而不復出之意[2]也。今東軒柱上二字猶存。府治在新城東，館廨村閭亦盛，而未暇歷見。

【校勘】

［1］此：館本作“此處”。

［2］意：館本作“應”。

從南門出，渡一大川，踰一峻岡，岡名水峴，自府至此十五里。又行二十五里有一岡，名鵲峴。踰此則大野也。安州城在望中。至江邊，兵使、牧使、各邑守令設幕來待。渡江歷憩七佛寺，樓有元至正四年所鑄鐵鐘。登百祥樓。清川江柳林葉始生，望之若青烟。入安興館，義州新府尹李裕民來到，謁伯氏，與余相見大廳。夕，在西軒見兵使。書狀來見，平壤黃君順升亦來見。見兒輩書。夜，見灣尹于紫電樓。是夜宿西軒。

二十二日，己亥。晴，日候頗暖，午後風。自安州行，至肅川宿。

朝飯後，從伯氏登望京樓。樓在城東南隅，處地爽塏，面勢平正。江野閭井皆在俯臨中，其勢可與統軍亭甲乙，非百祥樓所比。兵使盛設杯盤，張妓樂，移時團欒。乃行至肅川，處蓮堂，柳葉已舒，池亦新浚，可喜。鄭宗之必東方赴任江界，到此相見。夕，見書狀于小雪堂，約與同會江界館。既歸，黃君順升來見，旋起去。夕往江界館，書狀先至，已大聚妓樂，相與盡歡，亦客中一場勝事。余先起。隨廳妓得禮善歌，伯氏聞江界欲見，送之。余歸蓮堂，招來聽歌，夜深遣歸。壽河叔隨來，至此落還。

二十三日，庚子。晴，晚後陰風。自肅川行[1]，至順安中火，至平壤宿。

【校勘】

［1］行：底本無，據本書他處改。

曉，得禮自上房出來傳伯氏舉動，仍留與閑話。既明，江界送人問，隨而自至，視得禮曰："何爲之耶？"得禮默而[1]無[2]答。余問江界曰："此何謂也？"江界曰："昨夜得禮此來時，與書狀同謂曰：'汝能侍寢金進士有賞，否有罪。'所以有此問也。"余笑答曰："雖是彼輩，以此事問之，其可告乎？誠欲知之，問於我。"江界曰："然則言之。"余曰："且不問如何，但給得禮面皮。"江界將信將疑，帖給三疋木。余又送言于書狀，亦令本官給食物，得禮拚然受之，可笑。

【校勘】

［1］而：底本脱，今據館本補。

［2］無：館本作"不"。

日高朝飯，發行。至順安，黃君順升同盧進士警來來見，本縣[1]士人朴振赫、朴昌采兩人來見，老妓終蟾亦來見。書狀使妓生送杜鵑花一枝曰："曾見此花乎？"余答曰："樹花雖妍，不如人花之可愛。"仍往見書狀。書狀曰："纔聞妓生所傳之言，問：'人花指誰耶？'妓曰：'指小人也。'可笑。"余笑曰："其氣魄可尚。"遂饋酒。善興來謁，仍隨至平壤，歷謁箕子墓，舊碑折於壬辰兵火，只餘其半附於新碑後，以鐵釘釘之。龍脉自卯來，翻身作午向，穴法殊怪異。丁字閣上有倪謙、龔用卿、姜希孟三天使詩。

【校勘】

［1］縣：館本作"官"。

從七星門入城中，杏花盛開，栽松亭榆葉亦皆生矣。伯氏入練光亭，余館于亭下，與庶尹黄君、甑山朴君、江西洪君在亭上相見。向夕有雨意，江中漁舟避風盡泊亭下。倚欄四望，暮色奇絶，遂得七絶兩首。仍思庚辰年過登此樓，趙定而自江西來，同宿，時十月望間，曉起，落月垂江，至今不能忘其奇。今來事景雖異，其興懷則殆無不同。歸下處，甑山、江西又來見。

二十四日，辛丑。雨。自平壤行，至中和宿。

飯後發行。乘舟至浮碧樓，時微雨，清流壁下，江柳一帶盡緑，景色如畫。妓輩登岸，競摘柳花啖之，云味似萵。余取而一嘗，乃笑謂曰："柳花，妓魄所化之物，宜爲汝輩食也。"桂寒梅對曰："曾聞進士未嘗近妓，今以妓魂所化之物入口，殊異所聞。"余笑曰："未嘗不愛妓，特未遇可意者耳。此花乃庸妓所化，故嚼而還吐矣。"桂寒梅曰："此柳在於嬋娟[1]洞近處，豈庸妓魂所化也？"嬋娟洞在城外數里，自古妓女所葬處，其言有才致。遂以問答之辭爲七律[2]。觀文武井、猉獜窟，皆在浮碧樓後。猉獜窟，東明王時有獜馬出于此，王乘以升天，文武井亦其時所鑿。皆盡堙塞，而石甃尚存，復沿流至栽松亭上岸。遂冒雨至中和，伯氏入生陽館，余宿鄉廳。夕，主守李夏禎來見，黄君順升至此别歸。

【校勘】

[1] 娟：館本作"妍"。

[2] 律：館本作"絶"。

二十五日，壬寅。晴。自中和行，至黄州中火，至鳳山宿。

日出朝飯，發行。至黄州，入齊安堂，監司吴命峻來謁。伯氏見主守于伺候廳，平安兵使尹慤、安岳郡守白時耉、金郊察訪韓在垕在座。先行登月波樓，伯氏亦追來。樓在東城上，長川廣野，不無眺望之勝。李友徵、夏季祥嘗比之於練光亭，可笑。樓下絶壁刻"黄岡赤壁"四字，字大如掌，天使朱之蕃書也。至洞仙嶺，杜鵑花遍山。權生徽家在路旁，從伯氏入見，待以杯盤。入待鳳軒，日已曛矣。余宿去[1]時所入之堂。田生世俊來見，權生追至，打話，夜深始別去。

【校勘】

［1］宿去：底本作"出"，今據館本改。

二十六日，癸卯。晴，天氣暄暖日暈。自鳳山行，至劍水站中火，至瑞興宿。

日出朝飯，發行，至劍水。文化守徐君夢良在伺候廳，往見，殷栗守申義集、長連守安廷瑞在座。過西山撥幕，有大川，上下有蒼壁澄潭。望之，似有異焉，忙未之見。未至瑞興八九里有所謂龍泉者，泉脉極壯，涌出平地，灌田數百畝，水性冷甚，飲輒腹痛云。登濠上亭，亭在縣治南，亭下水深，廣可舟，亭[1]號即曾王考所命云。入館見書狀，谷山府使尹廷舟、載寧郡守李君挺英在座。余宿鄉社堂，亦去時所入處。谷山、載寧皆來見。海州奴達伊、終達、斗三來謁。

【校勘】

［1］亭：底本脱，今據館本補。

二十七日，甲辰。晴。自瑞興行，至葱秀站中火，至平山宿。

日出朝飯，發行。鳳山權生至此别歸。至葱秀前山，杜鵑盛開。遂安守入謁伯氏而問曰："出待已久，今始至，何也?"聞者掩口。觀玉溜泉，登，吹手于[1]巖上吹太平簫。少坐，行。至平山。余於路中[2]馬蹶，落傷重，宿中軍廳。主守金君、延安守尹君世緯、谷山守尹廷舟皆來見。省行來言，彦、信兩兒以二十二日來觀朴淵，方在松都待之云。上候未寧，朝廷問安。伯氏初欲歷觀朴淵，聞此報乃止。

【校勘】

［1］手于：底本作"蕭"，今據館本改。

［2］路中：館本作"中路"。

二十八日，乙巳。雨終日。自平山行，至金川中火，至松都宿。

曉發行，至猪灘，遇雨，被油衣。入金川，聞海州判官俞仲剛移韓山，其代洪君九采來，而以公故不出待，代送鄉所。飯供涼薄，至我輩所食屢[1]督然後始出。曾在甲寅二月，先君自燕歸，中路聞國喪，倍程而來宿此處，當曉行，至日出不進盥水。此下人惡其守而故欲生事也，今日事與此彷佛。海州人心之惡，疇昔然矣。朝飯乃行，雨勢益滂沱。乍入舊金川酒幕秣馬。至松都，入太平館，始與彦、信兩兒相見。伯氏陪下人盡數來迎，他相識人亦多來，不能盡記。得城内私家，與兒輩同宿。

【校勘】

［1］屢：館本作"累"。

二十九日，丙午。微雨。自松都行，至長湍朝飯，至坡州宿。

平明發行，至長湍朝飯。至臨津，濟謙來迎。至坡州中火，伯氏與副使、書狀前進高陽，余以落傷處作痛落後。見書狀，牧使李君徵海在座。三行既發，余乃出宿私家，主守來見，以有同年誼也。彥信兩兒、昌遠亦落後，同宿。

三十日，丁未。晴。自坡州行，至高陽中火，入京。

曉蓐食，行六七里始明，至高陽客舍，韓碩昌來待矣。索官飯喫，行至新院，方時振來迎。至昌陵，奴輩來迎。至延曙，卑謙來迎。至弘濟院，使行入城已久。從彰義門路至佛巖，圃陰與養謙、致謙、厚謙坐溪上而待，仲平、閔監役聖源亦同在，遂下馬相見。偕行至遮日巖，雨後水石清壯，可賞，遂坐石上。李水使壽民與弟逸民、聖徵來見。東郊下人盡來謁，彥、信兩兒[1]朝飯碧蹄追至。至城外[2]，李生廷熚、廷熿，趙生明斗來迎。又下馬，班荊少坐，午飯亦自心臺至矣。直往伯氏宅，謁祠堂，夕始還家，拜家廟。

【校勘】

［1］兩兒：底本無，今據館本補。

［2］外：館本作"門"。

往返五朔，共一百四十六日。去來路程共六千二十八里，在燕京出入及在道迂行者，又六百七十三里，得詩四百二篇。

附　錄

《老稼齋燕行日記》中的疑難詞語彙釋

伴倘:宗親或高官等人的緊急護衛兵。

幫子:或作“房子”,即奴僕。

别遞兒:從司譯院選拔出來的赴京隨行譯官。

茶母:特殊場合負責招待茶酒等雜事的官婢。

茶啖:點心。

次知:指掌管各宫房(即大君、王子、公主等王室的住所)事務的人,也指掌管高官家事的人。

寸:表血緣關係遠近,如三寸(叔叔或舅舅)。

打角:又稱打角夫,使臣一行所有事物的監管人員。

袋連、大連:即搭褳,一種布制的長方形口袋,中間開口,兩頭各有一袋,可掛在肩上或扣在腰間。

多气:堅强無畏。

蹲柿:柿餅。

耳掩:皮毛做的、可防寒的帽子。

飯床:一套餐具。

甫兒:用以盛放泡菜、醃蘿蔔類食物的一種小碗。

甘冬、甘同:指醃漬而成的一種蝦(新糠蝦、紫蝦、鹵蝦)。

高同:又作“東告”,木、竹、海螺製成的管子,用以傳遞信號。

古者:又作“鼓子”,即宦官、閹人。

妓生:以唱歌、跳舞等助興事爲業的女性。

江丁、幹飣:也作羌飣、剛飣、强精等。用糯米粉、小麥粉、蜂蜜、麥芽糖、香油等爲主料製作而成的糖果類食品的總稱。

假面：面具。

軍牢：原指軍營和官衙内負責管理罪人的軍卒，燕行錄中常指護衛軍。

馬頭：管理驛馬的人以及使行的隨從人員。

前排：指走在使行隊伍前面的衛兵。

柔薄兒：漢語"肉包兒"的記音詞。

色吏：也稱"色官"，鄉吏的一種，承擔或者負責固定事務的下層官員。

時根菜：菠菜。

書者：驛站内從役的小官吏。

熟冷：鍋巴水。

唐根：胡蘿蔔。

土子：又稱"吐手"，即袖套。寒冷時手臂上戴的東西，類似於上衣袖子，一頭窄，一頭寬。

巫覡：男巫。

油芚：防潮用的厚油紙。

屯子：朝鮮語"둔자[tun/tsa]"的記音詞，指裘衣，多由貂皮做成。

月吾只：皮襪。

造獄：一種糯米麵甜油糕。原稱"造角"，"角"音變爲"嶽"。

紫金丁：治療産後疼痛的藥物。

頉：即朝鮮語"탈"，義爲"意外，變故"。"탈"原指儺戲中使用的假面具，儺戲與祛邪治病有關，人們便用該詞借指病痛、意外等不好的事情。

俗别字表

本表收錄原書所見的異體字、訛誤字，統稱爲“俗别字”。

條目按漢語拼音字母順序排列，同音字按筆畫多少排列。表格左列爲通行字形，右列爲原書的寫法。

【A】

哀	㐪
愛	㤅、爱
埃	埃
挨	挨
庵	菴
岸	岸、屵

【B】

罷	罷
茇	茇
拔	扳
跋	跋
擺	擺
拜	拜
般	般
邦	邦
幫	幇
榜	㮄、牓、膀
傍	㑂
寶	寶
報	報
暴	暴
杯	盃
備	俻、偹、俻
輩	輩
本	夲
鼻	鼻
筆	筆
鄙	鄙、鄙
碧	碧
閉	閇、闭、閇
弼	弼、弼

弊	獘、獘
斃	𢿁
壁	辟、壁
畢	畢
婢	婢
邊	邉、邉、邉、邉
變	变
遍	遍
别	别
禀	禀
賓	賔、賔
殯	殯
冰	氷
檳	梹、檳
餅	餅
并	幷
辯/辨	卞
瓣	瓣
撥	撥
剝	剥
博	愽
簸	簸
步	歩
簿	簿

【C】

纔	纔、纔
豺	豺
採	採
蠶	蚕
參	叅、叅
慘	憏
藏	蔵
曹	曺
漕	漕
槽	槽
草	艸
冊	丹
層	層
叉	乂
插	揷、押
鍤	鍤、鍤
察	詧
嬋	嬋
禪	禅
蟾	蟾
廛	廛
纏	纏
產	産
闡	闡

嘗	甞、甞
腸	膓
場	塲
敞	敝
廠	廠
癡	痴
沉	沈、沈
趁	趂
稱	穪、称、稱、稱、秌
乘	乗
遲	遟
飭	餙、飭
冲	沖
舂	舂、㫩
充	克、㐬
銃	銃、銃
蟲	虫、虫
崇	崈
寵	竉
醜	醜
酬	醻
仇	讎、讐
芻	蒭
廚	厨
除	除
楚	楚

礎	礎
處	䖏、處、處
傳	傳
椽	椽
船	舡、舩、船
窗	牕、窓、牕
床	牀
創	刱、刱
搥	搥
垂	垂
錘	鍤
瓷	甆
辭	辞、辭、辭、辭、辭、辭
此	此
從	従、從、從
叢	藂、叢
聰	聡
葱	蔥、蔥
匆	怱、怱
湊	凑
輳	輳
粗	麁、麤、麄
簇	簇、簇
猝	猝
挫	挫
剉	剉

【D】

答	荅
達	逹
㺚	獺
殆	殆
帶	带
袋	帒
戴	戴
單	単、单
擔	擔
膽	膽
憚	憚
殫	殚
啖	唆
淡	浚
但	但
蹈	蹈
盜	盗
稻	稲
得	淂
德	徳
登	登
等	䓁、等、朩
迪	廸
抵	抵

第	苐
遞	遆、逓
蒂	蔕
顛	顚
巔	巓
點	點
殿	殿
貂	貂
碟	楪
蝶	蜨
疊	疉、曡、疂、叠
鼎	鼎
定	㝎
懂	懂
鬥	閗
督	督
獨	獨
睹	覩
度	度
渡	渡
短	短
段	叚
緞	緞
斷	断、斷

對	對、對、對
多	夛
奪	奪
朵	朶
垛	垜

【E】

鵝	鵞
惡	悪
厄	戹
恩	㤙
兒	兒、児、兒
爾	尒、甭
邇	迩

【F】

發	發、蕟、發、發
髮	髮、髮
番	畨
幡	旛、旛
翻	飜、缁
藩	藩
凡	几
飯	飯、飰
仿	倣
泛	汎、氾

廢	廢、廢、廢
豐	豊
蜂	蜂
峰	峯
服	服
伏	伏
福	福
甫	甫
腐	腐
復	澓、復
婦	媍
富	冨

【G】

該	該
蓋	盖
概	槩
乾	乹
敢	敢
幹	榦
剛	㓻
缸	缸
皋	皐
高	髙、髙
篙	篙
閣	阁

隔	隔、屚
革	革
根	㭓
耕	畊
更	㪅
羹	羮
功	切
公	㕣
宮	宫
溝	溝
構	搆、搆
狗	狥
鼓	皷
瞽	瞽
穀	糓、穀、穀、谷
股	股
僱	雇、雇
顧	頋、顧
瓜	苽
掛	掛
怪	恠、恠、怪
歸	歸、帰、歸
規	規
癸	癸
鬼	鬼
桂	桂

鱖	鱖
觀	觀、覌、觀、觀、觀
關	關、關、関、関、関、閞、開
館	舘、舘
貫	貫
鸛	鸛
衮	衮
滚	滚
國	囯
裹	褁
過	過

【H】

海	海
醢	醢
亥	亥、亥
駭	駭
含	含
函	凾、函
涵	凾、涵
號	号、號
喝	喝
核	核、核
鶴	鶴
壑	壑
黑	黒

恨	㫁
恒	恆
衡	衡
横	撗
吰	呟
哄	閧、鬨
虹	虹
侯	侯
候	候
後	浚
壺	壷
虎	乕、虎
華	荂
譁	譁
畫	畵、𤰞
懷	懐、懷
壞	壊
歡	歓、懽、歡
還	還
寰	寰
環	環
緩	缓
唤	嗳、喚、嗅
换	揳、換
涣	渫、渙
焕	煥

宧	宧
荒	荒
灰	灰
恢	恢
詼	詼
輝	煇
回	囬
毁	燬、毀、毀
會	會、會
澮	澮
惠	恵
喙	喙
昏	昬
魂	䰟
或	或

【J】

鷄	雞
肌	肥
璣	璣
擊	擊、擊
機	機
譏	譏
磯	磯
齎	賫
急	㥛、㤂、𢚩

即	卽、郎、郎
極	極
幾	㡬
既	旣
寄	寄
紀	纪
計	計
繫	繫
際	際
繼	継、継、繼、繼、繼
寂	宊
祭	祭
迹	跡、蹟
薊	薊
冀	兾、兾、兾
佳	佳
價	価
間	间
兼	兼
奸	姧
殲	殱
檢	檢、検
儉	倹、儉、俭
減	减
劍	劎、劎、劎、劎、劎
賤	賎、賎

諫	諌
僭	偺
鑒	鍳
將	將、将、将
漿	浆
蔣	蒋
獎	奨
講	講
降	降、降
醬	醤
澆	浇
跤	挍
腳	脚
轎	轎、轎、轎
叫	呌
揭	掲
階	堦
劫	刼
節	莭、節、卩
椒	椒
解	觧
界	畍
戒	戒
矜	矜
僅	厪、僅
浸	浸

禁	禁
進	進
盡	盡
儘	儘
晉	晋
榗	榗
勁	劲
經	经、經、経
徑	徑、逕、逕
京	亰
旌	旌
精	精
頸	頚
淨	净
靜	静
敬	敬、敬
竞	競、競
迥	逈
糾	糾
赳	赳
久	乆
救	救
舊	舊、舊、舊
就	就
柩	匶
廄	廐

居	屋
拘	抅
菹	葅、菹
舉	擧、舉、秉、舉
句	勾
懼	惧
聚	聚、聚
據	據、據、據
屨	屨
捐	捐
涓	涓
娟	娟
絹	絹
鵑	鵑
決	决
絶	绝
覺	覺
觖	觖
厥	厥

【K】

開	開、開、開
檻	檻
看	看、着
刻	刻
客	客

肯	肎、肻
恐	恐
寇	寇
哭	关、关
褲	袴
跨	跨
誇	誇、誇
磈	磈
快	快
款	欵、欵
寬	寛
闊	濶

【L】

蠟	蝋
來	来、來、來
萊	莱
覽	覧、覧
巒	巒
郎	郎、即
榔	榔
勑	勑
壘	塁
累	纍、絫
類	類、類
黎	黎
裏	裏、裡
邐	邐、逞
麗	麗
儷	儷
歷	歴、歴
曆	暦
瀝	瀝
隸	隷
簾	簾
鐮	鐮
廉	廉
聯	聠、聨
斂	斂、歛、歛
練	练
糧	粮
涼	凉、凉
兩	两、両
裲	裲
輛	輌、輌
遼	遼
獵	獵
鬣	鬣
列	列
廩	廪
凜	凛
鄰	隣

陵	陵
凌	淩
靈	霊
流	流
留	畱、畄、留、㽞、畣
柳	栁
龍	龍
籠	篭
隆	隆
嶐	嶐
壟	壠
樓	楼
漏	漏
蘆	蘆
盧	盧
廬	廬
虜	虜、虜
擄	擄
麓	麓
祿	禄、祿
路	跖、路
戮	戮
鸞	鸞
灤	濼
卵	夘
亂	亂、亂、乱
落	落、落
履	履
屢	屡、屡
縷	縷
旅	旅
閭	闾
櫚	櫚
綠	緑、緑
慮	慮、慮
略	畧
掠	掠

【M】

馬	馬
脈	脉
饅	饅
滿	滿
忙	忙
茫	茫
芒	芒、芒
盲	盲
幔	幔
蟒	蟒
莽	莽
貓	猫
貌	貌

懋	懋
麽	磨
没	沒、沒
眉	眉
每	毎、每
美	美
門	门
們	捫
蒙	蒙
濛	濛
夢	梦
彌	弥、弥、彌
獼	獼、猕
瀰	沵
密	密
蜜	蜜
覓	覔
免	免
眄	眄
面	靣
麵	麵
麪	麪
廟	庙、廟、庿
妙	玅
民	民
敏	敏

冥	冥
命	命
摹	摸
模	模
畝	畒、畝、畆
穆	穆

【N】

那	那
納	纳
奶	妳
耐	耐
難	難
囊	囊、囊
瓤	瓤
撓	挠
腦	腦
瑙	瑙
惱	惱
鬧	闹、閙
能	能、能、能
霓	霓
擬	擬
你	你、你、你
膩	膩
寧	寧、寕

濘	泞
年	秊、秂
輦	辇
孃	嬢
釀	醸
躡	蹑
暖	煖
懦	愞
衄	衂

【O】

毆	敺

【P】

牌	簰、庳
派	泒
盤	盘、槃
龐	庬
旁	𣃟
炮	砲
裴	裵
佩	珮
烹	亯
坯	坏
駢	骿
片	爿

頻	顰
瓶	缾
屏	屛
迫	廹
幞	襆
瀑	濼
圃	囿
樸	朴
鋪	舖、舗、鋪

【Q】

漆	柒、㯃、桼、泰
其	亓
棋	棊、碁
麒麟	騏驎
旗	旂
奇	竒
崎	﨑
騎	騎
綺	綺
起	起、𧺆
器	噐、器、㽃
憩	甛
牽	牵
僉	佥、僉
籤	籖

謙	謙
歉	歉
錢	銭、戔、錢、銭
潛	潜、潜
強	强
墻	墙
檣	樯
敲	敲、敲
橋	槗、橋、槗
竅	竅
竊	窃、竊
怯	㤼
勤	懃
秦	桊
寢	寝
輕	軽
頃	頃
清	清
晴	晴
罄	罄
邱	卭
求	求
球	毬
裘	裘
瓊	瓊
窮	竆

群	羣
趨	趍
驅	駈
軀	躯
曲	麯、麴
取	耴、耴
娶	娶
趣	趣
闃	闃
權	権
勸	勧、勧
缺	缺
闕	闕、闕
却	卻、郄

【R】

然	肰、肰
燃	燃
髯	髯
攘	攘
穰	穰
壤	壤
讓	讓、讓
擾	擾
繞	繞
熱	熱、热

爇	爇、藝、蓺
紉	纫
融	融
肉	宍
潤	润

【S】

灑	灑
撒	撒
傘	傘
散	散、散、散、散
桑	桒
喪	丧、喪、喪、喪、喪
嫂	嫂
澀	澁、澀
僧	僧、僧
殺	殺
曬	曬
珊	珊
跚	跚
善	善
贍	贍
商	商
尚	尚
燒	烧
舍	舍

捨	捨
設	設
射	射
深	滐、深
什	什
瀋	瀋
甚	甚、甚
聲	聲、聲、聲
升	升
昇	昇
陞	陞
繩	绳、繩
勝	勝
參	蔘、蔘
剩	剩
食	食
實	宲、寔
石	石
識	識
柿	柹
勢	勢
飾	飾
收	収、收
壽	壽
瘦	瘦、瘦
獸	獸、獸

附錄

受	受
授	授
舒	舒
倏	倏
熟	孰
鼠	鼡、鼡
黍	黍
樹	樹、柎、尌
數	數、數
豎	竪
庶	庶
帥	帥
率	平、䢦、率
摔	捽
爽	爽、爽
雙	雙、双、雙、䨇、雙
睡	睡
税	稅
説	說
朔	朔
絲	絲、絲、絲
私	私
死	死、死、死
俟	俟
松	松
聳	聳

搜	捜、搜
蘇	蘇、蘓、甦
宿	宿
訴	訢
溯	泝
蒜	萩
算	筭、筭
雖	錐
隨	随
歲	歳、歳
穢	穢
所	所、所
瑣	瑣
鎖	鎖

【T】

獺	獭、獺
塔	塔
踏	蹹
沓	沓
臺	臺、臺、臺
擡	擡
態	態
泰	泰
壇	壇
潭	潭

彈	弹、弾
痰	瘓
探	揬、挅
炭	炭
嘆	歎、欵
糖	糖
韜	韜
陶	陶
萄	萄
逃	迯
桃	梚、梴、棯
謄	騰
題	顕
替	昝、賫
填	塡
體	軆、躰
闐	阗
條	条、絛
眺	睻
鐵	鉄、鐡
聽	聴、聼
廳	廰、廳
亭	亭
庭	迋、庭
廷	廷
筒	筩

統	綂、統
偷	偸
圖	啚、啚
土	圡、圡
吐	吐
兔	兎
脫	脫
橐	槖
唾	唾

【W】

瓦	瓦
宛	宛
碗	椀、盌
晚	晩、晲
亡	亾
往	徃、泩
網	綗
罔	冈
妄	妄
忘	忘、忘
望	朢
微	微
唯	唯
爲	為
僞	偽

謂	謂
文	攵
聞	闻
穩	稳、穏、穏
問	问
翁	翁
甕	瓮、瓫
我	我
臥	卧
污	汚
吴	呉、吳
無	旡
舞	舞
兀	兀

【X】

惜	㦝
晰	晣
膝	膝、膝
隙	隟
席	席
熙	熈
戲	戯、戱、戯
細	细
喜	喜
習	習

璽	壐
形	形
興	興
厦	廈
蝦	鰕
鮮	鲜
銜	啣、啣、衔
閑	閒、闲
嫻	嫺
弦	絃
縣	縣
陷	陥
嫌	嫌
險	險、险
餡	啗
鹹	醎
獻	献
憲	憲
瀗	瀗
鄉	鄉
香	香
襄	襄、襄
向	㐫
巷	衖
簫	簫、箾
笑	咲

效	効
曉	暁
歇	㱡
鞋	鞵
攜	㩗
脅	脋
寫	冩、冩
瀉	潟
懈	懈
廨	廨
邂	邂
蟹	蠏
餉	餉
洩	泄、洩、洩
謝	謝
興	興
湧	湧
雄	雄
胸	胷
洶	汹
兇	兇
匈	匈
繡	繡、繍
岫	岫
朽	朽
修	修、脩

須	湏
鬚	須
虛	虗、虚、虚
墟	墟
徐	徐
婿	壻
敘	叙
學	學
噓	嘘、嘘、嘘
選	選、送
勛	勛
尋	尋
燖	燖
巡	廵
巽	巺

【Y】

崖	崕
煙	烟、烟
閹	阉
焉	焉
顏	颜
沿	㳂、沿
研	研
延	延
檐	簷、檐

鹽	塩、埴
嚴	厳、嚴
巖	岩、巌、巗
閻	閰、閻、阎、閆
眼	眼
究	究
掩	揜
驗	騐、験、驗
彦	彥
雁	鴈
焰	熖、焰
養	養
樣	様、樣
漾	漾
腰	腰
搖	摇、搖
謠	謡
遥	遙
瑶	瑤
姚	姚、姚
堯	尧
要	要
曄	曅、燁
葉	葉
咽	咽
醫	醫、毉

疑	疑、疑、疑
頤	頥
宜	冝、宐
倚	倚
彝	彛、彞
欹	攲
綺	綺
椅	椅
矣	矣、矣
誼	誼
易	昜
役	伇
異	異
毅	毅
藝	藝
亦	亣
儀	儀
翼	翼
驛	驿、驛
譯	譯
義	義
詣	詣、詣
因	囙
姻	姻
裀	裀
蔭	蔭

源	源
陰	隂
銀	鋃
飲	飮
隱	隠、隐、隠
胤	胤
迎	迎
濙	湙
映	暎
勇	勇
湧	湧
擁	擁
游	斿
遊	遊
猶	猷
郵	郵
尤	尤
有	有
紆	纡
迂	迂
於	扵
虞	虞、虗
揄	揄
余	余
餘	馀、餘
臾	臾
庾	庾
圄	圉
輿	轝
與	与、與、與、與
欲	慾、欲
御	御
禦	禦
鬱	欝、欝
喻	諭、諭、喻
踰	踰
鴛	鴛
淵	渊
冤	寃
員	貟
原	原
圓	圎
緣	縁、缘
猿	猨
轅	轅
遠	逺
袁	表
願	顛
約	约
悅	悦
閱	阅、閲、阅
園	園

允	𠃓
韻	韵、韻

【Z】

災	灾
哉	𢦏
在	在
再	𠕅
簪	簮
攢	攅
贊	賛、賫
暫	蹔
葬	塟、𦱼
遭	遭
糟	醩
棗	枣
竈	竃
擇	擇
賊	賊
曾	曽
柵	栅
詹	詹
瞻	瞻
展	展
氈	氊、毡、氊
戰	戦、戦
章	章
樟	樟
障	障
丈	𠀋
杖	杖
招	招、招
昭	昭、昭
召	㕣、台
兆	兆、兆
照	炤
針	針
遮	遮
輒	輙
榛	榛
珍	珎、珎
軫	𨋩
枕	枕
鎮	鎮
爭	争
箏	筝
縶	𦂇
汁	汁
脂	脂
植	植
侄	姪
殖	殖

職	軄、聀、軄、職
指	捛、揞、掿
旨	㫖、旨
紙	纸、帋
置	寘、寘、置
誌	志
致	致、致
櫛	楖
跖	蹠
炙	炙
陟	陟
陡	陡
峙	峙
滯	滞
肘	肘
帚	箒
咒	呪
胄	冑
終	终
衆	眾、众、衆
豬	猪
竺	竺
劚	斸
著	着、著
苧	苎、苧
貯	貯
箸	筯
築	筑
麈	麈
煮	煑
專	専
磚	甎、碑、甎
饌	籑、饌
撰	譔、撰
轉	轉
篆	篆、篆
裝	装
莊	庄、庄
壯	壮
狀	狀、状、状
追	追
準	准、凖
桌	卓
斲	斲
緇	缁
總	揔、捴、摠、総
縱	縦
奏	奏
菹	葅
族	族、族、族
足	足
卒	卆

爼	爼
鑽	鑽
最	㝡、冣、冣、𣌭、𣌭

作	作、仕
坐	坐
座	座

手抄本《老稼齋燕行日記》異寫字研究

《老稼齋燕行日記》概述

《老稼齋燕行日記》是一部極爲重要的燕行錄，被奉爲燕行"教科書"，燕行後輩者皆熟習之。它對洪大容《湛軒燕記》、朴趾源《熱河日記》、金景善《燕轅直指》等燕行文獻都産生了重要的影響。

《老稼齋燕行日記》有漢本版和韓文版，漢文版共 9 卷 6 册，分手抄本和鉛活字本。鉛活字本爲日本大正三年(1914)朝鮮古書刊行會編輯出版，收錄於《朝鮮群書大系》續編第 7 册。林基中編《燕行錄全集》(2001)影印出版了兩種漢文手抄本，[①]但未收錄鉛活字本。韓國國立中央圖書館藏手抄本《老稼齋燕行日記》(封題"燕行日記")有四種明顯不同的筆迹，當是合作抄寫而成的。卷一、五的筆迹相仿，似一人所爲，卷二、三、四是三個不同的人抄寫的，卷六夾雜了兩種筆迹，主要是卷一、五抄者所抄。全書使用的字形有一致之處，如"曹"作"啇"，"定"作"㝎"，"再"作"再"，等等。但各卷也有各自的用字習慣和特色，如"數"，卷一、五、六作"數"，卷二、三寫作"數"，卷四則作"數"。卷三習慣將"路""客"寫作"跆""宕"，"桃""姚"寫作"桃""姚"。又如卷四將"亦"寫作"亣"，"向"寫作"向"。

① 第 31 卷 271 至 464 頁、第 32 卷 11 至 285 頁爲韓國國立中央圖書館藏本，第 32 卷 287 至 567 頁、第 33 卷 11 至 479 頁爲首爾大學奎章閣藏本。

《老稼齋燕行日記》異寫字的類型

王寧《漢字學概要》(2001:91－95)指出，漢字共時的構形關係包括異寫字和異構字，異寫字是同一個字(音、義、用完全相同的字)因寫法不同而造成形體差異的字。在早期漢字中，由於書寫帶有隨意性，形體不固定，所以異寫現象大量存在。異寫字主要有兩種，一種是構件寫法變異造成的異寫字，一種是構件位置不固定造成的異寫字。異構字是指在任何情況下音與義都相同，而在構件、構件數量、構件功能等方面起碼有一項存在差别的一組字。王寧先生關於異構字與異寫字的理論，對我們深入認識漢字的構形史及“字際”關係有重要的意義。本文考察《燕行錄全集》第 31 至 32 卷收錄的手抄本《老稼齋燕行日記》中的異寫字。

有人認爲異寫字的差異主要表現在筆畫層面，包括筆畫位置、筆畫長短、筆畫曲直、筆畫增省、筆畫分合等的變化。(王貴元，2008)如果筆畫的變化導致構字的部件發生較大的變化，或變成其他的成字構件，或構件整體易位、簡省、符號化，筆畫上的問題就上升爲構件層面的問題。因此，我們分筆畫異寫字和構件異寫字兩種情況來闡述。

(一) 筆畫異寫字

造成筆畫異寫字的途徑主要有：筆畫變形、筆畫移位、筆畫增添、筆畫減省、筆畫離析、筆畫黏合等。(王毅，2008:46－50)

1. 筆畫變形

漢字在書寫過程中，其筆畫的長短、筆勢、方向等略有差異而造成異寫字。主要有以下幾種情況：

(1)“亅”與兩横筆“一”交鋒時多作十字形，如余(余)、餘(餘)、徐(徐)、敘(敘)、除(除)、祟(崇)、禁(禁)。

(2)“舍”的第五筆改朝上貫出頭，寫作“舎”，合體字有舒(舒)、舖(舖)、舘(舘)、捨(捨)。

(3)“免”的第六筆“丿”不穿過“口”，寫作“免”，合體字有晚(晚)、宂(冤)。

(4) "月"的第七筆"一"改爲"丨",如有(有)、青(青)、清(清)、晴(晴)、謂(謂)。

(5) "早"之末筆"丨"穿過"日",寫作"甲",如章(章)、樟(樟)、障(障)、潭(潭)。

(6) "垂"末筆發生變化,寫作"垂",如郵(郵)、錘(錘)、睡(睡)、唾(唾)。

(7) "食"之末兩筆發生變形,作"飠","飠"作偏旁的如飲(飲)、飯(飯)。"即"作"卽"亦類似。

(8) "灰"字頭兩筆相交時作"厂"字形,寫作"灰",合體字有恢(恢)、詼(詼)、炭(炭)。

(9) "亡"寫作"亾",合體字有妄(妄)、忘(忘)、忙(忙)、茫(茫)、芒(芒)、盲(盲)、荒(荒)。

(10) "彑"寫作"彐",如緣(緣)、椽(椽)、喙(喙)、篆(篆)、綠(綠)、錄(錄)。

此外,又所(所)、形(形)、舞(舞)、降(降)、洶(洶)、匈(匈),等等。

2. 筆畫移位

因筆畫擺放的位置不同而造成的異寫字不多,主要是"丶"位置的移動,如右上角被挪置於中間部位,有尤(尤)、就(就)、求(求)等;或由中間挪至上方,如凡(凡)、冥(宜)。

3. 筆畫增添

增添一兩個筆畫而造成的異寫字。如末筆加"丶",有土一圡(土)、吐(吐)、石(石)、步(步)、碧(碧)、沈(沈)、桂(桂)、佳(佳)、計(計)、什(什)、針(針)、沈(沈)、升(升)、在(在)、紙(紙)、矜(矜)。一般加一點,有時加兩點,如誇(誇)、跨(跨)、怪(怪)、驛(驛)、譯(譯)。或起筆添"丿"如虫(虫)、蜂(蜂)、蝦(蝦)、虹(虹)、熙(熙)、頤(頤)。或增添横筆"一",如京(京)、涼(涼)、掠(掠)、革(革)等。

4. 筆畫減省

因減省某些筆畫而造成異寫字。減省筆畫的現象非常普遍,主要有以下幾種情況：

（1）減省“丶”，作爲整字或構件之起筆常略去，如遍（遍）、寵（寵）、富（富）、憲（憲）、宜（宜）、寫（寫）、瀉（瀉）、雇（雇）、顧（顧）、匾（匾）、誼（誼）、流（流）、苧（苧）、貯（貯）等。作爲整字之末筆或構件之末筆也多省去，如甫（甫）、鋪（鋪）、圃（圃）、伏（伏）、狀（狀）、築（築）、髮（髮）、抵（抵）、訴（訴）、救（救）、袭（袭）等。“氵”常寫作“冫”，如盜（盜）、減（減）、决（決）、凉（涼）。

（2）減省“丿”，整字起筆或構件之起筆皆可省，如鬼（鬼）、牌（牌）、婢（婢）、魂（魂）、醜（醜）、帥（帥）、師（師）、搥（搥）、歸（歸）、番（番）、蕃（蕃）、旛（旛）、原（原）、源（源）。

（3）減省“一”，多筆連寫時常省去一筆，如畢（畢）、僅（僅）、善（善）、達（達），非連筆時也可以省，如賓（賓）、德（德）。

（4）減省“丨”，兩筆連寫時省一筆，如曺（曹）、漕（漕）、槽（槽）、遭（遭）、要（要）、腰（腰）等。

（5）減省兩筆及以上的，如專（專）、傳（傳）、惠（惠）、轉（轉）、甎（甎）、磚（磚）、擊（擊）、繫（繫）、褁（裹）、遼（遼）、毅（毅）、藏（藏）、寬（寬）等。

5. 筆畫離析

將一筆拆成兩筆或更多而造成的異寫字。如將“一”拆成兩點，有奏（奏）、湊（湊）、榛（榛）、泰（泰）、秦（秦）、看（看）、美（美）等，或拆成其他，如列（列）、死（死）等。還有着（着）、我（我）、義（義）、儀（儀）、兼（兼）、嫌（嫌）、廉（廉）、研（研）等。離析筆畫增加了漢字的筆畫數，這種方式違背簡便原則，因此這種異寫現象並不多見。

6. 筆畫黏合

將相鄰的多個筆畫進行整合，整合之後筆畫數減少。

（1）“艮”末尾兩筆黏合成短横“一”，寫作“艮”，如根（根）、恨（恨）、銀（銀）。

（2）“曷”的構件“人”黏合成一短撇，寫作“曷”，如揭（揭）、喝（喝）、歇（歇）。

(3) “每”的兩點黏合成一撇，作“每”，如海(海)。

(4) “曾”的左右兩點黏合成一横筆，作“曽”，又如會(會)、僧(僧)、層(層)等。類同者還有黒(黑)、諫(諫)、練(練)等。

(5) “屰”黏合作“羊”，如朔(朔)、闕(闕)、厥(厥)。

(6) “巽”寫作“巺”或“兲”，如饌/餴(饌)、撰/撲(撰)、選/遶(選)。

此外，還有陵(陵)、凌(凌)、採(採)、懷(懷)、珊(珊)、跚(跚)，等等。

(二) 構件異寫字

造成構件異寫字的途徑主要有六種：構件變形、構件黏合變異、構件離析、構件易位、構件簡省、構件符號化。

1. 構件變形

由於組成構件的筆畫差異，使其變異成爲另一個構件，形成構件異寫字。只有作爲合體字的構件發生筆畫變形才是構件變形異寫字，作爲獨體字筆畫不變形。如“矢”作爲獨體字，不發生筆畫變化，作爲合體字的構件時則寫作“夫”或“天”，如埃(埃)、侯(侯)、候(候)、簇(簇)、俟(俟)、矣(矣)、族(族)、矣(矣)、族(族)、挨(挨)。[①] “廿”作合體字的構件時才寫作“卄”，如度(度)、渡(渡)、席(席)。《老稼齋燕行日記》常見的構件變形情況有：

(1) “口”常寫作“厶”，這一類甚夥，不勝枚舉。如滚(滚)、悦(悦)、負(員)、圓(圓)、勛(勛)、向(向)、尚(尚)、餉(餉)、高(高)、過(過)、唯(唯)、单(單)、弾(彈)、憚(憚)、雖(雖)、哭(哭)、囊(囊)、勾(句)、拘(拘)、狗(狗)、敬(敬)、涓(涓)、鵑(鵑)、娟(娟)、捐(捐)、絹(絹)。類似情況還有表(袁)、遠(遠)、環(環)、轅(轅)、猿(猿)、園(園)、還(還)、寰(寰)、或(或)、國(國)。“厶”也可作“口”，如能(能)、台(公)、松(松)、沿(沿、沿)、翁(翁)、充(充)、統(統)、銃(銃)、究(究)、强(強)、雄(雄)、晋(晉)。構件“兄”可寫作“允”，而“允”寫作“儿”，如統(統)、脱(脱)、説(説)、税(税)、閲(閲)。

① 有時“夫”也寫作“矢”，如規(規)。

(2)“几”寫作“口”，如沒(没)、役(役)、殺(殺)、股(股)、殿(殿)等。“口”也可寫作“几”，如尋(尋)。

(3)“奇”的構件“大”寫作“亣”，故有竒(奇)、欹(欹)、綺(綺)、倚(倚)、崎(崎)、椅(椅)、騎(騎)、寄(寄)。而“戠”的構件“亣”也作“大”，如職(職)、識(識)。

(4)“尔”的頭兩筆稍作變形即成“尓”或“尒”，如称(称)、妳(妳)、珎(珎)、玪(珎)。

(5)“火”寫作“又”，如痠(痰)、啵(啖)、湪(淡)等。

(6)“人”寫作“口”，如坐(坐)、座(座)、挫(挫)、剉(剉)、來/來(來)、喪/喪/喪/喪(丧)，等等。

(7)“彳”寫作“氵”，如淂(得)、湲(後)、湲(復)、泩(従)、泩(從)、洼(徃—往)。

(8)“寸”寫作“才”，如肘(肘)、耐(耐)、射(射)[①]。

(9)“田”寫作“甲”，如異(異)、翼(翼)、冀(冀)、戴(戴)。

(10)“丩”作“斗”，如糾(糾)、赳(赳)、叫(叫)。

(11)“叔”寫作“尗”，如督(督)、椒(椒)、寂(寂)。

(12)“方”寫作“扌”，如游(游)、於(於)。

(13)“廾”寫作“大”，如弊(弊)、葬(葬)、鼻(鼻)、筭(筭—算)、戒(戒)。故“賊”也作“賊”。“大”也可寫作“廾”，如類(類—類)。

(14)“又”寫作“乚”，如取(取)、最(最)、冣(冣—最)。也寫作“乂”，如最(最)、取(取)、娶(娶)、趣(趣)，而“乂”也寫作“又”或“乚”，如聚(聚)、求(求)。

(15)“言”寫作“舌”，故有詹(詹)、檐(檐)、簷(簷)、贍(贍)、擔(擔)、膽(膽)。

(16)“缶”寫作“击”，如御(御)、啣(啣)、禦(禦)。“缶”則寫作“缶”，如搖(搖)、萄(萄)、陶(陶)、罄(罄)、缸(缸)、缺(缺)。

(17)“坴”寫作“幸”，如熱(熱)、藝(藝)、勢(勢)、爇/爇(爇)。

---

① 而“豺”却寫作“豺”。

(18)“將”之構件“夕”寫作“爫”，如將/将(將)、漿/浆(漿)、蔣/蒋(蔣)、奨(獎)、醤(醬)。“望”的構件“月”也寫作“爫”，即“朢”。①

(19)“爫”又變形作“罒”或“下”，如隠(隱)、穏(穩)、隠(隱)。

此外，還有“疋”寫作“之”，如㝎(定)、楚(楚)、礎(礎)；“先”“夫”“旡”“文”相互混用，如鑚(鑽)、賛(贊)、賛(贊)、晋(替)、濳(潛)、僣(僭)、簪(簪)；“夂”“攴(攴)”“殳”混用，如致(致)、敢(敢)、嚴(嚴)、巖(巖)、數(數)、敵(敵)、敵(敵)、發(發)、廢(廢)、盤(盤)、數(數)、散(散)、毆(毆)；“力”“刃”混用，如懃(勤)、刧(劫)；等等。

2. 構件黏合變異

筆畫複雜煩瑣的構件被整合成筆畫簡易、便於書寫的構件，如：

(1)“鼠”字底部的四點黏合成兩横筆，寫作“鼡”，類似的還有獵(獵)、鬣(鬣)、蠟(蠟)。

(2)“爾”中左右兩個“乂”黏合成横筆，寫作“尔”，又邇(邇)、穪(穪)、彌(彌)、獮(獮)、璽(璽)等。

(3)“肅”的下半部分筆畫較複雜，不易書寫，整合後變爲“粛”或“肃”，又如簫/箫(簫)、繡/绣(繡)。“淵”作“渕”亦如是。

(4)“⺮”寫作“艹”，如篆(篆)、荅(答)、塔(塔)、華(筆)、苧(等)、苐(第)、莭(節)。“艹”寫作“业”(底部横筆可省)，如蒙(蒙)、濛(濛)、敬(敬)、落(落)。由於“艹”又作“艸”，從而訛作“业”，如“落”可作“落”“落”。②

(5)“虍”寫作“严”，故虎(虎)、虞(虞)、虞(虞)、虚(虚)、虗(虚)、戯(戲)、戯(戲)、處(處)、慮(慮)。

(6)“巠”之第三筆“く”與“工”豎筆黏連，第二、四筆“く”變形後作“圣”或“巫”，如軽(輕)、経(經)、頚(頸)、逕(逕)、徑(徑)。

(7)“僉”合並同類項後寫作“㑒”，或只合並兩個“口”寫作“佥”，如験(驗)、検(檢)、倹(儉)、斂(斂)。

---

① “望”有多种寫法，構件“月”多寫作“夕”，如“朢”“望”等，少見作“爫”者，唯有“朢”一例，未見“朢”。

② “癶”也寫作“业”，如發(發)。

(8) “氺”寫作“小”,如暴(暴)、黍(黍)、黎(黎)、瀑(瀑)、滕/漆/漆(漆)、膝(膝)。

(9) “麗”的構件“丽”寫作“亚”,如麗(麗)、儷(儷)、灑(灑)、邐(邐)、曬(曬)。

(10) “婁”黏連變爲“婁”,如縷(縷)、數(數)、樓(樓)、屢(屢)、屨(屨)。

(11) “能”的重疊構件“匕”黏合變異爲“长”,寫作“䏻”“䏻”,又如態(態)、罷(罷)、擺(擺)。

(12) “罙”的兩短撇黏合成一筆後寫作“采”,如深(深)、探(探)。

此外,还有壷(壺)、悪/恶(惡)、豊(豐)、皋(皐)、遅(遲)、佩(佩)、竅(竅)、肉(肉)、腐(腐)、欝(鬱)、壑(壑)、辭(辭)、亂(亂)、粥(粥)、宿(宿)、侖(命)、卛(率)等。

3. 構件離析

將筆畫書寫複雜的構件離析成更簡單又便於記憶和書寫的構件。如:

(1) “臼”寫作“旧”,如焰(焰)、閻(閻)、陷(陷)、鼠(鼠)、霓(霓)、蹈(蹈)、啗(餡)、韜(韜)、稻(稻)、児(兒)、毀(毀)、舊(舊)。与“臼”相似的構件“申”則寫作“ㅂ”,故有嫂(嫂)、搜(搜)、瘦(瘦)。

(2) “辶”省去點畫後第二筆離析爲兩筆“辶”,如巡(巡)、迫(迫)、廸(迪)、追(追)、迎(迎)、進(進)。

(3) “僉”之“从”離析作“灬”,如檢(檢)、儉(儉)、斂(斂)、驗(驗)、劒(劍)。

(4) “各”第二筆離析爲各自獨立的兩筆後寫作“各”,如客(客)、路(路)、落(落)[①]。

(5) “匕”離析爲三筆的“上”,如旨(旨)、脂(脂)、指(指)、詣(詣)、疑(疑)、款(欵—款)。

---

① 《宋元以來俗字譜·足部》引《東牕記》“路”寫作“䟫”,與“路”相似但不相同,而《俗書刊誤·卷四·入聲·藥韻》“落,俗作落,非”,字形一致。

4. 構件易位

由兩個及以上構件組成的漢字，其構件擺放的位置不同造成異寫字。如：

(1) 上下與左右的不同：峯(峰)、峀(岫)、鵞(鵝)、棊(棋)、胷(胸)、槩(概)、讐(讎)、畧(略)、羣(群)、崖(崕)、壟(壠)。

(2) 保留左右或上下結構，如隣(鄰)、氊(氈)、猷(猶)、獸(獨)、裵(裴)。

還有一些特別的易位現象，如"烹"的"灬"被挪至中間作"烹"，"聲"的"耳"被挪至左下角作"殸"，"器"字"犬"下的"口"被挪至捺之上，寫作"器"。"樹(樹)"的構件"木"被移至左上角寫作"尌"。

5. 構件簡省

某些構件被整體省略，如鋻(鑒)、覧(覽)、価(價)、啚(圖)、幇(幫)、膓(腸)、塲(場)、蔵(藏)、吰(㖫)、懐(懷、懐)、壊(壞)、隠(隱)、穏(穩)、哭(器)等。

6. 構件符號化

有些字的構件被簡略爲不表義的符號，如牵(牽)、顾(顧)、帰(歸)、俾(牌)、覚(覽)。兩個及兩個以上相同構件組合時，常用符號"乂"或"丶"替代相同構件，如疊(疊)、疊(疊)、塁(壘)、纍(纍)、躡(躡)、麤(麤)、纔(纔)等。

手抄本《老稼齋燕行日記》異寫字的特點

異寫字是手抄文獻用字的基本現象，不同的文獻作品總會有或多或少獨特的用字習慣，但大體而言具有相通性。館藏手抄本《老稼齋燕行日記》的異寫字呈現出以下三個特點：

(一) 絶大部分字形與中國本土文獻相一致，但也有其獨創之處

張涌泉《漢語俗字研究》(2010：42－43)："朝鮮人在使用漢字的過程中，也採用或創制過一些俗體字，……其中有些字與中國的俗字相同或相近，有些則是朝鮮民族的創造。"韓國的漢文文獻採用漢字

書寫，絶大部分書寫形式與中國本土文獻相一致，但是也有一些字形只見於朝鮮文獻。手抄本《老稼齋燕行日記》記錄的一些字形在中國字書不見記載，如構件“巽”寫作“㢲”，“器”寫作“噐”“哭”，“由”寫作“甴”，“婁”寫作“㜸”，“殸(聲)”“戠”寫作“戠”，“罙”寫作“宋”，“求”寫作“求”，等等。唐代前後俗書“夆”旁多寫作“夆”形，故“逢”字俗書作“逢”。(張涌泉，2010：199)而在《老稼齋燕行日記》中，構件“夅”寫作“夆”，如“降(降)”，“舞”寫作“舞”，“厥”寫作“厥”，都是受唐代俗書影響的結果。稀見的字形是朝鮮半島文人所通用，抑或是個人所爲，有待進一步考察。

(二) 字形有很大的隨意性，不同構件互相混用，且存在過度類推現象

同一個字有多種寫法，如“處”又寫作“處”“處”“處”“處”等，“辭”又寫作“辞”“辞”“辞”“辭”“辭”“辭”等，“稱”寫作“稱”“称”“稱”“稱”“称”等，“邊”寫作“邉”“邉”“邉”“邉”等，而“關”至少有七種寫法，如“關”“關”“関”“関”“関”“関”“関”等，不同寫法交錯使用。形似構件相互混用現象嚴重，如“臼”“臼”混用，“與”“舉”寫作“與”“舉”，而“學”“覺”則寫作“學”“覺”。隨意性還表現在類推構件太泛化，如“口”常寫作“厶”，則類推創造了“凶”“輸”“檎”“笑”“敬”“過”“狗”等。“卒”，《說文解字・衣部》：“隸人給事者衣爲卒。卒，衣有題識者。”金文寫作𠆢，寫作“卒”體現了字形的來源。偏旁類推，“猝”寫作“猝”合情合理，但“捽”寫作“捽”，則很可能是書寫者混淆了“率”與“卒”。

(三) 字形多樣化，但有章可循

《老稼齋燕行日記》的用字情況紛繁複雜，字形多樣化，但有章可循。有的字形可能是記憶錯位造成的錯字，如“賊”寫作“賊”，“踏”寫作“踏”，“獺”寫作“獺”，“革”寫作“革”，以及構件“矢”寫作“夫”或“天”，“余”寫作“余”，“早”寫作“甲”，“田”寫作“甲”的系列字，等等。形成這種現象的根本原因是漢字書寫者，尤其是作爲域外不操漢語卻使用漢字的朝鮮人，因書寫便捷，或因記憶模糊，隨意對通行漢字

進行删繁就簡。如構件"婁"作"娄","肅"作"粛"或"肀","臼"作"旧","爾"作"尔"等,都是源於方便書寫。當然,這些改造並非都是他們的自創行爲,多數是受中國俗字的影響所爲。

結　語

研究朝鮮漢文文獻的用字對於漢字發展史、漢字傳播史和漢字理論的研究,對漢語漢字辭書的編纂,以及對朝鮮文獻的釋讀和整理等,都具有重要的意義。

首先,可爲漢字發展史、漢字傳播史或漢字理論的研究助益,也可爲漢字的規範化提供參考。如宋元以來俗字"舊"何以書作"旧"? 張涌泉《漢語俗字研究》(2010:95－96):"細一琢磨,纔知道'舊'作'旧'是近音假借。'旧'本是'臼'的俗字。大約是爲了書寫的方便或避免與'日''曰'等字相混,俗因或書'臼'作'臼',……又變作'旧'。……因爲'舊'從臼得聲,'舊''臼'音近,俗書因借用'臼'代'舊'。……不過,大概是寫字、刻字的人有意避免與'臼'字相混,凡'舊'字一概作'旧'或'臼',而未見直接寫作'臼'字的。"同時又指出(2010:96):"臼"旁俗亦多書作"旧",故"舊"俗或作"舊",所以"舊"寫作"旧"也可以説是省形借聲。兩種解釋都有合理之處,但何以"臼"普遍寫作"旧"? 因爲"旧"更易於記憶和書寫,所以朝鮮文獻中構件"臼"多作"旧"。我們認爲可以考慮採用"旧"替代"臼"旁作爲規範字形,這有利於漢字學習者掌握和書寫。構件"臿"作"𦥯","夅"作"夆"之類,皆當作如是考慮。

其次,可爲工具書尤其是異體字辭書的編纂提供參考作用,查缺補漏。趙振鐸先生在《漢語異體字大字典·序》指出:"異體字的出現是漢字使用的歷史發展結果,當初造字的人,寫出異體字,也沒有想到後人會去整理它。但是由於歷史的發展,字數多了,爲了規範,爲了使用的需要,就開始了對它們的整理研究。"東漢許慎《説文解字》中附錄在正體字之後的"重文",即體現了對漢字異體字進行整理和研究的成果,其後的字書《隸辨》《金石文字辨異》《玉篇》《廣韻》《集韵》《類篇》《正字通》《康熙字典》《敦煌俗字譜》《宋元以來俗字譜》等收錄了大量歷史上使用過的異體字。冉友僑主編的《漢語異體字大字典》(2018)是最新的工具書，然如趙振鐸先生所言，該字典“罅漏明顯”，需要補益之處甚多。韓國李圭甲所編的《高麗大藏經異體字典》(2000)專收佛經用字，難免遺漏那些未見於佛經文獻的字形。

再次，可對朝鮮漢文文獻的釋讀和整理提供幫助。漢字作爲東亞曾經共同使用的文字系統，朝鮮民族對漢字的書寫也做出一定的貢獻。有的字形與中國俗字無別，通過字典可識讀；有的漢字書寫形式未見於或並不流行於中國本土文獻，閲讀朝鮮漢文典籍，需要識讀一些特殊的漢字形體。如“所謂冠帶，有被肩、接袖、馬踢胸朩名”(第33卷，第17頁)，“朩”是“等”的草書寫法，一般工具書不載。如“東則遠眺城外，⿱亠灬壮觀也”(第33卷，第173頁)，“⿱亠灬”即“亦”。“入太和殿庭，自謂夢乑奇符”(第33卷，第135頁)，“乑”即“兆”。由“兆”組成的合體字還有“⿰木乑/⿰木乑/⿰木乑(桃)”“⿰女乑(姚)”“⿰目乑(眺)”，以及寫作“⿰歹并(聲)”“⿱吅尢(器)”等，皆不易識讀。同時，要注意因形似而誤認的漢字，如：“城南业皆有跖，业通萬歲山後，南通玄武門後。”(第33卷，第142頁)“业”是“北”的俗寫體。又如“又一車檻載二豺，其狀如大犬而色黄黑”(第32卷，第443頁)，“豺”乃“豺(狼)”，而非“豹(子)”，稍不留意，便可能識讀錯誤。“敞”多寫作“敞”，而“敞”又寫作“敞”，這也是朝鮮文獻的用字特點。

劉復在《宋元以來俗字譜·序》(1930：5)中説：“我想，中國的俗字或别字，在十年之内，總可以研究完備了。因爲六朝别字早已有人研究，雖然還有補充的餘地，究竟已打了一點根基。”本文以域外文獻爲考察對象，算是對中國俗字或别字研究的一點點補充，期望學界同人批評指正。

参考文獻:

[1] 王寧.漢字學概要[M].北京:北京師範大學出版社,2001.

[2] 王貴元.簡帛文獻用字研究[J].西北大學學報(哲學社會科學版),2008(3).

[3] 王毅.明清刻本小説異體字研究[D].濟南:山東大學,2008.

[4] 張涌泉.漢語俗字研究(增訂本)[M].北京:商務印書館,2010.

[5] 冉友僑.漢語異體字大字典[Z].成都:四川辭書出版社,2019.

[6] (韓)李圭甲.高麗大藏經異體字典[Z].首爾:高麗大藏經研究所出版部,2000.

[7] 劉復,李家瑞.宋元以來俗字譜[Z].國立中央研究院歷史語言研究所單刊,民國十九年(1930).

(原載《東亞文獻研究》2019 年第 24 輯,標題及内容稍有修改)